人格心理學

黃堅厚　著

謹以本書於金婚紀念日獻給吾妻祝緹

感謝她對我的愛與支持

❖ 作者簡介 ❖

黃堅厚　　湖南長沙人

　　學歷：國立中央大學理學士。
　　　　　美國 Columbia 大學文學碩士。
　　　　　英國 Glasgow 大學哲學博士。
　　經歷：國立台灣師範大學教授、教育心理學系系主任、
　　　　　教務長、教育學院院長。

作 者 序

　　每一位作者，在其所要撰寫的書完稿之後，總得要寫一篇序，主要是在向讀者們交代：他爲什麼要寫那本書？他爲何會選擇那本書中所包含的內容？以及他會採用哪種陳述的方式？下面作者就將本書有關這些問題的要點，作一些說明。

撰寫本書之目的

　　寫一本適於中國人研讀的人格心理學，是作者久有的心願。多年來擔任人格心理學的教學時，最困難的事，就是找一本適當的教材。目前在台灣的市面上有好幾本西方學者所編寫的人格心理學，大都是美國大學和研究所用的教本，書中對於理論的解釋和說明，自然都是應用西方社會中的事件或史實，常非我國學生所易於了解。同時語文本身所形成的障礙，也是不能完全忽視的事實。坊間現在也有幾本中譯人格心理學，都有極高的水準。不過編譯祇解決了語文方面的問題；而且編譯是一件很難的工作，常常因爲原文的限制，很不容易兼顧「信、達、雅」的要求。因此學生們（包括目前在大專院校任教的系友）經常表示，希望作者能寫一本人格心理學。作者一向拙於執筆，總以教學和研究工作爲推託之辭。現在已經退休，眼見多年的需要仍然存在，深感責任未了，難釋愧咎。如是乃在知友們的敦促和鼓勵之下，勉力將本書寫成。疏漏之處是定所不免的。

本書內容概述

　　本書共分爲四篇，第一篇爲導論，分爲兩章。第一章中說明

了「人格」的定義和人格心理學研究的方法，順便也提到了中文「人格」一詞正名的問題。第二章則是就「理論」有關的各方面作簡單的討論，並分別對人格心理學理論的範圍和向度有所說明；然後再提出理論價值評估的指標，最後分析影響一個理論內涵的因素，這樣讀者乃能察見一位學者所倡導的理論，常是和他本身的背景與經驗有密切關聯的。

第二篇的主題為「人格心理學的理論」，是本書的重心所在，共分十章，分別介紹了當前人格心理學重要的理論，敘述的時候是以每一位學者的理論為一單元。原則上是包含他對於人格的結構、人格的動力、人格的發展、行為適應及異常行為的處理與治療等方面的意見。不過由於各個學者的理論中，對上述這幾方面，並不一定都給予同等重視，同時作者所能取得的資料也常有參差不等的情形，再加上為了配合初習人格心理學讀者的需要，因此書中各章的內容，在分量上難免會有些出入。不過為了使各章的篇幅不致相差太大，本書乃將部分學者的理論，或兩人（如 Adler 和 Jung）或三人（如 Rotter, Bandura 和 Mischel），合併在一章內。這樣也可使全篇章數不致太多，以免有零碎之感。

第三篇的主題為「人格的評量」，在一般人格心理學中，除了人格理論以外，常會跟著就人格的發展、異常行為及其處理、和人格評量等方面，作有系統的說明，本書作者認為關於人格發展和異常行為反應處理兩方面，各個學者在其理論中都曾論及，似乎不必再重複。惟有人格評量方面，個別理論中，除了該學者本身發展了與其理論有關的評量工具（如 Kelly 的 Role Construct Repertory Test，Eysenck 的 Eysenck Personality Questionnaire）之外，對人格評量其他有關的問題，則很少論及。事實上人格評量的重要性，遠較一般人所了解的為高。比如一個理論中某些概念的意義，就常需要運用評量工具來加以驗證，Eysenck 認為內外傾為人格的一個重要向度，內傾或外傾者各具有一些行為特質。這些假設之所以能成立，都是要應用他所編訂的量表來分別

研討驗證的。更重要的是：凡是人格心理學方面的研究，評量工具都是不可或缺的器材。J. Rotter 提出內外控信念的理論後，曾引起了頗為廣泛的研究。已有研究發現：內外控信念和追求知識與資訊、各級學校的學業成就、人際間合作、互助的關係、婚姻的和諧與快樂、身體健康，及心理適應等，各方面都有確定的關聯。這些研究也都是應用多種評量工具，衡定各變項間相關情況而獲致的結果。研究者不唯要知道選取適當的評量工具，同時還需要了解如何抽選適當的樣本、如何安排評量的實施、如何去取得有關的資訊？基於這些原因，凡是有心探討人格心理學的人，都有需要對人格評量有適當的了解，本書第三篇的納入，旨在於是。

在第三篇裡，包含了五章。第十三章為「人格評量方法概述」：一方面說明「一般評量方法的條件」，同時也就各種重要的評量方法，作了扼要的描述。至於投射測驗則因資料較多，乃將其單獨處理，列為第十四章。

第十五章介紹了幾個美國常用的人格測驗。它們經常被研究者應用，因而常出現在文獻中，讀者們若能對它們有些認識，將可增加許多便利。第十六章是「國內適用人格評量工具選介」。由於篇幅的限制，祇介紹了幾種適合於學校使用、實施程序簡單，一般教師能夠了解評量結果意義的測驗。如是教師乃會知道如何利用它來進行輔導個別學生，充分發揮實施評量的功能。

第十七章的主題為「人格評量的問題」。在該章內，首先提出的是「測驗實施的倫理問題」，分別就「測驗實施的基本原則」和「測驗工作人員的資格與責任」，作了詳盡的討論。其次則說明了「測驗實施情境的重要性」，因為那是許多使用測驗者忽略的地方。「受試接受測驗時的反應心向」，也是實施測驗時應當注意的現象。最後該章配合目前使用電腦來實施並解釋測驗結果的趨向，闡述了「電腦在心理測驗上的應用」。一方面說明在測驗上「應用電腦的優點」，同時也指出「電腦施測與解釋測驗結果」可能發生的「問題」；因為對測驗而言，電腦正和水一

樣，固可載舟，卻也可能覆舟，使用時必須愼重才可得其益，而免其弊。

本書第四篇祇有一章：「中國人人格的研究」，由於這本書是爲中國的讀者寫的，作者認爲應當讓讀者在一般人格心理學的內容之外，也對我們自己的人格有一些了解。這乃是當代我國人格和社會心理學者們致力探究的問題，在這一章中，作者先說明了目前我國學者對於「中國人心理與行爲的研究」的情形，接著在「中國人人格研究的檢視」中，列舉了已有研究的發現；然後再縷述了在近年社會文化急速變遷下「中國人人格的轉變」；最後對「中國人人格研究的方向」提供了一些具體的意見。希望能借這一章使讀者對我們自己（中國人）有一些認識，進而能引起並提高他們對於中國人人格研究的興趣。

本書陳述的方式

這本書以「人格心理學」爲題，一方面也顯示了它是一本導論式的書，目的在使那些初入門者對人格心理學有一個概括性的了解。通常人格心理學是在大學裡開設的一門課程，希望本書能成爲該課程適當的教材。在文字的陳述上，力求簡明，並儘可能利用國人易於了解的詞句和事例，來說明西方學者所倡的理論和概念。

事實上用中文來說明西方學者所提出的一些概念，並不是一件很容易的事，有時候某一個概念，在西方語文中可能很普遍，而在中文方面卻很不容易找到與之切合的字眼，這也是編譯語文最困難的地方。職是之故，作者對已經存在的中譯名詞，恆採尊重的態度，儘可能沿用，以免增加困擾。祇有少數的例子，作者認爲以更動爲宜時，都會加註說明理由。不過有時偏見或也是難免的。

至於西方學者的姓名，按習慣多祇稱其姓氏。在幾經思考之後，作者決定在本書中選用他們的英文姓氏，而不譯爲中文，其

理由如下述：

第一，既然是要研讀人格心理學，就必須知道有關學者的原名。一般編譯人名時，都是依據讀音直譯，那些字並無意義，讀來往往有詰屈聲牙之感，既不順口，又不易記憶；而在查索資料時，毫無用處。

其次，將西方人名譯爲中文時，並無一定的規則，除了極少數有名的人物，如牛頓、愛因斯坦，大家都習用相同的中譯外，其他可謂毫無限制。如是同一個人的名字，就可能有好幾個不同的中譯。如 Carl Rogers，就至少有三個中文名字：「羅吉斯」、「羅傑士」、和「羅嘉思」，而且還不能說誰對誰不對。

再者，若干西方人的名字，讀音相當複雜，連西方人也弄不清楚，如是 Libert 和 Libert 在他們所編的《人格心理學》（1998）上，就將部分人名的讀法分音節標出來。如 Karen Horney，就標明「讀如 HORN-eye」，這樣很有幫助。不過也就可以看出某些書上將 Horney 譯爲「霍妮」或「荷妮」，都是不適當的。

更麻煩的是像倡「神馳論」（Theory of Flow）的 M. Csikszentmihalyi 的姓氏。Libert 夫婦細心地將它的讀法標明爲 "cheek-sent-mē-high-yē"（Libert & Libert, 1998, p.425）。但是在美國任教多年的邱連煌教授 1998 年 12 月回國講學時，湊巧提到「神馳論」，他特別指出倡此論學者的名字中最後一個音節內的 "y" 是不發音的，所以應讀如 "hali"。邱教授和 Csikszentmihalyi 曾有接觸，他的說法應當是正確的。不論採哪一個讀法，變成中文讀起來會更麻煩，又何必多此一舉。

基於上述的理由，本書中西方學者的姓，就逕以英文表達；既可省去爲他們找中文名字的麻煩，也可以爲讀者們減除一些不必要的困擾。相信這樣的安排，可以獲得讀者們的諒解。

感謝的話

在本書接近完稿時，想想應當感謝的人，實在很多。

五十年來，躋身心理學界，有幸得與許多興趣相近的朋友，包括台灣師範大學教育心理與輔導學系的同仁們，相互切磋。時常就人格心理學的理論、研究方法、評量工具的編訂與應用、個案的研究和處理等方面的問題，進行討論，交換心得。使作者受益匪淺，衷心感謝。為了避免掛一漏萬，他們的芳名就不一一列舉了。歷年在大學部和研究所修習人格心理學的同學們在課堂上的回饋，對作者本書的撰寫，也很有幫助。

楊國樞和張春興兩教授多年前曾邀作者撰寫人格心理學，並介紹與出版機構聯絡。但因作者的疏懶，終未執筆。歉愧之忱，並未能因他們的原諒而獲釋。今日本書脫稿，應當對他們多年前的鼓勵和寬容，表示感謝。在本書的撰寫過程中，曾多次和楊教授討論有關的問題。承他提供許多意見，並囑其研究助理代為蒐集資料，至所感謝。

師範大學心輔系兩位系友，陳淑絹博士和鄭婉敏博士，對本書的貢獻是難以盡述的。她們目前都在國立台中師範學院任教，並曾擔任人格心理學的教學。作者和她們曾有師弟之誼，但她們早已「遠甚於藍」了。近兩年來她們力促作者撰寫一本適合我國大學用的人格心理學，並表示願意協助。在本書的撰寫過程中，她們曾仔細地校閱全書的原稿，並提供許多寶貴的建議；同時編輯了「參考書目」、「重要名詞釋義」以及人名和專門名詞的索引。作者將書稿交給心理出版社後，就匆匆出國，全書的校對工作，也由她們兩位處理。她們熱心的敦促和支持，使這本書在作者的低效率下，終得以完成。這份情誼，實令作者深為感動。

本書付梓前，承心理出版社許麗玉總經理親自負責規劃，吳道愉總編輯精心設計並督導其出版部同仁作最完美的安排，作者深以為幸。本書的打字、排版和校對等事宜，均由張毓如小姐主

持，以超高速度進行。最後並將全書校樣快郵寄美，使作者有機會作整體性的校閱。設想周到，作者深爲感謝。

　　說到最後，也是最重要的，作者得感謝自己的家人。內子戴祝緹教授半世紀來，在教學和家務的雙重負擔下，伴我度過平淡的歲月。她在退休後，原想過一些清靜安恬的生活。而這兩年她又得容忍了作者把家裡弄得雜亂無章、生活失序，時常將她交代的事忘記……這些都不能單用一個「謝」字來交代。所幸書稿已經送出，一切應可恢復正常。女兒琪恩目前在美國 Cedarville College 擔任「測驗與統計」的教學。本書第三篇中許多資料的檢索，即是她所處理的。她的可愛之處，就是不常記得作者的年齡，在本書將完稿時，她已開始邀作者和她合作進行一項研究，準備提送明年美國教育研究學會年會。未被視爲「老年痴呆」總是一件可喜的事。

　　一本書寫成後，作者向來是敝帚自珍，事實上他也知道其中尚有許多缺失和疏漏之處，敬祈心理學界先進與同仁，和有機會接觸本書的朋友們，隨時賜予匡正，無任感謝。

黃堅厚

一九九九年七月

目 錄

4 │ 中國人人格的研究

【第一篇】

導　　論

第一章

人格心理學是什麼？

壹、先從「人格」這個詞說起

貳、人格的定義

　　一、總括性的定義

　　二、綜合性的定義

　　三、等級性的定義

　　四、適應性的定義

　　五、個別性的定義

　　六、代表性的定義

參、人格概念的作用

　　一、說明行為的整體性

　　二、說明行為的一致性

　　三、說明行為的特殊性

肆、人格心理學研究的方法

　　一、個案研究法

　　二、實驗研究法

　　三、相關研究法

伍、「人格」一詞正名的問題

☞ 本章要旨

　　平日朋友們聚集在一塊聊天的時候，雖然天南地北，不一定有什麼主題，但是說來說去總常不免以某些人物為中心，並針對他們做一些評述。比如大家碰巧說起了張三，於是甲說：「張三真是個小氣鬼，我們同學三、四年，他從來沒有請我吃過一頓飯。」乙立刻接了下去：「張三的小氣是有名的，我向他借了一本書，不到兩天，他就要了回去，生怕我不還似的。」丙跟著說：「他在餐廳吃飯的時候，要看見誰分菜比較大方，他就排在那一邊，絕不吃虧。」丁好像是為張三抱不平的：「張三也有很多地方值得我們學的：比如他離開房間時一定會將電燈熄滅；他會將許多廣告單或通知單留下來，用反面來做草稿紙……」。大家所描述的是張三的行為，也就是他的人格的表現。

　　本書以「人格心理學」為名，在第一章自然得對「人格」一詞有所說明，順便也介紹西方學者對人格的定義，雖然它祇是一個概念，但是我們卻需要應用這個概念來說明一個人行為的整體性、一致性和特殊性，同時也對人格心理學的研究方法做了簡要的說明。最後並提到「人格」一詞正名的問題。

壹 ☞ 先從「人格」這個詞說起

　　心理學裡的「人格」一詞，是由英文 personality 翻譯過來的。初學者在看到這個英文名詞的時候，常以為它是由「person」那個字引申出來的。因為 personality 的前半就是「person」，剛巧它的意義就是「人」，同時它又是大家比較熟悉的一個字。然而，很少人會想到personality實際上是自拉丁文中「persona」一詞引申出來的（Hergenhahn, 1990, p. 2）。

　　persona 是希臘古代演戲的時候演員所帶的面具。可能是由於那時候舞臺佈景、道具都頗為簡單，演員也多非專業性的，以致常常演了半天，臺下看戲的人或許仍然覺得莫名其妙，不知道演的是什麼。於是有人想出了個辦法，讓演員們都戴上一個面具。扮演天使的戴一個象徵天使的面具；扮演魔鬼的戴一個象徵魔鬼的面具。這樣觀眾至少能夠了解臺上的人所扮演的角色，而可以多少了解一點其所扮演的內容。

　　在舞臺上，一個演員所表現的行為，一定要能和其所扮演的角色相稱。也就是一般人常說的：「演什麼就要像什麼」。換句話說，角色限制了他的行為。既然面具是代表演員的角色，那就可以說：面具規定了或限制了演員的行為。觀眾從演員的面具上就能知道他所扮演的是怎樣的一個人，就能了解並預測他的行為。這樣乃可以看出面具的作用，而進一步就不難體會由面具所引申出來的「人格」之涵意了。所以簡言之，人格就是一個人所特有的行為模式。比如天使是仁慈的、善良的、喜歡幫助人的；他有其特有的行為模式，要使人從他的行為裡，看到他那仁慈、善良、愛人的特質。同樣的，魔鬼也會使人從他的行為裡看見他那兇惡、殘暴的特質。不過 Libert 和 Libert（1998, p. 4）指出：雖然 personality 這個字是源出於 persona，我們今日所用的人格

概念卻是在十八世紀才出現的，同時我們也宜注意：我們所要探討的「人格」，並不是一個人戴了某個面具後的角色，而是在其卸下面具後的「真人」，也就是他的「本來面目」。

貳 ☞ 人格的定義

　　照上面這麼說，人格一詞的意義似乎並不難了解，可是要給這個名詞下一個定義，卻不如想像的那麼簡單。G. W. Allport 在 1937 年撰寫《人格》（Personality）一書時，曾經從文獻中蒐集了近五十個對「人格」的定義，並將它們歸納為下列各類（Allport, 1937, pp. 43-46）：

一、總括性的定義（Omnibus definition）：在這個定義中，人格被認為是一個人所有特質的總和。

二、綜合性的定義（Integrative and configuration definition）：這類定義所強調的是人格為個人各方面屬性所組成的整體。

三、等級性的定義（Hierarchical definition）：係指將人格某方面的特質分為若干層次或等級，通常在最上面的有整合或統合的作用。

四、適應性的定義（Definition in terms of adjustment）：這一類的定義，強調人格在適應方面的功能。

五、個別性的定義（Definition in terms of distinctiveness）：這類定義比較重視個人的獨特性，亦即個人和其他人不同之處；個人的每一種行為大都是與眾不同的。

六、代表性的定義（Definition in terms of the essence of the person）：這類定義強調人格是個人的代表性行為範型。他不祇是和別人不相同，而是他具有自己的特色，是他個人實際的樣子。

此外 Allport 並指出有所謂「生物社會性的定義」（biosocial

definition），這是指一般人以每個人外顯的情況來認定其人格，只著重其社會刺激價值。Allport頗不贊同這種看法，因為它只注意到一個人外表所給予別人的印象，只注意到個人人格對其他人的影響，而忽略了其本身的、內在的組織。相對的，Allport比較傾向於「生物物理性的概念」（biophysical conceptions），認為無論一個人對別人的看法如何，某個人仍然是具有他自己的人格。如果我們將 Allport 和 M. A. May 兩人對人格的定義並列起來，就不難察見兩者之間的差異了。May 的說法是：

人格「就是一個人所引起的別人對他的反應」（May, 1958）。

照May這樣的定義，張三的人格只有在別人看到他的時候才會被發現似的。不過部分學者對此定義頗表歡迎，因為它加強了人格的客觀性。有訓練的觀察者，常根據其所觀察的行為對一個人作評量，自然會同意每個人都是具有「社會刺激作用的」。但也有人反對這種看法，因為一個人並不會將自己完全在人前展露出來，他在一群具有專家身分的研究者面前所表現的，將會和其在家人或朋友面前所表現的有所不同。我們自然不能因此說此人具有多種不同的人格。

至於Allport對於人格的定義，就顯得比較具體，也較為初習心理學者所歡迎。在其 1937 年所著《人格》（Personality）一書中所寫的是：

「人格是一個人內在心理生理系統的動態組織，它決定了此人對其環境的獨特適應」。

這項定義實際上包含了上述綜合性、階層性、適應性和個別性定義的要點，也代表近代心理學上人格一詞的用法，可以說是一個集大成的定義。Allport在其原著中，曾就定義中幾個關鍵的

詞句，如「動態組織」、「心理生理系統」、「決定」、「獨特」、「適應」等都加了說明，可見他擬訂此項定義時是十分審慎的。

不過 Allport 也是倡導人本主義的，認為人的行為不完全是被動地去適應環境，而是具有主動的作用和意義。如是他在 1961 年修訂其《人格》一書時，就將上述定義末句中「適應」一詞刪去，而改為：

> 「它決定了此人所特有的思想和行為」（Allport, 1961,
> p. 28）。

從上面這些定義，不難看出各個學者對於「人格」的看法，有頗為顯著的出入。每個學者看到了人格的某一方面、某種功能、和行為的某種關係，就從某一個特殊的觀點來描述它，所以每一個定義都有其價值，都能幫助我們對人格的了解。不過 Sarason 明白指出，「多數的定義都隱含了一個假定：認為人格是一種假想的內在結構或組織，但是目前的傾向是不要將人格視為一個人各種特性的組織或系統，此種傾向似乎顯示人們已能察知：對一個複雜而假說性的結構加上一個確定而具體的定義，也許並不能有助於對個別差異、個人特質和外表行為之間關聯的了解」（Sarason, 1974, p.15）。換言之，我們要注意的是，不應將「人格」看成藏在我們裡面的一個「小人」或是「小精靈」，在控制著我們的行為。說得更清楚一點：不應將「人格」看成一個實體，因為它實際上只是一個概念，同時它只具有推論性的存在。

心理學裡這一類的概念（或構念 construct）很多，最明顯的例子要算是行為的「動機」。「動機」是心理學中十分重要的概念，有許多理論在探討動機的性質和分類；有許多工具，被編訂出來衡量動機的作用和強度；有許多實驗研究，目的就在探究動機活動的歷程。然而，歸根結蒂有誰見過「動機」？無論是追求成就的「動機」或是攻擊的「動機」？「動機」是個怎麼樣的型

態？沒有人能夠回答這些問題。因為「動機」原就沒有實質的存在，它的存在完全是推論性的。雖然我們在運用「動機」這個名詞時，幾乎完全是將它看成十分具體的事物。這是基於我們認為：一個人不會無緣無故地表現某種行為，每一種行為的後面，都有其內在的推動作用，推使當事人去表現某種行為；當事人甚至還可以感受到那個推動的作用。因此當有人表現出努力工作，力爭上游的行為時，便推論那是由於成就動機的作用。而由於動機概念的存在，使心理學家得以循行為動力的方向，去研究人類的行為。

　　上述 Sarason 的意見是值得注意的。不過一般學者在撰寫人格心理學專著時，仍然會給「人格」一個定義。例如：

　　Libert 和 Libert（1998）在他們所編《人格心理學》第八版中對「人格」的定義是：「人格」是一個人生理、心理品質的獨特、動態組織，影響其對物理及社會環境的行為和反應。在這些品質中，有一些是此人所特有的（如記憶、習慣、姿態），另一些則是和少數人、許多人、或所有的人共有的。

　　Pervin 和 John（1997）在其合撰的《人格心理學：理論與研究》第七版中給人格的定義是：「人格是指形成一個人情感、思想及行為經常型式的那些特性」。

　　Phares 和 Chaplin（1997）在其合編的《人格導論》（An Introduction to Personality）第四版中將人格定義為：「人格是一個人思想、情感及行為的特有模式，它和另一個人的型式不相同；並且在不同時間和情境中維持一致。」

　　Jerry M. Burger（1993）在其所著《人格心理學》第三版中對人格所作定義如下：「人格是由一個人內部所產生的穩定行為範型」。

　　這幾位學者的意見倒是相當接近的。這也表示近年來學者們對「人格」一詞的看法。

參 ☞ 人格概念的作用

從上述這些定義我們可以察見：心理學者是要應用「人格」這個概念來說明人類行為的幾個重要現象：

一、說明行為的整體性

人是一個很複雜的有機體，具有很複雜的心理、生理系統，但是這些系統並不是相互獨立、各自為政的，而是相互配合，彼此有密切關係的；每一種行為其實都是整個個體的活動。平日我們習慣於說：「我在用腳走路」，「他在用嘴說話」……嚴格說來，這些話都有語病，都不十分正確。一個人不是用腳走路、或用嘴說話，是他的整個人在走路，因此他走路的姿勢、輕重、步調，都有他的特色，和別人不同。我們只要聽他的腳步聲，或是遠遠的看見他身體擺動的姿勢，就常能立刻判斷出他是誰來。同樣地，說話也是一樣，除了嘴和舌之外，個體的其他方面也參與了說話的行為，使一個人所說語言的質，和別人所說的完全不一樣。比如有人聲音高亢，有人則語調低沈；有的人口齒伶俐，說起話來珠潤玉圓；有的人詰屈聱牙，語氣常不能連貫；這些都不是完全由嘴和唇所控制的。所以我們常說：每種行為都是整個個體人格的表現，而不是局部器官或功能的活動結果。

筆者雖然在大學裡任教多年，但是板書一直寫得不怎麼好。某次在一個師資講習班上課，我請一位學員（事實上是一位國中教師）上來，在黑板上寫了一些東西，他寫得十分工整，和筆者所寫的相較，真有天淵之別。當時筆者提出了一個問題：「我的黑板字為何寫不好？」堂下的學員多半不好意思回答，都只說：「沒有什麼不好啦！」筆者一再追問，一位學員才遲疑的說：

「老師寫得不錯啦，只是缺少練習罷了。」後來筆者自己做了解釋：「我的板書寫不好，除了缺少練習之外，另一個原因是我性子很急，常常急於把應寫的資訊很快地寫下來；同時我不願意長時間背向學生或聽眾，因為我認為教師是應當經常面對學生的。」這種解釋也許只是一種自我解嘲的作用，但卻也能說明了寫字不只是「手部」的活動，當事者的整個人格都參與了，包括了他對於若干事物的態度在內。以筆者的寫字行為而言，就受了筆者對教學的態度所影響，旁觀者或許不會想到。由是可見，每一種行為，都是當事人整個人格的表現。

二、說明行為的一致性

人格是頗為固定的，它具有相當的穩定性，雖然其各系統或部分常會因時、地的變動，而有一些差異，但是他們所構成的整體，在一般情況下，卻具有相當的穩定性。也就因為這個緣故，我們常能對某些人的行為，根據其以往的表現，來做一些預測，而且多數時間，都能有頗高的預測效果。我們時常會說：「張三是十分可靠的人。」，或「李四是比較不拘小節的人。」或「趙大向來是挺豪爽的，是個肯熱心幫忙的人。」這一類的描述，就隱示人們的人格及其行為範型具有相當的穩定性，他不只是一次有某種行為表現，而是多次如是，經常如是，顯示出一致的傾向。

行為的一致性，在大學的課堂上也很容易見到：每次準時或稍早一點到達教室的，常是某一些學生；上課鈴響過後才匆匆跑進教室的，也總是某一些人；儘管教室裡沒有排定座位，而自動選定坐在前排的，總是那幾張面孔；有些學生會經常提出問題和參與討論，有些學生卻整學期很少自動發言。在同一個課室裡，每個學生都擁有其相當一致的行為模式。

國外文書證件，多不用圖章，而以當事者的簽字為憑，因為圖章是易於偽造的，而簽字呢，則是當事人的行為表現，他運筆

時的起、承、轉、折，皆有其特徵，而且通常都有適度的一致性，別人不易模仿。國外有些「相士」，不相人面，而以當事者的簽字作為評鑑的對象，也是本此原理。

三、說明行為的特殊性

人之互不相同有如其面。這也就是說：每個人的行為，均有其特色，與眾不同。事實上每個人的行為既然是其人格的表現，自然是與眾不同的。我們常說每個人做事，都有他的風格，不僅是有地位的人如此，販夫走卒也是一樣。1950 年代，美國曾有一名專門搶劫銀行的強盜 J.，他每次作案前，都會對其準備搶劫的對象進行仔細的觀察，以了解其人員上班工作的情形（比如每天都什麼時候開門？通常是哪一位職員最早上班，他有哪些習慣性的行為？警衛的身材如何？通常是站在什麼位置……），然後配合各項實際情況訂定搶劫計畫，所以經常是馬到成功。每次搶案發生後，警方人員來現場偵查，常立刻知道那又是 J.的傑作，因其作案手法有其特色，迥異於他人。

在每學期第一次上課時，筆者常會發給每位學生 3 × 5 吋的白紙卡，請他們寫下過去修習人格心理學的經驗和每周來校的時間。雖然筆者所要的資訊非常簡單，可是每個人所寫的都各有特色。有些人會將那張長方形的紙卡直放著寫，有些人卻要將紙卡橫放著寫；有些人寫的字比較大，整張紙卡都寫滿了，有些卻祇用了一半或三分之一的空間；有些人在後面自動加註了填寫的日期；有些人卻寫明她到學校來只是「在系上遊蕩而已」。沒有兩個人的反應是相同的，充分顯露出各人行為的獨特性。

肆 ☞ 人格心理學研究的方法

一般說來，所有其他科學應用的研究方法，人格心理學都可以引用。籠統地說可以分為個案研究法、實驗研究法、和相關研究法三者。茲分列說明如次。

一、個案研究法

在個案研究中，研究者常是就某一個特定的對象，從多方面進行廣泛而深入的觀察與探討。研究者可能會去了解案主身體發展的情形、心智功能發展的情形、學業和工作成就、人際關係、宗教信仰及社會生活適應情形。同時也可能蒐集有關其家庭、經濟狀況、社會及文化環境等方面的資料。研究者可以利用有關案主的各項記錄，也可運用各種測量工具。必要時可對案主本人及其他有密切關係者進行訪問，期可作深入的探索。研究者將由各方面所蒐集的資料綜合起來，進行分析，試圖對案主的人格有比較完整的了解。這種方法在臨床方面運用得較多，通常由接受過訓練的個案工作者擔任。

個案法的優點是：⑴從多方面蒐集資料，內容豐富；並可有機會察見案主各方面環境間的相互關係。⑵研究在平常的情況下進行，不做任何人為的控制。⑶可以對案主作比較深入的探究。但個案法也有其限制：⑴因為研究的範圍較廣，所需用的時間和人力常較多。⑵所蒐集的資料甚多，所涉及的變項常過於複雜，不易分析其間的關係。⑶所得資料常祇由研究者進行較主觀的分析，常可能因其理論背景與經驗的影響而有所偏。⑷由多方面循多種方式蒐集資料，不易有良好的規劃使之系統化。

二、實驗研究法

在一般科學研究中，實驗法乃是最常用的方法，也是最受重視的研究方法。在實驗研究中，研究者是在某個控制的情況下，操弄某些變項，來觀察對另一些變項所產生的影響。其所操弄的變項，通常稱之為自變項（independent variable）；其所觀察的變項，乃稱為依變項（dependent variable），例如 McGinnies（1949）曾利用實驗研究探索「知覺防衛作用」（perceptual defense），他以快速陳示器（tachistoscope）呈現一些刺激字。其中一部分是中性字，就是通常不會引起情緒反應的字，如蘋果、跳舞、兒童等；另一部分則是常會引起情緒反應的字，如強姦、娼妓、陰莖等。研究者先以極快的速度呈現這些字，然後逐漸減緩，直到受試者能夠辨認出來為止。實驗者記錄受試者辨認出每個字時的速度，以及他當時的汗腺活動（出汗是受試者當時情緒反應的指標），結果發現受試者對那些中性刺激字常能較快辨認，同時沒有明顯的情緒反應。而對那些具有情緒色彩的字，則較不易辨認，要在陳示速度較慢時，方能辨認出來，並且有較為強烈的情緒反應。McGinnies 應用這個結果來驗證他的觀點：他認為人們對那些低級或下流的字眼，具有不自覺的排斥心理，這乃是含有防衛的意義，表示自己不常想到那些字以及和它們有關的事物（讀者應注意：本項實驗係在約五十年以前進行的，McGinnies 當時所選用含有情緒色彩的字，今日也許不會再引起類似的反應了）。本書引用此項研究，僅以之為實驗法案例，並不表示對 McGinnies 的理論有何意見。

實驗法的優點是：通常實驗研究都有某些理論或假說為依據。研究者選定所研究的變項後，經過仔細的設計，對自變項進行操弄，並在控制的情況下，進行觀察。其資料的蒐集，也都在客觀情況下進行，故能確定自變項和依變項的關係而不受主觀因素的影響。由於實驗研究常只探討少數變項之間的關係，乃可直

接察見其相互關係及因果關係，而不致有錯綜複雜的情形。

　　不過實驗法也並非完美無缺的，它也有一些缺失：(1)實驗研究常在人為的控制情況下進行，與一般眞實生活中的情況不同，由是則在實驗室內所產生的現象未必能概化於一般情境之中。(2)基於研究的倫理，在實驗情況中不得使受試者身心受到任何損傷和不利的影響，這也使實驗法受到很大的限制。(3)實驗情境的安排，可能隱含著某些線索，這些「要求的特徵」（demand characteristics）具有導引或促使受試者表現某些行為的作用。有時實驗者可能無意中在記錄或分析資料發生錯誤，或是不自覺地給了受試者一些暗示，使後者依照實驗的假設表現出某些行為，是即所謂「實驗者期望的影響」（Rosenthal, 1994）。不過 Pervin（1993, p.54）指出：這兩類情況所造成的錯誤，在各種研究方法中均可能發生；只是在實驗法裡較受注意。(4)實驗法在人格心理學研究中受重視的另一個原因，乃是由於自然科學中，常採用實驗法，給人們一個印象：研究必須要運用複雜的儀器和在嚴密控制的情況之下進行，才能顯示其重要性。心理學者也受到這種態度的影響，同時「沒有研究論文發表，就沒有前途」的風氣也頗具壓力，而在申請研究補助費時，「研究期限」都有限制，通常為了方便，多以學生為研究對象。這些因素常會影響研究的品質（Phares & Chaplin, 1997, pp.40-44）。

三、相關研究法

　　前面所述的個案研究法，固然有助於對少數個案作深入的探討，但基於實際的限制，不能大規模實施。實驗法雖能觀察行為變項間的因果關係，但是許多變項是不宜於或不可能由實驗者任意操弄的，例如我們不能安排實驗情境使受試者陷於強烈恐懼或沮喪的狀態。所以人格心理學者應用相關研究法來探討某些問題，是很常見的研究策略。

　　在相關研究中，常會用到人格量表或問卷來蒐集資料。比如

研究可用量表衡量受試者的抑鬱心境，同時調查其在最近六個月赴門診部看病的紀錄，來探討兩者之間的相關。

相關研究法應用頗廣，因其對所探討的變項沒有太多的限制，這樣乃可藉以了解多個變項之間的關係。不過即使某兩個變項之間有高度的相關，並不表示二者有因果關係，這是必須注意的。由於相關研究常用到人格量表和問卷，那麼這些評量工具本身是否具有適當的信度與效度，乃是首應考慮的問題。同時量表實施的情境和受試者填答時的心態與反應類型（response style），也都可能有影響。這一些問題將在本書第二篇中詳作討論。

目前坊間人格評量工具為數不少。有時兩個量表可能都可獲得在名稱上相同的分數，如攻擊性，但在實質上兩者並不一定具有相同的意義。因此應用時必須慎加選擇，在陳述結果時更宜小心。

綜合來說，本節曾就人格心理學的三種研究方法，做了簡約的說明，也指出了各種方法的優點和限制。事實上沒有哪一個方法是十全十美的，研究者宜就其所擬探討的問題，選用最適當的方法。他也可以同時應用兩種方法，以收相輔相成之效。部分學者對某一種研究方法有偏好，也是常見的事。

伍 ☞ 「人格」一詞正名的問題

前面說過：中文心理學裡「人格」一詞是譯自於英文的 personality。這個譯詞始自於何時，迄今尚無人考證。從譯文本身來說，是很恰當的。中文的「格」字很有意思，它有指明事物的情況和水準之意。如「體格」是指一個人身體的情況；「品格」是指一個人品德方面的情況；「性格」是指一個人性情方面的情況。依此類推，以「人格」來表示一個人整體的情況，應當是很相宜的。唯一的問題是，在中文裡早已有「人格」一詞，所指的

是一個人的品德方面，有時我們會說「某某的人格很高尚」或
「某某的人格很卑鄙」，在極端的情況下，甚至會以「沒有人
格」來形容某些品德極低劣的人。如是這兩個新舊的名詞，有時
難免有些混淆。因此多年來研究心理學方面的人在用到「人格」
一詞時，常會特別說明：「心理學中所謂的人格，是指整個的
人，整個人的行為範型，而不是僅指品德的一方面。」這樣雖是
有一些不便，不過行之既久，大家也逐漸習慣了。

　　但是部分心理學界同仁不很滿意這種可能引起混淆的情況，
主張索性將兩個名詞分清楚，這一種構想是無可非議的。因此在
1971 年教育部修訂大學標準時，由國立臺灣大學心理學系幾位教
授建議：將英文中 personality 一詞的中譯改為「性格」，該項建
議為當時與會者所接受，如是原有的「人格心理學」、「人格測
驗」等有關名詞，就都隨著改為「性格心理學」、「性格測驗」
了。

　　國立台灣師範大學（師大）教育心理系，在那一次修訂課程
標準時，被列在「師範院校」一組，和其他大學的心理系所分開
了，乃就沒有機會參與「人格」譯詞的討論；而在師範院校方
面，該名詞的問題沒有被提出來，因此「人格」一詞就沿用下來
了。「人格心理學」、「人格測驗」等名詞也自然被保留下來，
留在課程之內。教育部主其事的人似乎也不曾注意到，如是同一
個課程就以兩個不同的名稱，出現在兩個課程標準之中。而最麻
煩的是來自不同學校的教員和學生在用到 personality 一詞時，或
稱「人格」，或稱「性格」，倒真是混淆不清了。作者曾在中國
心理學會年會中提出這個問題，建議為 personality 的中譯正名，
但迄未有機會做正式的討論。

　　在中國大陸方面，這個名詞也尚未有統一的中譯，有用「人
格」的，如陳仲庚、張雨新合著的《人格心理學》（1989），黃
希庭著《人格心理學》（1998）；有用「性格」的，如燕國材的
「中國傳統文化與中國人的性格」（楊國樞、余安邦編：中國人
的心理與行為，1992）。蘇州大學的黃乃松教授在和作者討論這

個問題時，則曾說：「包括潘菽師與弟在內，都想把人格心理學改名『個性心理學』，贊同者不少，但這沒有取得共識」，黃氏曾撰有兩文說明個性心理學的涵義（黃乃松, 1984, 1985），並曾指導碩士班研究生，撰寫這方面的論文。

　　近年來台灣地區「人格」一詞的應用，似有漸趨普遍的傾向。坊間幾本教材的中譯本，都以「人格心理學」為書名（如洪光遠、鄭慧玲譯《人格心理學》，林宗鴻譯的《人格心理學》，揚智出版）。也許久之這個名詞逐漸會為大家所接受，爭議就將消滅於無形了。

問題討論

1. 有關人格定義的分類有哪些？你最欣賞哪一種定義？
2. 請舉例說明人格概念的作用。
3. 個案研究法的優點是什麼？它有什麼限制？
4. 哪些因素會影響實驗研究的品質？
5. 請說明相關研究法的意義。

第二章

人格心理學的理論

壹、理論的意義與功用

一、理論的意義

二、理論的功用

貳、人格心理學理論的範圍

一、人格的實質和結構

二、行為的動力或動態歷程

三、人格的發展

四、人格的適應

五、行為的改變與治療

六、人格的評量

參、人格心理學理論的向度

一、自由論－決定論

二、理性－非理性

三、整體論－分析論

四、遺傳論－環境論

五、可變性－不可變性

六、主觀性－客觀性

七、主動性－反應性

八、均衡性－不均性

九、可知性－不可知性

肆、理論價值的評估

一、廣博性

二、簡約性

三、實徵效度

四、引導研究的作用

五、內部的一致性

伍、影響人格心理學理論內涵的因素

一、當時的社會背景

二、學者本身的經驗

三、學者對人、社會、及科學等的態度

四、有關學科發展的情況

☞ 本章要旨

　　在人格心理學中，人格理論的介紹常為極重要的一部分，本章特別就理論有關的幾個問題，作了比較詳細的說明。有關人格心理學理論的範圍，雖然並沒有任何規定，但一般說來，多數的人格心理學理論都明顯地有一個共同的模式，亦即包括：人格的結構、行為的動力或歷程、人格的發展、行為適應與心理疾病、行為改變與治療、人格的評量等，而這些也就是在論及人格心理時，大家所希望探討的問題。不過各個理論對上述這幾方面重視的程度卻是可能有差別的。本章對影響人的心理學理論內涵的因素，做了一些說明，這對讀者應該會有些幫助。因為任何一個理論，都不是完全獨立出現的。

壹 ☞ 理論的意義與功用

一、理論的意義

　　簡單地說，理論乃是研究者根據他對某些現象進行一些觀察之後，獲得了一些印象，然後對該現象提出一些假設或推測，來解釋那個現象。照這樣說，理論和事實是相對的。如果理論完全被驗證了，那就已成為事實，不再是理論了。Freud 在觀察一些心理疾病患者之後，認為他們的症狀都是基於潛意識的作用，於是提出有關潛意識的理論，來解釋病人的行為，並進而將該項理論推廣至一般人的行為。目前多數學者都能接受潛意識的存在，但並不一定同意 Freud 理論的全部。而潛意識究竟是怎麼回事，這個問題仍然停留在理論的境界。

二、理論的功用

　　在對任何問題的研究和探討上，理論總是具有極重要的作用。照 Hall 和 Lindzey 的意見，理論具有下列三方面的功用（1978, pp. 12-15）：

1. 它可以使有關某問題的意見和一些實證研究結果納入一個邏輯上一致而比較簡單的架構裡，而形成比較完整、有系統的理論。

2. 它會引起對於有關而尚未被注意到的實徵資料的蒐集和探討。換言之，理論可以使有關某一個問題的知識有系統地擴充。

3. 理論可使一些觀察者不致因為自然或具體現象的全面展示，而被弄得眼花撩亂。一個理論等於是一個過濾計，它要告訴那些

觀察者，不必爲所見事物的所有方面去傷腦筋；理論可以使一個研究者循著某一方向去探討某一個現象或行爲。因此，具有不同理論背景的人，可能研究同一個現象，但所觀察的可能是完全不同的東西。

　　根據上述，我們不難察見理論的重要性。對有關人格的理論來說，我們會以爲一個理論能給予「人格」一個明確的定義，同時對於人類行爲有一些基本的概念，以導引其研究的方向。但是事實上並不如此。首先，當我們在檢視已有的一些理論時，就會發現多數都缺乏明確性，通常很不容易找出那些理論中所有假設和立論的基礎。它們常用了許多文字，一方面像是在勸引讀者接受理論的涵義，同時又把理論中的基本假設遮蓋起來。換句話說，許多理論都未能簡單明瞭而有條理地被陳述出來。因此常常引起一些混淆，使人分辨不清究竟何者是原有的假設？而何者乃是要去作實徵驗證的？（Hall & Lindzey, 1978, pp. 16-17）不過這種情況近二十年來也有一些改進，人格理論至少也在反映出一些對於行爲的看法或假設，同時對於如何進行研究來說，也提供了一些方向。換句話說，即使未能提示確切的命題，也能使研究者注意到某些範圍將是問題的核心。

貳 ☞ 人格心理學理論的範圍

　　各個人格心理學者立論，目的都在幫助大家了解人類的行爲。雖然每位學者所注意的重點或不盡相同，但是大致上所討論的範圍是相去不遠的。一般說來，每一個完整的人格理論會包括下列幾個要目：

一、人格的實質和結構

　　人格理論顧名思義是要對人的行為有所說明，因之它通常會對於「人格是什麼？」「它的實質為何？」「它具備怎樣的結構？」等問題，有所交代。不過各位學者在這方面的說明，繁簡不同，像心理分析學的 Sigmund Freud 對人格的結構有相當明確的說明，特質論者認為特質是人格的基本結構，都是大家頗為熟悉的。

二、行為的動力或動態歷程

　　一個人為什麼會表現各種行為？這些行為的動力是什麼？行為表現的動態歷程如何？都是一個理論所要提出說明的。心理分析論者認為有機體內在的需要引起了緊張狀態，個體的活動旨在消除緊張、恢復均衡。而人本心理學者則認為個體是在追求生長和其潛能的充分發展，有時或且會製造緊張的情況以促進本身的成長與發展，人們爬山、探險、參加競賽，以至於科學研究，均為此種傾向的表現。

　　近年認知心理學受到重視，學者乃比較注意人們追求了解宇宙間事物的努力，而認為「求知」是十分重要的行為動力；並且希望四周的現象，包括人的行為，能有其一致性，以期可作適當的預測。Swann（1992）甚至指出：人們有時為使世界看來比較穩定而可以預測，寧願接受一個比較不愉快的情況。

三、人格的發展

　　環顧四周，你會見到各式各樣的人。比如：甲很喜歡社交，很容易和他人成為朋友。乙秉性謹慎，凡事都要三思而後行，不肯冒險。丙則具有猜疑的心理，總是擔心別人有不利於他的企

圖，因而常和別人保持距離。我們常想知道這些不同的人格是如何形成的？學者們在論及人格的發展時，都會同意每個人的人格是父母的遺傳和其生長的環境交互作用的產物。不過各個學者對於遺傳和環境的相對重要性則有頗大的差異。而且在各個不同的時期，學者們對兩者的相對評價，也常有改變。按理來說，遺傳作用對個體發展的影響，是不容否認的，但是歷來的學者們都不願意強調遺傳的作用。一方面是一個人所承襲的遺傳，是自其生命開始存在時就完全決定了的，人們自己無法改變它；若是不幸承襲了不健全的遺傳，也只有認命，這樣乃產生了趨於悲觀的態度。Phares 和 Chaplin（1997, p. 19）並且指出，由於對遺傳作用的強調可能使社會產生種族間優劣比較的觀念，以致引起歧視和敵對的態度，甚至有人用之以為制定不平等的社會政策之依據，其負面效果頗為嚴重。如是大家就避開不談遺傳了。

但是近年來遺傳方面的研究，無論是在理論和方法上，都有很大的進步。行為遺傳學的研究已廣為學術界所接受。研究者已獲知一些可靠的資料，證明遺傳對許多特質具有影響，包括活動水平、焦慮、酒毒症、支配行為、犯罪傾向、內外控信念、躁鬱症、精神分裂症、性慾以至於政治態度，因此學者對遺傳方面因素的興趣，已明顯地提高。

至於環境因素對人格發展的影響，乃是一向為人們所注意的。從教育的觀點來看，一個嬰兒自其生命開始的時候，其所承襲的遺傳因素已經完全決定，不會產生任何改變。父母和教師所能做的，就是為他安排適當的環境和教養，使他可以獲得健全的發展。不過我們應當注意的是：環境的因素並不是單獨地發生作用的。不同的兒童對相同環境的反應常不相同；而且他們也會對所在的環境產生一些不同的影響，或是引發出某一些情境。比如一個性情溫和並常帶笑容的兒童，總是會贏得成人的喜愛，使後者高興多接近他（她），給予他（她）更多正面的刺激（如撫抱）。所以我們常會強調遺傳與環境兩者交互的作用。Meehl（1992）曾對精神分裂症的產生提出「先天疾病傾向—壓力」

（diathesis-stress）理論，認爲某些人雖可能由遺傳承襲了精神
分裂症的傾向，但若他是在一個不會產生分裂症的環境中（non-
schizophrenic-producing environment）生長，他不會成爲精神病
人。

　　我們有時會說某些人是生活在相同的環境。如果我們所指的
只是物質環境，這句話尙或可能正確；但若要考慮到社會環境，
就常有疑問了。同一個家庭的兒童，就不是生活在相同的環境
裡。試想某家有兩兄弟：老大有一個弟弟，但他沒有哥哥；老二
有一個哥哥，但他卻沒有弟弟。僅這一項就是很大的差別，不用
再說其他了！曾經有一位國中教師責備其班上某個淘氣的學生：
「你的姐姐在學校裡表現很好，是個模範學生，你爲什麼一點也
不像她？」仔細想一想，就不難發現那位教師所說的話是十分可
笑的了。

　　生物性的遺傳和環境因素的影響是十分強大的。不過我們也
常會發現人們並不是完全被動地受制於環境的壓力，也不是完全
爲生理的驅力所左右，而是會主動地對當時由身體和環境所來的
訊息加以辨識、解釋、思考後，再做自己認爲適當的反應。衆所
熟知「齊人不食嗟來之食」的故事，就是很好的例子。在認知心
理學抬頭之後，人格心理學者對於人們主觀認知歷程的注意，大
爲增加，在本書第十二章中，將作較詳細的討論。

四、人格的適應

　　在日常生活中，每個人都需要因應環境所加予他的壓力和要
求。大多數人都能表現良好的適應，而被視爲健全的人格。各個
理論對於健全人格的界定大致相去不遠，不過也常因要配合其整
個理論的中心概念，仍各有所要強調之處。例如心理分析論者非
常強調潛意識對行爲的影響，因此他們認爲一個人祇有在不爲潛
意識所左右時，才能表現良好的適應。社會學習論者則認爲當一
個人預期能滿足自身的需求時，乃會有良好的適應（Phares, 1991,

p.9）。至於那些不健全或異常的行為，則都可視為不良的適應
（maladjustment），通常各個理論都會論及何謂不良的適應。

五、行為的改變與治療

當一個人表現了不良適應行為時，他往往會需要臨床心理學
者的輔導和協助，來改變其行為的模式。很明顯的，一個理論所
倡用的行為改變及治療的方式與策略，是會以該理論對不良適應
行為的看法為依據的。例如學習論者認為所有的行為都是習得
的，那麼行為治療的基本原則，就是應用學習原理將那些不良適
應行為消除，並協助當事人建立健全的行為模式。心理分析論者
認為不良適應行為是基於潛意識的作用，則其治療程序就須對當
事人先進行深度心理分析，以了解其潛意識，然後再使當事人能
覺察並領悟其機制，進而得以擺脫其影響。各個心理諮商學者對
不良適應行為有其獨特的觀點，因之也就有許多不同的輔導策略
被導引出來。

六、人格的評量

心理學者為了要測量一個人或一群人各方面的品質，常編訂
出一些測量的工具。智力測驗是大家最熟悉的一種。人格心理學
者為求對某一個特殊個案有比較詳盡的了解，比如他在某一種特
質方面的情況、他對於某些事物的態度、他在某種情況下的情緒
反應，或是他在接受治療前後某種特質改變的情形⋯⋯等，都可
以應用有關的測驗或量表，進行評量。某些學者有時配合他的理
論，可能特地編訂某種測驗或量表，以蒐集資料，來驗證他的觀
點。如 J. B. Rotter 的《內外控信念量表 》、H. A. Murray 的《主
題統覺測驗 》都是。在人格心理學的研究裡，經常會應用到各
種測量工具，這也顯示評量在人格心理學裡的重要地位。

參 ☞ 人格心理學理論的向度

　　有關人格心理學的理論很多。在幾本常用的人格心理學教本裡，各都列舉了十五、六位學者的理論（Hall & Lindzey, 1978; Pervin, 1993; Phares, 1997）。各個理論對於人類行為的看法，彼此有些出入。Hjelle 和 Ziegler（1992）曾比較這些理論，發現它們之間的差異，可以歸納在九個具有兩極的向度上。這九個向度分別是：

自由論（Freedom）－決定論（Determinism）

理性（Rationality）－ 非理性（Irrationality）

整體論（Holism）－分析論（Elementalism）

遺傳論（Constitutionalism）－環境論（Environmentalism）

可變性（Changeability）－不可變性（Unchangeability）

主觀性（Subjectivity）－客觀性（Objectivity）

主動性（Proactivity）－反應性（Reactivity）

均衡性（Homeostasis）－不均性（Heterostasis）

可知性（Knowability）－不可知性（Unknowability）

　　這些向度拼合起來，可以構成一個空間，那些重要的人格理論中所描述的人類行為，都在這空間裡佔據了一個想像的位置。比如 William Sheldon 的體型論，在「遺傳論－環境論」的向度上，是偏向遺傳的一端的。若是我們也能確定它在其他向度上的位置，那麼就比較容易而且清晰地了解該理論的架構。不過對某一個理論來說，它可能祇在某一、二個向度上有其明確的意見；而在其他向度上，就可能缺乏資料來作適當的評判。或是持論者原本就不十分注意和其他假設向度有關的問題。關於這九個向度，可分別作如下的說明。

一、自由論－決定論

這是一個很基本的問題：一個人對他自己的行爲究竟有多少決定的作用？是完全由他自己的意思去作決定的嗎？有多少是由某些不爲他所控制的因素所決定的呢？心理學者對於此一問題的意見，彼此有頗大的出入。心理分析學者認爲個體的行爲都是由其內在的驅力所左右，而且大多數時候那些驅力的作用，是個體所未曾察覺到的。人本心理學者的看法則正相反：Carl Rogers 曾指出人類並不祇是像機械一樣，完全由其潛意識來掌握；他是在創造自己，在創造其生命的意義，是有其自由的（引自 Shlien, 1963）。

二、理性－非理性

在這一個向度上，學者們所探究的是：人們的推理能力對其行爲具有多少影響作用？人們究竟是理性動物，或者其多數行爲是由非理性的作用所支配？雖然很少理論會認爲人是完全理性的，或者完全是非理性的，但是許多理論在這個向度上是有差異的。例如 B. F. Skinner 重視學習歷程中增強作用的效應，就不考慮理性的作用。而相對地，G. Kelly 認爲「人是科學家」，其推理作用對行爲是具有重要意義的。

三、整體論－分析論

整體論的學者認爲對行爲的研究必須以當事人的整體爲對象，一項行爲可能是由個體的某一部分在活動，但須視爲當事人整體的行爲，並且認爲當時的背景也當考慮在內。如某甲在走路，不能視之爲其腳的活動，而應看成某甲整體的行爲，因爲他的其他部分也和走路的行爲有關係。同時還要注意他當時是在趕

公車或者在和情人散步，情況是會大不相同的。持分析論者則以
為對一項行為有系統性的了解，必須對有關的器官或單位作詳細
的分析，才能觀察其究竟。從整體著眼時，往往祇能獲得一個籠
統的印象，無助於對一項行為的精確認識，一般科學研究多以局
部或小單位的分析為基礎。事實上整體和分析性的了解都具有其
重要性；不過某一個理論可能會對兩者之一特別重視。

四、遺傳論－環境論

　　人格理論學者常會被問及：一個人的人格有多少是遺傳的？
有多少是由環境的影響所形成的？這是一個很重要的問題，但並
不容易有簡單的答案。遺傳論者多重視體質和行為的關係。重視
體質的觀念出現頗早，希臘醫界的 Hippocrates 就曾認為一個人
的氣質乃是由其四種體液（humors）的平衡情況所決定。近代學
者如 Kretschmer（1936）、Sheldon（1944）都曾依據此一觀念
提出體質和心理疾病及體質和氣質的理論。若干人格理論中視生
理因素為個人人格特質重要變項者也不在少數。Eysenck 也是相
當強調遺傳因素的（Eysenck, 1995）。至於環境因素的重要性，
似乎沒有人會否認。行為學派的學者，自 Watson 以降，都非常
強調環境因素的影響。因為行為的學習，都是在某一個環境中進
行的；如何將環境中各種情況作適當的控制和安排，去增進學習
的效果，乃是學習學者所感興趣的問題。多數理論注意到遺傳和
環境因素的交互作用，因之在此一向度上常不會傾向任何一個極
端。

五、可變性－不可變性

　　在這一個假設中的基本問題，乃是一個人在其生命歷程中能
否有根本的改變？是否一個人在經過一段時間後會產生比較明顯
的改變？有些學者認為一個人的人格在兒童時期形成以後，是一

直不大會改變的。我國過去有「三歲看大」、「七歲看老」的觀念，就是接近這一端的想法。心理分析學派的學者也多採取這樣的觀點，不過在程度上常有一些差異。例如 Freud 認為兒童時期形成的人格，以後在表面上或可能有些改變，但其潛在的人格結構，則是不會變的。而相對地 Erik Erikson 的看法就沒有那麼極端，Erikson認為每個人都會循著一定的發展歷程不斷地在改變，他在各個階段處理問題（crisis）的方式，就會導引其進一步發展的方向。心理治療者和諮商工作者在這方面的看法，常是其實施治療和諮商的依據。Freud 認為只有長期和深度的心理分析，才可以有機會使當事人人格產生實質的改變。

六、主觀性－客觀性

人格學者所探討的問題中，有一個是涉及到主觀經驗和客觀環境對個人行為的決定作用。一個人是否居於他個人所有主觀世界裡，他的行為主要是受其主觀經驗的影響？或者他主要是受外在的、客觀的因素所影響？這一方面的爭議，也正是近代理論中現象學派和行為學派觀點相異之處。現象學者常指出：決定一個人行為的並非外在的事物和環境，而是他對於那些事物和環境的看法。他若認為某項事物對他具有重要性，他就會珍視它，極力去爭取它；反之，他若認為該項事物沒有意義，就將視之如敝屣了。若不了解他這些主觀的看法，就將無法了解他的行為。

七、主動性－反應性

這個問題涉及對人類行為原因的解釋：究竟一個人的行為是由其內部所發動的？或祇是對於外在刺激的反應？採取主動性觀點的學者認為行為的原因要從人的內心裡面去尋找，產生行為的作用乃在於人的內心。人們是在主動地表現各種行為，而不祇是做被動的反應而已。持反應性觀點的學者則以為每個人都是屬於

某一個環境中，環境會給予他各種形式的刺激，他乃得適應其環境，表現適當的反應。研究者祇須注意並了解刺激與反應二者間的關係，而不必再考慮其他。

八、均衡性－不均性

有些學者認為一個人活動的主要目的，乃在解除其緊張，維持一種均衡的狀態。當個體有所需求時，往往是導因於某些方面的缺乏，使之陷於緊張的情況；於是個體將表現一些活動，以取得滿足，而使個體恢復到均衡的狀態。但是另一些學者則持相反的意見，他們認為個體主要的動機乃在追求生長、求發展。因此它是在追求刺激，製造出一些問題，使個體去尋求解決的途徑，而藉以增進其知識和能力的發展。因此他是在不斷地求新、接受挑戰，使個體得以不斷的成長，獲得充分的發展。不同學者在這個向度上意見的差別是相當明顯的。例如心理分析學派的 Freud 是傾向於重視個體維持均衡狀態的動機；而人本心理學派的 C. Rogers、 A. H. Maslow 等則是很強調個體謀求自我充分發展的傾向。

九、可知性－不可知性

人性是可以經由科學方法去了解的嗎？或者它是超越了科學研究的範圍，是不能經由科學方法獲得完全了解的？人格心理學者在這個問題上意見常有出入。行為學派的學者，一向主張運用有系統的觀察和實驗來研究人類的行為，他們堅信最終定可發現人類行為的基本原則。從 J. B. Watson 到 B. F. Skinner 都秉持這種態度。至於現象學派的學者則認為每個人生活在其本身主觀經驗之中，而那些經驗乃是別人所不能了解的；因此憑藉一般的觀察與實驗方法，也不能完全體會其私有的領域；也就表示難以了解人性的究竟。

上述這九個向度自然不是彼此完全獨立的，而且有某些向度
似尚有相當密切的關係或重疊的情況。例如相信行為主要是反應
性的人，常也會傾向於相信環境論，比較重視外在的環境因素對
行為的影響。不過這九個向度彼此之間仍然是有差別的。比如主
動性和主觀性看來是很接近的，但是主動性是著重在行為動機的
方面，而主觀性則是指當事人的經驗方面，並不相混淆。有些學
者常利用這些向度來將各個人格理論進行比較，對讀者是頗有幫
助的（Hjelle & Ziegler, 1992）。

　　Hall 和 Lindzey（1985, pp. 13-18）也指出各個人格理論對人
類行為在九個向度上的定位，互有差異。他們在其所撰寫的《人
格心理學理論導論》（Introduction to Theories of Personality,
1985）中將各個理論在各向度上的位置用圖表示出來，對讀者極
有幫助。不過他們所列舉的九個向度與 Hjelle 和 Ziegler 所列舉的
稍有不同。

　　讀者們若細察 Hall 和 Lindzey（1985）及 Hjelle 和 Ziegler
（1992）所列各個理論互有差異的九個向度，就不難發現它們也
就代表了人格心理學中幾個重要的問題。Pervin 對這些問題曾作
扼要的說明（Pervin ＆ John , 1997, pp. 15-22），謂各個理論對這
些問題，尚未有共同的看法，因此它們在這九個向度上的位置就
互有差別了。

肆 ☞ 理論價值的評估

　　關於人格的理論，為數眾多。究竟何者可算為「良好」的理
論？何者不能視為良好的理論？根據前節對理論功能之說明，我
們似乎可以說：凡是良好的理論，必定會具備前述的各種功能。
不過許多學者在回答這個問題時，往往會指出良好的理論該會符
合某些條件，而多數學者在這方面的意見是相當一致的（Hall &

Lindzey, 1978；Liebert & Spiegler, 1994; Pervin, 1993; Phares, 1991）。他們所提出的條件有如下述：

一、廣博性（comprehensiveness）

廣博性是指理論所能涵蓋範圍廣闊的程度。有些理論可以涵蓋人類所有的、或大部分的行為；而另一部分理論則可能祇適於說明或解釋某一方面的行為。在其他條件相等的情況下，廣博性越高的理論，自然越有價值，其所研究的範圍也將越廣闊。事實上即使一個良好的人格理論，也常未能涵蓋人類所有的心理與社會行為。這也是今日有多種理論存在的原因。

二、簡約性（parsimony）

一個良好的理論常是相當簡明，使人可以一目了然地把握其要旨，而無須仰賴某些假設的存在。比如某一種偏差行為的產生，如果應用學習的原理來解釋，通常不需要再加任何的假設；因為人們極大多數的行為，都是透過學習歷程而習得的，正常的、健康的行為如是，不正常、不健康的行為亦復如是，可以用同一個理論來說明。若是要採用所謂「前世醫療」的理論，認為有關的行為是基於當事人「前世」某些經驗或「因緣」的作用，那麼就多了一個有關「前世」的假設，而在該項假設沒有獲得驗證之前，這項理論就沒有什麼意義。精簡的重要性，是大家一向很重視的。

三、實徵效度（empirical validity）

所謂實徵效度就是一項理論是否在其所引申的研究中獲得支持。通常一個理論總是包含許多推論的，而那些推論往往就成為實徵研究的題材。若是那些推論在研究中都獲得支持，那麼整個

理論將容易爲研究者所接受。

四、引導研究的作用（research relevance）

一個良好的理論，也就是大家認爲有用的理論，它會引起許多研究。比如當 Julian Rotter 提出有關內外控信念的理論，並且編訂了量表去測量人們內外控信念的傾向後（Rotter, 1966），跟著就有許多人以之爲研究的主題，去探討內外控信念和人們行爲的關係。如內外控信念在追求資訊方面之比較，在工作成就上之高低，以及在人際關係上、在心理適應上、在身體健康等方面的比較，不勝枚舉。顯見該項理論在刺激和促進研究工作上，有極重要的貢獻。

五、內部的一致性（internal consistency）

這是指一個理論所包含的命題和假設，都應當具有高度的一致性，如是它們可以整合起來，成爲一個完整的理論，而沒有相互抵觸的情況。因此就將具有較強的解釋作用。

伍 ☞ 影響人格心理學理論內涵的因素

如前節所述，人格心理學原本就有大家共同認定的範圍。但是各個學者的立論、取材、研究方法的採用、研究對象的選擇、對某些因素的重視或忽略……等，彼此之間常有很大的差異，如是乃形成各種不同的理論。Pervin（1993, p. 12）曾指出：人格理論會受到學者個人因素、當時的風氣、所在文化中人們持有的哲學觀點等的影響。這樣的說明，實有其重要性，因如此乃可顯示每一個理論的出現都是其來有自，而非偶然。下面將分段說明影

響人格理論內涵的因素。

一、當時的社會背景

關於這一點，可以心理分析論出現的背景來說明。心理分析論發端的時代背景是大家所熟知的。當 Freud 完成其醫學方面的訓練時，歐洲正流行轉換性協識脫離症（conversion hysteria）。患者某項身體功能減退或完全喪失了，但是其症狀沒有生理上的基礎。當時醫師們（包括法國有名的神經醫學專家 Jean Charcot）都採用催眠術來處理那種疾病，也頗奏效。這使 Freud 注意到那些患者對其何以會表現那些症狀，以及催眠術何以能「治療」那些症狀，都毫無了解，都未意識到；如是使他推想到「潛意識」的作用。

二、學者本身的經驗

在建立人格理論時，學者們有時所說的乃是他們自己。這些說來頗為有趣的現象，也是讀者們所應了解的，因為它們常能道出一個理論發展的淵源。

Erik Erikson 的社會心理發展論（psychosocial development）中，核心概念乃是「自我認定的形象」（self identity）。他認為一個人對自己若不能有明確的「認定形象」，不能確定「我是誰？」、「我是怎樣的一個人？」就將會引起「角色混淆」的現象，造成不良適應的後果。這個理論很明顯的和 Erikson 自己的身世有密切的關係。他的父母為丹麥人，在他出生前就離異了。三歲時，母親再婚，他乃隨用繼父的姓氏。他的母親和繼父均信奉猶太教，而 Erikson 卻因其北歐血統所顯露的身體外型，被幼年同儕視為「外邦人」。這乃引起他在身份上的困擾，不能具有明確的「認定形象」。換言之，他自己真實地體驗到「角色混淆」的壓力。他後來特別重視這個問題，應當不是偶然的。

Alfred Adler 稱自己的理論為「個體心理學」（Individual Psychology）。他先提出「器官脆弱」（organ inferiority）的概念，並指出身體功能間的相互「補償作用」；隨之他將這些概念拓展到整個人格系統，認為由「自卑感」所導引的「追求優越」趨向，乃是行為的基本動力。同時 Adler 也很重視家庭內的社會環境，包括手足間的排行，對兒童人格發展的影響。事實上 Adler 的這些觀點，都和他本身幼時的經驗有密切關係。他幼時多病，身體孱弱；手足之間時有競爭；在校的學業成績，也不十分出色（Carver & Scheier, 1996, p. 286；Phares, 1991, p. 98）。這一些經驗和 Adler 的習醫、提倡追求本身充分發展以及社會興趣理論、重視兒童行為指導等，都是有關聯的。

這些都是很有意義的例子。一般人格心理學教材上，大多在推出某一個理論時，呈現有關學者的簡介，使讀者對他們的出身、家庭背景能有些了解，那是很有幫助的。實際上學者們的理論，也是他們人格的表現。

三、學者對人、社會及科學等的態度

前面曾說明一般人格理論，常會包含人格的結構、行為的動力、人格的發展、行為的適應、行為的改變與治療，以及人格的評量等各方面。要探討這些方面的問題，自然會和學者本身對人、對社會、對科學的態度有密切的關係。Pervin 注意到這點，在其所著《人格心理學：理論與研究》中，陳述每一個人格理論時，他總是只就有關學者對人、社會、科學的看法，做了簡約的說明，使讀者對該項理論的了解得到一些幫助。

以個人中心理論為例，Pervin 就只說明 Rogers 人性善的觀點，和其認為人基本上是以謀求自我充分發展為目標的看法。Pervin 隨後也指出 Rogers 是一位現象學派學者，認為每個人對其四周世界各有其獨特的知覺，構成其「主觀的世界」（phenomenal field）。Rogers 也認為心理學應當認真地研究人們主觀的經驗，

在這方面臨床的資料將極有價值，所以他終其一生都致力於蒐集臨床方面的資料，來驗證他的理論（Pervin & John, 1997, pp. 169-171）。

四、有關學科發展的情況

另一個影響人格理論內涵的重要因素，乃是其他學科發展的情況。每一門學科實際上都不是完全獨立的，它常和許多其他學科有密切的關係。其他學科的發展，可能提供了新的資訊，或是創建了新的研究方法、技術或工具，增進了該學科的觀點和研究途徑。比如 Eysenck 重現人類行為的遺傳因素和生理基礎，很可能和近三十年遺傳學、生理學的發展有關。因素分析的發展，無疑地促進了人格五因素論的建立，至於電腦科學與技術在近年中的進步，對認知與資訊處理理論的關係，則更是無須多作說明的。

有關人格心理學的理論，在不同的時期，常會有一些變化。例如在行為的動機方面，在 1950 年以前，驅力論（drive theory）非常盛行，認為解除緊張、尋求滿足乃是人類行為的目標。從1950 年代開始，追求成長和自我充分發展的理論甚受重視。隨著認知心理學的興起，學者們轉而注意人們對事物的恆定性和可預期性的需求。時至今日，大家似乎都覺得人們似乎是朝著自己所定的目標行事的（Pervin & John, 1997, pp. 7-9）。

有時某一個問題，有兩種相對立的觀點，而學者們的意見可能會在兩個觀點搖擺。例如在論及人格的成長與發展時，就有所謂「天性—教養」孰重的爭論（nature-nurture controversy）。前者重視遺傳因素對人格發展的決定作用，後者則強調環境因素的決定性。在不同的時期，兩個觀點被重視的情形，互有消長。近年來遺傳的作用又受到更多的注意了（Pervin & John, 1997, p. 9）。這自然和近年來遺傳科學研究的顯著進步有密切關係。以行為遺傳學和利用進化論的觀點來解釋人類行為成了研究者極有興趣的領域，連帶著大家對人格發展因素的看法，也就傾向遺傳這一端

了，這也顯示出各種科學發展的相互關聯性。

1. 為什麼任何問題的研究和探討都需要有理論基礎？
2. 一個完整的人格理論包含哪些要目？
3. 人格心理學的理論涉及哪些向度？
4. 良好的理論具有哪些特性？
5. 為什麼一位學者的經驗和背景會影響他的理論？

【第二篇】

人格心理學
理論

第三章

Sigmund Freud 的
心理分析理論

壹、Sigmund Freud 的生平簡介

貳、心理分析論的起源

參、Freud 人格理論要義

一、人格的結構
二、行為的動態歷程
三、焦慮及防衛作用
四、人格的發展
五、發展障礙的情況
六、心理分析治療

肆、對於 Freud 心理分析理論的評議

一、Freud 在學術上常受人推崇之處
二、Freud 心理分析理論常受人批評之處

☞ **本章主旨**

　　本章所介紹的是由 Sigmund Freud 所倡導的心理分析理論。近七、八十年來，心理學界對於 Freud 理論提出批評的實無可勝計，有些措辭十分嚴厲：認為心理分析學根本不是科學（如 H. J. Eysenck），但是很少人不承認心理分析學在心理學和精神醫學中是一個極重要的理論，它使我們對人類行為的看法有了極大的改變，影響極為深遠。

　　本章對 Freud 理論的要點，包括他對於人格的結構、行為的動力、人格的發展，以及心理疾病與其治療的看法，做了一個概括性的介紹。有關防衛作用部分，特別用淺顯的事例來做說明，因為 Freud 認為心理疾病患者的行為，基本上和一般人並無二致；祇不過前者所運用的防衛作用趨於極端，其將現實歪曲的程度過大，乃造成不良適應的情況。可是那些運作，常是在當事人所未能察覺的潛意識狀態下進行的，所以心理分析治療的主要目標，就是要使當事人的潛意識內容揭露出來，使其可以覺察，然後才可以合理地設計因應之道。

Sigmund Freud

壹 ☞ Sigmund Freud 的生平簡介

　　爲一位舉世聞名的人寫一段簡介，照理說是很容易的事。因爲每一本人格心理學書上都可以找到這樣一段資料。但也因爲這個緣故，筆者寫來很不容易跳出已有的 Freud 小傳的格調。傳記是依據已有的史實，而史實是無法改變的。大家寫來寫去難免有彼此重複之處。不過既然這分資料到處可以查索到，也許作者就有理由不再依樣畫葫蘆，而只是就個人的看法，將 Freud 一生事略中，初習人格心理學者應當知道的事實，用條述的方式，列舉於次：

1. Sigmund Freud 於 1856 年出生於奧地利的佛萊堡（Freiberg，現隸屬於 Czechoslovakia），於 1939 年在倫敦逝世，享年 83 歲。

2. Sigmund Freud 的母親是他父親的第三任妻子，她生有七個子女，Sigmund 居長，也是她最鍾愛的。Sigmund 認爲母親對他的信心對他一生的事業有重大的影響（Hergenhahn, 1990, pp. 21-22）。他曾說：「一個眞正爲母親所鍾愛的人，在其一生中會有勝利者的感覺，這種成功的信心常能導致他眞正的成功。」（Freud, 1900, p.26，引自 Pervin & John, 1997, p.65）

3. Freud 是一個猶太人，他這一層身份對他的就學和職業選擇都有一些影響。因爲那時歐洲有反猶太（anti-Semitism）之風，在納粹當權時尤烈。Freud的著述也於 1932 年均遭焚毀，他本人被迫逃往英國，在異國終其一生。

4. Freud 在求學期間極爲用功，成績優異。當時他的生理學教授 E. Bruke 主張有機體是一個封閉的能量系統，其能量之來源是來自體內生物化學作用，Freud 承襲了 Bruke 的看法，用來解釋心理方面能量的活動。

5. Freud 在進行研究時極為認真。他在研究古柯鹼時，就曾以自己為實驗；在探討潛意識時，也用自己作為分析的對象。排定每天最後半小時為自我分析的時間，探究夢的分析時亦然。這種為學問而奉獻的精神是至為難得的。

6. Freud 晚年口腔及上顎患了癌症，極為痛苦，在最後的十六年之間，曾動過三十餘次手術。而他的分析和著述工作，直到最後仍不肯停止，其毅力之堅強，令人尊敬。

7. Freud 的著述很多均以德文寫成，大都有了英譯本。目前最完整的版本應是 *Standard Edition of the Complete Psychological Works of Sigmund Freud*，共二十四冊。不過文字轉譯是十分困難的事，像上述英譯全集，雖然 Freud 的女兒 Anna Freud 也參與了編輯工作，但仍有人指出其未盡完美之處（Bettekheim, 1982）。

貳 ☞ 心理分析論的起源

1856 年 Freud 出生於當時奧地利的佛萊堡。四歲時隨父母遷居至維也納，後來他就讀於維也納大學醫學院。因他為猶太人，而醫師是猶太人可以從事的少數職業之一。畢業後，他原想致力於神經醫學的研究工作，但為遷就實際的需要，只好做了神經科的開業醫師。

那時 Freud 對於古柯鹼（cocaine）很有興趣，他用自己做實驗，發現該藥物有消除憂鬱症的功效，並可增進注意力，而且似乎沒有任何副作用。於是他發表了幾篇論文，說明古柯鹼是一種很好的興奮劑，可用為局部麻醉劑，治療消化不良，可以取代嗎啡。但後來發現這些都沒有獲得進一步的證實，而且人們在服用古柯鹼之後，會產生上癮的現象。因此 Freud 備受指責，在醫學界之聲譽乃大受影響，使人對他的話有了懷疑的態度。

Freud 遭遇到這些挫折之後，他只得朝另一方面尋求發展。

那時在歐洲轉換性協識脫離症（coversion hysteria）（註）相當
流行，醫界人士多在尋求對策，而催眠術則是當時運用頗廣的方
法。法國的Jean-Martin Charcot也是其中之一。Charcot本爲法國
當時頗負盛名的神經醫學家，他起初並不相信催眠術眞正具有治
病的功能，經過實際研究，發現果眞有效，如是他就繼續使用
它。Freud 仰慕 Charcot 的名氣，就到巴黎去向 Charcot 求教，
Charcot 應用催眠的方法，顯示在受試者被催眠的情況下，可以
運用暗示引起各種動作癱瘓的現象；同時也可以將那些症狀除
去，這表示生理方面的症狀可以源於心理方面的原因。這些研究
結果對以後協識脫離症的治療有極重要的影響。因爲那時候人們
對於協識脫離症還有一些誤解：第一是由於 hysteria 的希臘字源
的關係，總以爲它祇出現在女性身上；第二因爲是協識脫離症的
症狀都沒有生理基礎，所以就被認爲是詐病。Charcot 的研究澄
清了這些疑慮，也給了 Freud 極大的啓示。

　　另一位給了 Freud 很多幫助的人爲 Hippolyte Bernheim
（1840-1919）。他是當時所謂「南溪學派」（Nancy School）的
成員，南溪學派可以說是運用催眠術治療協識脫離症者的團
體。Bernheim在那兒實驗一些催眠的技巧，如「催眠後的遺忘現
象」（post-hypnotic amnesia）：使受試者接受暗示，醒來後會忘
記被催眠的經歷。另一項則是「對催眠後行爲的暗示」（post-
hypnotic suggestion）：即指示受試者醒來後見到某個線索

註：按 hysteria 一詞，一般均採音譯爲「歇斯底里」，但照國立編譯館所編
　　訂之《精神病理學名詞》中之「決定名」爲「癔病，協識脫離」。我國
　　精神醫學前輩程玉麐教授在其所著《動力精神醫學》（1983, pp.
　　228-239）也採此譯。「癔病」顯然是意譯，指其係心理上的問題，而
　　非生理或器官上的障礙。「協識脫離」則兼有音譯和意譯雙重作用。因
　　爲 Frend 和 Janet Pierre 都認爲 hysteria 是基於意識的解離化。程氏指
　　出：「協識脫離人格有一部分感覺、思想、情感等功能由意識的主流解
　　離，⋯⋯自動地產生協識脫離的症狀，爲本人意識所不能瞭解，也不能
　　管制」（程玉麐，1983, pp.229）。筆者贊同程氏的看法，認爲「協識
　　脫離」較「歇斯底里」的純宗音譯要適當些。

（cue）時，就表現某項行為。（如看到主試舉手時就去打開窗子）。受試者在醒來後看見主試舉手，他就會過去打開窗子，但並不知道為什麼會那樣做。這使 Freud 領會到一個人在表現一種行為時，他本身可能並不覺知其行為的動力，也就是說行為可由潛意識的動機所引起。

第三位對 Freud 有重要幫助的人，是他在維也納的一位朋友，Josef Breuer（1842-1925）。Breuer 是一位醫師，曾和 Freud 一道進行神經醫學方面的研究，他曾經治療一位女性病人 Anna, O（非真名）。這病人本身多部分有麻痺現象，視覺不佳，有週期性重聽，神經性咳嗽，週期性不思飲食，間或不能用其母語（德文）說話，有自殺衝動，有各種幻想……被診斷為協識脫離症。

Breuer 發現每當 Anna,O 回溯某一項病症發生的經過時，那項病症就會暫時或永久地消失。當她在被催眠或十分鬆弛的狀態下，她就能和醫生討論她的病情。Breuer 為之每日治療數小時達一年之久，竟能有系統地除去她的症狀。Anna,O 稱這個辛苦的過程為「說話治療」，而 Breuer 則稱之為「宣洩作用」（catharsis）。

從這個案例中，Freud 察見幾個重要現象：⑴當病人能夠明白表達其情緒時，其病況常有進步。⑵在治療過程中，病人常將對其父親的情感反應轉移到治療者身上來，那就是所謂移情作用（transference）。⑶在這個案例中，Breuer 自己也對病人發生了感情。這種分析治療者與病人間產生了情感上的關係，通稱為反移情作用（counter-transference）。後面將會再論及。

後來 Freud 和 Breuer 合著了《協識脫離症之研究》（Studies on Hysteria）一書，於 1895 年出版。但這兩位朋友最後還是分手了，那是因為 Freud 堅持「性」的衝突乃是協識脫離症的根源。

其後 Freud 繼續使用催眠法治療病人，但結果不甚理想；因為不是所有的病人都能被催眠。他也曾嘗試在 Bernheim 那兒學來的方法：用手按壓病人前額，然後鼓勵病人在其手壓放鬆時開

始說話。雖然效果比較好些，但他仍不滿意，最後他用了自由聯想法，並認為那才是心理分析的基本途徑。

　　自 1897 年開始，Freud開始進行他的自我分析。主要的方法是分析他自己的夢境，並對之試做解釋。到 1900 年時他的一本重要著作——《夢的解析》（The Interpretation of Dreams）出版了。這本書和《協識脫離症之研究》一樣，開始時受到許多負面的評價語，被斥為「無稽之談」。但後來逐漸獲得了人們的重視。自由聯想和夢的解析自此便成為心理分析的兩種方法。同時心理分析也就奠定了其在學術界的基礎。

參 ☞ Freud 人格理論要義

一、人格的結構

　　在每一個有關人格的理論中，人格結構常是主要的一部分。Freud 在 1923 年提出一個相當完整的人格架構，以本我（id）、自我（ego）、超我（superego）三者來闡述人格三方面的作用。

㈠本我（id）

　　Freud 認為這是人格中最先存在的一個體系，它包含人們得自於遺傳、與生俱來的所有心理作用；它也掌握了所有行為動力之源，包括 Freud 所謂「生之本能」和「死亡本能」，二者分別以性和攻擊為代表。Freud 稱本我為「真正的心理實體」。因為它只代表內在的主觀經驗，而對外界完全沒有接觸，一無所知。本我的活動完全是本著解除緊張、釋放體能的原則，希望使個體恢復到平靜而不緊張的情況。由於它是以獲致快感、避免痛苦為

目標，所以本我的活動通常就認為是依據「唯樂原則」（pleasure principle）。也就是說它所要求的是當時的、全部的滿足；不能忍受挫折和抑制，是完全不考慮現實情況的。

　　本我所能取得滿足的途徑，只有利用一些反射動作（reflex），如「吞嚥反射」、「瞳孔反射」等。反射活動是與生俱來的。刺激和反應之間，有直接的聯絡，個體在接受刺激時，就立即會表現某些固定的反應。此外就得藉助於它的「原始思考歷程」（primary process），利用想像（實物的心像）來代替實物，幻想自己已獲得滿足。「原始思考歷程」乃是潛意識的活動。在原始思考歷程中，現實和想像是不分的。一件事可以同時在幾個地方出現，人和物的特質可以混在一起；好幾個人的特徵可以出現在同一個人身上，事情可以先後顛倒，變來變去，可以視個體的需要來安排，而不受現實的限制。它和平日夢境相似，精神病人的幻覺也有相類似的作用。

(二)自我（ego）（註）

　　前節提到本我可以運用想像以滿足其需求，但是想像究竟不能使個體獲得真實的滿足，不能實際解決問題。如是本我中有一部分就分化出來，形成了自我（ego），發展出另一種形式的功能。自我乃是人格結構中有組織、有理性、採現實取向的部分。它的活動依照現實原則（reality principle）。它可以依據現實的情況將本能要求的滿足延緩，等到適當的時期，再運用合理的方

註：ego 一詞，向被譯為「自我」。在 Freud 的人格結構理論中，和「本我」（id）、「超我」（superego）並列，也頗適宜，大家對它們也很熟悉了。不湊巧的是 "self" 也被譯為「自我」，而且應用的範圍似乎更廣。兩個不全同的概念，用同一個中文譯詞，總是不很妥當。筆者曾試圖改善這種情況，但尚未獲得滿意的答案。因此暫時保留習慣的做法，都稱「自我」，但在「自我」係指「ego」時，即在其後加註英文，以資識別。

法去取得自己所需要的。

　　自我（ego）是運用「次級思考歷程」（secondary process）。它經由知覺、學習等功能，利用由現實環境得來的經驗，去探求解決問題的途徑。自我乃是人格中負責執行的部分，它要運用現實性的思考來控制本我的行為，它要去認識、了解環境，以期能做適當的反應；它也要決定本能哪些要求是可以給予滿足的，以及其滿足的方式。為了要順利地發揮其執行的功能，自我常要去協調本我的需要和超我的限制，通常後二者是互相衝突的。同時還要配合客觀環境的情況，自我的處境有如圖 3-1 所示。在三方面的壓力之下，自我（ego）的工作是相當艱苦的。

　　不過我們應當記住，自我（ego）乃是本我中有組織的部分，它的存在主要是協助本我滿足其需求，而不是一味阻撓它。同時自我（ego）所運用的能量都來自本我，沒有本我，根本就沒有自我（ego）的存在。所以自我（ego）是不能捨本我而獨立的。自我（ego）的主要任務乃是要協調機體本能性的需求和四周環境的情況，其最高的目標是要維護個體的生存，而且使種族得以綿延（Hall & Lindzey, 1970, p.34）。在一般的情況下，自我常是可以勝任的。

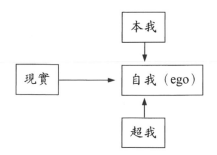

圖 3-1：自我（ego）得應付並協調來自三方面的要求

㊂超我（superego）

　　超我是人格系統的第三方面，它的活動是依據道德原則

（moral principle）。它是人格中代表傳統價值和道德觀念，由父母以獎勵、增強和懲罰等方式，使兒童逐漸將之納入自己的人格系統而形成的。它通常可以分為兩部分：⑴良心（conscience）的作用——是當個體表現了或企圖表現不當的行為時，產生罪惡感，目的在阻止那些行為的產生。⑵理想（ego-ideal）的作用——是當個體表現了良好的行為和有此意向時，給予獎勵或報酬，以增強那些行為的出現。

超我和本我顯然是對立的，因其經常要抑制本我那些本能性的衝動或願望。超我對自我（ego）也常施壓力，因為它不同意自我去遷就現實，沒有完全奉行道德原則。超我是追求完美的，好些時候，它的要求過於嚴格、不近情理、不切實際，使自我難以配合它的要求，以致時常存有愧疚之感。超我的存在，並不是基於兒童本身的辨識或推理作用；大多數時候，是由於兒童對父母認同的結果。兒童崇拜自己的父母，產生了「我要像他，要和他一樣」的傾向。如是凡是父母認為某種事物或行為是「好」的，他就跟著說「好」，而且進而喜歡那種事物或行為；反之，凡是父母認為「不好」的事物與行為，兒童也隨著說它「不好」，並且也不喜歡它。這樣兒童逐漸建立了他自己的是非和善惡的觀念。

這裡應當說清楚一點，兒童所接受的是父母的「是非觀念」和「道德原則」，並不是父母本身所表現的道德行為。兩者之間常會有些距離，有時候距離或且很大。換句話說：兒童所承襲的是父母的超我，通常它的標準會比實際行為的標準嚴格些。

Potkay 和 Allen（1990）曾將本我、自我（ego）和超我三者列表比較（表 3-1），能使我們對此三者的性質和作用，有很清晰的了解。

表 3-1 的說明，主要是想要區別本我、自我（ego）、超我三種不同的心理功能，詞句或有失於誇張，因此 Hall 和 Lindzey 特別提醒我們：第一，不要將本我、自我（ego）和超我看成支配人格的三個「小人」，那只是我們對那依循不同原則的心理歷程之

命名而已。第二，在一般情況下，此三者並不是經常衝突或各自
爲政的；相反地，它們是在自我（ego）的統帥之下，形成一個整
體。人格的活動是整體性的，而不是三部分各自獨立的。一般說
來，本我則可以看成是人格的生物性部分，自我（ego）可以看成
是人格的心理部分，而超我則可以看成是人格的社會部分（Hall,
Lindzy, & Campbell, 1998, p.38）。

表 3-1：Freud 人格結構三方面的相互比較

	本　我	自我（ego）	超　我
性　　質	生物性的	心　理　的	社　會　的
來　　源	遺　　傳 本　　能	經　　驗 自　　我	文　　化 良　　心
取　　向	過　　去	現　　在	過　　去
意識層次	潛　意　識	意識及潛意識	潛　意　識
活動原則	快樂原則	現實原則	道德原則
目　　的	取得快感 逃避痛苦 立時的滿足	配合現實 辨　眞　僞 安全與妥協	表明是非 完　　美
理　　性	無　理　性	有　理　性	不合邏輯
實　　質	主　　觀	客　　觀	主　　觀

錄自 Potkay & Allen（1990）

二、行爲的動態歷程

㈠行爲的心理決定作用（psychic determinism）

心理分析學派有兩項基本假設：其一爲行爲的心理決定性。
Freud 認爲人們的每一項行爲，包括思考和情緒反應，都是有它
的意義，有它的目的。換句話說：所有的行爲，無論是善行或惡
行，重要的或不重要的，看上去合理或不合理的，都是有所爲而

爲的。沒有一件事或一種行爲是無緣無故出現的，只不過當事者
以及旁觀者不一定能說出它的原因。基於這一個觀點，Freud 認
爲沒有「意外」事件，任何事件既然有其發生的原因，就不能算
是眞正的意外了。

　　Freud 十分重視兒童時期的經驗，認爲一個人的人格，基本
上是在五歲時就形成了的。意思是說一個人目前人格重要心理特
質的各方面，和他在五、六歲時候是一樣的，就在那時被決定
了。假定現在叫你回想過去的一項經驗，通常我們會以爲那是隨
機回想起來的，但是 Freud 卻不認爲是如此；他認爲沒有一個心
理活動是完全隨機出現的。我們在有生之年的任何一項行爲全是
被決定了的：從選擇一件衣服到選擇一項工作，甚至到選擇一位
配偶，完全是由你所具有的潛意識人格的能量和影響所決定，那
個潛意識人格是和你早年經驗有密切的關聯的（Potkay & Allen,
1986, p.74）。

㈡潛意識的動機

　　這是 Freud 的第二項基本假設。Freud 認爲人們的心理活動，
依照當事人所覺知的程度，可以分爲三種情形：一是有意識的層
次：爲當事人在某一時間內所能意識到或覺知的心理狀態與活
動，通稱爲意識（conscious）。一爲無意識的層次，是當事人在
某一時間內所完全不能意識到或察覺到的心理狀態與活動，但它
們常企圖要跑到意識層面來，通稱爲潛意識（unconscious）。
Freud 認爲一般人的夢境和精神病人的行爲，乃是潛意識中願望
或衝動的表現。第三個層次則在上述二者之間，在一般情況下當
事人多半不會意識到那些事物或印象，但在努力思考或回憶之
下，它們可能會被「想起來」。譬如小學時代某位老師的名字或
容貌，自然不會經常存在於吾人的意識中，但在努力回憶小學生
活時，它可以爲我們所想起來。Freud 稱此爲前意識（precon-
scious）。

　　Freud 又常以冰山比喻吾人的心理狀態。冰山浮在水面上的部分僅約其全部體積的十分之一，相當於人們的意識部分；而冰山的大部分則係沉浸於水中，相當於潛意識部分。但冰山在海洋中的流動情況，包括它的速度與方向，其在水中的部分具有較大的決定作用。同樣地，照 Freud 的看法，對人們的行為來說：潛意識部分的作用較意識部分的作用更為重要；也就是具有較大的決定作用。

　　平日我們對自己的行為，似常能了解或能說出它的意義，知道自己是為何而表現某種行為的。如渴時飲水、早上趕著去上班、看國際性球賽時漏夜排隊等等。用心理分析學派的術語來說，這些行為的動機，都是在有意識的層次，是當事人所覺知的。在另一方面，有些人雖然處在客觀上很安全的環境裡，卻終日惴惴不安，若大禍之將臨；有些人明知賭博無益，獲勝的機會很小，卻仍沈溺於賭場中，不能自拔。這些行為的真正動機，常不為當事人所能了解、所能覺察，心理分析學者乃稱之為潛意識的動機，也就是說那些動機是在無意識的層次發生作用的。潛意識的動機常為當事人的倫理道德觀念所不容，乃被排斥、壓抑，但它們並未消滅，而且有如盜賊，會俟人不備時出來活動；或更加上偽裝，以免被發現，因此常不能經由直接觀察探知其究竟，而需透過心理分析（psychoanalysis）去揭露其真正面目和意義。

㈢行為的動力

1. 生之本能（life instinct）

　　凡是有生命的個體，一定會盡力保全自己的生命，並且要延續其種族的生命；這是毋須多作解釋的。Freud 稱之為生之本能，認為個體所有正面的、建設性的行為，都是以之為基礎，包括生理方面的需求，如求食、飲水、性的行為等；也包括那些具有創造性的行為，如文學、藝術等。滿足這些需求時的能稱為「慾力」（libido），是由本我所控制的；自我（ego）若有需要運用

能時，需得向本我取用。

　　Freud 早年在討論到生的本能時，常以「性」本能爲代表，「性」就是追求身體快感的傾向，而快感則是生理需求滿足的指標。他在討論到人格發展時，將之稱爲心—性的發展（psycho-sexual development），也就是對這種追求身體快感的傾向，隨著年齡改變的歷程，進行分析。

2. 死亡本能（death instinct）

　　Freud 一直在用生的本能來解釋人的行爲，認爲那就是行爲的基本動力。但是，他後來發現生的本能不足以解釋所有的現象，特別是人類社會中黑暗的一面，戰爭就是一個很明顯的例子。在人類歷史中可以說充滿了戰爭，Freud 自己親身經歷第一次世界大戰，到晚年又看見希特勒掀起第二次大戰。一般生活中所呈現的殘酷的意向、相互傷害的行爲、自我毀滅的現象也都是層出不窮。加上他的一個女兒在 1920 年去世（26 歲），兩個兒子又正在從軍，經常籠罩在死亡的威脅之中，如是他在那一年提出了「死亡本能」的觀念：認爲人類生來就具有要回到無生命狀態的傾向。Freud 並以「死亡本能」來解釋人性的黑暗面，將精神官能症的強迫性自我毀滅行爲、日常生活中人們互相攻擊所造成的傷害行爲，以及不時降臨到社會的大災禍，都歸因於死亡本能。

　　求生與求死雖然看來是完全背道而馳的兩種不同傾向，但細察之，生與死卻是一個彼此相繫的循環。一個人出生以後，無論壽命多長，總是一步一步地走向死亡。以求生的觀點來看，生物性需求的滿足，就是在解除生理方面的緊張；而完全不緊張的情況，則是無生命的狀態。因此 Freud 曾假設人們有個潛意識的願望，要回到那無緊張、無生命的狀態，那就是「死亡本能」之由來。Freud 並認爲攻擊乃是死亡本能的表現，因爲攻擊的結果，乃是引起別人的還擊，也就是變相的自我攻擊了。現代心理分析治療者多不十分注意死亡本能，認爲在他們平日接觸病人時，這

個觀念並沒有什麼幫助（Phares, 1984, p.67）。不過 Karl Menninger 卻曾根據 Freud 的理論，蒐集了許多個案資料，寫成了 *Man against Himself* 那本書（Menninger, 1936）。（按本書有兩種中譯本。其一爲「人性自滅」，由程玉罄教授翻譯）同時今日世界上自我攻擊與毀滅的現象，直接的如吸毒、犯罪……，間接的如戰爭、暴力傷害……，已都不再是新聞，在沒有尋找出更適當的理由以前，死亡本能似乎是可用的一種解釋。

三、焦慮及防衛作用（Anxiety and Defense Mechanisms）

㈠焦慮（anxiety）

前面曾指出自我（ego）在整個人格結構中擔任了執行者的任務，它的第一項工作就是要滿足本我的各項需求。由於每個人總是生活在現實環境之中，自我（ego）就必須配合現實情況的要求和限制，去使本我的需要獲得滿足。同時自我（ego）還得適應從超我所訂定的一些標準，使其行爲能符合超我的理想，至少不可引起良心的責備，所以自我是在三方面的壓力之下；在壓力沈重的時候，自我就會陷入焦慮的狀態，擔心有「失職」的危險。

依照 Freud 的意見，自我（ego）所體驗的焦慮，有三種情形：

1. 現實的焦慮（reality anxiety）

乃指由客觀環境中所產生的實際困難或危險所引起的焦慮：比如發生了自然的災害，像地震或颱風，生命可能受到威脅；或是可能發生生活必需品短缺的情況，自我（ego）就必須設法使個體脫離危險或應付物資供應失調的困境。一般說來，這是比較容易消除的焦慮。

2. 精神神經性的焦慮（neurotic anxiety）

由於本我經常是貪得無饜的，而且是毫無顧忌的，自我

（ego）常要擔心它到時候會有強烈的衝動，攻擊性的或性慾的衝動，使個體表現出不當的行為，因而可能會使自己受到懲罰與責備。這一方面形成的焦慮，往往是比較強烈的。

3.道德性的焦慮（moral anxiety）

自我（ego）也常要擔心個體所表現的行為不符合超我的要求，因而會受到良心的責備，而引起罪惡感。因為超我的要求常趨於嚴格，違反道德或法律的行為固然不能容許，有時連一些未見於行為的歪念頭，也可能引起良心的不安。

照上面的描述，我們當能了解焦慮的作用就是使個體控制、約束自己的行為，避免那些具有威脅性的環境，抑制本我那些非分的衝動；同時盡可能使自己的行為符合道德標準。除了經常要在這些方面努力以赴外，自我還會使用一些手段或策略來減輕和消除焦慮，因為那些手段和策略具有保護自我（ego）的功能，因此通稱為「自我防衛作用」（ego-defense mechanisms）。

㈡自我防衛作用

自我（ego）活動的目標是在消除焦慮。在其平日所有的措施不能完成使命的時候，它就會運用一些不太光明、不太合理的手段來幫忙，以減輕自己心理的負擔。下面將介紹幾種比較常用的防衛作用。一般說來，防衛行為具有兩個特徵：

◉它們或多或少都有歪曲現實或否定現實的傾向。

◉它們是經由潛意識的歷程來運作的。

從這兩項特徵來看，人們不宜過多運用防衛作用，以免將現實作過多的歪曲，增加當事人適應的困難；同時過多的防衛作用將耗費許多原可用於建設性活動的能，也是一種損失。其次，在心理分析的理論中，防衛作用是在潛意識層次運作的，因此凡在意識層次的保護自我作用，如有意說謊話，以保護自己的顏面或尊嚴，有時或可達成使命，但卻未消除內在的焦慮或罪惡感，因

此不能算是防衛行為。

1. 合理化作用（rationalization）

　　這可能是人們常聽說的一種防衛作用。每一種行為原本都是有其原因的，不過有時候行為的原因是不太光明甚至邪惡的，不能為自己及社會所接受；如是當事人就將那真正的原因隱藏起來，使自己無法察覺，而另外找出一個比較冠冕堂皇的理由，來解釋自己的行為或行為的後果，使它看起來是合理的，是可以接受的。這就是合理化作用。這類的防衛性作用很多，通常可分為下列三種情況：

(1)**酸葡萄作用**　凡是當事者自己得不到的東西，就認為它是不好的、是沒有價值的。這正同狐狸抓不到葡萄時就說：「那葡萄是酸的，我原本就不要吃它」是一樣的意思。日常生活這一類型的例子很多，例如買不起汽車的人會說：「自己開車真麻煩，塞車的時候在路上動彈不得，不如走路還自由些。」

(2)**甜檸檬作用**　檸檬原是很酸的，但若自己花了很多氣力得來的只是個酸檸檬，是很失面子的事。如是就直誇那「檸檬」有多麼甜。意思就是：凡是自己有得到的總是好的。這類事例也不勝枚舉。劉禹錫的《陋室銘》應可稱為一個標準的例子：明明住的只是一幢破舊的房子，卻被他以「無絲竹之亂耳，無案牘之勞形」等優美的詞句明寫得十全十美了，充分發揮了甜檸檬的作用。

(3)**推諉作用**　人們都不希望自己是有過失的，但卻也很難完全免於過失。因此到了真有什麼過失的時候，常會很快地將過失推到別人身上去。學生對考試的成績不滿意的時候，常會怪教師題目出得不好，或是評分不公平。網球場上常會看到球員失誤的時候，會拿起球拍來端詳一番，好像是在說：「看，你這一記怎麼打的這麼壞！」用一個很自然的動作，就巧妙地將過失推到球拍上去了。

　　推諉作用的一個缺點，就是當你將過失或責任推到他人身

上時，對方自也不樂意接受，如是乃會彼此推來推去，糾纏不
清；有時甚至需要對簿公堂，去請法官審理。因此聰明的人就
替大家找了一個可以通用的推諉對象：它的好處就是別人推諉
到它身上的過失，它都來者不拒，完全承擔，不加辯駁，這自
然是最受人們所歡迎的。那會是誰呢？原來它的名字就是「命
運」。無論有什麼過失，開車不小心，撞上欄杆了；買股票投
機失誤虧本了；聯考準備不充分，名落孫山了；競選失敗了；
……你都可以交給命運來承擔。說一句：「這只怪我的命不
好！」誰都沒有話說，誰也不會反對。至於命運呢！它就默然
承擔，毫無怨尤。這也就是大家喜歡它的緣故。無怪乎現在儘
管是科學時代，算命者的生意還是十分興隆的。

2.壓抑作用（repression）

壓抑作用是 Freud 所列防衛性行為中最基本的一項。其他若
干的防衛行為發生作用之前（如下面要提到的反向作用），必須
先有壓抑作用存在，才會發揮其作用。所謂壓抑就是當事者將某
些具有威脅意義而將引起焦慮的念頭、情緒或經驗，排除到意識
層次以外，使自己不再能察覺它的存在。那些被壓抑的可能是本
我所原有的衝動或願望，也可能是當事者過去痛苦經驗的記憶。
由於自我仍需設法防範它們進入意識，為自己所察覺，以致引起
焦慮和不安，所以這種防衛是要消耗心理能量的。

被壓抑的衝動或願望並沒有消滅，仍將對行為有所影響，只
是不為當事者所察覺而已。Freud 認為人們的夢境和心理疾病患
者的行為，都是被壓抑的願望或衝動的作用。因此在實施心理分
析治療時，往往需要應用自由聯想、夢的解析等技巧，將被壓抑
的東西發掘出來，以便予以適當的處置，使其不再引起當事者心
理及情緒上的困擾。

3.替代作用（displacement）

替代作用就是利用一種需求的滿足去替代另一種需求，這是
經常會被運用的一種防衛作用。譬如我們常會以能夠弄到手的事

物來替代當時無法取得的事物；或者是以一個不會引起其焦慮的
目標來替代一個可能引起焦慮的目標。有些工作者在辦公室受了
上司的氣，不便直接反應，回到家裡時太太做飯也許遲了一點，
他就衝著太太發了一頓脾氣；太太體貼丈夫，不願和他起衝突，
而將一肚子怨氣全發在小孩身上；小孩自然也會生氣了，他向誰
發呢？那時小花貓正巧睡在他的故事書上，真可惡，如是就一腳
將貓踢下去了。這一連串的遷怒行為正是替代作用的最佳寫照。

　　從這裡也可察見攻擊的目標是可能被替代的。換言之，人們
有時所攻擊的常可能並不是他潛意識中真正要攻擊的對象，而只
是不幸被選上的代罪羔羊而已。

　　替代作用中有一種是有益於社會文明的，稱為昇華作用
（sublimation）。那就是以一種社會所認可、所推崇的行為，替
代了本能性的衝動。譬如性的衝動可能昇華為文學或藝術、舞蹈
等方面的活動。Freud在其《文明及其不滿》（Civilization and its
Discontents）一書中曾明白指出：「本能的昇華是文化發展中十
分值得注意的一種特質，它使若干高級的心理活動——科學的、
藝術的、義理的，得以成為文明生活中的一部分」（1930/1961, p.
63）。

4.反向作用（reaction formation）

　　將原來不能見容於自己或社會的某些行爲壓抑下來，而表現出與之正好相反的行爲，乃被稱爲反向作用。例如一位後母將其對丈夫和前妻所生的兒子之憎惡心理壓抑下來，而表現出特別鍾愛他的行爲；或是一位官員將其貪污的意向壓抑下來，轉而表現出極端廉潔的行爲。這裡最重要的，就是要將反向行爲和眞正的愛人或廉潔分辨清楚才行。在一般情況下，反向行爲常會予人以「過分」、「極端」、「不近人情」的印象，和自然流露出來的愛或廉潔不同。不過這種區辨仍屬不易，所以除非有充分而且多方面的資料足茲佐證，否則最好不要將別人的行爲隨意插上「反向作用」的標籤。

5.隔離作用（isolation）

　　隔離作用就是使一件事情或衝動和其情緒作用分開或相隔離。當事人可能容許一件事情或衝動的記憶出現在意識中，但是卻否定或遺忘了那與之相伴的情緒。由於隔離了情緒作用，就產生了所謂理性化（intellectualization）的現象，當事者常能以十分理性化的態度和冷靜的口吻來述說一件原本很可悲或可怕的事件（如自己患了絕症），以減輕其對本身的打擊和傷痛。

　　舊小說上常描述過去有些因罪行被判死刑的人，在聽到判決的時候，以毫不在乎的態度說：「判死刑又有什麼了不起，今天被砍頭，十八年後又是一條好漢。」在這些話中完全看不見他的情緒反應，因爲它已經被移走了。

6.投射作用（projection）

　　事實上，在人們的知覺行爲中，經常會運用投射作用：當事者將自己的某種想法，投射到他人或其他事物上去。「以己之心，度人之腹」就正是此意。擔任犯罪偵查工作的人更常會要假設自己若置身某種情境中時，將會作怎樣的措施。這些推想與投射，都是在有意識的狀態之下進行的。

此地所討論的投射作用，則是在當事人不自覺，或潛意識中運作的，具有防衛作用，故亦有人稱之為「防衛性的投射作用」（defensive projection）。這是指當事人將自己所不能接受的某種願望、衝動或情緒，投射到另一個人或事物身上去，而認為對方具有該項願望、衝動或情緒作用，藉此以減低或消除自身的焦慮。如若仔細分析，當可察見此項防衛作用實含有如下的歷程：(1)將自己所不能接受的衝動予以壓抑，(2)將那些衝動投射於另一人（通常是自己所不喜歡的人），(3)使自己和那個人遠離。

7.否認作用（denial）

所有不愉快或具有威脅性的事件，總是人們所不希望經驗到的，因其會引起焦慮。減低焦慮的方法，就是規避那些事件；或即使它發生了，也否認它的存在，平日「視而不見，聽而不聞」的現象，就具有否認的作用；不愉快的經驗比較易於遺忘，也常是這個緣故。當我們聽到有關親人或密友不幸的消息時，第一個反應常是：「那不可能是真的！」、「不會有那回事吧！」否認的傾向十分普遍、明顯。精神病人不能面對現實，就完全否認現實的存在，而以幻想來替代，使自己生活在幻想裡。所以精神病醫院裡常會有一些「公主」和「百萬富翁」。

8.取消作用（undoing）

在這類防衛行為中，當事者連著表現了某種不被接受的衝動以及對該項衝動的抑制作用，通常在時間上稍有先後。那個不被接受的衝動已經表現了，抑制的傾向隨著出現，好像是要來抵消先前行為的負面作用。這類行為常包括一些儀式或贖罪的方式。譬如社會上有若干人自認為「一輩子造了不少孽」，就用一些方法來贖罪，如放生（買些魚類帶到河裡去放走它們）、或捐款到慈善機關做善事，希望可以抵消過去某些「罪行」所造成的「孽因」。

另外一個常見的現象，就是每逢年節喜慶之日，若有人失手打破了東西，旁邊年長的人立刻會說一句「越打越發」或「歲歲

（諧音碎）平安」等吉利的話來彌補那不愉快的事件，以消除它可能產生的不吉利的影響。西方社會在說了不當的話時，也有「敲敲木頭」的習慣，就等於「我沒有說」的意思。心理分析學者常認為某些強迫行為（如：不斷地洗手）就具有取消的作用，為的是要洗掉自己行為的污點。

㈢防衛作用的運作

前節將一些防衛作用（或防衛性行為）簡單地說明了。不過我們應當了解，這些防衛作用，很少是單獨進行的；而常是相互配合，一同進行的。例如：投射作用的運行，正像上節所述：先將本身某項衝動予以壓抑，然後再將其投射到另一個人身上去，這一連串的歷程都是在潛意識中進行，因此當事人仍未能察覺，由於運用純熟，又具有消減焦慮的功效，英文乃名之為「mechanisms」，不少人就跟著稱之為「機制」，其實是用不著的。

至於人們是如何選擇哪一種防衛作用的，有關的因素頗多，業經多位研究者指出：年齡乃是一個重要的因素，Cramer（1987）曾進行了一個有趣的研究，他讓四組受試者就主題統覺測驗（Thematic Apperception Test, TAT）中的兩張圖片講述故事，然後分析他們在故事中運用否認、投射和認同三種防衛作用的情形，結果發現否認作用在學前兒童組的故事中出現最多，在小學組、青年前期組、青年後期組的故事中明顯地較少；相對地認同作用在學齡兒童組的故事中出現最少，而在其他組中的出現率明顯地增加。而投射作用則居中，在四個組受試中沒有明顯的差別，這些結果和研究者的預測正相符合。（見圖 3-2）

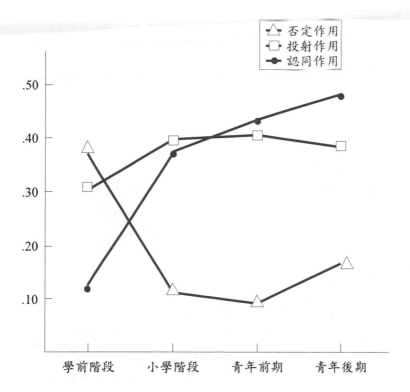

圖 3-2　各年齡組運用否認、投射及認同三種防衛作用之趨勢
採自 Cramer, P. (1987). The development of defense mechanisms.
Journal of Personality, 55, 597-614.

四、人格的發展

　　在論及人格的發展時，Freud 認爲每個兒童都要經過一定的
發展階段，而他在這些階段中的發展經驗，就將形成他成年後的
人格特質。Freud 十分重視兒童時期經驗的作用，他認爲通常一
個成人的人格是當他滿五歲時就已經形成了。

　　心理分析學派的發展理論，稱爲心—性發展論 （psycho-
sexual development），著重在各個發展階段中追求本能滿足的歷
程。本能的滿足指標是身體方面的快感，在各發展階段中，身體

上最易引起快感的部位（erogenous zone）不同。Freud就利用這些部位的名稱，來說明個體人格發展的歷程。

㈠口腔期（the oral stage）

嬰兒由出生到一歲左右，他的身體最敏感的部位乃是口腔和嘴唇的部分。當給予它刺激時，就將引起快感；這時如果將母親的或奶瓶的奶頭放入嬰兒口中，他就會表現出吮吸的反應，將奶吃下去。從生理上來看，這個吮吸行為所引起的快感，是十分重要的。因為嬰兒並不知道飢餓是怎麼回事，他祇能感受到腸胃部位不舒適之感；他也不知道奶頭會提供它食物，也不知道吮吸會有那麼奇妙的效果（至少在第一次吮吸之前是不知道的）。吮吸反射是不用學習的，吮吸引起了快感，使他持續表現那種行為，而因此消除了腸胃部分的緊張狀態，他以後自然更會在奶頭放入口中時表現吮吸的行為，而由此就維持了嬰兒的生命。

一般做母親的，多只認為嬰兒天生會吃奶，不是什麼稀奇的事，而 Freud 卻能注意到刺激嘴唇所引起的快感，是造物者一個極重要、極巧妙的安排，是嬰兒賴以生存的基本關鍵。試想吮吸反射若不能引起快感，甚或相反地會引起一些疼痛，將會產生什麼結果？吃奶對嬰兒來說是一件大事，能使嬰兒喜歡吃奶乃是一件奇妙的事。吃奶所給嬰兒帶來的快感是多方面的：最基本的自然是由吮吸所引起的口腔部位的快感；其次是食物進入胃腸後消除由飢餓引起的緊張，也是一種快感；再有嬰兒通常是由母親抱著吃奶的，那種由母親抱著、安穩地依靠在母親溫暖的懷抱裡，也是一種快感。想想嬰兒在進食時所獲得的全身性滿足，就不難了解 Freud 何以會注意口腔期對兒童人格發展的重要性了。

口腔期的前八個月，嬰兒的行為以吮吸為主，他的食物全部都是流質，因此被稱為口腔吮吸期。八個月以後，嬰兒開始出牙了，嬰兒除了吃奶以外，可能會開始加上別的食物，乃開始會有咀嚼的動作。牙齒一方面可以用來嚼食物，但在嬰兒不愉快或受

到挫折的時候，也可以用咬來表達他的攻擊心理。在嬰兒八至十八個月這一段時期，常被稱爲口腔咬嚼期，而攻擊的傾向是在這一段時期開始發展的。

(二)肛門期（the anal stage）

　　嬰兒到了一歲以後，父母所給予他的訓練就逐漸開始了。第一個最受父母注意的，就是大小便的訓練。在此以前，嬰兒尙不能控制他的大小便，父母對於他的排泄行爲，沒有什麼要求。現在嬰兒已經開始能操縱自己的排泄機構了，父母就開始訓練他去學會在規定的時間和地點排泄大小便。

　　Freud 曾指出人類的肛門和尿道，也和口腔部位一樣，是一個敏感的部位，接受刺激時將引起快感。事實上這也是造物者一個重要的安排。因爲從生理的觀點，排泄行爲是很重要的，一個人如果長期不排泄，就將發生中毒的現象。由於快感的作用使兒童不致以排泄爲苦，而願意將大小便排出來，間接地維護了身體的健康。

排泄行為也是一種能為兒童帶來多重快感的經驗。首先是糞便通過尿道或肛門所引起的快感；其次是身體的廢料能順利排出，也能給當事人一陣輕鬆痛快之感；此外還有母親看到兒童如她所期望地拉了大小便，高興之餘，常常會給小孩抱起來親一陣拍一陣的，以各種方式誇獎他，這些反應也會讓小孩有一些成就感。

這一件看來是很小的事，對兒童的人格發展來說，卻是極具意義的。因為大小便的訓練，通常是母親所加之於兒童的第一個約束和要求，也是社會化的主要項目。如果進行順利，母親在實施大小便訓練時很有耐心，沒有使兒童感受到很多壓力，這將使兒童對以後的約束和規則，表現出正面的、樂於接受的態度。同時自動的排泄對兒童來說，也是其行為發展的一大步；若是能表現良好，獲得父母的讚賞，也是極具意義的。大小便的訓練很能反應此一階段的親子關係，當親子關係良好時，兒童常會樂於配合母親的願望，在母親要求他大便時，他就很高興地拉一大堆，算是給母親的「禮物」。有些兒童在拉了大便之後，要拉著媽媽去看他的「成績」。反之兒童也可能忍住不拉，以大小便來控制母親，或是給母親添些麻煩，在不該拉的時候、地方，拉下大小便來，也是常有的現象。而兒童也可以因此體察到自主行為的正負效應和他自己的重要性了。

㈢性器期（the phallic stage）

和口腔、肛門具有相同的性質，生殖器官部分也是人們身體上極敏感的部位，給予刺激時將引起快感。所以兒童很自然的會去接觸到或撫摸自己的生殖器，Freud 認為兒童在四、五歲的時候，興趣會集中在生殖器官部位，會去刺激它以引起快感。不過通常兒童同時也會發現兩個事實：一是自己在撫摸身體其他部位時，父母不會過問；而在撫摸生殖器官時，卻會受到禁止或苛責，顯示這一部分和其他部分具有不同的意義。第二是他們發現

自己的身體和妹妹（或弟弟）不一樣；男孩子有突出的生殖器官，而女孩子沒有。

在 Freud 的理論中，他認爲在這個階段，男孩子有一個傾向：希望母親只喜歡他一個人，希望自己擁有母親全部的愛和注意，因而對父親有一種敵對和排斥的心理。Freud 甚至用希臘神話中 Oedipus 的故事，來形容這種關係（按：在 Sophoches 所編的神話中，Oedipus 出生後爲父母所遺棄，被另一部落酋長收養，成年後與生父的部落作戰，在不知情的情況下，殺死了自己的生父，而照習俗娶了「敵人」的妻子爲后，竟是自己的母親），並稱爲戀母情結（Oedipus complex）。不過男孩子很自然地會知道父親比自己要佔優勢得多，自己遠非父親的對手，因之他只得放棄和父親爲敵的心理，轉而向父親表現出「認同」（identification）的傾向：將父親的行爲和態度吸收過來，形成自己人格的一部分。他的想法有如：「我要和爸爸一樣。媽媽喜歡爸爸，我若和爸爸一樣，媽媽就會喜歡我了。」這一種心理，促使男孩子男性品質的發展，同時他將父親的價值觀念、是非觀念吸收過來，構成其超我的重要部分。

關於性器期女孩子的發展，似乎比較曲折些。因爲 Freud 提出了「陽具妒羨」（penis envy）的概念，認爲女孩子羨慕男孩子有陽具，自己卻沒有，抱怨母親沒有給她一個陽具，乃對母親有反感，而希望父親喜歡她，因爲父親是有陽具的。這個和 Oedipus 情結相對應的心理，Anna Freud 稱之爲 Electra 情結。（按：Electra 也是希臘神話中的人物，她因母親無理地殺死了父親，就鼓動其兄弟弒母報仇。）

Freud 認爲女孩子的社會化歷程和男孩子不同，女孩子的超我似較男孩子弱些，Potkay 和 Allen 指出（1986, p.79）：Freud 覺得女孩子接受社會行爲標準的動機不強，因爲她們反正已經被「閹割」（castration）了，沒有什麼可再損失的。同時女孩子向父母中同性的一位去進行認同比較困難，因爲第一：女孩子對母親先存有怨恨之心，同時也瞧不起母親，因爲她本身就缺少了陽

具，似乎沒有多少值得認同的。第二：由於Electra情結作用，女孩子都轉向父親，盼能從他那兒獲得自己缺少的陽具，或是得到整個的父親。不過這種潛意識的願望始終無法獲得滿足；而且在實際的生活經驗裡，女孩子和母親接觸的機會仍然是比較多些，由於社會習俗的緣故，人們還是在鼓勵女孩子學習扮演母親的角色，從小就以洋娃娃作為她主要的玩偶，所以母親在許多方面還是成了女孩子認同的對象。

㈣潛伏期（the latency period）

通常這是指兒童六至十二歲的階段，也是他們進入小學的時期。按照心理分析學派的說法，這是由兩性期之前（pregenital）進到兩性期的過渡時期。在這一段時期兒童沒有要利用刺激自己身體的某一部位去取得快感的傾向；換言之那種追求身體快感的欲求好像是暫時「潛伏」起來，沒有積極的活動了。它們透過昇華的作用，改變了型態，經由社會文化所可接受的途徑表現出來。在體育活動上、在學術活動上、在一般社交性的活動上，投入了精力和時間，替代了那些比較原始的、以身體快感為主的活動。通常在這一段時期，同性的朋友由於興趣相近，比較容易結合在一塊，異性之間，反而只是相互輕視取笑的對象而已。

㈤兩性期（the genital stage）

兩性期是由青春期開始。此時兩性在性生理方面已經達到了成熟的階段，Freud 認為在正常的情況下，他們在性心理的發展上也該達到了成熟的境界。在兩性期以前，本能性的活動都是自我中心的，以取得身體的快感為主；其和父母及玩伴的關係，也都是以自己為主。而相對的，兩性期的活動就比較不自私，而能以利人的觀點，去對待自身以外的人（Potkay & Allen, 1986, pp. 80-81）。換句話說：到達兩性期以後，性的作用不再是以自身引

發快感或自戀的型態出現，而代之以成熟的性，是以異性爲對
象，並且連帶有超俗的愛情，進而可至婚姻，組織家庭，養育子
女，以對別人的愛和照顧爲重心；同時還可以延緩需求的滿足，
去完成自己的工作和責任。這是心理分析學者所認爲健全成熟的
人應發揮的功能：愛人和工作。不過，只有前面各階段的發展進
行順利的人，才能達到心性成熟的階段。早期發展未能獲得適當
滿足的人或過度滿足的人，就常不能獲得這樣的結果。

五、發展障礙的情況

前述的五個「心性」發展歷程乃是 Freud 所提出的，一般人
都需要經過這五個階段，達到成熟的境界。但是並不是每個人都
能順利地通過這一段旅程，有兩種情形呈現出發展的障礙，是值
得注意的。

(一)停滯現象（fixation）

也有人稱之爲「固著現象」。當兒童在發展過程遭遇到過多
的挫折或困難時，他可能沒有勇氣再去嘗試新的適應策略，而一
直沿用自己已有的行爲方式，使自己停留在某一個階段。也有可
能是剛好相反的情況：兒童在某一階段生活太滿意了，所有的需
求都能充分的獲得滿足，如是他產生樂不思蜀的心理，依戀著那
種安逸的生活，而不願再朝前走，去冒險、去應付新的困難。如
有些兒童一直要和母親同睡，不肯單獨睡，按心理分析學派的觀
點，當兒童在逐步發展的時候，他總是會保留一些「慾力」（li-
bido），來處理或應付有關的問題，而將適量的能用於處理新的
經驗，以利人格的進一步發展。但若在某階段遭遇了過多的困
難，或是過多的滿足，他就會保留較多的能，而使自我（ego）沒
有充分的能量去執行成人正常的功能，如是前一階段那些比較
幼稚、不成熟的活動模式，就一直被保留下來，甚至被用爲主要

適應策略。例如有些人雖已成年，卻保留口腔期的基本行為模式：一心以「獲取」、「佔有」為滿足的主要來源，傾向於依賴別人，不肯自己獨立；重視口腔的快感，如貪吃，過度飲酒，吸菸等；對人常有過多的要求，而常期望立刻的滿足，缺乏耐心，以致易使自身失望，陷於憂鬱的境地。心理分析學者稱之為「口腔期性格」（oral character）。將其視為發展過程中停滯的現象，似乎比較容易了解些。停滯的程度是可以有個別差異的。

同樣地，心性發展停滯在肛門期者，乃將形成所謂「肛門期性格」（anal cahracter），並可分為兩種類型：

肛門沖洩型（anal expulsive）常表現：髒亂、不整潔、無秩序、粗心大意；浪費、奢侈、浮躁、拖延；不服從、攻擊性。

肛門留積型（anal retentive）則表現：整潔、有秩序、作事小心；節儉、貯存、精確、準時；抑制、消極性攻擊。

細察之，可以看出肛門留積型者的行為範型乃具有整潔、吝嗇和固執三種傾向，Freud 稱之為「肛門期三態」（anal triad）。肛門沖洩型者則正有相反的傾向。

發展停滯在性器期中，將形成「性器期性格」（phallic character），其特徵為：魯莽、堅決、有自信；但也有自我中心傾向，如愛虛榮和自豪；由於他們沒有完全擺脫戀母情結的糾纏，閹割的恐懼仍然存在，其愛表現自己的行為正具有一些防衛的作用。

Freud 所稱上述各種「性格」形成的概念，並不為大家所接受。不過在發展過程中遭遇到障礙時，將會影響到人格的發展，應是易於了解的。

(二)退化現象（regression）

在發展過程中另一個常見的情況，就是退化現象。某些兒童正常地隨著年齡進展到了某一階段，卻遇到了挫折或威脅，不知如何應付，就退回來運用以前使用過但比較幼稚的方法來解決問

題，好像是「越長越小了」！比如一個小孩子已經能控制自己的大小便，晚上不尿床了，這時母親又生了一個弟弟（或妹妹），自然就將較多的注意放在新生嬰兒身上，這乃使大孩子受到威脅，於是他又開始尿床了，希望藉此能讓母親仍像以前一樣地注意他，照顧他。

　　成年人在遇到挫折時，有時會顯得蠻橫不講理，運用一些不合理的邏輯來爭辯，或是爆發脾氣，就像「小孩子」一樣，是極常見的退化現象。所幸多數人只是偶爾有之。精神分裂症就是比較全面而嚴重的退化情況，他們常表現十分幼稚的行為和思想，看起來就像小孩子。

　　停滯和退化可以形成同樣的情況，只是前者是停留在某個階段，而後者則是已經超過那個階段，卻又折回來，兩者的差別如圖所示：

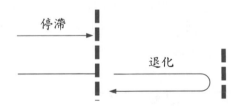

　　當然停滯和退化可以發生在任何一個階段，也可以以不同的程度出現。

六、心理分析治療

(一)治療的原則

　　心理分析的基本原則，就是設法去了解當事人行為的潛在動機和它的意義，然後給予適當的處理。用一句分析學者的術語，就是「使潛意識裡的東西成為有意識的」。其實這和一般醫學的

治療原則是完全相似的，比如一個病人表現某種症狀，必須進行診斷，包括血液的檢查、X 光的診視等，了解其致病的原因，才能對症治療。心理或行爲方面的病因，照心理分析的理論，認爲被壓抑的願望或衝動的作用，是在潛意識的層次，當事人不能察覺，治療者也不能由直接觀察去了解，所以要經過心理分析，才能將藏在潛意識裡的那些意念，使之逐漸浮現，這樣治療者和當事人乃可了解其究竟，方能作進一步的處理。

㈡治療的方法

心理分析的治療方法，主要有兩個途徑：

1. 自由聯想（free association）

這是 Freud 所創的方法，先使當事人或病者躺下，在放鬆而舒適的情況下，將他所想到的事，將所有出現在他思想裡的念頭，無論是已有的經驗、當時的願望或意向，對某些人或事物的情緒反應……，也無論其內容的性質是好的、邪惡的、不道德的、有悖倫常的……也不論其重要性如何，都絲毫不加選擇與控制，完全說出來，想到什麼，就說什麼。Freud 認爲在這種聯想的情況下，一些原存在於潛意識中的東西，會在當事人不自覺的狀態下，逐漸浮現出來，治療者乃能發現其問題之所在。

2. 夢的解析（interpretation of dreams）

這就是讓病人報告他的夢境。Freud 認爲在潛意識裡的意念和衝動，是不見容於當事人本身或社會的，因而經常是被壓抑著，不允許其出現於意識層面。但在睡眠的狀態下，意識的檢查和監督作用降低了，如是那些被壓抑的思念，就會潛逃出來，構成當事人的夢境。所以經由夢的解析，可以察見病人潛意識的內容。不過多數時候夢中出現的事物或現象，常是經過了化裝作用，以逃避檢查者的「法眼」。所以夢中景象，常是一些象徵（symbols）或符號，必須經過審愼的分析，才能看出其所隱含的

意義。Freud 的《夢的解析》（The Interpretation of Dreams）一書中，對此有詳盡的說明。有時夢的內容太曲折，不易剖析，治療者可令病人就那些夢境作自由聯想，以期取得更多的資料，便於分析。

(三)治療的歷程

心理分析通常是一個相當長的歷程，病人每次和治療者接觸約為一小時，每星期約談三至五次（視病人的需要及治療者的時間而異），而往往要連續到一年以上或兩、三年不等。這樣的治療可以說是相當費時且費錢的過程，因之具有急性症狀者常不適合於接受心理分析。這種治療也就因此類實際情況的限制而具有高度的選擇性，通常只有社會經濟地位較高的人士，才有機會去接受心理分析治療。

在治療的過程中，治療者的任務是要聆聽病人的聯想；同時在適當的時候對病人所聯想的意義，提供一些解釋。當然這常是在治療者對病人的情況有適當的了解之後，才會運用的。這些解釋極具重要性，使病人對於自己行為的形成，以及它的意義，獲得一些認識；而後乃能面對它，並採取比較合理的、成熟的適應策略。

從這樣看來，心理分析像是一種認知的治療。實際上並不如此。病人許多問題，特別是早年的親子關係，往往會有強烈的情緒因素。對這些關係的領悟，常須借助於移情作用（transference）。心理分析者常認為那是治療必經的步驟。所謂移情作用，就是病人過去對某人的情緒態度，原為自己所不能察覺而被壓抑著，現在以治療者為對象表達出來。比如他幼年對父親的敵對甚或憎恨的情緒，時常不為自己所容而被壓抑著，現在就以治療者為替代的對象，在治療過程中表達出來。經過這種移情作用，原被壓抑卻並未消失的負面情緒，能夠在沒有危險的情況下表達出來；原有的焦慮和緊張，乃可獲消除，因而病人能以比較

平靜的心情,去了解、認識其他的問題。

　　為什麼病人過去不能接受的意念與情感,到了治療的情況便可以接受、可以自由表達了呢?箇中原因 Pervin 有很清楚的說明:第一,在治療過程中當事者心理上的衝突,因為事過境遷,不如原先事情發生時那麼強烈;第二,治療者所持的態度和過去當事人父母的態度不同;第三,當事人在接受治療時,年事較長,比較成熟,他可以用他那已發展的部分自我來應付其功能尚未發展的部分(Pervin, 1993, p.134)。

　　不過,心理分析的治療過程並不都是一帆風順的。有些時候,病人尚沒有適當的準備去接受治療者的「解釋」,或是某些「解釋」仍尚具有威脅的意義,則病人可能表現抗拒的反應(re-sistance):如遲到、忘記了就診的約會、用不相干的話題來消耗治療的時間、忘記付診療的費用、無法進行自由聯想,或是直接表示治療沒有意義、治療者的解釋是無稽之談等,都可能是抗拒的表現。治療者應及時作適當的解釋,使病人能察見其本身行為的意義。心理分析治療並不是一件簡單的工作,依照傳統的規定:治療者本身應先經過心理分析的歷程,期能了解其本身的心理發展過程和曾發生過的問題及心理衝突,並予以適當的處理,同時也能體察接受分析時的各樣感受。這樣他以後為病人進行分析時,就不致將病人的問題和本身未消除的情緒糾纏在一起。病人在治療中的各種反應,包括情緒反應,治療者宜設法獲致深切的了解,幫助他去處理早年留下來的問題,而不要將其視為是衝著自己來的。如果治療者是根據他本身的心理需求或衝突去對病人進行反應,那就是形成了「反移情作用」(counter-transfer-ence),那乃是不健全的治療關係。

　　傳統的心理分析,是讓當事人(或病者)躺在長沙發上,在放鬆的狀態下,進行自由聯想或夢的分析。(筆者 1960-61 年在倫敦 Tavistock 精神醫學研究所進修時,那邊每一間診療室裡,還都有一具長沙發)現在為了方便起見,治療者多數是讓當事人坐著進行聯想和分析的程序。

肆 ☞ 對於 Freud 心理分析理論的評議

一、Freud 在學術上常受人推崇之處

　　心理分析學派的理論，聽起來像是不容易被接受的。特別是在東方的社會裡，傳統的倫理觀念很強，將性看成是行爲的基本動力，以戀母情結來解釋男孩和父親間的衝突，即使不被排斥爲異端邪說，也會被視爲荒誕不經的。不過，平心靜氣的說，在目前所有的人格心理理論中，最能刺激人們思考，內容最完整的，還是首推心理分析理論。以個別學者的貢獻來說，是沒有人能和 Freud 相提並論的。

　　半世紀以來，學者們對於 Freud 理論評論的文字，已不可勝計，在檢視其中一部分之後，本書作者認爲下列幾點是初習人格心理學應當了解的：

(一) Freud 的理論涵蓋廣博

　　前面第一章裡曾經說過：人格心理學的內涵，通常會包括人格的結構、人格的動力、人格的發展、行爲適應的意義和行爲改變與治療這幾方面。但是很少的理論能夠對上述這幾方面都給予同等的注意。祇有心理分析論能對各方面都有明確的安排；而以一套明確的理論貫穿了各部分，使之成爲一個完整的體系。Freud 的一套理論，可以用來幫助我們了解一般人日常生活中的行爲，人性與眞理的探索、文學美術方面的創造、戰爭與罪惡之所以產生，以至於心理疾病的形成。根據 Freud 的理論，一些看來玄妙莫測、不可思議的行爲，也都是可以理解的。所以從廣博的角度

來看，Freud 的理論，是值得推崇的。

(二) Freud 的基本假設為行為研究之鑰

　　Freud 的兩項基本假設：一為心理決定作用，意指所有的行為都是有所為而為的；一為潛意識動機的作用，意謂人們常不能察覺自己某些行為的動機。前者可視為一般自然科學中因果定律的延伸。在自然界中任何一個現象都是有其原因的，人類的每項行為，也可以視為一種現象，自亦應有其原因，而不是偶然的。這一項假設，實乃心理動力學的基礎，如是研究者才去努力探求人類行為的原因，包括表面看來不可理解的行為在內。精神醫學中的心理病理學，就是以此為出發點。

　　但是事實上許多人在表現某項行為時，確實不能說出任何原因，不知道自己為什麼會做那件事。因而 Freud 提出了第二項假設：有些行為是出自潛意識的動機，這將行為的動力之源推廣了許多。雖然我們對於潛意識的活動尚未能有全部的了解，但是大多數心理學者大都能接受潛意識的存在，不過他們不一定完全同意 Freud 對於潛意識的意見。有了這兩項假設，行為研究的領域就擴大了許多。

　　筆者曾於 1944-45 年間在印緬軍區一所軍醫院的精神病房中服務，當時有一位被診斷為精神分裂症的病人，主要症狀是不說話、和別人沒有來往，但也沒有表現任何侵犯或騷擾別人的行為。當時病房的主治醫師是一位美軍上尉，在觀察病人達一個月之後，就為他進行藥物麻醉分析（narco-synthesis）。在進行過程中，病人雖曾以其地區方言說出少數一兩個字，卻沒有其他反應。可是到了第二天，他完全變了，變得十分狂躁，明顯地攻擊他人，破壞事件，在病房大聲嚷叫……，我們當時分析：病人的行為改變，顯然前一天所進行的藥物催眠分析有關聯。病人以前的沈默，實乃為一種防衛性行為。藥物催眠給他的壓力很大，他似乎無法再保持沈默，因此他必須換一種防衛方式，狂躁行為看

來是其所選取的新的適應行爲，是有其目的的。

(三) Freud 強調兒童時期經驗的重要性

　　多數心理學和精神醫學家都十分重視兒童時期經驗對整個人格發展的重要性，但是 Freud 在這方面的意見則比較其他學者更強些。他認爲兒童早年發展過程的經驗，會影響到成年後的人格，甚至將導致某些行爲模式的出現。Freud 且認爲一個人成年後的人格是早在五歲時就定型了。這一種說法固然稍嫌武斷，卻和我國社會中「三歲看大」的觀念是相似的。這一種看法旨在提醒人們注意兒童的教養和親子關係，以期培養健全人格。

　　心理分析論說到發展時，比較重視成熟的作用，認爲成熟的作用甚於學習的作用。他們將發展視爲是個體潛能的啓發，正同一朵花苞的綻放一樣，花苞用不著去學如何展開它的花瓣，到時候它就開了，那乃是它與生俱來的發展趨向。不過它四周的環境，如氣溫、濕度，以及它所攝取的養分，卻是可能影響它開花的時間和過程。

(四) Freud 認為人們彼此是十分相似的

　　Freud 在這一方面的貢獻，是 Ernst G. Beier（1991）所特別推崇的。Freud 所倡有關人格的理論，可以應用於每一個人。其所著《日常生活中的心理病理學》（The Psychopathology of Everyday Life），正充分地說明一般人也會表現一些和心理疾病患者相似的行爲。Beier 並曾明白指出：「我們都有某些特殊的目標，都有一些控制方面的困難，以及內在的衝突和焦慮。我們偶爾也會對自己行爲方式的理由不甚了解。我們都會運用合理化作用，都會將自己的缺點投射到別人身上去，也都會使用壓抑及昇華作用。即使是醫院中那些無法治癒的精神病人，也和我們沒有太多不同，他們祇是比較嚴重一點而已。……我認爲心理分析學幫助

我們了解——我們（和病人）之間的距離並不是很大的」（1991, p.47）。

Beier 氏認為心理分析論指出人們彼此原是十分相似的，應可縮短人與人間的距離，使人們比較容易接近一點。這是值得重視的觀點。很多人對於「心理疾病患者」常採另眼相看的態度，實際上是值得考慮的。筆者願以一個1944年軍醫院中所遇病例來作補充說明。

病例為男性，當時年約十七歲，投軍前是一個已受戒的和尚，以「精神病——類別不明」的診斷入院，主要症狀是狂躁和破壞性及攻擊性行為。入院三週後漸趨平靜，時來與筆者交談。自云其入寺受戒，乃係因幼年患重病時許願關係，並非出自信仰。因見筆者衣袋中的袖珍本基督教聖經，乃借去閱讀，頗有興趣。出院時索去以為紀念，並保證必妥為保存。約五個月後某日半夜，筆者忽得病房電話通知：謂有新入院病人，吵鬧甚劇，請筆者前往處理。（按：該院為美軍戰地醫院，被指定收容中國傷患，所有醫護工作人員，均為美國人，與病人在語言上常不能溝通，筆者初去時的主要任務為通譯工作）。筆者趕至病房時，乃發現該新病人即為五個月前出院的「和尚」，因再度發病而被送來醫院，其吵鬧原因乃係「和尚」不肯將帶來的衣物包交給病房管理人員，（按院方規定，精神病房病患入院時，必須將所有帶來之衣物交病房保管，以免發生意外）而發生爭執，甚至被毆打。但「和尚」始終不屈。他當時神智不甚清晰，不能辨識筆者，但緊緊抱住其衣包，大聲嚷叫：「你們不能拿走我的東西，這裡面有翻譯官（指筆者）送給我的聖經，我答應要好好保管它的！」筆者立刻了解那是怎麼回事了，當即安撫他，並保證不拿走他的衣包，最後由值夜醫師讓他服下一顆鎮靜劑，使他休息。

這件事給予筆者極深刻的印象：「和尚」當時是一個狂躁症患者，神智方面並不十分清晰，但能記住他以前的「承諾」，忍住美籍工作人員的「毆打」（那些工作者為美軍士兵，並未曾接受精神醫學護理訓練，對病人間或有粗野的動作，這也是筆者自

動表示夜間亦願前去病房處理緊急事項的原因），來維護筆者送
給他的聖經，這是正常人都或不能做到的事，而一個「病人」卻
做到了！試想我們有什麼理由認定「病人」不如「正常人」，因
而輕視他們呢？〔筆者按：「和尚」後已康復，抗戰勝利後自軍
中退役，正式皈依佛教，數年前任台灣某寺住持，曾在多方探詢
獲知筆者地址後來訪，並不諱言當年在印緬軍區發病的經驗〕。

㈤ Freud 終其一生在不斷地修訂他的理論

從 Freud 的傳記中，我們可以看到他是一個孜孜不倦的工作
者；一直到他的晚年，他仍然在不停地為病人進行分析，並致力
於著述，而且他是在不斷地修訂他的理論。他在早年提出「生的
本能」論點，但後來他發現那不能涵蓋人性及社會暴虐和殘酷的
一面，忽略了人類攻擊的傾向，如是在 1920 年撰寫了「死亡本
能」一書，那時他已經有六十四歲了。Freud 原認為「本我」是
人格的主要部分，但在他去世之前，也已注意到「自我」（ego）
在人格中的重要性。

Pervin 曾指出：我們今日所認為是 Freud 理論的主要部分，
是 Freud 在其生命中最後二十年中所發展出來的，Freud 在其晚
年中提出了他對於文明、精神官能症、精神病的最後意見，以及
他對於焦慮和防衛行為的理論（Pervin, 1989, p.76）。因此 Pervin
特別提醒大家：當對 Freud 理論作評價時，要弄清楚所評述是
Freud 早年或晚年的觀點，因為其間是有差異的（Pervin, 1989,
p. 159）。

二、Freud 心理分析理論常受人批評之處

㈠ Freud 的泛性論不能為一般所接受

這是 Freud 最受批評的一點。Freud 指出人們身體上的若干部位，比較敏感，予以刺激時，將引起快感；而口腔、肛門和生殖器部位都是敏感的區域，其所引起的快感是相同的。他乃稱這些部位為引發快感部位，而將此追求身體快感的傾向稱為「性」，從生物學的觀點來看，在嬰兒時期，也許這些部位的快感是相同的；但是，從心理與社會的觀點來看，它們的涵義就大不相同了。

Freud 在論到 Oedipus 情結時，曾說男孩希望獲得母親的注意和愛，不願意父親分享，若所指為心理方面的戀母傾向，應也屬不難了解和接受的；但若要將其推展到生理方面，則就值得推敲了。因為兒童的性行為系統尚未達到成熟的階段，該無所謂性慾的，在東方重視親子倫理的文化裡，Freud 所謂「家庭羅曼史」觀念自然會受到極端的排斥。筆者認為 Freud 這一方面的理論除了涉及到倫理方面和東方社會嚴重衝突之外，若干觀念上的問題，也沒有完全澄清。究竟嬰兒期的性和成人的性有何相同及相異之點？從發展的觀點，從什麼時候起生理方面的快感和心理方面的愛情開始融合在一塊的？在這些問題沒有釐清之前，我們很不容易確定嬰兒期性慾的確切意義，因此也就不知道究竟是該支持或反對「嬰兒期性慾」（infantile sexuality）的觀念。

不過，話說回來，性的確是人類生活中極重要的驅力之一，它和人類行為的各方面都有直接或間接的關聯，也確是不容易有良好適應的問題。目前的社會對於性的態度，自比 Freud 所在時代為開放，可能減少了一些因為追求性的滿足所引起的矛盾與衝突，但卻也可能增添了一些新的困擾。研究行為科學者似乎不能

不感謝 Freud 提醒我們注意性的重要性，雖然他本人或因集中注意於這一方面，因而忽略了其他問題的重要性了。

㈡ Freud 以少數個案資料作概化性的說明

Freud 是位臨床工作者，經常接觸病人，而有機會對他們做比較仔細的觀察；然後利用這些個案，來說明他的理論。在個案資料中，常能看到其觀察入微之處。不過，以少數個案資料為基礎，來作概括性的推論，認為一般人皆如是，是難以令人折服的。更何況去接受心理分析治療的人，從社會經濟地位及教育程度來看，就是有高度選擇性的樣本；對西方社會而言，其代表性已可質疑，要用來解釋非西方社會人們的行為，其適當性自更難獲得支持。

㈢ Freud 對於兒童時期經驗的過分重視

研究行為科學的人，無論是接受哪一個學派的理論，都不會否認兒童時期經驗的重要性。但是 Freud 似乎是對兒時經驗的重要性過分地強調了。他幾乎認定成人所表現的各種行為，都有其兒童時期經驗的基礎；並且認為成人的人格在其滿五歲時候就已經完全定型了。他這樣的說法，就等於否定了一個成人當前各項因素（包括情境因素）的作用，而認為他是為其兒時形成的某些內在作用所驅使，他的行為也祇是被視為兒童時期經驗的延續或重演而已。

這種過偏的觀點，可能會有下述兩種負面的結果，第一，使人們對將來抱著比較悲觀無望的看法。既然一切未來的發展都取決於兒童時期的經驗，那麼對一個成人而言，他的將來就都已被注定，沒有任何希望了。這一種想法，就明顯地將具有不健康的影響。其次，在認定一切均為兒時經驗所決定時，乃將忽略當前情境的因素，事實上這些因素也可能具有重要影響作用的。比如

在進行治療的時候，當事人可能因對治療者的某些措施不甚滿意，而表現了某些負性的反應，常會被解釋為移情作用（tranference），認為那乃是當事人將兒時對某個權威者的不滿情緒，轉移到治療者身上來了。在這樣解釋之下，治療者乃不會去檢討當前治療的過程而去加以改善，那自將會妨礙治療的進行，影響治療的效應了。

問題討論

1. 請簡要敘述 Freud 所提出的人格結構。
2. 請舉例說明意識、前意識及潛意識。
3. Freud 對「生之本能」與「死亡本能」的看法如何？
4. Freud 認為自我（ego）所體驗的焦慮有哪些？
5. Freud 認為自我防衛行為之目的為何？
6. 請解釋下列名詞：(1)合理化作用(2)替代作用(3)投射作用(4)隔離作用。
7. Freud 認為人格發展經歷哪些階段？
8. Freud 認為心性發展歷程可能產生哪些障礙？
9. Freud 的心理分析理論受人推崇之處是什麼？
10. Freud 的心理分析理論對現代雙薪家庭的父母有些什麼啟示？

第四章

心理分析學派
其他學者的理論
（上）

壹、Alfred Adler 的個體心理學

一、Adler 的生平簡介

二、個體心理學的內涵

三、Adler 人格理論要義

㈠器官的卑弱和補償作用

㈡自卑感

㈢生活型態

㈣設定的目標

㈤社會興趣

㈥人格的發展

㈦行為的適應

㈧自我保護策略

㈨行為的治療

四、有關 Adler 理論的研究

㈠有關社會與趣之研究

㈡有關早年記憶之研究

五、Adler 和 Freud 理論的比較

六、對於 Adler 理論的評議

貳、C. G. Jung 的分析心理學

一、Jung 的生平簡介

二、Jung 人格理論要義

㈠人格的組成

㈡人格的動力

㈢人格的發展

㈣人格取向、心理功能與人格類型

三、有關 Jung 理論的研究

㈠單字聯想測驗和情結的研究

㈡行為類型的研究

四、對 Jung 理論的評議

☞ **本章要旨**

　　Freud 倡導心理分析理論和治療受到當時學術界的注意，許多人都慕名而至，投入其門下，向他學習。在 1902 年，成立了維也納心理分析學會，極一時之盛。由於那些人大都是當時的菁英，在和心理分析學派接觸一段時間之後，就逐漸對 Freud 的理論和治療方法，產生了異議，特別是對於他強調性驅力的觀點，不表贊同。不少人紛紛提出了自己的主張，其中 Alfred Adler 和 C. G. Jung 更是明白地脫離了 Freud 的團體，自立門戶。另有一些人，如 K. Horney、E. Fromm 及 H. S. Sullivan 等則雖仍和心理分析學保持了關係，卻揭櫫了和 Freud 明顯不同的論點。而心理分析學本身隨著時間也有了一些改變，產生了若干新的觀念。本書的第四章、第五章將就這些改變和發展的趨向，作概要的陳述，第四章先介紹 Adler 和 Jung 的理論。

壹 ☞ Alfred Adler 的個體心理學
(Individual Psychology)

一、Adler 的生平簡介

Alfred Adler 於 1870 年出生於奧地利維也納城的郊區，在六個兄弟姐妹中，排行第二。他幼年身體健康情況不是很好，又曾有一弟早年去世，使他以後立志習醫，1895 年畢業於維也納大學醫學院。開始時為眼科醫師，後改為一般內科開業醫師，最後轉入精神醫學。

Adler 於 1902 年與 Sigmund Freud 相遇，旋即加入維也納心理分析學會，並於 1910 年擔任該會會長。但是他和 Freud 及其他會員的見解頗多分歧，他曾向會眾提出自己的意見，卻未被接受。因此他辭去會長職務，跟著即脫離該會，也和 Freud 斷絕了關係。

隨後 Adler 創立了個體心理學會（Society of Individual Psychology），吸引了歐美各地許多人參加，其在美國的組織，在紐約、芝加哥、洛杉磯等地皆設有分會，並創辦了《個體心理學刊》（Journal of Individual Psychology），目前仍繼續發行。Adler 有子女四人，其子 Kurt Adler 和女兒 Alexandra Adler 也都是精神醫學醫師，在紐約的「Alfred Adler 心理衛生診所」工作。這和 Adler 的學說在美國一直受注意自有密切關係。

Adler 很熱心於兒童行為的指導工作，曾於第一次世界大戰後在維也納地區學校中成立兒童行為輔導中心。因此他仍被認為是此項社區精神醫學工作的倡導者。

Alfred Adler

　　1935年，Adler遷居美國，在現今的紐約州立大學Downstate
Medical Center任教，並四處旅行演講。1937年在其往蘇格蘭艾
柏丁演講途中逝世，享年67歲。

　　Adler的理論已由H. L. Ansbacher（1956）為其整理出版。P.
Bottome（1957）則著有 *Alfred Adler* 一書，乃為 Adler 的傳記。
近二十年來大家對於 Adler 當年提出的一些概念又燃起了興趣，
而使之成為心理學界研究的題目。

二、個體心理學的內涵

　　個體心理學是個容易引人誤會的名詞，人或以為 Adler 是主
張每個人都是以自我為中心，只求滿足自身生理方面的驅力。但

事實卻正相反，Adler 認為人雖各有其獨特性，卻都是相互關心，喜歡與人交往，且能合作無間的。

Adler 和 Freud 基本上對人的看法就相距甚遠，Freud 強調人類的生理性驅力對人類行為的決定作用，而且是追求立即的滿足；Adler 則認為社會方面的作用，包括家庭環境，對人類行為有較大的決定作用；同時個人對將來的希望很具重要性。在 Freud 的理論中，人與人之間經常有衝突存在，人和社會也常是對立的，即使是人格的內部，也是各部分相互對立的。而 Adler 的看法卻正相反：他認為人們都樂於結交朋友，且能和諧相處，人格也是一個整體，為追求生命的意義和將來的目標而努力。

Hergenhahn 並曾指出：Adler 之主張一方面接近人本主義，因其注意人與人間的正面關係；同時也和近代存在主義學者持相似的觀點：相信人類是未來取向的，至少可以對自己的未來有部分的決定作用，並重視生命的意義。同時 Adler 強調人格的整體性，不主張將它分為若干不同的部分，和完形學派的觀點是一致的（1991, p.93）。

三、Adler 人格理論要義

㈠器官的卑弱和補償作用
(organ inferiority and compensation)

Adler 是一位醫師，他了解每個人身體各部分器官的情況，常不是完全一致的。某甲的循環系統可能比較強，而消化系統比較弱一點；某乙也許正好相反。換言之每個人的身體常有比較弱的部分，而生理方面就因之而有補償的傾向。通常補償有兩種情況：一是直接補償，意指直接對那較弱的器官加強運用，以增進其功能。許多幼年虛弱的兒童，經過鍛鍊，使身體變得非常強壯，乃為直接補償之例。一是間接補償：即當某一器官功能減退

時，另一器官的功能即轉而增強，以爲替代；通常視力減退的
人，其聽覺功能將明顯增加，具有替代作用，來助其適應環境可
能發生的問題。

㈡自卑感（feeling of inferiority）

　　Adler 在發表《器官卑弱和生理方面的補償》論文以後，跟
著將其自卑的觀念，推廣到心理和能力方面，指出人們可能對自
己的某一方面有不滿的感覺，認爲自己不夠好，不夠完美，而有
自卑之感。Adler 認爲這是正常的現象，因爲嚴格說來，沒有一
個人是十全十美的。自己認爲不滿意，正可激發努力求進步的動
機，來增進或改善那些有缺陷或不夠完美的一方面。

　　Adler 並且認爲人們生來就難免於自卑。試想嬰兒生下來以
後，很多器官尚未發展完全，各方面的能力都十分薄弱，必須依
賴成年人的照顧，才得以生存。對他來說，桌子都嫌太高，椅子
也嫌太重，在在顯得自己渺小；而相形之下，成年人就強壯多
了，能幹多了，因此兒童乃有強烈的願望，要克服這種自卑心
理。

　　Adler 在說到人們對自卑心理的反應時，他的說法曾有多次
的改變，這個改變的歷程是很有意義的。

　　開始的時候，Adler 認爲兒童的願望是運用攻擊的方法克服
自卑心理，這也許和 Freud 倡導性與攻擊本能的觀念有關。Adler
排斥了性本能的觀念時，可能將攻擊的觀念保留了下來，而將這
種克服自卑的傾向稱之爲「男性反抗」。此地之所以稱「男
性」，並不是說只有男性具有此種傾向，而是由於社會習於以剛
強喻男性，溫柔喻女性，正和我國陽剛陰柔的說法相同，所以用
男性來描述這種堅強不屈，發奮圖強的心理；事實上這種傾向則
是兩性所共有的。

　　接著 Adler 應用「爭取權力」（will to power）的觀念，來替
代攻擊。後來 Adler 進一步修正了他「爭取權力」的概念，而代

之以「追求卓越」（striving for superiority）。在這卓越的意義中，並無超越別人的企圖，而是要追求個人本身的完美；同時他認為這種追求完美的傾向，乃是生命的基本現象，而且是與生俱來的。經過這樣一再的修正，Adler 終於點出了他所謂的人生目標——追求充分完美的發展。從一個單純的自卑心理開始，構成了人格發展的積極目標，成了一個完整的理論，是十分有意義的。

不過，並不是每個人的發展都是在坦途上進行的。自卑感固然可以激發一個人努力求進步，奮發有為；但也可能使一個人一蹶不振，自慚形穢，而無法自拔。比如一個人在兒童時期，自覺渺小無能的時候，若是沒有獲得適當的鼓勵和支持，缺乏由被愛而建立的安全感，經常被提醒著自己是如何幼稚、淺薄、無能，而完全沒有信心，隨時要仰承他人的臉色，他會因此不敢嘗試，因其預期著失敗，而失敗的負面後果，又被誇張得極其可怕，會使自己淪入萬劫不復的境界。這種情況下，自卑感盤踞了他整個心理，使他無法前進，乃形成了所謂自卑情結（inferiority complex）。

上述這個水能覆舟的情況，也可能發生在追求優越的傾向上。前面說過追求優越是致力於自身的發展與完美，並無與人爭勝的意思。所以在自己力求上進的時候，仍然會關心四周他人的需要；而不是一味地要高人一等，以為成功必須要賽過別人；甚至必須貶抑他人來提昇自己。如果他喜歡支配別人，以顯出自己的優越，經常以傲慢的態度待人、愛慕虛榮、喜歡別人阿諛的態度，隨時在和別人比較，並以能勝過別人而沾沾自喜，這就是所謂的優越情結（superiority complex）。如果仔細分析，我們當不難發現它和「自卑情結」實為一體的兩面而已。

(三)生活型態（life style）

克服自卑感，追求優越，是每個人生長和發展的目標。但各

人所用以克服自卑追求優勝的方式和途徑如何，那就要隨各人的生活型態而定了。

　　每個人會怎樣來建立生活型態呢？個人追求完美傾向，可假定是與生俱來的，但生活型態則是習得的，和個人幼時的經驗有密切的關係。不過倒不一定是由經驗本身直接來決定，而是決定於兒童對其經驗的感受和認知。從表面看，兒童幼時的經驗大都比較簡單，相似性似應頗高；但實質上卻不如是。一個兒童會注意到哪些經驗，一種經驗會對他具有何種意義，構成怎樣的感受，都是許多因素交互作用所決定的，很不容易進行分析。Adler 認為一個人的生活型態，大約在五歲左右就已具雛形了，當可推測到家庭環境和親子關係該是極重要的變項。Freud 幼年極為母親所鍾愛，Adler 幼時多病……那些經驗會影響到他們對自己的看法（或自卑感）；而那些經驗所引起的他人之反應，也是會影響他們對人，對世界的看法……，轉而會影響到他們的生活型態。生活型態相當於一個人行事待人的原則，他只會注意學習、運用和生活型態相配合的事務，而忽略其他的東西。對於兒童時期經驗重視的程度，Adler 和 Freud 相近；不過 Freud 比較偏重生物性需求的滿足，而 Adler 則比較重視家庭內外的社會因素，包括家中的排行，和一般人際關係在內。

㈣設定的目標（fictional finalism）

　　Freud 認為人們的行為都是受到其身體的本質和兒童時期經驗的影響，Adler 則以為人們對未來的看法和希望對其行為的決定作用，比其過去經驗之影響更為重要。Adler 並不相信有什麼東西將安排未來的一切（如命運），而是個人主觀的想法和目標會影響他現在的行為。比如某人若持有「善有善報，惡有惡報」的信念，他多半就不會去做他認為「惡」的事。我國古代的讀書人恆以十載寒窗一定可以一舉成名，因之他們就會辛勤苦讀等待金榜題名的那一天了。雖然這些信念並沒有絕對的依據，不

曾考驗過它的效度，但卻是構成人們行為的原因，而且也成了其統整行為的原則，一切都以那假定的目標為導航指南針，如是整個的生活及行為便都顯得更有意義了。歷史上有許多偉大的母親就憑著她們設定的目標，守節育孤，從那漫長的困苦歲月中熬了過來。

不過這些設定的目標和信念，並非絕對不可改變的。Adler 認為健康的人和精神官能症者的區別，就在於健康的人遇著必要的時候，他會調整自己的目標和想法，避開那些不可抗拒的困難，開闢新的途徑而維持自身的成長和發展。精神官能症者則反是，他們牢牢地握住某些信念，不能配合實際情況的需要，去做適當的調整；他們不能察見原訂計畫之外的可能途徑，而教自己陷於絕望與痛苦之中。健康的人總是能把握住現實，能依據現實來改變自己的設想和計畫；精神官能症者則常以為設定的目標就是現實，不容有絲毫變動的。

㈤社會興趣（social interest）

「社會興趣」是 Adler 理論中一個極重要的概念。Adler 將其理論命名為「個體心理學」，很容易讓人家認為他只是強調個體的發展，而忽略他人及社會的需求。但事實並不如是。Adler 提出了「社會興趣」這個概念（德文原為 Gemainschaftsgefühl，英文譯為 social interest，中文從英譯而來，就稱之為「社會興趣」，也尚能把握原意）。「社會興趣」是指個人對於自身以外的人與事物之注意與關懷。人不是只求個人生存和發展的，而是要使大家都能和諧相處，為社會的利益而合作。

Adler 且認為社會興趣的傾向是與生俱來的。不過它也和其他的特質一樣，需要適當的環境，包括年幼的人際關係，來培養這種正面的特質。Adler 特別指出母親和子女的關係，是社會興趣發展的關鍵因素。兒童是透過父母來認識他人和社會的，也是透過這種關係來體認他人的福祉和自身的關係，兒童藉著對父母

的信賴，推廣到對所有的人和社會的信賴。Adler 認爲這對正常的人格發展來說十分重要。若是缺乏社會興趣，就將導致一些不健全的行爲，如吸毒、酗酒、性的異常、犯罪、自殺，以及精神官能症等現象，可以說是百病之源。所以個人的生活型態和設定的目標都應將整個社會的福祉包括在內。

㈥人格的發展

　　Freud 和 Adler 都十分重視兒童時期經驗和人格發展的關係。不過 Freud 著重在幼兒生物性驅力的滿足以及親子間的「心性」關係，而 Adler 則以爲家庭中的整個環境和社會關係，例如家庭中的經濟地位、家戶的大小、親子及手足關係、家庭中的排行等對兒童人格發展都有密切關係。換句話說，兒童是在一個社會中生長，這個社會中的一切決定了其人格的發展。

1. 家庭中排行的關係

　　Adler 注意家庭中社會關係對兒童發展的重要性，也就察見同一家庭中的兄弟姐妹，實際上並不是生活在完全相同的社會環境之中。試想家中兄弟二人，表面上兩個人的環境是相同的，但是做哥哥的有一個弟弟，而弟弟卻沒有；反過來弟弟有一個哥哥，卻是哥哥所缺少的。這個差別是相當重要的，因此 Adler 分析了家庭中排行與人格的關係。

　　長子（女）是一個特殊的位置。在許多社會中，長子常被視爲是繼承父業的，將來要承擔較大的責任；長女也常被認爲是母親的幫手，一般言之，父母對他們的要求和期望都將較高。

　　通常長子（女）出生後有一段時間，是家庭中的獨子，集大人的注意和寵愛於一身，被嬌縱的機會很大。

　　幼子（女）在家中居老么的位置，永遠被稱爲「小弟」或「么妹」，所以是不會長大的孩子。父母常會不自覺地延長他們的娃娃歲月，覺得最小的孩子長大了，自己自然也就老了，因此

幼子被過分保護、被寵壞，是常有的事。哥哥姊姊多半也會讓弟妹一點，以顯示自己的大方和友愛；反正爭吵的時候「大的總是該讓小的」。不過也有些時候，因爲要和哥哥姊姊競爭，老么反而願意力爭上游，替自己爭口氣，而表現得非常傑出。

老二和其他中間位置的子女在一般情形下，被放在注意中心的位置比較少些，因之所承受的壓力也常會輕些。父母在養育子女上有了一些經驗，不若長子（女）出生時那麼緊張，因此親子雙方都會比較輕鬆一點，不過有時候哥哥姊姊創下來的記錄若是很高，可能使老二們要趕上去頗不容易，而感到威脅。

這些分析自然不能視爲典範。事實上各個家庭的情況不同，各個文化中對子女排行的看法也有差別，絕不可依照上述來預測不同排行兒童的行爲。Adler 的分析只是使大家注意家庭成員間動態的關係，而不拘泥在某一個特殊的位置。

2.創造性的自我（creative self）

這是 Adler 所倡導的另一個重要概念，照 Adler 的意思：人們並不是完全被動地接受遺傳和環境的影響。每個人有其自由運用這些影響，依照他所認爲適當的方式將它們組合起來。

大家都知道：個體的發展，一方面是有賴於遺傳所提供的各方面潛在發展傾向，另一方面則是環境所提供的各種潛能發展的機會。但是 Adler 不認爲如此，他認爲遺傳和環境所提供的，只是一些素材，而怎樣去運用這些素材，則乃是個體本身的任務。正同興建房子一樣，遺傳和環境提供了材料，如磚瓦木料等，但怎樣利用這些材料設計營造一幢房子，則是個體自己的工作。不同的建築師所設計出來的房屋將是各具特色的。即使有兩人具備有完全相同的遺傳，又在完全相同的環境生長（事實上不可能有這樣的情形），Adler 認爲他們也不會成爲相同的個體。因爲個體本身在其遺傳性質的運用和對環境情況的解釋及反應上，是有獨特作用的，Adler 稱之爲「創造性的自我」。

有些學者非常推崇 Adler「創造性自我」的概念，認爲乃是

Adler 極卓越的成就。Hergenhahn 認爲 Adler 是人格理論家中第一位認定人類行爲不是完全被決定的，每個人都有決定其本身生命的自由。每個人都接受一些生物性的遺傳，和某些得自於環境中的經驗，但卻是由個體的創造性自我在運用那變項，去解釋它們，然後由其決定其人格（Hergenhahn, 1990, p.105）。Adler 這個概念對近代人格理論學者來說，實具有重要的啓導作用。

　　Hall 和 Lindzey（1987, p.127）也指出：Adler 倡導了人格的人本理論正和Freud對人的觀念相對立。Adler 認爲人是具有利他傾向、人道精神、合作、創造、獨特與洞察作用。他這種說法恢復了心理分析所毀壞的人類價值與尊嚴。Freud將人描述爲陰沉、追求物質的形象，嚇壞了他的讀者；Adler 則提供了一個使人滿意、有希望、備受讚美的形象。Adler 對於人格本性的概念，和「人可以成爲自身命運的主人，而不是奴隷」的一般想法是相符合的。

㈦行爲的適應

　　在 Adler 的理論中，個體生活形態的運作，就決定了這個人生活適應的情況。Adler 並根據個人行爲配合社會興趣的程度，將他們分爲管理支配型、掠取依賴型、逃避問題型和社會服務型等四類。他認爲兒童幼年家庭生活經驗是決定上述類型的主要原因。家庭中是否經常充滿溫暖安全的氣氛，給予兒童適當的重視；是否經常責罰兒童，或施用體罰；對兒童行爲及其成就是否有過高的期望；……這些都將影響兒童對於他人和社會的態度。有趣的是：Adler 認爲形成不健全生活型態的關鍵，並非那些客觀的情況，而是兒童對於其環境的知覺，也就是他由其經驗所獲致的印象與結論。Adler 氏這種看法顯然已經具有現象學派的觀點了。

㈧自我保護策略（self-guarding strategies）

Adler 認為那些具有不健全的生活型態者，就是精神官能症者，他們會運用一些自我保護策略來保護自己微弱的自尊。這些自我保護策略和 Freud 所指的自我防衛作用頗為類似，所不同的就是自我保護策略只有精神官能症者使用，可以是有意識地或潛意識地運用。Adler 謂有下列三類保護策略：

1. 托詞（excuses）

當事人表現某些症狀，而用之以為其缺點或短處之托詞，如有某高中學生時患頭痛，乃以此為記憶不好、成績不理想的原因。

2. 攻擊性行為

攻擊性行為的表現可有三種情形：

(1)輕視他人：在評量他人時應用極高的標準，因此無人能達到該標準；或是認為別人無能力照顧自己，而提供協助與關切。

(2)責備他人：認為別人應對他的問題負責。

(3)責罰自己：藉以增加別人的不安，或藉以引起別人的注意。

3. 增加自己與問題間的距離

精神官能症者要逃避失敗，就設法增加自己與問題間的距離，也就是避免接觸某些問題。如退縮、裹足不前等策略。例如某人對自己成家立業缺乏信心，藉故延遲結婚，以逃避可能的失敗。

㈨行為的治療

依照 Adler 的意見，行為適應的問題就是因其生活型態不健

全，不能有效地應付生活中問題的緣故。因此治療的目標就是要調整當事人的生活型態，使其包涵社會興趣、關心他人福祉在內，當可發揮較大的功能。治療者以輕鬆的態度和當事人唔談，一方面要給予當事人充分的注意和接納，但也不宜過於縱容，也不要讓病人利用其病狀博取過多的注意。Adler 認為治療者應當將在治療中獲得的了解和領悟，很清晰地向病人解釋，使其能在理解和情緒兩方面均能接受。一般來說，Adler 的治療是比較直接，治療者比較主動，常會對當前情境的改善與未來的安排，提供建議與指導。

　　Adler 也曾為在情緒上、行為上有問題的兒童實施治療，他主張家長也應參與治療的過程，開啓了近代家庭治療的先河。現在有很多人對 Adler 的心理治療頗有興趣，因為發現他的做法和當前的認知行為治療很接近（Phares, 1993, pp.109-110; Hergen-hahn, 1990, p.109 ）。

四、有關 Adler 理論的研究

㈠有關社會興趣之研究

　　Adler 所倡「社會興趣」概念，頗受人注意。在 1970 年以後，有幾種測量「社會興趣」的工具先後完成，對於這方面的研究，就接二連三地出現了。下面列舉的是比較重要的研究。

1.社會興趣與合作及助人行為的關係

　　Crandall 和 Harris（1976）發現受試者在社會興趣量表（Social Interest Scale, SIS）上的分數和他們在 Prison's Dilemma Game 中所表現的社會行為有正相關（r=. 32, p<.005）；同時也發現那些願意奉獻時間去幫助別人者在 SIS 上的分數，較不願助人者為高。此外SIS分數和助人者的同理心分數有正相關（r=.40, p<.005）。

2.社會興趣與個人幸福感的關係

Crandall 和 Putman（1980）曾使 Idaho 大學職員同時接受 SIS 和另一項對本身幸福的主觀評量量表。結果顯示 SIS 分數和一般生活幸福感有正相關，而且和認知與情感兩方面的相關都很接近。這和 Crandall 和 Reimanis（1976）在女性大學生方面的研究結果是一致的。

3.社會興趣與心理適應

Crandall 在編訂 SIS 時，曾同時進行了一些研究，結果顯示：受試者在 SIS 上的分數和一般行為適應有相關（和敵意分數相關為-.50，和抑鬱分數相關為-.30，均達到統計上有意義的水準）。另一組大學生接受了 SIS 和 The Purpose of Life Test，計算其間的相關，發現社會興趣高者對於生命持有正面肯定的態度，和宇宙能保持和諧。Crandall 和 Reimanis（1976）使三十名紐約州監獄中在社區學院就讀的男性罪犯接受 SIS，測得其均數為 6.37；而另三十八名大學一年級男生在 SIS 上之均數為 8.29，顯示犯罪者之社會興趣較一般大學生低，其間差異已達統計上有意義的水準。此外，Crandall 和 Lehman（1977）利用 Holmes 和 Rohe 所編的《社會再適應量表》，令九十一位大學生指出生活中不愉快的事件。結果顯示他們生活變化壓力分數和其 SIS 分數呈負相關（r=-.31, p<.01）。這些研究都顯示社會興趣和個人生活適應有正相關。Adler 認為社會興趣是關係生活適應的重要人格變項，在這些研究中獲得了支持。

4.在國內的研究

國內黃堅厚（1985）曾做照 Crandall 所用的方法，利用中文人格品質形容詞經過翻譯並評定其社會認可值後，編訂「中文社會興趣量表（CSIS）」，利用我國大學生及專科學校學生進行研究，結果如下：

男女大學生在社會興趣分數上甚爲接近。

大學教育學院學生之社會興趣分數較理學院學生爲高。

師範專科學校學生社會興趣分數較工業專科學校學生爲高。

師範專科學校適應不良學生之社會興趣分數較適應良好學生
　　爲低。

大學生在社會興趣量表上分數與其社會型價值有顯著相關；
　　但和內外控信念、自我觀念、精神官能症特質等，則均未
　　發現有相關。

㈡有關早年記憶之研究

　　Adler 認爲一個人的早年記憶，是很有意義的資料。當我們
讓某人回想他童年的事蹟時，他會想起些什麼，不會是偶然或碰
巧想起來的。一個人的早年記憶和他的生活型態有密切關係。Ad-
ler 在實施心理治療時，常會讓當事人先報告一兩則早年的事件。
那就等於他是應用某一個具體的事件和情境，將他自己和他對於
人及整個世界的印象烘托了出來，Adler 發現其中常含有極重要
的意義，因爲人們總是會選擇那些對他們生活和行爲有意義的事
件記憶下來，那些記憶和他的基本興趣及態度必定十分接近。

　　一個人所能記憶的早年事件是極具啓示性的，那是他的態度
的第一個成功的結晶，他給我們機會能一眼看出他所採用的發展
起點。

　　Adler 對於早年記憶重視的態度，一向爲研究者所注意。近
十餘年來學者對於早年記憶的興趣，似有增加。Watkins（1992）
曾將 1981—1990 年間根據 Adler 理論對早年記憶研究的論文做了
一番檢視，總計獲得三十篇。綜合這些論文的內容，Watkins 發
現下列幾點：

1. 一個人的早年記憶和其目前的人際關係行爲有一致的傾向。精
　神病人的早年記憶和正常人的早年記憶比較時，前者常多具有
　負面的情緒色彩，含有較多恐懼與焦慮的內容，顯露出較強的

　　被動性及外控信念。

2. 精神病人早年記憶的內容常隨著治療的進程而有改變,當其生活情況改進時,其早年記憶之正確性乃有增加。

3. 男性不良青少年及犯罪者的早年記憶較之正常組的早年記憶,含有較多的情緒色彩:如疾病和受傷事件、違法行為、受欺凌、以及單獨處於不愉快情境的經驗。

4. 在被催眠狀態下所引起的早年記憶和在清醒狀態下所引起者不相同;惟目前對其相異的情況尚未能明確了解。

5. 大學各科系學生及各項專業從業人員之早年記憶互有差異。但目前對於此項差異之意義,尚無明確的解釋。

五、Adler 和 Freud 理論的比較

　　不少人格心理學者將 Adler 的理論和 Freud 的理論作了一番比較(Phares, 1993),而以 Hergenhahn 將兩人的意見列表對照,最為清楚詳盡(Hergenhahn, 1990, p.110)。茲將其表列於次:

表 4-1　Adler 和 Freud 理論要點之比較

Adler	Freud
視人類心理結構為一整體	視人類心理結構含有對應的因素
重視心理的有意識部分	重視潛意識
未來目標為主要動機來源	未來動機無重要性
主要為社會性動機	主要為生物性動機
對人類存在持樂觀	對人類生存持悲觀
由夢的分析了解生活型態	由夢的分析了解潛意識內容
人們至少有部分自由來決定其人格	個人人格完全由遺傳與環境所決定
性的重要性有限	強調性的重要性
治療之目標在鼓勵生活型態能包含社會興趣	治療目標在發現被壓抑的早年記憶和經驗

資料來源:Hergenhahn, 1990, p.110

六、對於 Adler 理論的評議

在心理分析學派的幾位先進者中，Adler 是去世較早的一位，但是他的理論一直受人注意，近年來人們對其理論的興趣且有增加的趨向。這一方面可能是因爲其子女在繼承他的學說，但主要是由於 Adler 的理論非常平實，容易了解，也易於爲人所接受。他指出了自卑心理的普遍性和人們力求補償的積極態度，並強調追求進步乃是心理健康的主要指標。Adler 認爲「社會興趣」是與生俱來的，指出人們都具有「關心他人」、「與人合作」的傾向，給予大家無限的鼓舞。

Adler 指出家庭中手足排行和人格發展的關係，也頗受人注意。目前在國內由於家庭計畫的緣故，一般家庭多爲「兩個孩子恰恰好」，中國大陸則尙推行「一胎化」政策，排行的因素似不存在了。不過 Adler 所強調的應是指家庭中社會環境對兒童人格發展的影響，並且指出雖是同胞兄弟姊妹，事實上彼此生活在不同的「環境」裡。這常是一般父母未能體察到的。而且一般家長對排行不同的子女要求和期望以及教養方式，也可能確有差異，所以他們的成就，常會不同。據知近年台灣地區選拔去參加國際數學競試的三十六人中，有十八人是家中的長子（吳武典，1998）。在美國最早的二十三位太空人中，有二十一位是長子或獨子（Pervin, 1993, p.147）。這是很有趣的事實。雖然排行只是影響個人成就的許多變項之一。

在 Adler 所倡導的治療中，比較重視意識的作用；同時治療者比較採取主動、積極的態度。在一般性的諮商和心理治療中，似乎是應用較廣的方式。

貳 ☞ C. G. Jung 的分析心理學

（Analytical Psychology）

一、Jung 的生平簡介

　　Carl Gustav Jung 在 1875 年出生於瑞士的 Kessayl，父親爲基督教會的牧師，1900 年畢業於醫學院，專攻精神醫學。後來他讀到了 Freud《夢的解析》一書，甚爲欽佩，乃開始和 Freud 通訊交往。當兩人於 1907 年會晤時，交談達十三小時，眞有相見恨晚之感。Freud 於 1909 年訪問美國時，就邀約 Jung 同行，並曾表示將以 Jung 爲其學術方面的繼承人。也推薦 Jung 擔任國際心理分析學會第一任會長。

　　然而 Jung 和 Freud 在學術的思想上，是始終不相同的，特別是對於「慾力」（libido）的看法，極爲相左。Freud 認爲 libido 是性驅力的能，其活動乃以追求性的滿足爲目的；而 Jung 則以爲 libido 是一般生物性的能，旨在追求全部心理需求的滿足，以及整個個體的發展。他們兩人對於潛意識的看法也大相逕庭：Freud 認爲潛意識裡都是不見容於道德、良知……的意念或衝動，因此被壓抑到潛意識層面，然後伺機而動。而 Jung 則以爲潛意識裡面的東西，並不都是邪惡的，需要了解它，並容許它有適當的表現機會，最後潛意識和意識兩者應當融合統整成爲完整的人格。由於對人類行爲基本觀點上的分歧，Jung 和 Freud 終於分手，並終止書信來往。此事對於 Jung 心理上打擊很大，有三年無法從事研讀或寫作，幾乎接近心理疾病狀態。Jung 自稱這幾年是他的「黑暗時期」，充滿了失落感；好像是懸在半空中，一直找不到自己

Carl Jung

的立足點。但他也在這一段時間，對自己的夢和幻想，做了深度
的探索。同時他仍舊對其精神病人進行治療，從這兩方面，Jung
似乎對於人的心理獲得了更多的了解，所以 Ellenberger（1970）
稱之為 Jung 的「具有創造性的疾病」（creative illness）。Jung
由那場病中恢復過來，建立他的人格理論，他那經由長期的、痛
苦的對自己心靈搜索的結果，都可在其理論中見到。

　　Jung 的博學一直很受人推崇。曾在 Zurich 設立一所研究所，
即以 Jung 的名字為名，1944 年 Basel 大學並為他設立醫學心理學
講座。其後 Jung 致力於研究，並往非洲、印度、美國南部等地訪
問該地人民的生活、民俗、宗教，同時和研究東方的學者交往，
以了解東方及中國文化，並曾和德國法蘭克福中國研究所所長

Richard Wilhelm 合著《金花的秘密》（The Secret of the Golden Flower）一書（1930），所以 Jung 的理論中，隱約可以看見東方思想的影響。

二、Jung 人格理論要義

㈠人格的組成

1. Ego

Jung 所稱的 ego 是指所有意識活動的中心，凡是在意識層次的心理活動，諸如思想、情感、記憶、推理、知覺等，都是 ego 的作用。

2. 個人潛意識（personal unconscious）

這是潛意識中和個人經驗有關的部分。不過 Jung 認為它們是經過壓抑或遺忘的歷程，乃不為個人所察覺；所以和 Freud 所稱前意識（preconscious）頗為相似。在個人潛意識中，常存有若干情結（complexes）影響個人的行為，所謂情結就是以當事人所重視的某一問題或事物為中心的意念，常集結在一起，帶有強烈情緒色彩，常會妨礙或減低其工作效率，如自卑情結就是一例。所謂「自卑情結」：就是指某人因故對自己不滿意，覺得自己不如別人，如是他乃將所有的經驗，別人所表現的一切行為，都拿過來歸因於「自己不夠好」、「別人瞧不起我」。對於未來的事，也常預期會失敗，因為「自己一定無法做好」、「別人一定不會喜歡自己所作的」。他從不預期自己會成功，因為「自己是和成功無緣的」。正如具有吸引力一樣，將許多原本無關聯的事件，都拉到「我不夠好」這個概念上來，成為一個無法解開的結，阻撓心理功能的合理運行。

3.集體潛意識（collective unconscious）

這是Jung的理論最引起爭論的部分。Jung研究興趣極廣，除了精神醫學以外，他也曾探究人類學、民俗學、文學、宗教、藝術等各方面的書籍。他注意到一個現象：就是許多民族，在地理上相距億萬里，彼此間根本沒有交通，或是在時間上相隔千百年，其間並無文化傳遞的機會，然而他們在行為上，在風俗習慣上，卻有許多相似之處，實在無從解釋。如是他想到可能有一些共同的因素，對那些時、空上有距離的人，發生了影響，而未為人們所察覺，他乃稱這些因素的作用為集體潛意識。他認為億萬年以來，人類具有相同的身體結構和功能，生存在同一個地球上，有一些相同的基本需求和相同被養育、被照顧的經驗，也一同經驗過冷暖、陰晴、風雪的季節及氣候變化，毒蛇、猛獸的攻擊，疾病疫癘的侵襲……這些累積的經驗傳遞下來，使人們會形成某些預存的行為傾向，也提供一些引導行為的作用。如接近光明、害怕黑暗，喜歡收穫和滿足，遠離痛苦和恐懼。甚至於許多神話、夢境、以及精神病人的幻覺等內容，都有極為相似的情況。因為所有的人類源於同一祖先，所經歷的又復相當一致，因此大家的集體潛意識的內容是相同的。

4.原象（archetypes）

原象是構成集體潛意識的元素，是一些人們共有的原始意象。自有人類以來，我們的祖先就曾有過一些共同的經驗和感受：都曾見過旭日東昇時光芒萬丈的景象，都曾體驗過在母親懷抱裡的愛和溫馨；都曾見過冒險犯難、豪氣干雲的英雄；也都曾領略過洪水猛獸帶來的恐懼和痛苦。換句話說：有許多的經驗是共同的；而有這些經驗所引起對某些人、事物或現象的印象，也是大家一致的。因此Jung稱那些「印象」為原象。Jung從原始民族的藝術作品、神話、宗教儀節、一般人的夢中世界、精神病人的幻覺中，發現了一些原象，而且都具有濃厚的情緒色彩，既有相類似的原象，隨著就將產生頗為一致的反應傾向。

Jung 所論及的原象中，下列幾個是常被提到的。

外顯人格（persona） 這個字的原意是「面具」，意指一個人配合社會的要求在他人面前所表現出來的形象。那通常不會是當事人的真正面目，不是他的全部人格，而只是在扮演社會爲他安排的角色而已。Jung 認爲每一個人應能了解這一點，否則就有些自欺了。

陰影（shadow） 這乃是人格中不能見人的部分，也就是人性中「獸性」的一面。平日那些貪婪、殘忍、攻擊，以及不道德的行爲，都由它產生。某些人也許律己甚嚴，向無惡行，而陰影仍可在其夢中顯露其猙獰面目。在我們平日對人的行爲中，「陰影」也就在當事者不知覺的情況下，溜出來活動，或是投射到外界社會或別人身上去。Jung 並不認爲我們要完全消除陰影的作用，而是要善於運用它，事實上它乃是活力和創造力之源，了解它的存在而導之於正軌，才是適當的處理。

男性中的女性（anima） 從生理上說：世上並沒有百分之百的男性或女性，因爲男性體內含有女性的內分泌，同樣的女性體內也有男性的內分泌。Jung 認爲從心理上說，也是如此。他稱男性中所帶有的女性爲 anima，這是千百萬年來男性和女性交往中所體認出來的女性特質。他不但依據所體認的去和女性交往，同時他也吸收了一些女性特質，而使自己也呈現一些女性。

女性中的男性（animus） 這乃是和 anima 相對的原象。是指女性在千萬年來和男性交往之後所體認出的男性，隨著吸收過來，使其本身也具有一些男性。

Jung 認爲一個人若能了解本身具有一些異性的特質，而予以適當的運用，將可使自己發展一個均衡而有創造性的人格。若缺乏此種了解，那藏於潛意識中的異性特質，未能獲得適當的表露，反而將引起不良的後果。

自我（The self） 在 Jung 的理論中，self 乃是人格中追求統整和諧的作用，self 會努力使人格的各部分（意識和潛意識）統合而爲一個完整的人格。前面說過 ego 是意識活動的中心，當個

人的意識和潛意識融合爲一時，self 就是整個人格的中心了。Jung
不認爲潛意識都是邪惡的，它具有許多正面的、建設性的功能和
作用，必須使這兩方面統一，才可以獲得充分的發展。也就是自
我充分發展（self-actualization），這也是後來人本主義學者特別
重視的概念。這一個統合作用往往要經過一些時間才能完成，因
此一個人的 self 常要在中年才會出現。

(二)人格的動力

在人格與行爲的動力方面，Jung 也採用 libido 這個名詞，不
過他所賦予 libido 的意義，遠較 Freud 爲廣。Freud 認爲 libido 是
限於追求性的滿足的慾力，但 Jung 則視之爲一般生命的能。在兒
童幼年時，它的作用主要是在追求生理方面的需求，但在兒童漸
長時，它的作用會擴至心理方面，用於應付或解決個人在生活各
方面的問題，是整個人格的動力。Jung 並提出了下列幾項原則，
來說明人格各方面的動態關係。

1. 能量恆等原則（The principle of equivalence）

Jung 借用了物理學中熱功學第一定律來說明心理能的運用情
形。簡略的說：能的總量是恆定不變的，如果在某一方面所運用
的能減少了，則在另一方面所運用的能將增加，維持總能恆定的
情況。例如一個學生在功課方面的興趣因故降低了，他可能會將
他的興趣轉移到別的方面，如運動或社交活動上去。在現實生活
遭受困難阻礙太多的時候，當事人可能沉溺於幻想，將能量用在
白日夢之中，能可以由人格中一個系統轉至另一個系統，不斷地
調整其分配，以配合心理活動的情況。

2. 能量平衡原則（The principle of entropy）

這是熱功學中第二定律。意指：若有兩個溫度不同的物體放
在一起，就會有熱量由高溫的物體轉移到低溫的物體上，直到兩
個物體的溫度相等爲止。照 Jung 的意思：人格各方面所擁有的

能，在理想的情況下，是該相互均衡的。Jung認為人格的各方面
應該有均衡的發展：如果有某些方面強，另一些方面弱，就會引
起衝突、緊張的局面，只有在各方面有均等的發展時，才會構成
和諧滿足的情況。Jung所強調的是一個均衡的局面，人格的各方
面都達到充分發展的境界，那就是他所謂的自我充分發展。嚴格
說起來，那只是一個理想的狀態。

3.相對的系統

在Jung的理論中，十分重視平衡的觀念，當其建立某一種構
念時，常常是成對並立的，比如說意識—潛意識、外顯人格—陰
影、內傾—外傾、男性—女性……等。而他的主張是並不希望任
何一方面勝過另一方面，形成一種獨霸的局面；而是希望相互平
衡，呈現和諧共榮的型態。這和東方的「陰陽相生」概念是相近
的。Jung認為在那樣的情況之下，才可以產生相輔相成的效果。

(三)人格的發展

Jung在論及個人的發展時，並沒有像Freud及其他學者一樣
採用階段的觀念，來認定各年齡發展的情況。他只強調人格發展
是一直向前進的趨向；人是在不斷的求進步，從一個不成熟、不
完全的情況，到達各部分完全分化、充分發展為止。不過他很了
解，實際上那只是一個永無休止的歷程，和東方的「止於至善」
的概念是十分相近的。

1.因果律與目的論

在論及人格發展時，若干學者採用因果律的觀點，意思就是
「今日的情況乃是昨日的經驗所造成的」，因此十分重視兒童時
期的經驗，認為那是成年時期人格的基礎，Freud就是採這種觀
點。但是目的論者則認為生活的目標才是導引人格發展的主要作
用，目標幫助人們選定了方向，決定他的路程。Jung認為如果要
對個體的發展，有比較完整的了解，上述兩種觀點都是必要的。

我們既需要了解一個人過去的資料，來分析其對於現有人格的可能影響和關係，也需要知道他對於未來的看法和計畫，來預測其行動的方向。這兩方面的作用都有其重要性，都不可忽略。根據這兩種觀點進行整理和分析，當可獲得一個比較完整的了解。Jung 曾指出完全採取因果律的觀點，可能會使人感到無奈和失望，因為過去已發生的是無法改變的；若採目的論則可給予人許多希望，覺得自己有自由和機會來做一些安排（ Hall & Lindzey, 1978, p.98 ）。事實上這兩方面的作用都是存在的。

2. 個體化歷程（Individuation Process）

　　Jung 認為個體發展的終極目的，就是要使人格的各部分能獲得完全的分化，並能各自獲得完全充分的發展，然後再能和諧地統合成為一個整體。他以為人格的各部分必須先完全分化，有機會獲得充分的發展，才可以表現其功能。若是 anima 的存在被抹煞了，沒有給予它機會做適當的表現，它可能用不合理的方式來爭取，使當事人男性特質的發展受到阻撓。但若當事人早就了解它的存在，認可它的價值，那麼這一部分女性特質，可以和當事人的男性做合理的分配，光明正大的表現出來，產生相得益彰的效果，而不會有喧賓奪主的尷尬場面。Jung 稱這個自由化以至發展、綜合、和諧表現的歷程為個體化歷程。

　　個體化的結果，就是將使每個人成為一個獨特的、完整的個體，其人格的各部分達到了充分發展的境界，並能和諧地相互統整成為一個完整的人，由 self 居中來統率一切的活動；潛意識也不復單獨存在，而是和意識部分融合為一體了。

㈣人格取向、心理功能與人格類型

1. 人格取向

　　Jung 認為人們的心理活動，有兩種取向，一種是外向型，朝向外在的環境和世界；一種是內向型，朝向主觀的內在世界，

Jung 稱這種取向爲態度（attitude）。

一般說來，外向型（extravert）的人常將其注意和興趣朝向外在世界的人和事物，重視客觀經驗，以及本身和四周環境的關係。他通常比較喜歡活動，性情開朗，樂於與人交往，常是一些團體活動的領導人物。內向型（introvert）者的注意與興趣，常朝向於其內在的世界，也就是其主觀所經驗到的、所察見的世界。他們傾向於保守，比較喜歡文靜的活動，不太熱衷於社交活動，常將注意集中於本身以及自己的行爲。在團體活動中常是接受領導的分子。

通常當我們說某人是外向或內向時，事實上只是說他偏向於外向或內向的態度，並不一定是一種極端或絕對的情況。照Jung的說法，每個人都是兼具外向和內向的品質。這兩者是相對立的：一種傾向支配了當事者的人格，另一種傾向則被壓抑處於潛意識狀態，所以一位外向者的潛意識乃是內向的。

2.心理功能（The psychological functions）

在心理功能方面，Jung 指出有下列四者：

思考（thinking）　思考是一種心智功能，它的作用在了解事物及概念之間的關係，探求解決問題的方法。

感覺（sensing）　感覺包含了感官的活動。人們憑藉視、聽、嗅、味……等感官以及其他感覺接收器來了解外在環境和本身體內的情況。

感受（feeling）　感受乃爲一種評價的功能，根據某一事物或概念所引起的正面或負面的感受，對之產生接納或拒絕的心理，使當事人產生愉快、痛苦、鍾愛或憤怒的情感。

直觀（intuiting）　直觀乃是當事人不知所以然地獲得某種印象或想法。它既不是導源於感官所接受的刺激，也不是經由推理或分析而得的結論，而是一些突如其來的靈感。

一般人都具有這四種心理功能，但通常是會偏向於其中某一種。假設有四個人去登山，爬到了阿里山山頂，其中一人將四周

的樹木、山峰一覽無遺，就像攝影機一樣，看得清清楚楚，充分地發揮其感官的功能；第二個人則是爲那挺拔的山峰以及無垠的雲海所陶醉，頻稱「美極了」；第三個人是愛用思考的，他立刻就在想那個山脈的形成和若干年來地理環境改變的問題；第四個人則可能領悟到高山大川都是造物者所創造，其間必有深意，只可惜人們常無法參透。這四個人各都見到了「眞象」的一部分：感覺察見了當時的景色，思考了解了事物形成的原理，感受對景物的價值做了評估，直觀則引人去體認眼前景物所代表的可能蘊藏的意義。

思考和感受都是需要做判斷，對經驗進行評估的，所以被稱爲「理性的功能」（rational functions）。相對的，感覺和直觀是不經過邏輯思考的歷程，前者由感覺器官自動產生，後者的預測是不借助於實際資料的，所以被稱爲「非理性的功能」（irrational functions）。每個人都具有上述四種功能，但非四者都同等的獲得充分的發展，通常是其中一種比較突出，支配整個意識領域，被稱爲「優越的功能」（superior functions），其他三者之一則將居於輔助地位（auxiliary）來支持前者。四者之中最不獲發展的則將被壓抑至潛意識領域，只在夢中或幻想中出現。

3.人格類型

Jung 將上述兩種態度，四種心理功能配合在一起，就可以構成八種人格類型，茲簡述如下：

(1)外向思考型（thinking extravert）

依照規定的方式生活，客觀、冷靜，思想是積極而有規則的，不把自己的感受表露出來。

(2)外向感受型（feeling extravert）

頗具情緒性，尊重權威和傳統，長於社交，致力與外界建立和諧關係，思考作用受抑制。

(3)外向感覺型（sensing extravert）

追求快樂，社會適應良好，經常追求感官經驗，對精美食物

和藝術之類的事物感興趣，重現實，不借重直觀。

⑷外向直觀型（intuiting extravert）

這些人常是根據靈感去做決策，而不根據事實，一個意見常不能維持長久，而時常改變主意，對自己的潛意識頗有一些了解，感覺功能受限制。

⑸內向思考型（thinking introvert）

這些人具有單獨行動和生活的傾向，他們具有高度的智慧，但不注意日常生活中的細節，不常參與社會活動，不善於對實際問題做判斷，不表達自己的感受。

⑹內向感受型（feeling introvert）

屬於此型者傾向於沉靜、周密而敏感。看來有些神秘性，不太注意別人的意見和感受，不表露自己的情感，思考功能受限制。

⑺內向感覺型（sensing introvert）

這些人的生活完全由事實現況所引導，他們是被動的、舉止安詳，因其主要的注意力是針對所發生的事實，所以不重視人的因素，直觀功能不發生作用。

⑻內向直觀型（intuiting introvert）

這些人常是有點奇特，自我中心的幻想者，他們會弄出一些新奇的想法，很少為旁人所了解，但他們並不在意，他們的生活是由內在的經驗所決定，感覺功能不發生作用。

三、有關 Jung 理論的研究

㈠單字聯想測驗和情結的研究

這是 Jung 早期所作的一個實驗研究，他所用的是單字聯想測驗（Word Association Test）。他將一些單字，一個個的呈現於受試者前，令受試者在看到刺激字時，立刻說出他看到的第一個反

應字，主試將其反應錄下，並記錄其反應時間。

　　在實驗中，Jung並測量受試者的呼吸和皮膚導電反應，以測量其情緒反應情況。若是受試者在對一個刺激字反應時，其反應字異於一般人，或反應時間特別長，或有明顯的情緒反應，或是沒有反應……都可能顯示該刺激字和其情緒有關。換言之，由此可探測受試者情結的所在。Jung這個實驗頗受當時心理學者的重視。

　　筆者二十五年前講授普通心理學時，曾進行過下述示範性實驗：在一間實驗室的展示臺上，陳列了約三十件日常生活中可以見到的物品，讓四個受試者中的一人進入室內觀察約兩分鐘，然後四人個別地接受單字聯想測驗。測驗共含五十個單字，其中有二十個字是和實驗室所陳列物品有關聯的，其餘三十個字則為中性字。結果發現主試從受試者的反應內容和反應時間上，可以辨別出誰是曾進入實驗室見過那些陳列品的人。這不是一個控制周嚴的實驗，不過它可以顯示單字聯想的效應。

㈡行為類型的研究

　　前面曾經說過：Jung認為人們的心理有外傾和內傾兩種態度，同時具有感覺、直觀、思考和感受四種功能，若是將此二者組合起來，乃可有八種類型，後來 Isabel Myers 和 Katharine Briggs 兩母女經過多年研究之後，主張再加上判斷（judging）—知覺（perceiving）向度，同時行為類型也增為十六種，她們隨著編定了《Myers-Briggs Type Indicator（MBTI）》，作為評量工具，以測定人們在外傾（E）—內傾（I）、感覺（S）—直觀（N）、思考（T）—感受（F）、判斷（J）—知覺（P）四個向度的偏好情況，而評定其類型，是目前在西方應用頗為廣泛的一種量表，在職業輔導與諮商方面，備受重視。Myers 和 McCauley（1985, pp. 244-248）歸納許多研究結果，發現大學生的職業興趣和Jung的人格類型理論有密切的關係，比如：內傾者對於數學、電腦程

式設計、圖書館學、化學和工程有較高的興趣；而外傾者則對商品銷售、公共關係、演劇、餐旅經營等興趣較爲強烈。直觀型的學生多有志成爲音樂家、心理學家、作家和攝影家，而感覺型者則偏好飲食服務工作、警政與偵察工作、和手工藝。思考型的學生較喜歡法律、醫學和牙醫；而感受型者則對幼兒教育、護理和傳教士的工作較有興趣（引自 Ryckman, 1993, p.87）。黃堅厚曾獲授權將 MBTI 譯爲中文，定名爲《麥布二氏行爲類型量表》，在台灣地區進行研究。（參見第十五章）

四、對 Jung 理論的評議

Jung 的理論所包含的範圍極爲廣泛，除了人格結構、心理疾病及其治療以外，一般生活中的問題，譬如婚姻關係、宗教、教育、創造性活動、占星術等，均有所論及，所以從廣博的角度來看，他的理論是應可獲好評的。

Jung 的集體潛意識概念，是其理論的特色，也是最受人批評之處。因其內容極爲玄奧，無法用實驗的研究來確定它的存在。但若從另一方面看，它也可算是一個具有創造性的概念。Jung 非常博學，他在探索人類學、民俗學、文學、藝術、宗教的典籍以及若干神話、故事、傳說的資料後，就想到必定有著一些作用，使那些在時間、空間上相距很遠，事實上沒有機會交通的人，表現極爲類似的行爲。他乃提出原象的概念，爲人們所共有的潛意識作用，影響他們的行爲，雖然 Jung 這種想法尚未獲得普遍的支持，仍可算是一種創見。

Jung 理論中很重現平衡的觀念。他認爲宇宙間許多現象，都是成對的存在。在理想的狀態下，每一面都可以有機會獲得適當而充分的發展。這和東方「陰陽調和而萬物生」的觀念是不謀而合的。Jung 認爲 libido 是一般生物性的能，其作用在追求整個個體的發展。他是最先倡導「自我充分發展」（self actualization）的人。

　　無可諱言地，Jung 的理論是很不容易予以驗證的。不過 Ryckman（1993, p.94）指出近年來研究者對 Jung 理論的興趣顯有提昇，許多研究在進行中，最受人注意的乃為其有關人格類型的理論，已經有一些研究結果支持 Jung 的看法。

　　整體說來，和 Freud 的理論相較，Jung 的觀點遠較為積極，具有正面的、樂觀的態度，重視靈性生活，在今日過分重現理性，追求物質生活的社會中，是會受到許多人歡迎的。

問題討論

1. Adler 和 Freud 對人的看法有什麼不同？
2. Adler 如何解釋人們的自卑情結？
3. Adler 認為出生序和人格的發展有什麼關係？
4. Adler 提出的自我保護策略有哪些？
5. Adler 學說對父母教養子女有些什麼啟示？
6. Jung 如何解釋集體潛意識？
7. 你認為自己是屬於 Jung 所提出的人格類型中的哪一型？有什麼行為特徵？

第五章

心理分析學派
其他學者的理論
（下）

壹、新佛洛依德學派

　　一、Karen Horney 的理論

　　二、Erich Fromm 的理論

　　三、Harry Stack Sullivan 的理論

貳、Erik Erikson 的人格理論

　　一、Erikson 的生平簡介

　　二、Erikson 的「心理—社會」發展理論

參、自我心理學

肆、客體關係論

　　Heinz Kohut 的理論

伍、依附理論

☞ **本章要旨**

　　Sigmund Freud 倡導了心理分析的理論以後，一時學術界為
之心折，咸認為 Fueud 開啟了人類行為的奧秘。但是由於佛氏強
調生理驅力是行為的基本驅動力，所有的行為都受到性的動機左
右，許多人不表贊同，紛紛提出異議，除了 A. Adler 和 C. G. Jung
分別自立門戶以外，另外有些學者則指出社會因素對人類行為的
重要影響，特別是人際關係的作用，其中重要的人物有 Karen
Horney、Erich Fromm 和 Harry Stack Sullivan 諸氏，通常被稱為
新 Freud 學派（Neo-Freudians）。

　　再有一些學者，包括 Heinz Hartmann, David Rapaport, Ernst
Kris 等都不認為 ego 祇是屈從於本我（id）的壓力，並不時得應
付現實環境受制於超我（super- ego），而認為 ego 也有其獨立、
自立的功能。他們的主張，乃被視為 Ego Psychology。其中 Erik
Erikson 更建立了「心理—社會」人格發展理論（psychosocial de-
velopment theory），闡述 ego 發展的階段。

　　此外，由於心理分析治療應用範圍的推廣，一方面擴展及於
兒童，同時也推展到道出 Freud 所未接觸到的社會階層，心理分
析理論本身也產生了一些新的觀念，如客體關係論及依附理論在
成人人際關係中的應用，和 Kohut 的自我心理學（self psychol-
ogy）等。本章都將簡為介紹。

壹 ☞ 新 Freud 學派（Neo-Freudians）

Freud 所倡導的心理分析學派興於十九世紀之末，當時歐洲學術界思想的主流乃為實證科學，物理學和生物學極受重視，置身於那種學術氣氛之中，Freud 自也受到很大的影響。因此他將人視為一個能運作的系統，它的基本目的，乃在維持它的生命，綿延它的種族；它的心理功能，也是在配合有機體的需求，推動有機體的發展。

可是到了十九世紀末年，社會學和人類學相繼成為了獨立的科學，迅速地擴大其研究領域，這些學科認為人是社會的產物，人的行為主要是由其生長的社會文化環境所塑造，部分心理分析學派者受到了這種思潮的影響，紛紛對 Freud 理論提出修正的意見，而將社會因素納入，視之為影響個體人格發展的重要作用。世稱之為新佛洛伊德學派，一方面表示尊重源自 Freud 的理論基礎，同時也闡揚他們的新見解。被列在這一群的學者，有 Karen Horney、Erich Fromm 和 Harry Stack Sullivan 等人。茲將他們的理論簡單介紹於次：

一、Karen Horney（1885-1952）的理論

Horney 是出生於德國漢堡的一位理性心理分析學者，她在柏林大學接受醫科教育，隨後在柏林心理分析研究所工作達十四年之久，於 1932 年赴美，在紐約心理分析研究所任教，後因不滿該所傳統分析學派之主張，乃另自行創立美國心理分析研究所，並執教於斯，直到去世為止。

Horney 並不像 Jung 或 Adler 完全脫離了 Freud 的學派，自立門戶，她並沒有建立一套完整的理論來取代 Freud 的觀點。她所不

Karen Horney

贊成的是 Freud 完全用生物學的因素來解釋全人類的行為，而忽略了社會文化因素的作用。她特別反對 Freud「陽具妒羨」（penis envy）的說法，因為 Freud 認為女性缺少了男性的生殖器，乃有自卑的心理。Horney 則以為女性的卑遜情感和部分女性有寧為男性的願望，是由於社會對於女性的一般態度所形成，而不單純是因為生理上的差別。Horney 從處理心理疾病患者的案例中，特別是注意到在美國所見到的病人和歐洲所見到的病人之間的差異，察見到社會文化因素的重要性，因而堅定了她的想法。

Horney 認為在當前充滿了競爭和敵意的世界裡，在家庭和社會中，都常有一些不健全和不合理的情況：如忽略兒童個別的需求、過分的控制與支配、缺乏適當的輔導、過分保護……等，使兒童感到無助疏離和不安全，而形成了其「基本的焦慮」（basic anxiety），為了要因應那些焦慮，Horney 認為兒童可能採用下列三種策略：

接近別人──對他人表現順服、依賴的傾向，以贏得他人的關心和感情，藉以祛除自己的焦慮與不安全之感。

和別人相敵對──對他人表現攻擊和敵對的態度，藉以攻為守的策略來取得別人的尊重，但並不能建立真實的關係。

遠離別人──從人群中撤退，和他人保持距離，避免情感上的牽連以策安全。

一般人通常三種策略都會使用，會配合當時的情況，來決定或進或退的適當因應方式。若是一個人不管外界實際的情況，很固執地運用某一種因應策略而不保留彈性，就將形成一種固定的人格傾向，而引起不良適應的現象了。

二、Erich Fromm（1900-1980）的理論

Fromm 出生於德國的法蘭克福城，1922 年在海德堡大學完成博士學位後，繼往慕尼黑和柏林心理分析研究所接受精神分析訓練。1933 年赴美，起初在芝加哥心理分析研究所執教，後來在

Erich Fromm

紐約市行醫，並曾先後在哥倫比亞、耶魯、密西根大學等校任教。
1949年應聘往墨西哥在國立大學任教，晚年遷居瑞士，1980年逝
世。Fromm 著作頗多，不獨為心理學、社會學、哲學及宗教界所
重視，也很受一般讀者所歡迎，其中有多本已被譯為中文，如《自

我的追尋》（Man for himself）、《逃離自由》（Escape from freedom）。所以對台灣地區的人來說，Fromm 不算是陌生的名字。其理論要點有如下述。

㈠人類的六種需求

Fromm在他的著作中，有一個主要的概念，就是他認為人類和自然分離了，也和其他的人分離了，因而產生了孤獨和疏離之感。嬰兒離開了母親的身體，成了一個自由之身；但他卻也成了孤單、與人隔離的個體，如是他產生了六種需求，企圖解除這個衝突的局面。Fromm 所提出的六種需求是：

1. 關係的需求（need for relatedness）

Fromm 在其《健全社會》（The Sane Society）一書中曾指出，動物依照著自然的安排，有因應其環境的方式，人類由於本身的推理和想像能力，以及失去了和自然的密切關係，而需要自己去建立與他人相互照顧、相互尊重、相互了解的關係。

2. 超越的需求（need for transcendence）

人類希望自己不只是有生命而已，希望能提升自己，成為一個具有創造性、有愛、有恨的生命體。

3. 歸屬的需求（need for rootedness）

人類需要在世界上有個據點，希望自己是這個世界基本的一部分。在幼兒時期，小孩常會覺得自己是屬於媽媽的，是媽媽的一部分；成年以後，就不宜再有這種想法，而需要和其他的人建立「皆兄弟也」般的相處關係。

4. 自我定位的需求（need for identity）

一個人雖然需要與人交往，但仍然要保持自己是一個獨立的個體，有自己的獨特性格，不會在人群中被淹沒。他固然可能經由向某個對象或團體認同來找到其自我認定的形象，但在那種情

況下，他只是使自己有所歸屬，而不是將自己變成爲另一個人。

5. 參考架構的需求（need for a frame reference）

每個人都需要一個比較恆定的架構，作爲覺知和了解世界中各種事物的依據，這樣他才能知覺如何趨避、取捨。

6. 刺激和被激動的需求

（need for excitation and stimulation）

這是 Fromm 在 1973 年所提出的，這不是指如一般驅力的簡單刺激，而是朝向一個生活目標的刺激；是策動一個人努力去發展自己的刺激。

㈡人類解決問題的方式

Fromm 認爲人類爲了滿足其需求，克服其因孤獨而引起的焦慮，他可能循下列五種不同的方式來解決他的問題：

1. 接受型（receptive orientation）

這些人認爲自己所需求的事物，包括知識、情感和物質方面的東西，都須由外界得來；他完全指望別人如父母、朋友、權威階級……來給予他、支持他。他採取的是依賴的態度。

2. 掠取型（exploitative orientation）

這些人也是從外界取得其所需求的事物，但他是運用奪取、欺詐或其他操縱的手法，來獲取其所求的，他會設法利用他人的能力和智慧，不擇手段地爲自己謀利。

3. 囤積型（hoarding orientation）

這些人的安全感是建築在擁有和儲存上，他將儘可能地將各樣事物收藏在自己的掌握之中，包括物資、金錢和情感在內，對他來說，愛情就是佔有，消費對他具有威脅的意義。他不相信天下會有什麼新的東西，保存現有的是最安全的策略。

4.市場型（marketing orientation）

　　這些人不認為某種人格特質具有其本身內在的價值，它只是和一般貨品一樣，要配合市場的需要，將其裝飾、包裝成為顧客們喜歡的樣式，待價而沽。這種人沒有自我，他完全依靠別人對他的看法，隨著別人對他的評價而升降。價格高就算是「好的」，他當然沒有機會和別人建立真誠或恒久的關係。基本上他是空虛的、充滿著不安的人。

5.建設型（productive orientation）

　　上述四種類型都是屬於非建設型的（non-productive）。惟有屬於建設型的人，才能充分發展其所具有的潛能，包括體能的、心智的、情感的，都能獲得健全的、充分的發展。由於他能發揮推理的作用，他乃能由遭遇各種現象的表面而了解其實質；由於他有愛的作用，他乃能消除人與人間的隔閡而建立友好的關係；由於他具有想像作用，他乃能有所創造、有所建設。事實上，創造原是人所具有的本性，不過只有在健全的生長環境中，個體獲得健全的發展，才有機會將這分潛能充分地表現出來。

三、Harry Stack Sullivan（1892-1949）的理論

　　Sullivan 出生於美國紐約，在芝加哥醫學院畢業，第一次世界大戰時曾參加軍中服役，1922 年在華盛頓聖依麗沙白醫院工作，受當時神經精神醫學權威 William A. White 之影響甚鉅。Sullivan因其在精神分裂症之研究與治療方面的成就而受人注意，其後他往紐約開業，並接受心理分析的訓練。1933 年出任 William White 基金會董事長，並協助創立華盛頓精神醫學學院及《精神醫學》期刊。1948 年被推為國際心理衛生聯合會籌備委員，旋往荷蘭出席世界心理衛生聯合會理事會議，在返美途中逝於巴黎。

　　Sullivan 主要的學術貢獻，乃在其所倡的「精神醫學人際關係理論」。他認為「人格」乃是一個假想的實體，不能脫離人際

Harry Stack Sullivan

交往情境而單獨存在；只有在與人交往的行為中才能察見一個人
人格的表現。從嬰兒出生開始，個體就是經常地生活在人中間，
直接或間接地和人有所交往，而受到他們的影響。有時其交往對
象可能只是想像中的人物，如小說或電影中的某個角色。每個人
終其一生都是社會中的一分子，即使是單獨待在某個窮鄉僻壤的
地方，他的思想和行為，仍然不能完全脫離和他人的關係；在不

一定完全覺知的情況下，受到他人的影響。比如牆壁上掛的圖畫，收音機裡播放音樂，空閒時所閱讀的小說等對他都是具有影響作用的。

　　雖然 Sullivan 並不否認在個體的形成中遺傳和成熟的作用，但他認爲人類始終是一個社會交互作用的產物，即使是一些純粹生理方面的功能，像呼吸作用、消化作用、循環作用、排泄作用等，也都因著個體所在的社會文化環境和人際關係的影響，而有著某些程度的「社會化」（Hall & Lindzey, 1978, p.181）。例如環境的污染和抽煙的習慣可使人們呼吸受到影響，食物的種類（如高膽固醇或多纖維食物）和食用方式會影響其消化功能，且常連帶影響到他的排泄作用；至於「急切追求成就」和「對人常存敵意」等所謂A型行爲對於循環系統功能及冠狀動脈心臟病的影響，則已是眾所周知的事實。

　　Sullivan 的理論中曾提到人們對於自己和他人，都會因其人際交往經驗形成一些印象。其對於自己的印象，將有三種情形：一爲「善我」（good-me），乃指自己認爲好的那些方面或是曾獲得獎勵和酬賞的部分，是有助於安全感的行爲；其次爲「惡我」（bad-me），是指那些自己認爲不好和不曾獲得獎酬的經驗；其三者是「非我」（not me），乃指那些具有威脅性的經驗和行爲，個人希望和它們「脫離關係」，不屬於自己而將之藏於潛意識之中，這和 Freud 所謂的壓抑作用相同。至於「善我」和「惡我」通常是存在於意識中，是爲當事人所察知的。

　　Sullivan 也曾以人際關係爲基礎，提出了人格發展理論，他將發展歷程分爲六個階段，即嬰兒期（infancy）、兒童期（childhood）、少年期（the juvenile era）、青年前期（preadolescence）、青年期（early adolescence）、後青年期（late adolescence），由於他所描述的發展歷程是以西方社會文化爲背景，同時在人格發展這方面的理論，一般咸只注意到Freud的「心─性」發展論和Erikson的「心理─社會」發展理論，Sullivan的理論就不常爲人所提起，在東方似乎更少受人注意。

Sullivan 在生前只出版一本書，《現代精神醫學概念》（Conceptions of modern psychiatry）（1947），奠定他的理論。他逝世後，其門人將其演講稿和筆記等，先後編輯了五本書，以 Sullivan 的名字出版，在精神醫學界頗受重視。

貳 ☞ Erik Erikson 的人格理論

一、Erikson 的生平簡介

Erikson 的父母為丹麥人，居於哥本哈根城，但他們在 Erikson 出生前即已分居。其母隨即遷居德國，Erikson 於 1902 年在法蘭克福城附近出生，由其母撫養。至其三歲時，其母和那位經常為 Erikson 看病的猶太籍醫師 Theodore Homberger 結婚，他乃隨著被命名為 Erik Homberger，出入猶太教會堂；但並不知 Theodore 非其生父。這一層錯綜的關係，使 Erikson 在身份上引起了些困擾。因為他具有丹麥人的血統，外型是十足的北歐人。因此猶太教的兒童認為他是外邦人，而一般兒童卻認為他是猶太人，兩邊都不接納他，後來他知道了自己的血緣，才更發覺他的祖先原來根本不是德國人。

Erikson 在中學畢業後，未即正式升學，而在 Munich 修習美術，後並在歐洲南部遨遊。至 25 歲時，應友 Peter Bloc 之邀，至維也納一所美國學校任教，因此乃得以就近和 Freud 的家庭建立關係，終於接受了兒童及成人心理分析訓練，成績優異。旋並由 Anna Freud 為之進行心理分析。也就是在這段時間，遇到了由美國前來研究舞蹈歷史的 Joan Serson，二人於 1929 年結婚。原擬遷回丹麥定居，但因歐洲當時已呈現不安定情況，乃於 1933 年全家遷美。在 1939 年歸化美國。這時他才更名為 Erik Erikson，也

Erik Erikson

　　總算有了自己的名字。他的這一段經歷和其以後重視「自我定位」
（self-identity）的理論，似有密切關係。
　　　Erikson 在抵達美國後，先定居在波士頓，開設私人診所，
是當時該地的第一位兒童心理分析專家。隨後他應聘至哈佛大學
醫學院及其教學醫院工作，輔導情緒因擾的兒童。在那兒 Erikson
乃有機會和人類學及心理學界的學者相交往，並參加了 Henry
Murray 的研究小組。Morgan 和 Murray 所著《人格探索》（Ex-

plorations in personality）一書中「人格分析中遊戲的應用」部分，就是由 Erikson 執筆的。

　　隨後 Erikson 轉往加州大學柏克萊校區任教，其名著《童年與社會》（Childhood and Society）即在此時完成。並且很快就被譯爲德、法、西、意、日、荷蘭、丹麥、瑞典、挪威等九種語文。在全世界一四〇所精神醫學訓練中心所推荐的讀物裡（共約2800種），有十八種是所有各中心共列有的，《童年與社會》即爲其中之一，可見其受推崇的情形（Coles, 1974, p. 134）。後因該校部分教師拒絕申報其政治派別而被解聘，Erikson 憤而辭職表示抗議。他離開加州大學後，就到麻州 Austen Riggs 心理分析訓練及研究中心繼續其青年行爲問題的研究。1960 年重返哈佛大學任教，於 1970 年退休。

二、Erikson 的「心理－社會」發展理論

　　Erikson的人格發展理論，一部分是承襲了Freud的理論，重視嬰幼兒時期的經驗，認爲它是整個人格發展的基礎。同時 Erikson 也同意發展的階段性，甚至他所引用前面幾個階段，都和 Freud 所列的相互配合。但是有兩點是和 Freud 的理論不同的：第一：Freud 稱其人格發展理論爲「心－性發展」論，重點是在說明個體追求身體快感的傾向隨著年齡改變的歷程；而 Erikson 則著重在說明個體社會心理和人際關係的發展。第二：Freud 既是論「心－性」發展，因此他只說到兩性期——性的成熟階段——爲止，而 Erikson 則以爲社會心理的發展，涉及整個生命的歷程，因此他將人格的發展延伸到老年，一直到生命終了爲止，共分爲八個階段。

　　Erikson 認爲人格發展的八個階段，是依照由遺傳決定的順序，次第進行的，個體在其生長的過程中，隨著年齡，逐步和較廣大的社會、人群相接觸；而社會的組織也相對應地配合個體的情況，供其所需要的環境和人物，來促進其先天所預設的發展。

這樣的發展，是循著「依序逐步發展原則」（epigenetic principle）進行的。

Erikson 並認為在發展的每一階段中，個體的潛能會逐漸增加，但他也都會遇到一些新的問題或障礙，他稱之為crisis（相當於關鍵時刻，中文常譯為「危機」）。如果問題的處理不順利，它將可能影響到個體的發展；但若問題的處理順利，則在克服那些困難後，個體有機會獲得進一步的發展。一般說來，完全順利或完全不順利的情形都很少，通常只要能保持平衡的狀態就行了。下面將就 Erikson 所列社會心理發展的八個階段，作簡要的說明：

㈠基本信任或不信任（Basic Trust vs. Basic Mistrust）

這是指出生到一歲的階段，大致相當於 Freud 所指的口腔期，對新生嬰兒來說，這個時期最重要的就是吃奶的經驗。不過 Freud所重視的，乃是嬰兒吃奶時口腔部分所獲得的快感與滿足，而 Erikson 則以為嬰兒吃奶的經驗乃是其人際關係發展的基礎。在一般家庭中，餵奶通常是母親的事，如果母親密切地關心嬰兒，注意嬰兒的需要，她會按時給嬰兒餵奶，而且通常總是穩穩地抱住嬰兒，讓它依偎在母親的懷抱裡，吮吸著奶頭，這樣有規則的、細心的餵奶，讓嬰兒在每感到需要的時候，就能接觸到奶頭，吸取奶汁，嬰兒也能經驗到母親在離開以後，還會再回來。這些經驗，乃將使嬰兒對人、對整個的世界產生信任感。同時嬰兒發現自己在母親離開時，有能力順應當時的情況；而母親的回來也證明他對母親的信賴是正確的。這樣也將使他對自己產生信任感，而且他逐漸能體會到自己是被愛的，為人所重視的。他雖然尚不知道那個給他奶頭的人是母親，但他會從那溫暖的親子關係中，感受到所有的人和整個世界的和善與可靠，嬰兒將具有充分的安全感。若是因為某種原因缺乏上述那種良好的、溫暖的親子關係，嬰兒不能有規則地按著他的需要得到奶頭，或是奶汁的

供應不能配合其需求，那麼基本信任感就將無法產生，代之的將
是不信任感。那會使嬰兒甚至終生陷於不安全的心理狀態下，為
焦慮、恐懼所苦了。

㈡自動或羞愧與懷疑（Autonomy vs. Shame and Doubt）

這是相當於 Freud 所稱為肛門期的時段。這個時期嬰兒所面
臨的，就是「大小便訓練」。Freud 所重視的是排泄時兒童的尿
道、肛門部位所產生的快感，Erikson 卻重視此項大小便訓練對
於兒童社會關係發展的可能影響。在一歲以前，嬰兒對其排泄行
為沒有控制能力，完全由其生理情況來決定；到了一歲以後，兒
童逐漸能控制尿道和肛門括約肌，可以隨自己的意願來排泄或停
止該項行為，也就在這個時候，父母會對兒童的排泄行為進行訓
練，希望兒童能在適當的時間和地點排便。因此問題的關鍵就在
兒童對自己行為的操縱（是排便或忍住不排），能否和父母的要
求相配合。如果父母是很有耐心，態度溫和，對兒童的要求不過
於嚴格，使兒童不感受到壓力，兒童在心理輕鬆的情況下，常比
較容易控制其行為，來配合父母的要求，在「該拉」的時候拉了
大小便，而形成皆大歡喜的場面。反之，若是父母缺乏耐心，態
度嚴厲，對兒童的要求過嚴，希望能迅速地完成「訓練」，將使
兒童陷於緊張的狀態，反而影響其對行為的控制作用，而產生
「洪水」或「黃禍」，弄得大家不愉快，兒童也會因自己闖了禍
而感到羞愧。

事實上這個時期的問題不只是大小便的訓練而已，在兩三歲
時兒童四肢的發展，也日趨強健。他能自己走路了，但又走不
穩，手也能去拿東西了，但也掌握不定，在屋子裡跌跌撞撞，闖
禍的機會大增，然而這也正是他動作發展的重要階段。父母若是
了解這一點，就當為兒童安排適當的環境和活動空間，比如將桌
椅移到邊上去，讓蹣跚學步的孩子不致撞到東西；桌上精緻的擺
飾和檯布，暫時收拾起來，讓那愛抓愛扯的小手，不至於弄壞物

件。這樣他闖禍的機會可以減少,對兒童動作的發展、信心的培養,都極有裨益。他會覺得自己有能力做一些活動,可以隨自己的意願行動;反之,他若動輒得咎,就將失去信心,不敢有所作為,甚至形成固執和對人懷有敵意的態度,負面的影響常可能是很深遠的。兒童對自己行動的控制,使其察覺「願望」的作用,他能自己選擇「行動」或「不動」的能力逐漸增加,終於可以隨著自己的意願表現各種動作,操弄四周的事物。

㈢自主自發或有罪惡感（Initiative vs. Guilt）

　　這是兒童四至五歲的階段,也就相當於 Freud 所稱性器期,但 Erikson 並不將注意侷限在性及性別意識上,而將重點放在兒童自主、自發的傾向上。此時兒童的身體和智能方面的發展,使兒童在語言、動作、思考各方面都有增進,他接觸的環境日益擴大,接觸的事物日益增加,他已能知道哪些事是可以做的,哪些是不被允許的。他可以運用語言表達自己的意見、願望和想像,在家庭活動中,他可以說出自己的主張。通達的父母,常能給予兒童表達的機會,鼓勵他自主、自發地做些事情,同時也給予他適當的指引和必要的保護,使他不至負擔超出其能力的責任,也能避免一些不必要的挫折和打擊。這樣兒童將會勇於嘗試,試驗自己的想法,並能因其有所成就而獲得滿足,提高勝任之感,如是他乃將為自己的活動訂定「目標」,並促其實現。反之,若是父母不能體察兒童的需要,不鼓勵其自發的意願和活動,甚至以輕視或嘲笑的態度對之,斥其為幼稚、荒謬可笑的想法,而不給予支持,使兒童以自己的思想與行為為羞,則將使罪惡感深植於其幼小心靈之中,覺得自己一無是處,是極為可惜的。

㈣勤勉或自卑（Industry vs. Inferiority）

　　這是指兒童六至十一、十二歲的階段,是他正式進入學校的

時期。Freud 注意到兒童在這個階段中，其追求身體快感的傾向暫時隱而不顯，乃稱之為「潛伏期」（latency），但 Erikson 卻指出這是兒童需要開始認真學習的時候，他要習得一些基本的知識和技能去面臨社會的要求；而且要不時和別人比較、競爭，來肯定自己的能力，確定自我效能，他不能再嘻嘻哈哈地靠遊戲過日子；而是要認真地學習，勤勉自勵，使自己成為社會上有用的人。這時除了教師以外，父母的鼓勵和支持是十分重要的，適度的期許和真誠的接納，將有積極的效應。反之，若父母望子成龍之心過於殷切，期望高不可攀，乃將增加子女所感受的壓力，認為自己無法達成父母的期望，而產生自卑心理，從發展的觀點，自卑乃是心理健康的第一號敵人，若干不良適應行為，常自此開始。

祇有在工作中，兒童才能體會努力的意義和其可能產生的結果，他很需要在方法上獲得父母和教師的指引，以提高其效果，而避免產生「比不上別人」之感。

㈤ 自我正確定位或角色混淆（Identity vs. Role Confusion）

這是一般所謂青年期，指兒童由十二歲到達成年早期的二十歲，是歷來心理學者和教育學者所認為發展過程中最重要的一個階段，是一個人要擺脫他的兒童時期走向成年的一段路程。父母在此時要把從小學畢業的兒童送入中學，他們常會叮嚀子女：「從現在起，你就不再是孩子了！」在我國過去有一個很有趣的規定：兒童節是小學以下兒童的節日，進入中學以後，就不參加兒童節的活動，也就少了一天假期了，可見進入青年期是個體發展歷程中具有關鍵性的一個階段。

Erikson 也非常強調青年期的重要性，在其《領悟與責任》（Insight and responsibility）一書中，他用了一個極為生動的比喻：他指出青年期就像那馬戲班空中飛人表演者在空中盪起來的一剎那，他要在這一瞬間丟掉手中原來握住的鞦韆桿子，而立刻

接住迎面盪過來的另一根鞦韆桿子，再繼續盪下去，那真是既緊張又危險的一刹那。因此 Erikson 用了「定位的危機」（identity crisis）來顯明這個階段的困難情況。

由兒童生長為成人，雖然是個體生長的自然歷程，但是期間經過的一段歲月，卻常被認為是一個尷尬的階段。當一個國中學生和弟妹因事發生爭執時，父母會向他說：「你這麼大了，還和弟妹爭吵？」；但過一會當他要求母親多給他一些零用錢時，媽媽卻又說：「你這麼小小年紀，就要用那麼多錢嗎？」。一會兒被看成是大人，被希望表現得像個成年人；一會兒又被看成是小孩，被希望表現得像個小孩。這正是青年們常遇到的迷惑：他到底算是小孩，還是成人？抑或兩者都不是！

雖然父母說：「你已經不是小孩了！」，但是兒童在邁向成人之路時，卻不能將幼年時期的一切完全丟掉；相反地，他必須要將過去所獲得有關自己的資料，自己所學得的那些技巧，自己已經培養的能力，連同父母、教師以及朋友們對自己的印象，包括讚美和批評等等，綜合起來，建立起一個「自己認定的形象」（self-identity）。

換句話說，他在這個時候，需要知道、需要弄清楚：「我是怎樣的一個人？我是怎樣的一塊料？」，「在別人心目中，我算是老幾？」，然後他要以這個「自我認定的形象」為基準，去探索在未來的世界裡，他該朝哪兒走？他能做些什麼？他會成為怎樣的一個人？這是一個很重要的任務。如果他在兒童時期，有機會能對自己的各方面獲得相當正確的認識和了解；四周人們對他的印象和評語也都很客觀公正，而且和其實際的經驗相當一致；同時他也能為自己及關係密切的人們所悅納，那麼他將比較容易來建立其自我認定的形象，也比較容易找到自己未來發展的方向與目標，他對此目標將會具有信心，並會願意盡力以赴。

反過來，如果他得不到充分、可靠的資料來認識、了解自己，他將無法獲得一個明確的「自我認定的形象」。他不能確定自己是怎樣一個人，是好還是壞？是聰明還是笨？是能幹還是一

無是處？是受人歡迎還是被人瞧不起？他到底是怎樣一個角色？
……這一種混淆不清的情況，將會使一個正在成長中的青年陷入
極大的困擾，他將不知道自己該怎麼做，該走向何處，將使自己
成為怎樣一個人。Erikson 所謂「負面的形象」（negative ident-
ity），使他從別人那兒所聽到的評語是「不好、不用功、沒有出
息、惹人討厭、壞胚子……」，讓他不能悅納自己，卻又不能承
認自己是那麼不成材。應付這種情況的方法之一就是投射作用
（projection）——將那些缺點和短處投射到別人身上去——「是
他們不好，是他們討厭……我不要理他們」。和別人疏遠或對別
人採敵視的態度，都是運用投射作用的後果。

有時對別人敵視的心理，會使那些迷失了方向的青年遠離他
人，遠離社會，很自然地他們會「物以類聚」地碰在一起。他們
排斥一般社會的常規，否定一般的價值觀念，他們更要從一些歪
曲的生活方式中，為自己安排一個角色，塑造出一個形象，替自
己這一群人冠上一個標籤（什麼幫或派的），並藉以獲得有所歸
屬之感。他儘管是在「同流合污」，但卻不再孤單，不再沒有名
分了。事實上若干青少年的不良適應行為，就常是角色混淆的結
果。

「尋找自己」是一件不太容易的事，就像走到服裝店裡，要
去找一套適合自己穿的衣服一樣，有時這件試試，那件試試，穿
了又脫，脫了再穿，可能會弄上個把時辰，還挑不出一件衣服的
樣式、顏色、大小、價格……是和自己身材、年齡、身份……經
濟條件都相稱的。事實上往往並非衣服不夠好，常常是對自己的
形象沒有確定的認識，不知道自己究竟該穿什麼。於是有時就趕
時髦，看看大家穿什麼，或者看那些社會名流，或者電影明星穿
什麼，就照樣穿上，藉此也向他們認同，沾上一點光，魚目混珠
地給自己冠上一個名分，甚至還以自己能躋身「XX 族」而沾沾
自喜。

㈥親密關係或疏離（Intimacy vs. Isolation）

　　這是指二十歲到二十五歲的一段時期，此時一個人已經找到了其「自我認定的形象」，他就可以和別人建立比較穩定的關係，隨著自我形象確立，他就能和別人建立相愛、親密的關係，向別人許下永遠性的承諾。一般人與人的交往，通常仍止於有限的接觸，比如辦公室的同事，只在上班時互相接觸，下班後各自回家，每個人都還有機會將自己的弱點隱藏起來，或是運用一些防衛性的行為，來作掩護。但一旦和別人建立親密的關係，就必須有信心和勇氣，撤除所有的防衛工事，將自己的真正形體，展現在對方眼前，而相信自己將為對方所接納。婚姻就是這樣的關係，是一種永久性的承諾，所以它必須也建立在互信互愛的基礎上。反過來，如果一個人不能確立其自我認定的形象，他就無從和別人建立親密而恒久的關係，因其對本身缺乏正確的認識，不能將自己作適切的定位，也就不敢對任何一個人作永久性的承諾，結果就會形成一種與人疏離的情況。有時他會故作多情，處處結緣，以為補償，但那都止於膚淺、短暫的關係，與對方若即若離，而不是以真心相許，因此在心理上仍然是孤單的。

㈦生產、建設或萎縮（Generativity vs. Stagnation）

　　這是指由二十五歲到六十五歲的一段，也是發展歷程中最長的一段，它涵蓋了成人的整個歲月，也常是其在家庭和事業上有所成就的時期。Erikson 認為一個人此時的主要動機，是求得對家庭和社會有所貢獻。在家庭方面，他要用心培養自己兒女，使後者獲得充分、健全的發展；在事業方面，他希望能有所生產，有所建樹。至於如何去達成這項願望，各人將會運用不同的方法，循不同的途徑進行，但在正常的情況下，都是以照顧他人，關心社會為出發點的。倘若他不能達成這個心願，乃將意念消

沈，覺得生活乏味，好像自己是個無足輕重的人，生命的意義也
就此萎縮了。

(八)**自我統整或失望**（Integrity vs. Despair）

這是指六十五歲以後到生命終了的一個階段，多數的老年人
到此時已退休，他們有機會對自己一生的經歷，作一番檢視，作
一番統整功夫。如果他細察自己一生，大部分的經驗，都能讓他
感到滿意，還值得回味；在事業上多少有些成就，對人類和社會
而言，也多少有些貢獻，縱然不能流芳百世，但總能對自己有個
交代：「這一生總算做了一些事情，活得還挺有意義的」，沒有
後悔，也沒有遺憾，就能夠平心靜氣地歡度餘年。若是自己在回
想過去的一切時，覺得日子全白白地過去了，一事無成，不但是
談不上對社會和人類有什麼貢獻，對自己也沒能做到什麼，一輩
子算是白活了，巴不得有機會從頭再來過，過一次不同的生活，
做一個不同的人，但事實上卻已經是時不我予了。摩撫著如霜的
兩鬢，滿懷是失望和空虛的心情，生命的終結將帶來沈重的壓
力、悲傷、以至於恐懼，真的驗證了「老大徒傷悲」的那句古
話。

Erikson 對於個體發展的理論，雖然是在 1950 年開始提出
的，距今已經四十多年，但他的想法現在仍受重視。他所提青年
期追尋「自我定位」的強烈需求，以及「定位危機」等觀念，尤
為大家所注意。一般咸認若干青年期不良適應行為，都和他未能
找到自己有密切關聯，下表乃是 Erikson 的人格發展理論的綜合
說明。

表 5-1　Erikson 氏心理社會發展八階段及其與人格的關係

心理社會發展階段	年　齡	相當於Freud的階段	發展順利的結果	發展不順利的結果
基本信任或不信任	出生-1歲	口腔期	內在舒適感，對自身和他人的信任感，充滿希望而樂觀	不順利感，對自身和他人的不信任感，常存恐懼而悲觀
自動或羞愧、懷疑	2-3歲	肛門期	能運用自己的意願，自我控制，有作選擇的能力	固執、過分謹慎、懷疑、刻板化，自我意識偏高，常有羞愧感，缺乏自信
自主自發或有罪惡感	4-5歲	性器期	由活動和成就獲得滿足感，行動有目的，有自己的方向	未能達到自己所想達成的目標和成果，因而有罪惡感
勤勉或自卑	6-11歲	潛伏期	能專心致志於建設生產性的工作，以自己努力的成果為榮為傲	產生本身不夠好的心理或自卑感，不能完成自己的工作
自我定位或角色混淆	青年期	兩性期	對自己內在的一致性和連續性具有信心，對事業有希望，願忠於自己的目標	對所扮演的角色不能勝任愉快，沒有確定的標準，反而有不真實、不確定之感

心理社會 發展階段	年　齡	相當於Freud 的階段	發展順利的 結果	發展不順利 的結果
親密關係 或疏離	20-24 歲成 人前期		與人互愛互 敬，能在工 作上與人合 作，分享思 想和感受， 建立愛的關 係	避免與人建 立親密的關 係，只能維 持泛泛之交 ，或雜亂的 關係
生產、養 育或萎縮 、停滯	25-65 歲成 年期		能在工作和 人際關係上 奉獻自己， 照顧別人	對工作無興 趣，和別人 關係冷淡， 生活呆滯
統整或失 望	老年		覺得生命有 意義，有規 律，對自身 及自己的成 就感到滿意	對生死的恐 懼，對生命 中自己所得 的或未能得 到的感到辛 酸、失望

參 ☞ 自我心理學（Ego Psychology）

　　在 Freud 的人格理論中，人們所有行為的動力，都源於本能性的驅力，也都在本我（id）的掌握之中。而自我（ego）是完全聽命於本我，設法在現實環境許可的情況下，尋求滿足本我要求的途徑。自我（ego）本身沒有什麼要求，也不可能有什麼主張，它祇有如前面圖 3-1 所示，在三面壓力之下，去為本我效力。由於本我的要求常不合理，沒有考慮現實的情況和超我的阻力，使得自我（ego）經常陷於衝突的情況，而必須藉防衛作用的幫助，

來紓緩其所承受的焦慮。不過 Freud 這樣的想法，不爲心理分析學派其他學者所同意，後者乃提出自我（ego）也有其「沒有衝突的領域」（conflict-free sphere），且有其自主性和其本身的功能。這些學者包括 E. Erikson（1963），H. Hartmann（1964, 1958），D. Rapaport（1959），E. Kris（1952）等。並且稱這種想法爲「自我心理學」（Ego Psychology），事實上首先建議修改 Freud 論點的乃是他的女兒，Anna Freud。她在其所著《自我與防衛行爲》（The Ego and the Mechanisms of Defense）（1936）中曾指出：「心理分析學者不要強調本我的重要性，而應對那些我們認爲構成人格所有的三部分（即本我、自我和超我）有充分的了解，明白它們之間和它們對外在世界的關係」（引自 Hergenhahn, 1990, p.150）。這裡要請大家特別注意：「ego」一詞，一般均譯爲「自我」，Ego Psychology 譯爲「自我心理學」應是順理成章的，不巧的是英文「self」一詞，通常也譯爲「自我」，兩者的意義相去甚遠。因此在說到 Ego Psychology 時，千萬不要將它和 Heinz Kohut 及 Carl Rogers 所倡的「Self Psychology」混爲一談，後者也常會被譯爲「自我心理學」。

肆 ☞ 客體關係論（Object Relations Theory）

近四十年，心理分析理論有一個重要的轉變，從以生理的驅力爲行爲動力的取向，轉到以與人建立關係爲重心。如是「客體關係」論乃爲新心理分析論（neoanalytic theories）中的一個重要概念。其所指之「object」，實係指本身以外的另一個人。各個學者對此意見不盡相同，但重點都是探究一個人和他人的關係，並注意此人對與其有密切關係者的想法和情感。大家共有的看法是：一個人與他人交往方式，是在兒童早年的人際交互作用中建立的，而這種交往方式將在其一生中重複出現，成爲其與他人間

關係的範型。

最先論及客體關係的，是英國女性精神醫學家 Melanie Klein
（1882-1960）。她經由臨床方面的觀察，認爲兒童在建立人際關
係的努力，遠大於其因應內在生理驅力的作用。嬰兒對他人（通
常是母親）的依賴——由單方面的「嬰兒期依賴」經過過渡時期
進入雙方交互的「成熟性依賴」——實乃爲人格發展的關鍵。
Fairbairn（1952）也持相同的觀點，他認爲基本的驅力，就是追
求建立關係的對象（object seeking），兒童需要被愛，同時也需
要他所予人的愛會被接受。一個人最大的恐懼，就是完全狐獨。
Fairbairn 指出：在發展過程中，兒童須將「嬰兒期依賴」逐漸轉
變爲成熟性的相互依賴，但是此時最大的衝突則正是一方面他要
改變和父母的關係，朝向相互依賴的方向，另一方面又不敢放棄
嬰兒期依賴，耽心會全部落空。總之，他認爲每一個人，都是急
切想要和他人建立關係。

Margaret Mahler 也是客體關係論者中重要的一位。她是一位
小兒科醫師，利用自然觀察法，直接觀察親子間的關係。她認爲
初生嬰兒不會分辨「己」（self）和「非己」（nonself），而是將
二者在心理上融合爲一；人格發展就是要切斷這種融合的關係，
使自己成爲一個獨立個體的歷程。嬰兒最初是將自己和其母親融
合爲一，就是共生體（symbiosis）；在六個月左右，兒童才會能
分辨出母親的奶頭不是自己的一部分。這時嬰兒乃會有一種矛
盾：一方面它希望繼續和那個可愛的「人」聯在一起，受她的照
顧；另一方面，它又盼自己能成爲一個獨立的個體，不要被那可
愛的「人」所裹住。這時母親的表現將是決定兒童往後能否適應
的重要因素（Carver & Scheier, 1996; Mahler et al., 1975）。

由於兒童最先接觸的「人」，通常是他的父母，特別是母
親，同時他和母親的關係，又常是十分密切，因此在這段時間所
形成的關係，印象將極爲深刻，這種客體關係經過內化後，往後
就會成爲他以之和他人交往的基礎。更有進者，這個內化的關係
將會概化至於其他的人。這也就是說，一個人在兒童早期所形成

的與人交往的型式，將會構成他終身和他人交往型式的核心
（Carver & Scheier, 1996, p.295）。

　　客體關係論者認爲在兒童期中若不能建立良好的「客體關
係」，對其與之有密切關係的人未能留下一個恆定的印象，將會
引起不良的適應。許多心理分析者常以這個概念作爲其實施治療
的基礎。

Heinz Kohut 的理論

　　Heinz Kohut 的觀點，和其他客體關係論者是一致的，他也
很重視兒童幼年和他人的關係。不過他特別注意那些關係對兒童
自我（self）形成的影響。

　　Kohut 認爲兒童是「自我中心」的。他主要的任務是要發展
一個統整的自我（integrated self），以期能了解自己是怎樣一個
人，而後生命才有方向、有意義（Phares, 1997, p.110）。兒童要
透過他人來滿足這方面的需求，他會將與他人交往的經驗納入其
自我結構。

　　Kohut 認爲自我追求充分發展其潛能的傾向，是與生俱來
的。他並稱此種傾向爲「愛己之心」（narcissism）。在正常的情
況下，一個人應具有明確的自我，有相當穩定而高度的自尊心，
以自己的成就爲榮。當別人針對著他的需求有所反應時，他也能
察見對方的需求而表現適當的反應。在兒童的生活中，父母是十
分重要的人物。他們通常會以正面的、同理的態度接納兒童，隨
時「反映」（mirroring）兒童的心情，使之感覺到自己是天下最
重要的人，滿足了他的「自大」感。在健全的人格發展過程中，
兒童這種自大的心理，將會隨著年齡修正，形成符合現實的自尊
心。

　　倘若在兒童的自我發展歷程中遇到障礙，如失愛於父母或是
體驗到不健全的客體關係，他就將不能建立適當的自我，而形成
所謂「自我中心人格」（narcissistic personality）。這些人常會

有一種誇大的自我重要性，一心幻想著自己擁有超越他人的成功和權力，並且誇張別人應當給予自己的愛和尊敬，他們總覺得自己應被視為與眾不同的特殊人物。Henry Murray（1938）以及後來的 Raskin 和 Hall（1981）曾先後編訂問卷來測量「自我中心」的傾向。

　　Raskin 和 Hall 所編問卷名為《Narcissistic Personality Inventory（NPI）》。Raskin 及其同仁曾用之進行研究：發現在 NPI 上分數高者，說話時總愛講到自己。在另一研究裡也發現 NPI 高分的受試比較愛表現、有自信、喜歡控制和批評他人。John 和 Rabins（1994a）則發現自我中心分數高者在評估自己工作成果時常會較其同儕評得好些。他們照鏡子的時間比較多，也比較喜歡在錄影帶中看見自己。Rhodewalt 和 Morf（1995）也指出自我中心者不祇是誇大歸因於自己的型式，且常有簡單的自我觀念及對他人存有諷刺性的不信任態度。Pervin 在陳述這些研究時，指出它們所描述的自我中心人格頗為一致，那些人似乎是一心要維持他們那誇大的自尊心。Pervin 在其所著《人格心理學》（1989, 1993, Pervin & John, 1997）中曾列舉了上述兩個量表的少數題目，來作說明。細察這些題目的內容，如：

　　　1. 我常會說到我自己、我的經驗、我的感受，以及反對的意見。

　　　2. 我常顧及我的外表和我所給予他人的印象（ 1. 和 2. 係取 Murray 的 Narcissism Scale, 1938）。

　　　3. 我確實喜歡成為大家注意的中心。

　　　4. 我覺得我是一個特殊的人物（ 3. 和 4. 係取自 Raskin 和 Hall 所編 Narcissistic Personality Inventory, 1981）。

　　以上當不難看出該二量表所評量的，乃是受試者自我中心的傾向。但是它們的英文名稱都是「narcissism」，它的中譯通常是「自戀」。在中文裡，「自戀」和「自我中心」的涵義是有距離的。若是將這兩個量表都譯為「自戀量表」勢將引起誤會。同樣地，Kohut 認為自我有謀求充分發展其潛能的傾向，並稱之為

「narcissism」。那乃是一種正常的、健全的傾向。並沒有一般中文裡所稱爲「自戀」的意義。

伍 ☞ 依附理論（Attachment Theory）

依附理論的重心，也和客體關係論一樣是在探討兒童時期的人際關係對以後人格發展的影響。此項理論是以英國心理分析學者 John Bowlby 的理論爲基礎。英國在第二次世界大戰時，爲避免兒童在經常空襲中受到威脅性的經驗，而將他們疏散到安全地方，當時也有一些父母不願與子女分離，而將孩子留在身邊，和成人們一同留居在城市裡。戰後的研究發現：離開父母疏散到安全地區兒童所表現的行爲問題，較那些和父母同留在都市而不時要躲避空襲的兒童來得多些。Bowlby乃認爲對幼年兒童來說：和父母（特別是母親）分離是一件嚴重的事。兒童當要依附母親，以那種依附的關係爲安全堡壘，再嘗試去探索、接觸四周的環境。兒童並將以此嬰兒期與他人交往的經驗爲基礎，建立起對未來人際關係的期望。

Bowlby（1969）的觀點引起了許多兒童心理學者的重視，他們都同意幼兒具有依附母親的需要，而其依附的經驗和其人格的發展，確有重要的關聯。Ainsworth等（1978）根據依附的理論，設計了「陌生情境（the strange situation）」的研究，將兒童和母親帶至遊戲室，鼓勵兒童玩弄家內玩具，一會兒有陌生人進來不久即離開；隨後母親也暫時離開未久即回來，實驗者在單面透視鏡後，觀察兒童在各階段的反應，並詳作紀錄。Ainsworth等（1978）觀察幼兒們在母親離開時的反應，和他在母親回來時的表現，將他們分爲三類：一爲安全依附型（secure attachment）：這些幼兒對母親的離開頗敏感，但在母親返回時高興地迎接，顯得頗爲安定，並能立刻繼續進行其遊戲活動。二爲不安

一迴避型（anxious-avoidant）：他們在母親離開時沒有表現太多的反抗，但在母親回來時有將頭轉向另一邊，或是走開的反應。第三類為不安－矛盾型（anxious-ambivalent）：他們則在母親離開時不肯和她分開，同時母親回來時表現看來矛盾的反應：一方面哭著要母親抱，但是等母親抱起他來以後，卻又堅持著要母親放他下來。

　　Lewis 和 Feiring 及其同仁（1984）曾應用「陌生情境」測量了一百一十三位一歲幼兒對母親依附的情形，然後在五年後再用問卷向那些幼童的母親及教師調查幼童們的行為及心理健康情況，在那些幼時曾有安全依附關係的男孩中，祇有 6 ％呈現了心理方面的因擾；而那些幼時有不安全依附者中，表現心理有困擾者則高達 40%，研究者很小心地作結論說，「研究結果部分地支持」了下列假設：「早年的親子依附關係可以預測後來社會情緒功能的發展。」

　　Hazan 和 Shaver（1987）曾利用報紙進行調查，請讀者根據其與他人的關係將自己歸入三種依附型之一，同時並在十二個問題上描述他們目前戀愛的情況。結果發現：安全依附者常有快樂、友誼信任的經驗；對愛情有比較穩定的看法。逃避型者則有對親近關係的恐懼與嫉妒的心理，情緒起伏不定，對愛情的終始不渝，存有懷疑。矛盾型者則對於其所愛的對象，具有強迫性的迷戀態度，有結合的慾望，情緒趨於極端；並認為進入戀愛很容易，找到真正相愛的人卻很難。最後一點是：安全依附型者比起其他兩型的受試者來，和父母有比較溫暖的關係，他們的父母之間的關係，也比較良好（引自 Pervin & John, 1997, p.154）。

　　稍後在另一個研究裡，Hazan 和 Sharer（1990）還發現幼年依附的類型和以後對工作的態度，也有關聯；安全依附型者對工作具有信心，比較沒有害怕失敗的壓力，同時不讓工作妨礙其人際關係。Feeney 和 Noller（1990）也有類似的發現。由這些研究的結果，可見幼年親子依附關係的影響是頗為廣泛的；同時也可以察見它是頗受研究者注意的一個問題。

1. 為了因應基本焦慮，Horney 認為兒童經常會採取哪些策略？

2. Fromm 認為人類為了滿足需求，有哪些解決問題的方式？

3. Sullivan 所謂「善我」、「惡我」與「非我」是什麼意思？

4. Erikson 認為嬰兒的信任感是如何培育出來的？

5. Erikson 認為青年如何建立一個「自己認定的形象」？

6. Erikson 的理論對兒童教育有些什麼啟示？

7. Erikson 和 Freud 的理論，有哪些相同之處與不同之處？

8. 客體關係論的內涵是什麼？

9. 幼兒依附的類型有哪些？

10. 依附理論對為人父母者有些什麼啟示？

第六章

Carl Rogers 的

人格理論

壹、Rogers 的生平簡介

貳、Rogers 的基本觀點

　　一、以現象學的原理為基礎

　　二、人性本善的觀點

　　三、當事人本身報告的重要性

參、Rogers 的人格理論要義

　　一、人格的結構

　　二、人格的動力

　　三、自我的一致性

　　四、人格的發展

　　五、行為的適應

　　六、行為的治療與輔導

肆、Rogers 的理論與工作重心的轉變

伍、對 Rogers 理論的評議

陸、Kurt Goldstein 的理論

　　一、Goldstein 的生平簡介

　　二、機體論的基本概念

　　三、Goldstein 理論的要義

柒、Abraham Maslow 的理論

　　一、Maslow 的生平簡介

　　二、Maslow 的理論要義

☞ 本章要旨

　　這一章所要介紹的，是 Carl Rogers 的理論。在人格心理學裡，它常被列為現象學派，也就是特別重視一個人的主觀經驗。處在同一個環境裡的兩個人，實際上所經驗到的卻可能大不相同。從物理的角度來說，兩個人對同一事物的知覺就有一些細微的差異；從心理方面說，每個人都是根據其特有經驗來解釋所獲得的一切資訊，很少人會和旁人所體會到的完全一致。現象學派學者強調主觀經驗的重要性，認為那才是個體行為的決定作用。在極端重現「客觀」的科學研究氣氛籠罩之下，現象學派的思想確有使人一新耳目之感。

　　事實上 Rogers 的理論應是國人所最熟悉的，一方面是由於 Rogers 認為人性是良善的，和我國儒家「性本善」的觀念相契合，因此易為國人所接受。劉焜輝稱Rogers為「最富東方色彩的臨床心理學家」（1992）。另一方面也是由於國內輔導學界的領導人士都服膺Rogers的理論和諮商原則，近三十年來輔導與諮商的訓練和實務的推廣，都是以Rogers的理念為中心，使之成為輔導工作的典範。

　　在Rogers的理論中，「自我」是其核心概念。他利用這個概念來說明人格的結構、行為的動力、行為問題的產生和治療，在本章內都有詳細的介紹。

　　Rogers 認為人的基本動機，就是「謀求自我的充分發展」（self actualization）。在這一方面，另兩位學者，Kurt Goldstein 和 Abraham Maslow 也持相同的觀點。因此也將他們兩位的理論，簡作說明。

壹 ☞ Rogers 的生平簡介（1902-1987）

Carl Rogers 在 1902 年出生於美國伊利諾州豫園城一個宗教信仰十分虔誠的家庭。父親是一位土木工程師，有子女六人，Carl 居第四，當 Carl 十二歲時，其父將其全家遷往鄉下，改營農場，應用科學方法處理一切事務。在那樣一個家庭中成長，使他終身特別重視倫理及道德觀念，同時尊重科學方法。

1919 年 Rogers 進入威斯康辛大學，主修農科。對宗教活動興趣甚高，1922 年，他隨同世界基督教學生聯合會來亞洲訪問，到了中國北京和菲律賓等地。這一次旅行使他有機會接觸到多種文化和不同的宗教信仰，使他對宗教的態度產生了一些改變，而不再堅持其正統的信仰觀念。如是在結婚以後，就遷居到紐約，進入聯合神學院就讀。隨後他轉入哥倫比亞大學師範學院修習臨床心理學，於 1931 年完成其博士學位。當時該學院一方面頗受 Freud 心理動力學的影響，一方面又強調嚴格的科學方法和統計學的訓練。Rogers 就浸潤在這兩種不甚相容思潮之中，學習如何取得其平衡與和諧。這也成了他一生努力的重心，統合其宗教信仰，臨床經驗和科學訓練，來進行其發揚人性的工作。

在 1928 至 1940 年之間，Rogers 進入了 Rochester 輔導中心。該中心的工作是為那些由法院移送過來的非行少年，及未獲適當照顧兒童進行診斷和治療。Rogers 認為這段時間的經驗甚有價值，他的治療基本概念就是在此時孕育出來的。自 1940 年始，Rogers 開始其教學和研究工作，他應聘至俄亥俄州立大學任教，以其在諮商及治療方面所得資料為教材，這樣乃使他在這方面的理論漸趨成熟。1945 年 Rogers 至芝加哥大學任教，並主持輔導中心，推出了他的「當事人中心治療」（client-centered therapy），不久即成為諮商與治療的重要技術，同時進行有關心理治

Carl Rogers

療的研究。1957 年 Rogers 轉往威斯康辛大學，同時擔任心理學
系和精神醫學系教授。他曾努力將其理論與治療方法應用於精神
分裂症患者，但其效果遠不如其在大學生中那麼良好。

　　1964 年 Rogers 遷往加州,就任西方行為科學研究所專任研究員,1968 年他和一些熱心人本主義的同道創立了「人道研究中心」(Center for Studies of the Person)。這顯示 Rogers 的工作重心已有轉移;由典型的學術機構轉移至由志同道合工作者組成的團體;由對行為困擾者的工作轉移至對正常人的工作;由個別治療轉移至團體活動;由常規性實徵研究轉移至對人的現象學研究(Pervin, 1993, p.171)。

　　1974 年 Rogers 在加州舉行了大型的成長團體活動,他發現一切活動的進行正如小團體同樣的順利,也可以處理團體成員個人的問題。因此他體會到「當事人中心」理論照樣可以應用到一般成長團體,以至於各種人際關係。如是他就開始以「個人中心」取代了「當事人中心」一詞,推廣其理論應用的範圍。

　　Rogers 在心理學界是很受尊敬的學人,輔導學界更奉之為不朽的導師。他曾於 1946-1947 年擔任美國心理學會會長;1956 年獲得傑出科學貢獻獎,於 1987 年逝世。

貳 ☞ Rogers 的基本觀點

一、以現象學的原理為基礎

　　Rogers 一向被視為現象學派學者(phenomenologist)。按照現象學派的觀點,每一個人對於其周遭的世界,各有其獨特的知覺。他對於這世界的反應乃是以其個人的知覺為依據,客觀世界的情況和事物,並不是決定其反應的唯一因素。儘管是同處於某一個客觀環境之中,各個人的知覺經驗是互不相同的。因此各人也將有其獨特的反應。比如:在生活經歷中,偶然的失敗是在所難免的,有些人能夠面對失敗的經驗,認為那乃是到達成功的途

徑，他可以從其中吸取教訓，作爲再度努力的參考；但也有些人卻是經不起失敗，認爲那是很丟人的事，並且產生自責反應，甚或會因而一蹶不振，沒有勇氣再活下去。我們暫時不去討論爲什麼會有這樣的差異，只要注意各人經驗互殊的現象，了解每個人都是生活在其主觀的世界（phenomenal field）裡，根據其所覺知的情況，來作他當時所認爲適宜的反應。

一個人的主觀世界，可能和當時的客觀環境是頗爲一致的，也可能和客觀環境有一些距離，有時甚或是很大的距離。這個主觀的世界，包括了當事人有意識的和無意識的知覺，照Rogers的意見，在一般情況下，特別是就心理健康的人來說，行爲最重要的決定因素，乃是有意識的或是可以成爲有意識的知覺。雖然各人主觀的世界只有當事人自己能覺知到，但是我們也可試著設身處地去體會他的想法，從他的觀點和立場，去了解其環境的情況，去揣摩其行爲對他的意義。

Rogers認爲行爲科學的研究，應當以現象學的原理爲基礎。心理學的研究必須具有持續、認眞努力的精神，才能了解人們的主觀經驗。我們只要遵循科學的方法，不一定要在實驗室裡或靠計算機去進行研究，從心理治療臨床方面所獲得的資料，應當是提供人們主觀紀錄極有價值的來源。

二、人性本善的觀點

Rogers對於人性的看法和我國孟子很相似，認爲人性本善，而且他以爲人類共有的傾向是謀求自我的充分發展（self-actualization）。這個想法和當時西方頗佔勢力的心理分析學派Freud的理論是相抵觸的。照 Freud 的說法：一個人生來所具有的傾向，就是本我（id）循著唯樂原則的作用，完全以滿足自身需求爲目的，而不顧及其他；但如果完全依著它，可能是會無惡不作的。簡單地說，Freud 是認爲人性本惡的。當然「性善」和「性惡」是大家一直在爭辯而無法作結論的問題。不過Rogers曾明白指出

他的觀點是根據他二十餘年心理治療經驗而得來的：他曾寫道「我能察知有些人在有內在恐怖和應用防衛行為的情況下，表現出殘酷、破壞……的行為，……但在施行心理治療時，仍能發現他們內心深處具有強烈的、正面的謀求發展的傾向，那乃是最令人振奮、最愉快的經驗。」（Rogers, 1961, p.27）

三、當事人本身報告的重要性

　　由於Rogers重視各個人的主觀經驗，而且強調那些主觀經驗的獨特性，因此要了解某一個人的知覺和經驗，最直接而可靠的途徑，就是請他自己來報導，別人是無從越俎代庖的。這裡含有一個重要問題，就是他的報告是否可靠？他是否會將自己的知覺和經驗真實地報告出來？這一層疑問在心理治療或諮商的情況下，應該是不存在的。因為當事人如果是自動來求助，顯示其有意願要改善自己的情況，他應當會和治療者合作，將自己的經驗報告出來。也許在某些案例中，案主可能會對自身的經驗和感受，有些保留，那也是他當時認為有保留的必要，才會那麼做。在治療和諮商的過程中，因為許多變項的改變（如當事人與治療者的關係、當事人對自身問題領悟的程度等），當事人展露自己的程度也將隨之而有改變，因而提高了自身報告的可靠性。治療者也應當能察覺到這些改變，隨時調整其和當事人的關係，從這個角度去看，更可察見當事人自身報告的意義和重要性，是決定治療和諮商歷程的關鍵因素。這也是 Rogers 提倡非指導性治療（non-directive therapy）的理由，因為治療進行的歷程是由當事人的經驗在導引的。關於這一點後面會作進一步的討論。

參 ☞ Rogers 的人格理論要義

一、人格的結構

在 Rogers 的理論中，一個最重要的概念就是「自我」（The self）。按照現象學派的說法，每個人對其周遭情境和事物的知覺，構成了他的現象場，也就是其主觀的世界。他對於每一項事物、每一個人，以及對他自己，都有其主觀的看法。其中凡是關於他對他自己所有各方面的印象，就是他的「自我」或「自我觀念」（self concept）。如他自認為：「我是一個健康的人」，「我非常用功」，「大家都看得起我」或「我的數學頭腦很差」、「我是不會有什麼出息的」……等，這些正面的或負面的印象，形成一個有組織、相當穩定的「自我」（self）。一個人的自我對其行為的重要性，是很容易了解的。因為他所做的各樣事情，都是以「我」為出發點的，如果他認為「我是一個別人所不歡迎的人」，他就不會喜歡參加社交性活動。若是他認為「我有很好的歌喉」，就會找機會在人前顯露一下。一般說來，每個人的行為都是和其「自我」相配合的。

另一個結構性的概念，就是「理想自我」（ideal self），簡單地說：「理想的自我」就是一個人希望他自己所具備的樣子。「理想的自我」所具有的品質，都是當事人所認為重要的和有價值的情況，可能是在身體方面，也可能是在能力、財富或社會地位方面。那些當然也常常是自我發展和致力追求的目標。

Rogers 非常重視「自我」或「自我觀念」和行為適應的關係。一個健康成熟的人，他的「自我觀念」應當是和他本身的實際情況，也就是與他的「現實自我」（real self）相符合

（congruent），或相當接近的。這樣表示他對於自己有比較正確
的印象。同樣地，他的「自我觀念」也應當和其「理想自我」相
當接近；那就表示他對本身的知覺和他希望自己所具有的形象相
當符合，也就是對自己頗感滿意了。當然一個健康的人的「現實
自我」和其「理想自我」也是會相當接近，互相符合的了。

二、人格的動力

Rogers認為人基本的動機，就是謀求「自我充分發展」。在
其《當事人中心治療》一書中，他曾明白指出：「有機體有項基
本的傾向和目標——就是要維護增長和發展在經驗中的機體」
(1951, p.487)。同樣的意見，他曾多次在以後的著述中表達出來。
例如在其《存在的一種方式》（A way of being）一書中，他曾
說：「很清楚的那種充分發展的傾向是有選擇性、有方向的——
是一種建設性的傾向，如果你願意的話。」（1980, p.121）換句
話說：「對凡有生命的有機體而言，它們只有一種動機，一個最
重要的目標：那就是維持他的生命，並且將他的潛能充分地發展
出來。對一個人來說，這就涵蓋了所有各項動機，包括飲食男
女、名利權位等等，都在其內。這是一種與生俱來的傾向，在推
使每一種生命的有機體，趨向於生長與發展的途徑，人類如是，
植物亦復如是。」

Pervin（1993, p.181）曾指出：Rogers 在其以《充分發展的
傾向與動機及意識的關係》為題的論文中，描述生命是一個主動
的歷程，有如在大海之濱屹立的樹幹，一直以挺直、剛強而堅韌
的姿態，在其生長的歷程中，保持並且發展它自己。Rogers 以含
有詩意的詞句寫出下面一段：「在這有如棕櫚的海草，我們看見
生命所賦予它的不屈不撓的精神、勇往直前的鬥志，迎向那凶惡
無比的環境的能力；不只是要活下去，而且要順應、發展、照著
它自己的形態生長。」（Rogers, 1963, p.2）

「發展」並不一定限於有機體體積或身材的長大，而可能是

其他方面的成長。如從一個簡單的實體成為複雜的個體，從一個依賴性個體長成為獨立的個體，從一個固執、呆板的形態成為可變的、自由表達的心境。發展還包括個體不只是具有降低匱乏和緊張的傾向，而是進而重視由擴展自身的活動所帶來的快樂和滿足（Pervin, 1993, p.182）。

三、自我的一致性

　　自我的一致性（self-consistency）乃是 P. Lecky 所提出的一個觀念。Lecky 於 1945 年出版《自我一致性》一書，其主要的論點就是：一個有機體不是在追求快感，避免痛苦，而是致力在維持其自我結構。他認為人們會表現和其自我觀念一致的行為，即使那些行為對他們沒有其他好處。人們之所以會這樣做，就是為了要使自己所獲有的經驗能與自己的觀念相符；因此乃可維持其自我觀念，而不需要去作任何的改變或修正。凡是和自我觀念不一致的經驗，都具有威脅性，當事人常需要採用防衛性行為來應付。一種防衛方式就是根本不接受那些經驗，否定它們的存在。自我觀念事實上都對自己的知覺經驗，具有過濾的功能；凡是和自我觀念不相符的經驗，都將不為自己所覺知，形成視而不見、聽而不聞的現象。因此這些知覺和經驗都將不會出現在當事人的語言和思想之中，不會為他所道及、所想像；也就是不為當事人所意識到。Rogers 不常用潛意識這個概念，而常用「沒有語言化」（unverbalized）來替代。這裡就產生了一問題：既然那些具有威脅性的經驗不為當事人所意識到，那麼他如何能察知到它的威脅性，而採取防衛作用呢？為了應付這個問題，Rogers 提出了「隱覺」（subception）的概念，他認為那些和自我觀念不相符的經驗，透過隱覺的歷程，可以在進入意識領域之前，為當事人所察知。比如他可能會覺得呼吸迫促、心跳加快、有緊張不安感覺，而並不知道是什麼緣故。但那種焦慮的狀態就將促使他去採取防衛的行為了。

　　除了否定作用之外，另一種較常用的防衛行爲，乃是「歪曲」或「曲解」的現象。比如一個自認爲很用功、能力高的學生，當發現成績不如理想時，就會認爲「教師有偏見」或者「別的同學用了不正當的手段取得了高分數」。這一類的事例是十分常見的。比較少見的是某些對自己有負面評價的人，在遇到正面的經驗時，也有拒絕和曲解的現象。筆者曾經有位缺乏自信的學生，各科成績多在中等以下，他認爲自己智力不如人。作者建議他去接受智力測驗，結果發現他的智力商數是在常態範圍之內。但是他並不接受那個結果，他說：「我知道老師是想安慰我，特別找了個容易的測驗給我做」。又有一位「慮病症」（hypochondria）的患者，常認爲自己有病，看過好幾位醫師，也做過一些檢查，結果都認爲他身體各方面都很正常，沒有什麼症狀。但他總不肯相信這些醫師的診斷，認爲他們沒有認眞地爲他診察。最後有一位醫師告訴他：「你患的是先天性神經衰弱」，他很滿意地說：「終於有人看出我的病來了。」這些案例都明白顯示人們拒絕接受和其自我觀念不一致的知覺和經驗。

四、人格的發展

　　在 Rogers 的理論中，自我（或自我觀念）乃是人格的核心，而自我充分發展乃爲個體生長與發展的目標。因此在論及人格發展時，重點也就放在自我觀念的形成和發展上。

㈠自我觀念的形成

　　兒童對於他自己的印象，通常是以由兩方面所得的訊息爲依據。一方面是由他本身表現的行爲所獲得的回饋。比如他抓起了一塊積木，或是攀著欄杆站起來了，他就由這些行爲獲知他有抓東西或站起來的經驗，以後他會嘗試著再去做。另一方面是由別人對他的態度和反應。比如媽媽將他抱起來，不斷地說：「你眞

乖，真可愛」。兒童可能尚不了解「乖」和「可愛」是什麼意思，但他常能由媽媽當時整個的反應，體認出那是具有正面意義的描述。媽媽這樣的反應，在一天之內常有無數次的重複，乃將使兒童體會自己是媽媽所喜悅的、所喜愛的孩子。由於兒童在幼時自己所能表現的行為有限，因此別人的態度和反應在其自我觀念的形成上，就更具重要性了。別人和兒童的關係愈密切，其態度自愈形重要，在兒童的生活中，關係最密切的當然是父母，所以父母的態度和反應，就是兒童自我觀念形成的關鍵因素。

㈡兒童需要父母正面的關愛

正面的關愛是Rogers提出的一個重要觀念，所指的乃是溫暖的愛和關心喜悅、接納、重視和同情……。他認為兒童所需要的，就是父母的愛，無條件的愛和關懷，使兒童能夠感受到：無論自己是什麼樣的情況，是美是醜，是胖是瘦，是聰明或愚笨，是乖順或不很聽話……，都能獲得父母的愛和重視，都是父母的寶貝。換句話說，兒童不必擔心他有一天會失去父母的愛，會不為父母所喜悅。Rogers認為這對兒童人格的發展，非常重要。兒童在被愛的情況下，會經常獲得父母正面的態度和反應，父母會不時用「乖」、「可愛」、「聰明」、「美麗」、「活潑」……這類的字眼來讚許他，如是兒童乃會逐漸建立起一個正面的自我形象，覺得自己是個乖巧可愛的孩子。由於父母在愛他時沒有加上任何的條件，兒童就沒有必要否認他的某些經驗。每個人難免會有不高興或生氣的時候，若是他覺得不高興和生氣就會被看成是不乖或不可愛，因而會失去父母的愛，那麼他就將排除或否認那些負面的感受和經驗，這樣不但可以保持父母對他的關愛，同時也維持了他所有的正面自我形象。

許多父母對子女有一些要求，希望子女的行為表現，能達到某些標準。如是在平時的接觸中，不時會有意或無意地給子女提示：「你要是能考上第一名，媽媽就高興了」，「你若是能在這

次鋼琴比賽中得獎，我們就會以你為榮了」。這一類的提示，固然有激勵作用，但卻也可能使那些子女覺得是一種壓力，甚至會認為「如果我考不上第一名，媽媽就會不高興，不喜歡我了」。Rogers 很重視這一種情況，稱之為「被愛的條件」（condition of worth），並認為那些條件，有時可能和子女自我（self）情況不相符；但子女為了要保持父母對他的愛，會盡可能要求自己去達成父母的願望。如此既不能完全體認自己的感受和經驗；對自己的真實情況，也不能有充分的了解。這樣一來，對其自我充分發展的歷程，將有不利的影響。因為 Rogers 認為謀求自我充分發展乃是個體與生俱來的一種傾向，而這種傾向是否可以獲得適當的運作，端賴個體對其本身有正確的了解，也就是正確的自我觀念。個人對本身有正面的關愛，即能接納自己、喜悅自己。在「被愛的條件」過多或過高的情況之下，這兩項都將不容易達到；如此則難以促使其自我朝向充分發展之路。

有人或許會覺得子女不可能事事都能符合父母的要求，總難免有讓父母不滿意的時候。其實那是沒有關係的，只要做父母者能將子女的某項行為和子女本身分開評論就成了。那也就是說，父母可以表示不贊同或者不喜歡子女所做的某件事，如不贊成子女到電動玩具店裡去，而不是不接納或不喜歡他。父母可以說：「你知道媽媽和爸爸都是愛你的，但是我們不喜歡你到電動玩具店去，因為……」。這樣子女很清楚地知道他仍然是被愛的，父母所不喜歡的只是他上電動玩具店的行為而已。他的自我形象並沒有損傷，部分行為的改善將不會造成大的困難，不會妨礙整個人的人格發展。

五、行為的適應

在 Rogers 的理論中，「相符」（congruence）是一個很重要的概念。他認為對一個健康的人而言，個人的自我（self）應當是和自己的經驗完全相符的，如此才能採取開放的態度，接受個體

所有的經驗。那些經驗對其自我形象不具任何威脅作用，不會迫
使一個健康的人去改變其自我觀念。這樣個人對於其所處的環
境，也將能有完整而客觀的認識；然後進一步才可以合理地運用
環境中的情況和事物，去謀求其自我的充分發展。不健康的人則
未能如是，個人經驗和其自我觀念常不相符（incongruent），因
此常必須採用「否定」或「扭曲」的防衛作用，拒絕或排斥某一
部分具有威脅性的知覺和經驗，如是個人所體認到的將不是客觀
環境的全部或真實狀況。那樣自將妨礙其自我的發展了。換句話
說，Roger 認為自我與其經驗之不相符，乃是一切不良適應以及
病態行為的根源。

　　Rogers 並沒有將人們的不良適應行為予以分類，但是他卻將
一般人所運用的防衛作用分別列舉過。Pervin（1993, p.197）指出
Rogers 所提到過的防衛作用有三，一為合理化作用。當事人常扭
曲其經驗使之和自我相符。比如項羽一向認為自己是天下英雄第
一人，當其被困垓下，在烏江自刎前，還在抱怨自己命運不好，
將所有的責任完全推諉給命運了。第二種防衛作用是幻想，當事
人利用幻想來替代那些和自我不相容的經驗。比如有人認為自己
風流倜儻而事實上他並不受人歡迎，則可能幻想自己是眾美人心
中的白馬王子，而自我陶醉。第三種防衛作用乃是投射（projec-
tion），當人們有某種不甚光明正大的需求或願望，和其自我形
象不相符時，他可能將那種需要或願望摒除在意識之外，並投射
在他人身上。這樣他乃得以維持其自我的清白，而覺得是他人具
有那種需求或願望了。很多人看見一對男女交往親密一點，就認
為他們之間有不正常的關係；事實上那常可能只是那些人的投射
作用而已。這一類的防衛作用，在一般人中極為常見。它們固然
可能暫時消除自我和經驗之間不相符的情形，但卻或多或少歪曲
了現實，同時也含有自欺的成分，對個體的適應，自將有不良影
響。

六、行為的治療與輔導

　　Rogers 本著他對人的基本觀點以及他在 Rochester 輔導中心工作的經驗，發展出他的有關治療的理論。第一，他認為每個人對其所處的情境，都有他自己的主觀看法，是旁人所難完全體會的；他所遇到的問題和困難，也常非旁人所能察見。第二，Rogers 認為每個人都有謀求自我發展的傾向；如果環境許可的話，這種傾向將會表現出來（Rogers, 1961, p.35）。第三，照 Rogers 的看法，人們基本上是善良的，自我發展是循著對自己有利的方向進行，個體有其選擇作用，是有建設性的。有機體不會發展與其對立的傾向或傷害自己，除非是在極端惡劣的環境中（Rogers, 1977, p.242 ）。Rogers 注意到一般心理治療者所運用的方法，不外乎(1)吩咐病人做些什麼或是不要做什麼，(2)進行某種勸告，(3)暗示，(4)建議（Rogers, 1942, pp.20-27 ）。事實上這些都是含有指導的意義，表示治療者是居於權威的地位，他了解當事人的問題以及解決該問題的方法和途徑，可以直接提供建議和指示，正和一般醫師開處方一樣。依照 Rogers 的理論，這些方法都不會有效，因為治療者很難窺測當事人的主觀世界，縱使他可以從當事人的陳述中了解一部分，但無法透徹地知道其全貌；更無從越俎代庖地去為當事人出主意作決策，或作什麼決定性的建議。所以 Rogers 才提倡非指導性治療（nondirective therapy ）。在治療的過程中，治療者主要的工作是將當事人當時的想法和感受，正確地反映出來，使他得以察見自己的心理狀態；而儘少有其他的行動或引導當事人的談話內容。不過這樣做並不容易，同時治療者感覺到在治療過程中缺少主導作用，常可能失去興趣。如是 Rogers 乃將治療過程的重點稍加改變，使治療者著重在積極地去了解當事人對於其自我和整個環境的看法和感受，將重點由諮商的技巧（如澄清、反映等）移至對當事人的態度上，並且提出「當事人為中心的治療」（client-centered therapy ）的觀念（Rogers,

1951）。

肆 ☞ Rogers 的理論與工作重心的轉變

　　Rogers 終其一生是一位心理治療理論家和治療工作者。他推崇現象學的觀點，重視自我概念與個人行為的關係，致力於探討心理治療和人格改變的歷程。這些可以說是他一直奉行的主張。不過如果仔細觀察，幾十年間他在觀念上和其工作重心上，也有一些重要的轉變。茲說明於下：

一、由嚴格的實徵科學方法去觀察受治療者的行為轉向對當事人主觀經驗的重視──Rogers 自幼就受到他父親的影響，凡事崇尚科學方法的處理，在其根據臨床經驗發展出「當事人中心治療」理論，Rogers 進行實驗研究，要將其理論付諸嚴格的考驗。因此促成了《心理治療與人格改變》（Psychotherapy and Personality Change）的出版（與 R. Dymond 合著），備受學術界的推崇。但其後 Rogers 似乎更傾向於重視現象學型的研究，認為當事人自己報告遠比那些實徵資料更有價值，事實上能對於當事人經驗的意義提供最深刻的啟示。Rogers 似乎認為那些正統科學研究所得的結果，比較起來，是遠不及臨床工作所獲致的了解（Pervin, 1993, p. 207）。

二、由個別的心理治療轉向對於團體活動的重視──Rogers 對團體活動一直非常關心，他很重視團體對於個人心理和行為歷程的影響。他曾將成長團體原理嘗試用於課堂教學，也曾使用成長團體技巧訓練輔導人員，為第二次世界大戰退伍軍人進行輔導工作。待其加入西部行為科學研究所（Western Behavior Science Institute, WBSI）之後，他更大力推動成長團體活動，隨後他在這方面的專著《成長團體》（On Encounter Group）於 1970 年出版，大家更認定 Rogers 乃是成長團體的倡導者。Rogers 在其所參加的團體中，自認為是扮演「催化員」（facilitator）的角色，其任務也和個別心理治療者一樣，要能表裡一致，並能對團體成員具有無條件的尊重與同理心。他且認為催化員在團體裡要幫助成員成長，而自己也會跟著成長。

三、由治療性的工作推廣及於社會、政治、文化的改善──經過多年心理治療工作之後，Rogers 很希望將其理念應用在一般正常人身上。他離開威斯康辛大學的原因之一，就是因為未能達成這項願望。到了西部行為科學研究所之後，Rogers 對成長團體活動，非常投入。他發現團體領導者如能充分發揮悅納、同理心和積極尊重的態度，成員就可以透過團體活動趨向成熟的人格，心理上也將愈臻健康。若是在一個機構裡推行成長團體活動，則此機構中的人際關係將可獲改善，成員的自我了解將可獲增進。他這一些構想都在其先後實施的成長團體中獲得支持。由於個人日常生活中的行為和其在團體中的適應，以至整個社會中的人際交往，實際都是基本上相同的動力作用，因此個人的心理治療和學校教育，以及宗教、政治活動的若干原則是相同的。Rogers 的努力由心理治療擴展到一個更廣大的領域，應當是一個有意義的趨向。

伍 ☞ 對 Rogers 理論的評議

一般說來，Rogers 本人和他的理論是受人推崇的。特別是他對於人性的看法，認為人性本善，而且生來就具有謀求自我充分發展的傾向，被奉為人本主義的基本信條，以與心理分析學派及行為學派相對立。不過這也正是 Rogers 受批評的地方。因為人的本性究竟是善或是惡，截至目前為止，還是無從由科學方法來驗

證的。將人類所有行爲的動力都歸之於謀求自我充分發展，也似有些牽強。因此有人認爲Rogers的想法含有過分單純、過分天眞的意味，是近乎「一廂情願」的想法。

由於要強調人性本善，因此Rogers就儘量避免討論人性陰暗的一面；如攻擊性、敵視的態度、自私的心理，以及性慾等。他雖然也曾提到過「隱覺」的現象，但對於潛意識作用及其對行爲的動力關係，都不常提及。Rogers崇尙現象學理論，因此在研討臨床方面的個案時，十分重視當事人主觀的經驗和陳述。他認爲當事人的感受，乃是了解其行爲的關鍵，其他學者則常認爲當事人的主觀資料是不盡可靠的。Rogers很重視個體的情緒作用，他認爲一個人的感受常是他行動的最佳指標，比他的理智更爲重要。

Rogers也注意到現代社會中婚姻關係遇到許多困難，主要的原因是許多婚姻是以那些過時的、表面化的或自私的假設爲基礎的。Rogers認爲良好的婚姻是對配偶雙方都有裨益的，他曾提出「衛星關係」（satellite relationships）的主張。所謂衛星關係就是在婚姻關係之外，和另一位異性建立親密的關係，可有或無性的關係，Rogers以爲當一個關係中的兩個人能學著將對方視爲獨立的個人，彼此可以有獨立也有共同的興趣和需要時，他們將會發現婚姻之外的異性關係乃是那些需要之一（Rogers, 1977, pp. 45-53）。Rogers 這種想法無異於是主張以外遇的方式來解決婚姻問題，結果是使許多婚姻破裂，終至於離婚（Hergenhahn, 1990, p.453）。可見他那種主張是很不切實際的。

陸 ☞ Kurt Goldstein 的理論

一、Goldstein 的生平簡介

　　Kurt Goldstein 原為德國人，1878 年出生於 Upper Silesia（當時屬於德國，現改隸波蘭）。他曾接受神經學及精神醫學訓練，並在幾所著名的醫學院實習。數年之後，受聘至 Koenigberg 的精神病醫院擔任教學及研究工作歷時八年，成績卓著；在三十六歲時即擔任海德堡大學神經醫學研究所教授並兼任所長職務。在第一次世界大戰時，他擔任腦傷軍人醫院院長，致力研究腦傷所產生的後果，也就是由這一些研究中奠定了其機體論的基礎。希特勒執政後，Goldstein 被勒令出國。他乃前往荷蘭，在那裡完成了其名著《機體論》（The Organism）（原名為 Der aufbau des organismus）。1935 年赴美，曾先後在紐約精神醫學研究所、哥倫比亞大學醫學院、Tafts 醫學院及 Brandeis 大學任教。他和 Abraham Maslow 就是在 Brandeis 大學相識而締交的。Goldstein 於 1965 年在紐約逝世，享年八十六歲。

二、機體論的基本概念

　　機體論者對個人和人格的看法，有下列幾個要點（Hall, Lindzey, & Campbell, 1998, pp.436-437）：

㈠機體論者強調正常人格的整體性、一致性和連貫性。

㈡機體論認為有機體是一個有組織的系統，包含一些部分，但是我們不能由各個部分的研究來了解整體，因為整體運作時所遵循的定律是不能在各部分中找到的。

Kurt Goldstein

㈢機體論假設人們是由一個主要的驅力所推動的。Goldstein 稱之
　為自我充分發展動機（self-actualization or self realization），意
　謂人們是在不斷地依循各種途徑使自己的潛能得以發展，這也
　是每個人生命中唯一的目標。

㈣雖然機體論並不將個體視爲一個封閉的系統，但傾向於強調機體內在潛能生長的作用，而不重視外在環境對正常發展的影響。一般說來，機體論認爲：如果環境適當，個體的潛能將會有合理的發展，形成健全的、統整的人格。機體裡沒有「生來」的「壞東西」，壞東西都是由不適當的環境所形成的。

㈤機體論認爲：對一個人作詳細而深入的研究，會比對許多人就某項心理功能進行廣泛研究，有更多的收穫。職是之故，機體論乃爲臨床工作者所歡迎。

三、Goldstein 理論的要義

㈠機體的結構

此地所謂「機體」（the organism），也就是有機體，是對有生命的個體之通稱。實際上在本節討論所及的還是人。一個有機體常包含許多部分，由那些部分組織爲一個整體，機體功能運作時的基本結構是含有主體（figure）和背景（ground）。主體就是在某個情況下，在背景中出現而又突出的那部分或那個作用。比如當一個人要在電腦終端機前面工作時，終端機的螢光幕和鍵盤乃是他當時知覺活動中的主體，當時屋內的其他事物以及室外的環境就都是背景了。從他的工作活動來說，接受螢光幕上的資訊和操弄鍵盤上的鍵乃是主體，其他，例如玩弄手旁的鉛筆，或是偶爾拿起茶杯來喝一口水……都是背景，若是這時電話鈴聲響了，整個情境產生了變化：接電話的行爲成爲主體，其他事物都轉入背景的地位，這也可以看出：主體和背景移動的情形正顯示機體和環境互動的關係。

另一個Goldstein在研究中常注意到的結構性方面有差異的是具體和抽象的行爲。所謂具體的行爲乃指機體對某一刺激直接的反應，他接觸到的是當時刺激所呈現的情況，而抽象的行爲則是

機體對其所覺知到的刺激情況和性質經過思考後,而產生的反應。比如早上準備出門時,穿上鞋子,拿起公事包,打開房門……這一連串熟悉而幾乎是不用思考的動作,都是具體的行為;而在舉步出門之前,自己對這一天行程的計畫和盤算:第一個目的地是哪兒,預備做些什麼,大約會需要多少時間,然後再到第二個目的地……這些都是抽象的行為。神經系統損傷時對具體及抽象行為的影響常有差別。有的病人常能正確地表現某些具體的行為,如每天在一定的時間到某一個地方去,但是他卻不知道到那裡是做什麼?他的抽象行為受損了。Goldstein 對於腦傷患者在這方面的症狀,曾有深入的研究。

㈡機體的動力作用

1. 自我充分發展的動機

　　這是 Goldstein 認為機體最主要的動機(master motive),也是其唯一的動機。生命的最高目標就是使本身獲得充分的發展。平日我們所列舉的生理和心理的驅力,如飢餓、性、成就、權力……等,都是謀求自我發展動機的表現,那些個別需求的滿足,祇是為個體的發展鋪路,也就是個體發展的必要條件。一個有生命的有機體,它的天性就是要生長,使本身日臻完美,達到充分發展的情況。飢餓是一種缺乏的狀態,因此人們需要進食;恐懼是一種緊張的狀態,因此人們會要力求補償,爭取優越……所以謀求自我充分發展乃是所有行為的基本動力。它也就是人性的創造性趨向(the creative trend of human nature)(Hall, Lindzey, & Campbell, 1998, p.441)。

　　謀求「自我充分發展」是人們共有的基本動機,但是由於各人所具有潛能互不相同,所在的環境互異,因而大家所追求的目標也就會彼此有差別。生涯輔導的任務,就是要協助人們步向最適合於他們發展的途徑,甚至要為他們創造適合其發展的環境和

機會。

怎樣去發掘一個人的潛能之所在？乃是生涯輔導上重要的課題，也將需要運用許多評量工具。Goldstein 曾指出：一個人最喜歡做的事和他做得最好的事，就會是其潛能之所在。這倒是很好的指標。

2.均衡作用（equalization）

心理分析學者多強調個體的行為目標，是在消除當時的緊張狀態，Goldstein 則認為就一個正常、健康的機體來說，它不只是要消除緊張，而是要使整個機體的緊張狀態，平均地分配到每一個部分。平日我們進行一項工作或活動，可能是要運用機體的某一部分，但是其他各部分也都會進入比較緊張和激發的狀態。曾有實驗工作研究顯示：當受試者在用手指叩擊電鍵時，若是使他同時做計算的工作，他那手指叩擊的力量會比不做計算時來得大些。這也就是說：他當時因做計算工作所引起的緊張，也分佈到其身體的其他部分，包括手指在內。這種使整個機體居於同等能量狀態的運作，Goldstein 稱之為「均衡作用」。這個原理乃可說明在一般情況下，機體各方面會表現一致、融和、有規律的狀態，即使稍有騷擾性的刺激，也仍能維持平衡的狀態。環境中的干擾和內在心理上的衝突都可能破壞這種均衡的局面，基於個體的成熟和生長過程的經驗與學習，人們常會設法使那些干擾的影響降到最低，以保持其整個平衡、寧靜的狀態，中國人的「靜坐」和太極拳，實都具有這一類的功效。

3.和環境的配合（coming to terms with the environment）

Goldstein 雖然強調個體謀求充分發展的動機，但他也注意到環境的重要性。因為一方面個體要仰賴環境提供適當的機會與情況，來使個體能獲得充分的發展；另一方面，有時不健全的環境中，可能存有若干困難和障礙，是不利於個體發展的。這些客觀的問題，個體不能忽視，而須努力與之配合，使那些原來構成障礙的變項，轉化為激勵的作用，在合理的掌握和控制之下，使個

體和環境的交互作用，能具引領的功能。

柒 ☞ Abraham Maslow 的理論

一、Maslow 的生平簡介

Abraham Maslow 是人本心理學的領導人物之一，他稱人本心理學是繼心理分析學派和行為學派之後美國心理學的第三勢力。

Maslow 係於 1908 年出生於紐約，其父母為猶太教徒，由蘇俄移民來美。由於他是當地社區唯一的猶太兒童，因此很少朋友，大部分時都覺得很孤單，就常躲到圖書館裡去，與書為伍。他認為自己沒有得精神病，乃是一項奇蹟。

Maslow 幼年的家庭也很不愉快。父親貪杯、好色、愛好打鬥，總覺得自己的孩子既笨又醜，且曾公開地在家人面前說：「Abe 不是你們所見過的最難看的男孩子嗎？」這對 Maslow 自我形象的傷害非常嚴重，使他在坐地鐵時常要跑到空車廂裡，以免被別人看到。

Maslow 更不喜歡母親，認為她是個殘忍、無知、滿懷敵意、會將子女逼瘋的人。她非常吝嗇，常在 Maslow 有朋友來訪時，在冰箱門上加鎖。提起母親時，Maslow 從來沒有表露過正面的感情，他甚至拒絕參加她的葬禮。

Maslow 初奉父命選習法律，但未久即停止，後入威斯康辛大學，先後修習學士、碩士及心理學博士學位，最早他醉心於行為學派，對 J. B. Watson 的理論，極為崇拜。不過這一股熱心，在其第一個孩子出生之後就終止了，他發現行為學派的觀念，無法解釋兒童所表現的充滿奇妙的行為，甚至認為有了孩子的人不可能成為行為主義者。

Abraham Maslow

　　在完成博士學位後，Maslow 先至哥倫比亞大學，在 E. L.
Thorndike 指導下工作年餘，再去 Brooklyn College 任教至 1951
年，然後往 Brandeis University 擔任心理系主任達十年，卸任後
仍在該校任教，他和 Kurt Goldsetin 即在 Brandeis U.相識，兩人
在機體論及自我充分發展觀念上，有相同的主張。1969年Maslow
被任命爲 Laughlin 基金會的研究員，在 1970 年 6 月因心臟病逝
世。

Maslow 有著述多種。其最受人推崇者為：《邁向存在的心理
學》（Toward a Psychology of Being, 1962），《宗教、價值與顛
峰經驗》（Religions, Values, and Peak Experiences, 1964），和
《動機與人格》（Motivation and Personality, 1970）等三本書，
他去世後，其夫人為他編了一本紀念專集：《Abraham H. Mas-
low: A Memorial Volume》，於 1972 年出版。

二、Maslow 的理論要義

㈠ Maslow 對人性的看法

Maslow 對於人性作了許多假設，最重要的是：他認為人們有
一個與生俱來的天性，那個天性主要是善良的，至少也是中性
的；而不是生來就是壞胚子。他也指出（1968）：「這內在天性
不像動物的本能那樣強而有力，而是頗為嬌弱，容易為習慣、社
會文化壓力，以及不正確的態度所抑制。它雖然微弱，在正常人
中（也許即使在病人中）卻很少會消失；即使被忽視了，它也會
在暗中不斷地力求發展。」

人們之所以會表現不良的行為，Maslow 認為乃是不良的環境
使然。暴力和破壞性行為，不是人的天性，而是人的天性被環境
所扭曲、阻撓的緣故。那是一種病態，而根本上是源自於病態的
社會。

㈡ 需求階層論（hierarchy of needs）

Maslow 對於行為動機的看法乃是他理論中重要的一部分，他
以階層的方式來說明人們的各種需求（如圖 6-1），在圖中階層
最低的需求，它的勢力也最大。意思就是：如果有幾項需求同時
出現，那麼位在最低層的，其作用將是最強。當某一階層的需求

獲得滿足後，上一層的需求就將出現。

　　如圖 6-1 所示：Maslow 認爲在最低層的乃是「生理需求」（physiological needs），這包括飢（求食）、渴（求飲）、性，以及其他有生理基礎的需求，這些需求的滿足是和機體的生存息息相關的。它們的重要性無須多作說明，原則上當這些基層需求獲得滿足後，上一層的需求才會出現。不過 Maslow 並不認爲某一層次的需求必須完全滿足後，人們才有機會去應付上一階層的需求。他認爲一系列的需求必須一致地、著實地予以滿足，換句話說：一個人可以有周期性的飢渴情況，而仍能應付較高層次的需求。但他的生活不能爲飢渴所操縱。

　　當生理的需求獲得滿足後，安全需求乃爲主要的動機，這包括完整的結構、規律性、沒有危險和可預測性，這時行爲的目標是在減少生活中的不確定性，使自己處於一個免於恐懼的環境。

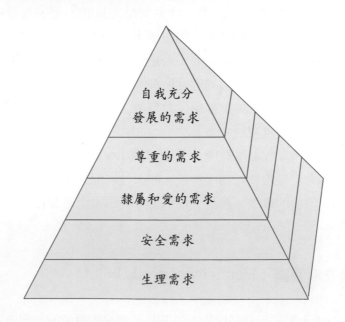

圖 6-1　Maslow 的需求階層

　　再上一個階層乃是隸屬和愛的需求，當生理和安全的需求獲得滿足後，人們重要的動機乃是與人交往。人們需要被愛和愛人，否則將引起孤獨之感。Maslow 認為美國今日最大的問題，就是很多人的隸屬和愛的需求未能獲得滿足，因此他們要接受心理治療或參加成長團體。

　　接下去就是尊重的需求，人們需要獲得別人的重視，以取得名譽、地位，足為他人所接納；同時也需要擁有自尊，才能覺得自己很不錯又能幹，對自己充滿信心。這將使之樂於參與有益於社會的活動，而無自卑之感。

　　當所有低階層的需求都獲得適當的滿足之後，人們主要的動機就將是朝向自我充分發展的大道邁進，他們將要充分發展自己的才幹和潛能，這也就表示他們能完全了解，並接納自己的本性，而且樂意不斷地謀求自我與潛能的充分發展。Maslow 肯定地指出：「人們能成為什麼，就必須要成為什麼；他們必須要忠於自己的天性。」（Maslow, 1987, p.22）。

　　在上述各階層的需求之外，Maslow 另外列有兩項需求：一為求知的需求（need to know and understand），一為求美的需求（the aesthetic needs）。求知是和前述那些基本需求的滿足有關聯的，知識乃是了解情況和克服困難的工具，自然有助於基本需求的滿足。至於求美的需求，Maslow 認為是存在於所有文化之中，一般人都喜歡整齊有秩序的事物，傾向於完整的、有明確結構的東西，這項需求和其他需求之間的關係，目前還不十分清楚。不過有兩點是值得注意的：(1) Maslow 相信求美的需求是近似本能的（instinctoid）。(2)在那些自我充分發展的人中，求美的需求都有充分的表現（Hergenhahn, 1990, p.475）。

　　在圖 6-1 上，生理、安全、隸屬和愛，以及尊重的需求，構成「匱乏的動機」（deficiency motivation），因為它們是由個體缺乏某種事物所引起的，那時個體的目標是由外面獲得其所需要的事物。而在最高階層的需求，則構成「生長的動機」（growth motivation），因為它們是承擔著追求個人生長的任務，這時個體

所努力的是要使個體內在的一些特質獲得充分的生長，那是形而上的需求（metaneeds）或稱之為「生長的價值」（Being-values or B-values），Maslow（1971）曾列舉了十五項，「真」、「善」、「美」都在其內。簡言之，Maslow 所謂自我充分發展，乃是一個永無休止的歷程，也就是「止於至善」的意思。

㈢自我充分發展者的特徵

Maslow 對於「自我充分發展者」（self-actualizing people）的研究，乃是由於他對於當時兩位學者，Ruth Benedict（美國有名的人類學家）和 Max Wertheimer（完形心理學的倡導者）的極端崇拜所啓發，當他將這兩位學者的言行紀錄下來時，發現有許多相同之處，因而促使他想探究：是否這一些受人尊敬的人物，都具有某種特徵。如是他乃在學生、親友，平日所交往者，以及歷史人物中尋求一些看來似乎充分發揮了其潛能的人，作比較詳細的研究。最後選取了四十八人，其中大約可認為是「充分發展」者十二人，部分「充分發展」者十人，可能成為「充分發展」者二十六人。愛因斯坦、林肯、傑佛遜、史懷哲、羅斯福總統夫人等都在「大約可認為是自我充分發展者」之列。Maslow 十分了解他這樣的「研究」很不符合「科學研究」的條件，也許根本不能算是「研究」。但他覺得他的發現很有意義，他應當將其觀察所得和大家分享，他發現自我充分發展者具有下列特徵：

1.他們對於現實有正確、完全的知覺。

2.他們比較能悅納自己、他人和一般自然界現象。

3.他們的行為有自發性、單純而自然。

4.他們傾向於注意問題，而不太注意自己。

5.他們具有脫俗的品質和獨處的需要。

6.他們具自主性，因此傾向於不依賴他們的環境和文化。

7.他們對於生活中的事物能保持歷久彌新的欣賞態度。

8.他們不時會有巔峰經驗。

9.他們會向整個人類認同。

10.他們會接受民主的價值。

11.他們只和少數人建立了深厚的人際關係。

12.他們有很強的倫理觀念。

13.他們具有很完美而不傷人的幽默感。

14.他們具有創造性。

15.他們能抵擋文化潮流的感染。

　　很多人常會將上述的特性視爲正面的品質，不過 Maslow 要讓大家了解：自我充分發展者並不是十全十美的，更何況「世界上原就沒有十全十美的人」（Maslow, 1970, p.176）。

問題討論

1.一個人的自我觀念是如何形成的？

2. Rogers 所提的防衛作用包含哪些類別？

3. Rogers 的心理治療用了哪些方法？

4. Rogers 的理論中，哪些概念有助於教育改革？

5. Goldstein 對於機體的動力作用有哪些說明？

6.請解釋說明 Maslow 需求層次論的要義。

第七章

George Kelly 的
個人建構理論

壹、Kelly 的生平簡介

貳、Kelly 個人建構論的基本假設和推論

參、Kelly 人格理論要義

　　一、建構的一般性質和分類
　　二、個人建構與行為的關係
　　三、對於一般心理學概念的解釋
　　四、個人建構與行為適應
　　五、固定角色治療
　　六、角色建構庫測驗

肆、個人建構理論的發展趨勢

伍、對 Kelly 理論的評議

☞ 本章要旨

　　本章所介紹的是 George Kelly 的個人建構理論，在許多人格心理學中，Kelly 的理論常和 Rogers 的理論並列在一起，而同被視爲現象學派，因爲 Kelly 所重視的，不是客觀存在的事物，而是個體對於該項事物的看法和解釋，也就是當事者的主觀印象。

　　依照 Kelly 的理論，人們並不是帶著一個空空如也的腦子去和任何事物接觸，而是先具有若干建構（constructs），藉著它們去認識、了解各樣事物，並對之進行預測。這正和科學家們進行研究一樣，所以 Kelly 說：人們都是科學家。

　　Kelly 應用個人建構理論來解釋一般心理學的概念，並以此來說明行爲的適應歷程。在他的理論中，許多心理學裡常用的名詞都不見了，所呈現的是一套嶄新的看法。他所用的「角色建構庫測驗」，也是根據建構理論編訂的。學者們認爲 Kelly 的理論將是具有廣大研究的。

壹 ☞ Kelly 的生平簡介

　　George Alexander Kelly 1905 年出生於美國的 Kansas 州，Wichita 城。在大學時主修物理及數學，畢業後繼續往 Kansas 大學進修教育社會學，旋即於 1929 年赴艾丁堡大學修習教育；他對於心理學極感興趣，乃往 University of Iowa 研讀心理學，並完成博士學位。其後的十年，Kelly 在 Kansas 州立學院擔任教職，同時並成立一個流動診所，到鄉村和偏遠的學校去提供心理諮詢和診療的服務，他當時發現那些人最需要的，乃是對發生在他們身上事件的解釋，和對將來要發生的事件的預測，從這裡 Kelly 乃逐漸領悟到「個人建構」（personal construct）的問題。在第二次世界大戰時，Kelly 到軍中服役，戰後，他先到 Maryland 大學任教一年，然後到 Ohio 州立大學執教長達二十年，1965 年轉往 Brandeis 大學，1967 年逝世。

貳 ☞ Kelly 個人建構論的基本假設和推論

　　Kelly 在 1955 年出版其《個人建構心理學》（The Psychology of Personal Construct），且有條理地提出他的理論，其中包括一項基本假設和十一項推論，他的基本假設是：「一個人的行為，心理上是由其預測事件的方式所導引的」（Kelly, 1955, p.46）。從這個基本假設可以看出 Kelly 對於人格和行為後面的基本動機的看法是和其他理論不同的。他不同意心理分析學的觀點，認為人們的行為都是過去心理衝突所形成；也不贊成行為學派的理論，將所有的行為都看成是外界刺激作用的結果。Kelly 認為過去

George Kelly

經驗的影響，只是由於它幫助我們發展了對未來事件的建構和期
望。

　　Kelly 的十一項推論則有如下述：

1. 建構推論（Construction Corollary）

　　「一個人從分析事件重複發生的情形，去進行預測」（Kelly,
　　1955, p.50）。比如花開花謝，月盈月虧，自然界和社會上許

多現象，都是具有某種程度的規律，人們乃能根據一個現象
重複出現的情形，來進行預測。

2.個別性推論（Individuality Corollary）

「人們對於事件的解釋彼此互不相同」，這原是大家都了解
的，「情人眼底出西施」自古皆然，其實豈只西施如是，每
一件事物在不同的人眼中，都常不會是相同的樣子。

3.組織推論（Organization Corollary）

每個人為了他預期事件的便利，會發展出其個人建構系統，
包括他所有建構的先後次第關係。

4.對立推論（Dichotomy Corollary）

「一個人的建構系統是由許多互相對立的建構所組成」。
Kelly認為一個建構總是含有三個元素，其中兩個是在某方面
相似的，而第三個則是在該方面和另兩個不相似的。這時
「相似的性質」和「不相似的性質」就形成了一個建構的兩
極。至於這兩極會是什麼，並不是根據什麼規則或邏輯制定
的，而是由各人自己選定的。各人會根據自己的想法，將某
兩種情況視為相對立的。比如對甲來說，當他將「美」放在
建構的一極時，相對的一極乃是「醜」。而乙則視「美」和
「惡劣」是相對立的兩極，丙則認為和「美」相對立的一極
是「自私」。三個人的建構各都有相對的兩極，但其意義卻
相去甚遠。

5.選擇推論（Choice Corollary）

「一個人在一個雙向的建構中為他自己所選擇的，是他預期
有較大機會來拓展或肯定其系統的一端」。

6.範圍推論（Range Corollary）

「一個建構只能適用於預期一定範圍內的事件」。

7.**經驗推論**（Experience Corollary）

「一個人的建構系統在他連續解釋重複出現的事件時，會產生變化。」

8.**轉變推論**（Modulation Corollary）

「一個人建構系統的改變，乃為那些建構的滲透作用所限制，那些變化是在於建構的適用範圍之內。」

9.**分立推論**（Fragmentation Corollary）

「一個人可能會連續地使用一些在推論上互不相容的次級建構系統。」每個人的建構系統都不時在變動，由於當事人總是要不斷地調整其建構，使之能作最佳的預測，因此在某一個時間的行為和其稍前的建構可能會有不一致的情形。在不同時間或不同情境下的行為是不會保持一致的，但它和當時的建構系統必是一致的。

10.**共通推論**（Commonality Corollary）

「當一個人用以解釋其經驗的建構和另一個人所運用的建構相同時，他的心理歷程和另一人是相同的」。Kelly 強調不是相同的經驗使兩人相似，而是因他們用了同樣的方式去解釋其經驗。

11.**社交推論**（Sociality Corollary）

「當一個人去解釋（去了解）另一人的建構系統時，他可能要在包含有那個人的社交活動中扮演一個角色」。所謂扮演一個角色，總是某人在某一個人或某一群人前扮演的，因此就必須要了解那個人或那一群人的建構。例如當一位教師走上講臺時，他必須知道面前學生對「教師」的期望，並配合著來行動。

參 ☞ Kelly 人格理論要義

一、建構的一般性質和分類

　　Kelly對於人和人的行為有他特殊的見解，他認為人們在觀察事物時就和科學家一樣，科學家在說明某個現象時，總是先根據已有的知識和經驗，訂下一項或多項假設，然後根據那些假設去作若干預測，並設法對它加以控制和預測。事實上人們並不是腦子裡空空如也地來和外界相接觸的，每個人都有他的建構系統，幫助他來認識其四周的事物，來解釋其所見到的那些現象。

　　試想一位女士走進一家服裝公司，看到一件衣服，她大聲地說：「好漂亮哇！」她那樣說的時候，就是在運用她已有的一個建構「漂亮」。不過 Kelly 注意到人們所有的建構都是兩極性的（dichotomous）。當他談到「漂亮」時，她所運用的建構乃是「漂亮—不漂亮」。她曾經看過許多衣服，有些是她認為「漂亮的」，有些是她認為「不漂亮」的。當她面對著服裝店裡的這件衣服，她會利用經驗中資料來比較，她發現它不像自己經驗中那些「不漂亮」的衣服，而和那些「漂亮」的衣服頗為相像。這樣的分析就可顯示出：要形成一個建構，必須有三個元素存在：當前所觀察的事物Ａ，和Ａ相似的事物，以及和Ａ不相似的事物。換句話說：當你說某人很「高」時，你心目中一定有「高—矮」的概念存在，而某人和你心目中的「矮」者不相像，卻是正和你所認為「高」的相同，如是乃確定了他的情況。跟著你可以對此人作一些預測，例如他可能成為一位籃球隊的隊員。

　　依照 Kelly 的理論：任何一件事物或一個現象，都沒有固定的和絕對的意義，人們對它可以有多種不同的看法或解釋，他們

可以自由的在其所選擇的看法或解釋中創立他們的建構，爲其當時的經驗賦予某種意義，Kelly 稱之爲「建構多元性」（constructive alternationism）。不過當一個人在某種情況下對某種事物（或人）選定了他的看法以後，他的思考和行爲就會或多或少受到那個建構的限制了。

每個建構都有其適用的範圍。有些建構是比較一般性的，其適用範圍較爲廣泛；它可以包含另一些建構，故名之爲「主導建構」（superordinate construct）。如「好—壞」、「傳統—現代」等。可以適用於人、物、事件、行爲……。有些建構則是比較特殊性的，其適用的範圍比較有限制，就被稱爲「附屬建構」（subordinate construct）。如「高貴—低賤」、「保守—革新」等。這也顯示建構是有層次或等級的關係，其組織將因人而異。下面將作進一步的說明。

從另一個角度來看：有些建構是「可滲透的」（permeable），它可以容許新的事物進入到其適用的範圍裡來。如「科學的—非科學的」這個概念，就隨著時代的進步和科學的發展而產生了許多變化，過去被認爲是「非科學」的行爲或觀念，現在已爲大家所接受了。「正常—異常」這個建構的可滲透性，也是頗爲明顯的。至於和它相反的乃是「不可滲透的建構」（impermeable construct），是不容許新的事物進入其適用範圍的，如「同宗—異姓」就是一例。

對某一個人來說，有些建構具有極重要的意義，他所有的行爲，都會受到該建構的影響，比如傳統社會中很重視男女之別，因此「男—女」就是十分重要的建構，近代社會中的「民主—專制」也是如此。這些乃被稱爲「核心建構」（core constructs）。核心建構若有改變，將會產生廣泛的影響，和它相對的乃是「外圍建構」，它的改變常不會對核心建構產生明顯的影響。

由以上的這些說明，人或以爲建構必都是語文的（verbal）。在一般情況下，似乎是如此，但卻不是必然的。有時某些刺激引起了我們某種感覺或是構成了某種心情，卻無法用語文將它描繪

出來，就形成了「語文前建構」（preverbal construct）。通常它出現在兒童時期，語言還沒有充分發展的時期，雖然兒童的語言尚不夠用，他仍然能運用非語文建構來體察和預期某些事件，比如溫暖和安全的感受，由於非語文建構常較不確切，且嫌累贅，不如語文建構方便，所以前者被運用的機會就小多了。

　　一般建構是兩極的，但也有些時候人們運用時卻像是兩極中只有一端存在。比如：相信「所有的人都是善良的」或「所有的東西都是有生命的」。都在強調建構的一端而忽略了另外的一端。Kelly 稱之為「湮沒現象」（submergence）。焦慮症者可能選擇不去理會一個建構的某一端，藉以避免其整個建構系統發生動搖，所以 Kelly 所謂湮沒作用的意義和 Freud 的壓抑作用是相似的（Hergenhahn, 1990, p.414）。

　　Kelly 認為一個人的建構系統就是他的人格。因此人與人之間建構系統的差異，也就是他們人格的差異了。有些人的建構系統比較複雜，有些人的建構系統比較簡單。前者常會運用多種建構，去了解、解釋其所經驗到的事件和所接觸到的人物，也就是說他們會從許多不同的角度去進行觀察，從許多不同的方面去作分析，因此將獲得比較完整的認識，進而可作比較合理、正確的預測。相對的，後者則常只會運用較少數的建構去觀察、了解其所接觸到的人和事物，其所得的資料自難期完整，也就不容易作正確的預測了，這一方面的差異正可顯示一個人的認知複雜度（cognitive complexity）。Bieri（1955）研究發現：認知複雜度高者比認知複雜度低者較能正確地預測他人的行為，也比較能察見自己與他人之間的差異。Mayo 和 Crokett（1964）指出在處理不一致的資訊時，認知複雜度高者常會試圖將那些不一致的資訊融合起來，做成結論。而認知複雜度低者則將作成具有一致性的結論，而將那些不一致的資訊捨棄。

二、個人建構與行為的關係

Kelly 稱其理論為「個人建構論」，實也有意指出每個人各有其特殊的建構系統，沒有兩個人在運用完全相同的建構，也不會有兩個人將他們的建構組織成完全相同的形式。每個人各運用其建構系統來觀察這個世界，來解釋其所見的現象，因此造成彼此在認知上極大的差異，自然也就會形成彼此在行為上的差異。

比如張三平日在與人交往時，常運用的建構是：「內傾—外傾」、「保守—開放」、「豪爽—拘謹」；而李四在日常生活、社交場合下常運用的建構是「聰明—愚笨」、「友善—敵對」、「慷慨—吝嗇」……。在這種情形下，他們兩人在同一個環境中所獲得的印象就可能大相逕庭了，張三可能會認為某位朋友是個拘謹而保守的人；李四卻可能將同一個人視為不友善和吝嗇之輩，很自然地張三和李四對這同一個人的態度和反應也就會迥然不同了。由於張三習用他那些建構與人交往，他對人的反應也就會成為他習用的行為模式，成為他的人格特徵。李四也是如此。所以在 Kelly 的理論中，一個人的人格就是他的建構系統。

Kelly 更進一步指出兩個人人格的差異，不僅是由於建構系統的不同，有時建構雖然相同，但其組織情況不同，也可以構成人格上的差異。Burger（1993）就這一點很清晰的說明：按照 Kelly 的「組織推論」，當一個人在解釋世界上的現象時，有些建構可能比另一建構重要些，那就是他的「主導建構」，那些比較不重要的就是其「附屬建構」，二者間的關係有如圖(a)所示：

(a)

友善——不友善

／

喜社交的——文靜的

在這種情形下，人們將會先被評定為友善的或不友善的，若

某人被評定是友善的，他將會評定為喜社交的或文靜的。若某人被視為「不友善的」，那麼就不再去考慮他是否為「喜歡社交」或「文靜」，他就是不友善的人而已。

有時候，建構的組織是如圖(b)所示，情況就有些兩樣：

(b)

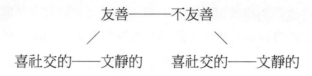

某人在先評定為「友善」或「不友善」之後，都將會被進一步就其社交性再作區分。

再有一種可能的情況，是如圖(c)所示的：

(c)

喜社交的————文靜的

友善——不友善　　　友善——不友善

將(c)或(a)式所獲得的認知相比較，就不難察見其間的區別，在(a)式情況下，當事人先看到一位「友善」的人，繼而再進一步觀察，又發現對方是「喜社交的」或「文靜」的人，在(c)式的情況下當事人先注意的是當事人在社交方面的表現，至於他是否「友善」，要有待次一步的觀察，變成次要的了。如果當事人先發現對方「文靜」不喜歡社交，說不定也就不積極和對方交往，那就沒有機會去了解對方的友善性了。

三、對於一般心理學概念的解釋

在 Kelly 的理論裡，許多心理學裡常見的名詞都見不到了。諸如情緒、動機、學習、增強、潛意識等，Kelly 都有意避而不用。Kelly 認為人們乃是根據他們的經驗，察見事物間的相似和相

異的情況，而形成若干建構，然後再根據那些建構來預測未來。如果預測的事件眞的發生了，則那個建構就被驗證正確，而會繼續保留下來。如果預測的事件沒有發生，則表示那個建構未能被證實，那麼當事者就必須發展新的建構，或是改變原有的建構，擴充他所適用的範圍，以期可以涵蓋所預期的事件。

Kelly 也利用建構理論，來界定焦慮、恐懼和威脅等概念。當一個人察見其所遇到的事件是在其建構系統的適用範圍之外，他沒有適當的建構去認識它，去了解它，因而不能有所預測，就將引起焦慮。敵意（hostility）是和焦慮有關聯的，避免焦慮乃是人們共有的傾向，若是一個人的建構系統已經確定不能適當地解釋某個情境，焦慮已不可避免；但當事人仍不肯接受那項事實，而仍然企圖勉強取得驗證，這種要求就是敵意的表現。照 Kelly 的說法，攻擊（aggression）是一個具有攻擊性的人傾向於擴展他的建構系統，而不是去限制它，這和敵意正好相反。懷有敵意者是不願意放寬他那已經失效的建構系統；而懷有攻擊性者則是企圖擴展其建構系統，使其適用範圍不斷增加。

另一個有關的概念是罪惡感。Kelly 對罪惡感的定義是：「當一個人覺知自己逐漸脫離其核心角色結構時，而這個角色恰好是他藉以維持和別人之間最重要關係的結構，就會產生罪惡感」（1955, p.502）。比如某人一直被認爲是極認眞、負責的教師，自己也以「優良教師」自居，當他因故沒有盡到教師的本分時，就將產生罪惡感。

像焦慮、敵意、攻擊和罪惡感這些概念，是心理學中常見的，在臨床心理學中出現的頻率更高。Kelly 雖然也應用這些概念，但是他界定這些概念時，都是以其個人建構理論爲基礎，和 Freud 的說法完全不相同；而其因應之道，也是從調整個人建構入手。比如當事人可能是將原有的建構擴充，以期能適用於較多的事件；或是將原有的建構適用範圍縮小，使那些關鍵性的事件，不涉及原有建構的問題。就如很多人喜歡在空閒的時候打麻將，而又不願被稱爲賭徒，此時他可能將「賭博—消遣」這個建

構修正一下：也就是將「消遣」這個適用範圍擴大，包括「打麻將」在內；或者是將「賭博」的適用範圍縮小，建構成「在家裡打牌不算賭博」或「輸贏在一千元以內者不算賭博」，這樣打麻將就不再被列在賭博範圍之內，當事人就可以坦然地在空閒的時候來幾圈「衛生麻將」了。早在我國春秋時代，鄭國的穎考叔就應用這種方法重整了鄭莊公「生命—黃泉」的建構，使其和母親之間的衝突得以消除。《左傳》對此事曾有詳細的記述，足見當時是頗受人注意的一件事。這件事的緣由大略是：鄭莊公的母親偏愛次子公叔段，對之極為縱容，強迫莊公封之為京城太守，後來公叔段索性興兵叛變，但為莊公所征服，而逃往鄰國。鄭莊公隨著將其母送到偏遠的地方，並且發誓說：「不及黃泉，毋相見也」，意思是要到死後才和她見面，但是他後來又很懊悔。穎考叔知道了這回事，就向莊公獻策：在地上掘洞，掘到有水湧出的深度，然後在那兒建一個隧道，母子在隧道中相見，就符合誓言上所說的了。鄭莊公照穎考叔的意思做了，母子乃和好如初。穎考叔的建議就是將「黃泉」的範圍擴大了，不單是指死後的陰界，只要「掘地及泉」就可包含在內。如是鄭莊公就有機會在生前和母親和好。在當時的中國社會裡，這算是一件值得留諸青史的事，而穎考叔也博得了「純孝」的美名。

四、個人建構與行為適應

Kelly 謂人都是科學家，因其不斷在觀察其周遭的事物，運用其個人建構系統去了解它，去解釋它，去進行預測，而期能對之作適當的控制，這樣一個人才能有良好的適應。反之，若是一個人不能運用其建構系統，對其所將遭遇的事件作正確的預測，那就將引起焦慮，而產生不健全的適應了。根據 Kelly 的觀點，一個適應不良的人，等於一個很差勁的科學家，儘管缺少可靠的經驗和資料，卻接連著去作同樣的預測，自然肯定是會失敗的。所以對一個適應不良者（各種程度不同的心理疾病患者）來說，他

們需要一套更適當的建構系統。照 Kelly 的建構理論：所謂心理治療，就是幫助當事人去檢討其現有的建構系統，而後進一步協助他建立一套新的建構系統。Kelly所運用的治療方法是「固定角色治療（Fixed-role Therapy）」，以下將簡作介紹。

五、固定角色治療

Kelly 認為心理治療的目標，就是輔導當事人建立一個新的建構系統。達到這個目標的方法乃是讓他扮演另一個角色，Kelly 稱之為「固定角色治療」。「固定角色治療」認為人就是心理上他將自己呈現出來的樣子，也就是他所表現的行為。這種治療方法是在鼓勵當事人以新的方式來呈現他自己，以新的方式來表現各種行為，以新的方式來了解自己，使自己成為一個新人，對生活中所經驗的事件，展開一套新的看法。

在實施固定角色治療時，治療小組的心理學家們在對當事人有了適當的了解之後，共同研商出一個具有某些特徵的新人物，而後將那些特徵描述出來，要求當事人在指定的時間內（通常為兩星期）使自己完全以該人物的姿態出現，假想自己就是那個新人物，扮演那位新人物的角色。事實上那個新人物的許多特徵可能是和當事人極端不同的。照 Kelly 的想法，要讓一個人扮演和他本身截然不同的角色，可能比讓他去扮演和他本身相差無幾的角色還來得容易一些。治療的目標是在重組當事人的建構系統。由於當事人換了一個角色，他得改變其對於事物的看法，重組其建構系統，他的整個人格也就隨之改變了。在整個治療過程中，治療者須給予當事人充分的支持，因為後者在扮演一個新的角色時，總難免會有一些困難，他放棄了原有的建構，改用一套新的建構系統時，將會感受到威脅。治療者要根據當事人的新角色提供反應，使後者在嘗試運用其新的建構系統時獲得驗證。治療者必須給予他充分的鼓勵，以克服其所感受到的威脅，這樣當事人才有機會發展其新建構系統。

六、角色建構庫測驗 (Role Construct Repertory Test)

固定角色治療之目的在重整當事人的建構系統，既然如此，治療者就需要對當事人的建構系統有所了解。Kelly 曾經設計一種工具，可用以測知當事人對其生活關係密切的人評述時所運用的一些建構，他稱之為「角色建構庫測驗」（Role Construct Repertory Test），一般簡稱之為 REP Test。實際上這不能稱為測驗，筆者曾試稱之為「人物觀念分析量表」（參見表 7-1），進行的步驟如下：

1. 受試者就量表中所指定的每項角色填上適當的人物，用姓名或代號均可。在整個測試過程中，這些人是不能更動的。比如在「兄弟」欄內，受試選定是他的「大哥」，則自始至終都是以其大哥為「兄弟」的代表，「朋友」、「老師」也是如此。在有選擇的情況下，受試最好填上自己了解比較清楚的人，他的分析才會比較正確些。

2. 受試者從第一行開始就量表所圈定的三個人相互比較，尋找出有哪項特徵是其中兩個人所共有的，是兩人「相似之處」，而是第三個人所沒有的，是他和前二人「相異之處」。

3. 將每一行發現的「相似之處」和「相異之處」寫下來，那些就是受試者平日用來建構的樣本。

4. 受試者再細察其他所列人物中，哪些人也是具有該「相似之點」，在其下用「✔」標明出來。

5. 同樣作以下各行，直到全部作完為止。

從受試者對上述量表的反應裡，我們可以獲得一些有意義的資料。舉如受試者運用了哪些建構？在有限的若干次人物比較中，他動用了多少建構？有沒有重複出現的？或者集中在某些方面？在其所運用的建構中，有多少是具體的特性？（如性別、年齡、身材……）有多少是心理方面的特性？（如忠厚、懦弱、受人尊重……）受試者怎樣描述他自己？哪些人是和他相似的？哪

表 7-1　Kelly 角色建構庫測驗（Rep Test）的形式

人物觀念分析量表

姓名：　　　　　　　　性別：

科系：　　　　日期：　　年　月　日　　年級：　　年　月　日

相似之點　　　　　　　　相反之點

		相似之點	相反之點
我（　）	1		
媽媽（　）	2		
爸爸（　）	3		
祖父（外祖父）（　）	4		
祖母（外祖母）（　）	5		
兄弟（　）	6		
姊妹（　）	7		
異性知己（　）	8		
同性知己（　）	9		
中學同學（　）	10		
小學同學（　）	11		
醫生（　）	12		
鄰居（　）	13		
最可憐的（　）	14		
令人懼怕的（　）	15		
最吸引人的（　）	16		
喜歡的老師（　）	17		
討厭的老師（　）	18		
最有權力的（　）	19		
最成功的（　）	20		
最快樂的（　）	21		
最有道德的（　）	22		

些人是和他最不相同的？當然在這量表中，我們只能看到受試者建構的一小部分。但由於表中所列角色都是和他關係密切的人物，他對這些人的看法應當是很有意義的。

　　研究 Kelly 理論的人對於本量表都頗有興趣。Hergenhahn（1990, p.421）指出：目前 REP Test 的應用，並不限於臨床方面，而已擴展至市場研究和工商業心理方面，主要的作用在了解一個人對於某些事物的看法，進而可以預測其將表現的行為。

　　此項量表，可以團體或個別方式實施，但受試者必須以語文做反應，文字陳述或口頭陳述均可。

肆 ☞ 個人建構理論的發展趨勢

　　Kelly 的個人建構理論發展以來，最初二十年左右，在美國似乎不太受人重視，即使在人格心理理論的課本中，也祇略為提及，一直到 1970 年代以後，情況才漸好轉。1975 年內華達州的 Nebraska 大學頗負盛名的動機研討會（Nebraska Symposium on Motivation）就曾選定 Kelly 的理論為研討主題；再加上認知心理學的興起，才促使大家對個人建構論的重視。這二十年被冷落的原因很多，Davison（1978）曾有詳盡的分析，文中曾指出 Kelly 本身保守的個性，不喜為自己的理論廣做宣傳，以及當時美國心理學界思潮都有很密切關係。不過 Kelly 的理論在英國卻頗受歡迎，那乃是 Kelly 的門生 Donald Bannister 極力推廣的結果。

　　有關個人建構理論的文獻論著，已達一千種以上，大多數為研究性報告論文，在 1970 年代下半期以後有顯著增加（Neimeyer, 1985）。Kelly 所編角色建構庫測驗（The Rep Test）最初只有臨床性研究上使用，事實上該項量表可以評量人們對任何事物的建構，例如近年有人將它用於市場研究上，以了解消費者對於各項商品的印象。Junkowicz（1987）曾舉例說明工業心理學者、

市場發展專家、職業輔導教師等在他們工作上應用個人建構理論的情形。因此 Neimeyer 乃認爲：「從科學的社會學觀點，建構論可以說是一門具有多種研究方向和廣大國際支援基礎的專門學術」（Neimeyer, 1985, p.276）。

伍 ☞ 對 Kelly 理論的評議

從 Kelly 所著的《個人建構心理學》（The Psychology of Personal Construct）出版至今，已經四十年。對於 Kelly 的理論，心理學界的反應頗不一致，Pervin 綜合了多位學者的意見，將個人建構論的優點和短處做了相當清晰的說明（Pervin, 1993, pp. 266-269）並歸納成爲一個簡表如下：

表 7-2　個人建構論的優點和短處

優　點	短　處
1. 將重點放在認知歷程上，視之爲人格的主要部分。	1. 未能引起研究以擴充其理論。
2. 建立了一個人格理論涵蓋了一般人格功能的規律性，同時也顧到了個人建構系統的獨特性。	2. 對於人格某些重要方面（如生長與發展、情緒等），完全忽略，或只是提供很少的貢獻。
3. 對人格評量和研究，提供了一個和理論有關聯的方法，The Rep Test。	3. 未能和認知心理學的一般研究和理論建立關聯。

Kelly 的個人建構論一直被認爲是人格理論中的認知論，並且有人將之和 Piaget 的理論相提並論（Adams-Webber, 1979）。Kelly 認爲人們是帶著他的建構系統去認識、界定其所接觸到的事件，對該事件有某些預測，而後表現因應的行爲。一個人的人格

就是他的建構系統。大家的行為歷程都是如此，是有規律性的。但由於各人的建構具有獨特性，如是乃在人格上顯露出明顯的個別差異。Rep test 乃是 Kelly 發展的唯一評量工具，它的特色是完全根據建構理論發展出來的，有關建構論的研究，大多是集中在 Rep test 上，它的應用近幾年已推展至臨床工作範圍以外了。

至於建構論之未能有所擴展，實和 Kelly 本人的拘謹、保守，不肯為自己的理論多作宣揚的個性有關，而當時美國心理學界的整個發展趨向，偏重在 Sigmund Koch 所謂「新、新行為主義（neo-neo-behaviorism）」，也有重要影響。

Kelly 的理論有時被視為現象學派，因其注意的焦點是個人完整的主觀經驗。它也可以被視為認知學派，因其強調對於心理歷程的研究；它也可以列為存在主義的範疇，因其重視現在和未來，並且認為人有選擇其命運的自由。它也可以被列在人本主義之內，因其強調人的創造能力，可以解決個人及社會問題。不過 Kelly 認為一個理論，並不一定需要根源於任何已經存在的理論，它是可以獨立存在的（Hergenhahn, 1990, pp.400-401），很可能是由於這個緣故，他沒有積極地去和其他學者建立較親近的關係，以及在學理上的關係。何況 Kelly 在其《個人建構心理學》序言中，就明白告訴他的讀者：在該書中他們會找不到一般心理學裡常見到的名詞，如學習、自我、情緒、動機……之類，而代之以基於建構理論的新概念（Kelly, 1955, pp.x-xi）。這一種相當直率而近乎排斥的態度，會增加他和當時其他學者間的距離，應是不難了解的。

上述 Kelly 有意排除一些心理學中習用的概念，目的是要建立一個嶄新的人格理論。但有時不免有些過分，使他忽略了行為的某些方面，特別是有關情緒方面的反應，像愛、恨、失望以及和性有關的情緒，因此「很多人認為 Kelly 強調人類理性和理智的一面，是和生活實際情況不甚相符的」（Hergenhahn, 1990, p.422）。

問題討論

1. Kelly 提出的個人建構論的基本假設是什麼？
2. 請解釋下列名詞：(1)主導性建構(2)附屬建構(3)可滲透性建構(4)核心建構。
3. Kelly 認為個人不良適應行為發生的原因是什麼？
4. 你同意 Kelly 所謂「人都是科學家」的看法嗎？為什麼？
5. Kelly 所採用的固定角色治療的目的是什麼？如何實施？
6. Kelly 提出的個人建構論有哪些優、缺點？

Gordon Allport
的人格理論

☞ **本章要旨**

　　本章所要介紹的是 Gordon W. Allport 的人格理論。他的名字在本書第一章就早已出現，他所著的《人格心理學：一個心理學的詮釋》是這個領域中的第一本專著，他也是在美國大學裡第一個開設「人格心理學」課程的人。

　　Allport 認為特質是人格的元素，是決定個體行為的基本因素。他將特質分為三個不同的層次，並且也曾試圖探尋特質的數量，所以他被視為特質論者。同時他不贊同個體完全由內在驅力所左右的看法（心理分析論），也不贊同個體完全受制於環境（行為學派），而認為個體本身有其自主性。甚至他在 1961 年修訂其對「人格」的定義時，將末句中「對環境的適應」去掉，因此他也被視為人本主義論者。Allport 很重視「自我」的功能，雖然他為了使其對「自我」的看法不致和其他學者的意見相混淆，另創「統我」（proprium）一詞，但在其論及人格發展時，主要就是在指出各年齡階段自我功能的表現，許多人將 Allport 列為「自我心理」學者，也不是沒有依據的。

　　本章中對 Allport 的重要論點，舉如他對於人格特質的看法和分類、人格的發展、功能自主作用、表現性行為、個別性的研究等，都有所陳述。Allport 在美國心理學界是頗受尊敬的一位學者。1998 年是他的百齡誕辰，心理學會特舉行紀念性的學術研討會，追念他對於人格心理學的貢獻。

壹 ☞ Allport 的生平簡介

G. W. Allport 於 1897 年出生於美國印地安那州，父親是一位醫師，母親為小學教師，他是家中四個孩子中的老么。其兄 Floyd 是哈佛大學畢業的，他受到兄長鼓勵，也往哈佛就讀，主修經濟學和哲學，1919 年畢業後，在土耳其擔任教師後，再返哈佛大學研究所，修讀心理學。

在由土耳其返美途中，Allport 曾在維也納停留，特別去拜訪 Freud，得獲接見。Allport 在其自傳中記述當時的情景：為了打破見面時沈默，Allport 就說起在車上遇見一個四歲左右的男孩，似乎非常怕髒，他一直要求他的媽媽：「我不要坐在這兒……不要那個骯髒的人坐在我旁邊」。Allport 說完之後，Freud 望著他說：「那個小孩是你嗎？」（Allport, 1967, pp.7-8），這一次經驗使 Allport 覺得心理分析學者往往要從深處去發掘病人潛意識的內容，卻可能忽略了更重要的東西。他覺得自己去拜訪 Freud 的意思很簡單，卻被對方誤解了，也許這是 Allport 一直不喜歡心理分析學的原因之一。不過有趣的是，近來有些作者覺得 Allport 個性小心、拘謹，倒是有些像那個小孩（Hall, Lindzey, & Campbell, 1998, p.272）。

Allport 於 1922 年在哈佛大學取得博士學位，在歐洲進修兩年後，就回到哈佛開設人格心理學課程，1930 年以後他就一直在哈佛任教，1967 年逝世。Allport 在美國心理學界是一位很受尊重的人物，他曾經被推舉為美國心理學會會長、美國東部心理學會會長、社會問題心理研究學會會長等職務，1963 年獲頒美國心理基金會金質獎章，1964 年獲美國心理學會優異科學貢獻獎，1966 年聘為首屆哈佛大學社會倫理 Richard Clarke Cabat 講座教授。

Allport 認為父母所給予他的家庭環境和教育，對他有良好而

Gordon　Allport

深遠的影響。在其自傳中，他曾這樣寫著：

> 「我的母親是一位學校教師。她培養我們兄弟強烈追求
> 真理的精神，並了解探索宗教最終答案的重要性。父親
> 由於當時缺乏充分的醫院設施來處理病人，因此有好幾
> 年我們家裡就常有病人和護士川流其間，我早年訓練的

重要部分，就是在診療室幫忙、洗瓶子、照顧病人。
……父親是不相信人該有假期的，他按照自己的生活規
律行事。他常說：如果每個人都勤奮地工作，而只支領
足以維持家庭生活的最低報酬，那就可以綽然有餘了，
蘊含著信任與愛的勤勉工作精神，就是我們家庭的門
風」。（Allport, 1967, pp.4-5）

　　Allport將他畢生關心人類福祉的態度，和其強烈的人本心理
學主張，都歸功於上述的那些經驗（Hergenhahn, 1990, p.175）。
Winter（1997）也提到Allport對榮譽和權力的需求，經過昇華，
都轉化為利他的行為。他在幫助外國學生適應美國生活，協助由
納粹德國流亡來美的學術界人士尋找工作，鼓勵年輕的工作同事
……等方面，盡了很多心力。

　　Allport論著的範圍頗廣，其所著《人格心理學》（Personal-
ity: A Psychological Interpretation, 1937）乃是這個領域中的經典
之作。可能是因為他一直在擔任大學教師，在他的一般論著中，
免不了一些教訓的口氣，來表達他對於某些問題的看法，因此也
常受到批評。不過Hall和Lindzey卻表示：「雖然Allport的論點
有一些不太合時宜，並且一直採取折衷的立場，但是他的理論對
整個心理學，不只是對人格心理學，有很廣泛的影響。」（1985,
p.373）。

貳 ☞ Allport 對於「人格」一詞的定義

　　當Allport在撰寫其《人格心理學》一書時，他曾經檢視了五
十個對於人格的定義，在將那些定義分析歸類之後，擬定了他自
己的定義：「人格是一個人的心理生理系統所形成的內在動態組
織，它決定了他對於環境獨特的適應（Allport, 1937, p.48）。」

這是很完整的定義，Allport並且對其中若干詞句還加上了一些說明。

「動態的組織」……，意指這個組成的人格並不是固定的，而是經常在改變的，人是一個有機體，是隨著時間在成長、在發展的，每個人的人格固然有適度的穩定性，但實質上他是在不斷地改變的，嚴格說來，在一個經驗的前後，一個人不會是完全相同的樣子。

「心理生理系統」……，照Allport的意思：「『心理生理』這個名詞提醒我們：人格不完全是心理的，也不完全是生理的，此組織同時包含了身體和心理的作用，兩者不可或分地融合為個人的整體。」（Allport, 1937, p.48）

「決定」……，Allport認為人格不是一個抽象的觀念或隨意的現象，它確實是存在的。「人格是有其存在，有所作為的……，它居於個體之內，每種行為的後面都有它的存在。」（Allport, 1937, p.48）。Hergenhahn（1990, p.179）也指出：Allport相信人不只是被動地對環境表現反應，一個人的行為是由其內在人格結構所發動的。

「對於環境獨特的適應」……，在1937年的定義中，Allport末了用「對於環境獨特的適應」一語，但在1961年他將那一句改成為「特有的行為和思想」，這樣的改變主要是刪去了「對環境的適應」幾個字。

參 ☞ Allport 人格理論要義

一、對於特質（trait）的看法

Allport常被視為是特質論者，他認為特質乃是人格的元素。

他對特質的定義是：「特質是一種『神經─心理』結構，它可以使多項刺激被視爲在功能上是相等的，而引起相等形式的適應性和表現性的行爲」（Allport, 1961, p.347），意思是當一個人具有某種特質時，他的思想和行爲經常有朝著某個方向反應的傾向。無論是在何種情況，也不論對方是誰，他都會存有同樣的想法，具有採取相同反應的趨向。比如某甲具有「多疑」的特質，他在待人接物的時候，總是存著一份懷疑的心理，對其四周多數人，都採取不信任的態度，老是覺得別人都要侵犯他的權益，或有要佔他便宜的企圖；時常會將別人的讚美解釋爲諷刺或譏評，將別人的關心視爲侵犯自己的隱私。因此他乃經常提高警覺，加強自己的防衛作用，甚至表現出攻擊的態度和行爲。

　　Allport認爲特質是有其實質存在的，有神經方面的基礎，它是決定人們思想和行爲的重要因素。雖然有些學者或不完全同意Allport的意見，但是特質的存在似乎是不容置疑的。一個具有高度進取心的人，常是在每一方面都表現出努力、認眞的傾向，一般工作和處世都有比較積極和勇往直前的態度，是相當容易察見的。不過我們也千萬不要誤以爲特質是決定行爲唯一的因素，行爲表現時的情境因素的作用，也是非常重要的。目前特質因素和情境因素的相對重要性，一直是仍在不斷討論的問題，多數學者都持「行爲是二者交互作用的結果」的觀點，Allport也是採取這種看法（Zuroff, 1986）。

　　特質有時會和習慣相混淆，每個人總是會有許多習慣的。一般說來，習慣常是指範圍較小，限於某一特定情境的行爲模式。比如某人每天在就寢之前有檢視門窗的習慣，這個習慣可能是他那「謹愼」特質的一部分，他或還有其他習慣是和謹愼特質相關聯的，通常一種特質可能會包含多種習慣。習慣的形成和個體的經驗、學習的歷程有密切的關係。兩個具有相同特質的人，其所擁有的習慣是可以不同的。在不同文化環境生長的人，往往會在日常生活養成不同的習慣，並不一定表示他們在特質上具有基本的差異，古人所謂「習相遠」，正是此意。只要不忘記大家原本

是「性相近」，就不難學著相處了。

二、特質的分類

人們究竟有多少特質呢？Allport原也曾試圖去探求答案，他曾希望由對人的形容詞進行分析，可以獲得答案，因為既有一個形容詞，就表示有一個被形容的對象。Allport和Odbert（1936）蒐集了 17,953 個對人的形容詞，但並沒有進一步分析特質的數量。

Allport 先提出「個人特質」（individual traits）和共有特質（common traits）兩個概念，前者是指某一個人所具有的特質，後者是指某一群人所共有的特質，在實質上那些特質可能是相同的。研究各文化間的差異時，常會將某些文化環境中人們的共有特質進行比較。不過Allport則是比較重視個人特質的研究。他認為一群人共有特質的情況，往往是取其在某一群人中的平均情形，事實上很可能根本就沒有一個人是剛好和那個平均情形相同。至於「個人特質」，也並非是指為某一個人所持有的特質。我們說張三是具有勇敢特質的人，並不是說只有張三是勇敢的人，其他的人也可以具有相類似的特質。只不過我們在描述某個人的特質時，是以他一個人為對象，將他所具有的特質列舉出來，所注意的是其所有特質的組型，有哪些特質？哪一種特質對他行為的影響比較大？哪一種特質對他行為的關係比較密切？因為那些特質的功能在某一個人的行為上不是均等的、一致的。後來Allport認為將個人和群體的特質都稱為「trait」，易於混淆，因而將個人特質改稱為「disposition」，但是本書作者以為在中文裡，仍以都用「特質」一詞反而簡單些，因此不擬加以區別。

基於上述的觀點，Allport將人們的特質依其對個人人格的作用，分為三個層次：屬於第一個層次的為「統轄性特質（cardinal dispositions）」，這一類的特質是對於個人各方面的行為都可能有影響的，有時候我們對小說或電影中的某個人物可以用一個形

容詞來描述他整個的人格，那就表示他具有那項統轄性的特質。像《三國演義》中，關雲長的「忠義」和曹操的「奸詐」，似乎可算是很好的例子。不過，我們常只能從少數人身上看到這類特質。

　　屬於第二個層次的爲主要特質（central dispositions），通常我們對一個相當熟識的人，要用幾句話來誠實地描述他或介紹他的時候，所列舉出來的往往就是他的那些主要特質。Allport 認爲一般人所具備的主要特質大約是在五項至十項之間（1961, p. 367），當然那些被列舉的主要特質對當事人的影響作用，可能有輕重之分，而非絕對相等的。

　　Allport 列爲第三層次的特質，乃爲「次要特質」（secondary dispositions），和前述統轄性特質及主要特質相比較之下，次要特質所影響的範圍要小些，也更明確些。比如一個人喜歡某一類的音樂，比較欣賞某些藝術家的作品，或是愛好某一地區的口味……等，都可視爲次要特質，在數量上它會比較多一些。但是一個人的次要特質，除了和他十分親近的人外，通常不會爲人所盡知，有時它可能接近於習慣；不過一般說來，它所涉及的行爲範圍，還是比習慣廣泛一些。

三、人格的發展

　　在人格心理學中，人格的發展一向是極受重視的一部分，不過各個學者在這方面的意見卻頗不一致。Freud 倡心性發展理論，所重視是個體對其生物性需求滿足的途徑隨年齡改變的歷程；Erikson 則將重點移到「心理—社會」發展方面，但兩人都十分重視嬰兒期經驗和整個人格發展的關係；也都認爲人格的發展是從出生以後立即開始的；而且愈是早年的經驗，愈具重要性。Allport 也曾論及人格的發展，但是他不認爲嬰兒第一年的經驗對未來的發展，具有任何關鍵性的影響。他曾明白指出：「如果在健康方面沒有受到什麼嚴重傷害，那麼對人格來說，第一年是最不

重要的了。」（1961, p.78）

四、統我的意義及其發展

　　每個人在一天之中，要做許許多多的事。在做每一件事，或表現每一項行為時，他總是會有一個心理歷程（有意識地或者無意識地）：「是『我』在做這個」。無論是走路也好，吃飯也好，上課也好……總是他那個「我」在做；他也會在每一項行為裡，將他那個「我」表現出來。多數心理學者就將那個「我」名之為「ego」或「self」（中文常譯為「自我」）。Allport 也注意到這個心理歷程，但他不願意沿用別人用過的名稱，因為大家對那些名稱賦予的意義，常不盡相同，容易產生混淆；如是他另創了一個新詞「Proprium」，筆者將之譯為「統我」，因 Allport 認為 proprium 要涵蓋人格所有的各方面，包括：身體我感、自我的認定、自尊心、自我的延伸、自我形象、自我成為有理性的因應者、個人的目標等。至於各方面隨年齡發展的情形，Allport 乃有如下的說明：

㈠身體我感（sense of bodily "me"）

　　這乃是最早（一歲）出現的，嬰兒在出生後的第一年中，基於各種感覺的經驗（他看見了一些事物、聽見了一些聲音、身體接觸了一些東西……），他逐漸能體察自己身體的存在，他就會有「身體我」的感覺，來區辨何者為自己的一部分，何者不是自己的一部分。這是最早出現的「自我」，也一直是個體自我觀念的基礎。例如有些人在說到自己時，常會指著自己的鼻子，或是拍拍自己的胸脯，來顯示「我」的存在。

㈡自我的認定（sense of self-identity）

　　兒童在兩歲左右已能發覺自己有個名字，大家都用某個名字來稱呼他，不管那個名字是經過特別程序選定的，或者就是「寶寶」、「小毛」、「么妹」這類隨口叫來的名號，兒童都能體會那個名字所指的是他，都會在聽到這個名字時有所反應。儘管時間在變，四周的環境或也會改變，他自己的身體也在生長，但是那個名字總是和他聯結在一起，繼續存在，他認定那個名字所指的是他自己，也認定了自己的存在。

㈢「自尊心」的表現（sense of self esteem）

　　這裡Allport用了「自尊」兩個字，和平日所謂成人的自尊心不完全相同。Allport所說的是兒童在三歲左右，自己能夠表現某些行為了，他會自己走路、會拿取和推動某些事物、會說出自己的意見，因而他覺得自己很有本領。如是他常會掙脫父母的牽抱，常會說「不」和「不要」，表現出獨立的氣概；儼然不可輕視的樣子。

㈣自我的延伸（sense of self-extension）

　　到了四歲這個年齡，兒童已能了解「我的」一詞的意義，而會將許多事物視為是屬於自己的。如「我的洋娃娃」、「我的媽媽」、「我的衣服」、「我的小狗」……等，換言之，他將一些原來不屬於自己的事物，納入其自我系統，視為自己的一部分。事實上這種傾向是終其一生一直都存在的。想一想人們在說到「我的孩子」、「我的家庭」、「我的國家」……時的神態，以及他們對其子女、家庭、國家……的強烈愛護之心，就不難察見每個人的自我是不斷延伸的。

(五)自我形象的出現（the emergence of self-image）

兒童到了四至六歲時，他一方面聽到許多人對他的評語：如「你眞聰明」、「你很乖」或是「你實在很淘氣」……，另一方面，他已經有了一些「是非觀念」，可以用來評量自己。如是他對自己有一個印象：「我是……（怎麼樣）的一個孩子」，這個自我形象將影響他各方面的行為，同時也將是他選定將來目標的重要參考，一個人的自我形象是會隨著年齡和經驗而改變及發展的。

(六)自我成為有理性的因應者
（emergence of self as a rational coper）

由六歲到十二歲這個階段中，通常兒童都已進入小學，生活面大大地擴大了，他漸漸地發現自己也能解決一些問題，因應環境的需要，他也能了解：「解決問題」是需要運用思考的，他會開始想一些有關思考的問題，推定思考的重要性。

(七)個人目標的出現（emergence of propriate striving）

由十二歲至青年期，個體的發展，完全是朝向未來的。他逐漸地建立了比較長期的目標，對於整個生命賦予了某些意義。這項目標的建立不是爲了解除緊張，而往往是增加或引起緊張，使個體不斷地爲追求該項目標而不停地努力。在許多情況下，那些目標可能是無法達成的。

(八)自我覺知的出現（emergence of self as a knower）

到了成年期，自我的發展進入最後的階段。此時自我能覺知

前面七個階段的發展，而將它們統整起來。在平日生活中，我們都可能覺知這些作用，縱使不是全部都同時存在並發生作用，我們仍有所覺知。這也是Allport採用「統我」（proprium）這個名詞的意思，他認為自我對上述七種功能都能了解，有如「知者」（knower），能統合它們。

五、功能自主作用（functional autonomy）

這是Allport在行為動機方面一個重要的概念，他所給予這個概念的定義是：「任何習得的動機系統中，其所含有的動力不是該習得系統發展時原有的動力，就可稱為功能自主作用」（Allport, 1961, p.229）。說得簡單一點：某一位女性中學生，幼年時因母親之命學習彈鋼琴，後來她自己對彈鋼琴發生興趣了，不用母親督促，每天會自動去練習。這類的情形實際上非常普遍，許多行為在開始的時候，是基於某一種誘因的作用，但在若干時日以後，原有的誘因已經消失，而那些行為卻仍繼續存在。當事者就是為讀書而讀書，或是為釣魚而釣魚，不再需要外界的鼓勵或任何形式的增強了。Allport認為原有的某些動機成為當事人統我的一部分，構成了他的興趣、態度、價值觀念和目標，使某些行為自動地表現出來。許多科學家經年藏身於實驗室，許多研究者的皓首窮經，都是因為這個緣故。Allport之所以重視這個概念，是不難了解的。這也顯示出許多行為已經脫離內在驅力和外在增強物的作用而獨立，由個體主動地促使它們再度表現出來。

六、健康、成熟的人格

Allport不是一位臨床工作者，不曾從事異常行為的研究，也沒有做過治療性的工作，而且他認為心理疾病患者和心理健康者的行為是截然不同的，因此我們不能夠經由對病人行為的研究，來了解一般正常人的行為。Allport認為健康、成熟的成年人，應

具有下列的幾個條件：

㈠自我延伸的能力

健康的人應當擁有一個寬廣的生活領域，參與多方面的工作和活動，而不要將自己侷限在狹隘的範圍之內。他所獲得的滿足和所遭遇的挫折，最好是屬於多種形式的；他的活動也應包括對未來的目標和計畫在內。

㈡和他人建立溫暖的交互關係

健康的成人應能和他人建立親切、溫暖的關係，而不含佔有、嫉妒的作用；同時應該能夠容忍自己和他人間在價值觀及信仰上的差異。

㈢具有情緒安全感和自我悅納的心理

健康的成人應具有高度的安全感，能夠承受生活中不能避免的衝突和挫折，他應具有正面的自我形象，能夠接受自己，適度地悅納自己，不厭惡自己，或以自己爲羞，認爲自己一無是處。對於無法補救的缺陷或短處，宜能坦然接受，不做無所謂的怨尤。

㈣具有符合現實的知覺

健康的人能對生活中的事件有客觀的認識和了解，而不宜以希望或幻想代替現實；他對生活中的情境，能運用豐富的常識去進行了解，並能做良好的決定來適應。

㈤對本身具有客觀的了解

健康的人對本身的優點和短處，都能有正確的了解，他並能具有幽默感，偶然能把自己當作取笑的對象。

㈥具有一個統整的人生觀

健康成人的生命是趨向於某個（些）目標，每個人都有一個（些）特殊的事件或理想，是他活著所要達成的心願或目標，他就是為那個目的而活的，那個心願和目的使他的生活充滿意義。

上面列舉了健康成人所具有的特徵，同時隨著他的年齡成長、發展。要獲致健全的發展，Allport認為「兒童必須在早年獲有適度的安全感，才能開始走向一個健全的生活型態，若是早年缺少安全感，當事者將會表現出對安全的病態追求，而不能承受在成熟過程中的挫折了」（Allport, 1955, p.32）。

七、表現性的行為（expressive behavior）

Allport另一特有的見解，乃是表現性的行為。他認為所有的行為都包含兩方面的功能：一為適應性的功能（adaptive function），一為表現性的功能。前者是行為配合當時個體的需要和環境的要求作用；後者則是展露當事人所特有的風格和生活型態。例如女士們在冬天出門時穿上一件大衣，在適應方面是為了保暖，這對大家都是相同的；但是大衣的顏色、長短、款式……等，則各人會隨著自己的愛好而做不同的選擇，乃具有表現的意義。Allport很重視表現性的行為，他認為我們可以從各個人所特有的行為風格中，察見當事者的人格。這也就是說：每個人的每一種行為，都或多或少地在表現出他的人格，連一舉手、一投足也不例外。對一位有經驗的觀察者來說，一個人的每種行為都具

有診斷的效用，可以幫助了解當事人行爲後面的人格。

　　既然一個人的各種行爲，皆爲其人格的表現，那麼各種行爲之間應當有相當的一致性，Allport 本著這種想法，曾和 P. E. Vernon 進行了一項很有趣的研究（Allport & Vernon, 1933）。他們使二十五位受試者連續三次接受了多種測驗，每兩次相隔四星期。測驗項目包括了：重量的估計、走路的速度、和握手的用力情況、閱讀和計數的速度、距離和事物大小的估計、手指與腳扣擊的速度和壓力、書法方面的表現等。在另一個研究裡，Allport 和 Vernon 使評量人員觀察受試者說話流暢的程度、整潔的情況、以及說話聲音的高低等。他們從上述那些資料中，發現受試者各種行爲之間具有一致性，在不同時間評量結果的一致性頗高。

　　Allport 和 Vernon 二氏對書法和人格品質的關係，很有興趣。他們曾引述了兩則有關書法的研究，其一是由 Edwin Powers 所進行的，其研究目的是探討書法和人格品質的關係，受試者爲十位背景不同的成年男性，每人用自己的筆，依照其平日書寫的方式，寫一段含有四十個字的短文。另外由三位心理學家共同就每一位受試者的人格做一約二百五十字的描述，每一位受試者至少是和三位心理學家中的一位非常熟識的。然後由三組評判員（A. 一百四十三位男性大學生、B. 二十五位大學教員及其妻子、C. 十七位專業書法家）來將那些書法樣本和人格描述一一配起來。按計算純粹碰機會的正確率是十分之一，也就是：在十個人中可能配中一位，但結果顯示三組都超過了這個或然率，A 組爲 1.77，B 組爲 1.80，C 組爲 2.41。書法和人格特質描述之間的一致性，獲得了中等程度的證明。

　　另一項有關書法和人格特質的研究是由 June E. Downey 和 D. B. Lucas 所進行的，受試者爲二十三名男性大學生，他們曾接受了多種心理測驗，並藉由觀察員評量其人格特質（資料 A）。他們提供了書法資料，由兩位書法專家單純根據那些書法資料，對各受試者的人格特質作了推測性的描述（資料 B）。研究者最後要利用資料 A 來判定各受試者在資料 B 中屬於他的描述。結果發

　　現判定的絕對正確值雖不甚高，但其比率卻超過了純粹碰機會的或然率。顯示一個人表現性的動作和其內在人格中的態度、人格特質、價值觀念及其他品質有其一致性。

　　我國古人對於書法和人格品質的關係，也是十分注意的。高尚仁在其《書法心理學》中曾有詳細介紹（1986, pp.88-93），他所引述梁啓超氏《書法指導》中的一段，更強調二者的密切關聯，梁氏所說的是：「美術有一種要素，就是表現個性。個性的表現，各種美術都可以，即如圖畫、雕刻、建築，無不有個性存乎其中。但是表現得最親切、最眞實，莫如寫字。前人曾說：『言爲心聲，字爲心畫。』這兩句話，的確不錯。放蕩的人，說話放蕩，寫字亦放蕩；拘謹的人，說話拘謹，寫字亦拘謹。一點不能做作，不能勉強。旁的可假，字不可假。一個人有一個人的筆跡，旁人無論如何模仿不來。不一定要毛筆，才可以認出筆跡，就是鋼筆鉛筆，亦可認出筆跡。是誰寫的，一看就知道。因爲各人個性不同，所以寫出來的字，也就不同了。發揮個性是美術的要素之一，而發揮個性最眞確的，莫如寫字。如果說能夠表現個性，這乃是最高美術，那麼各種美術，以寫字爲最高。」梁氏的意見，可以說和Allport和Vernon二氏的想法是十分接近的。

　　Allport 和 Vernon 二氏根據他們的研究結果，確認表現性行爲和當事人的人格品質有密切的關係。「從我們所得的結果顯示：一個人的姿勢和字跡都反映出一個相當穩定和恒常的個人風格。他的表現性活動並不是各自獨立，互不相關的，而是很有組織，配合得宜的，而且有證據顯示一個人的表現性活動是和其內在人格中的態度、特質、價值觀念及其他品質之間，有一致性的」（1933, p.248）。他們並且指出這種一致性正是健全人格的指標，「人們的動作實有不同程度的統一性，正和其心理活動與人格之具有統整性一樣，我們有理由假設，當人格具有完整的組織時，其表現性活動是和諧而一致的；如果人格失去了統整時，其表現性動作乃將呈現互相衝突的現象。」（1933, p.182）

肆 ☞ Allport 個別性的研究與人格評量

一、個別性的研究

在心理學的領域裡，有許多研究是為了了解一般人或某一群人在某方面的行為，相對地另一些研究則是為了了解某一個特定對象的行為。前者通稱為一般性（nomothetic）研究，後者則稱為個別性（idiographic）研究。在理論上，Allport 是重視個別性研究的，因為他比較注意每一個人的獨特性，認為研究者有責任去選擇適當的研究方法，不致掩蓋一個人所特有的行為傾向。同時 Allport 也重視個人特質（personal dispositions），視之為行為的主要決定因素（Hall & Lindzey, 1970, p.278）。雖然如此，Allport 本身所進行的研究中，仍然是以一般性的研究為多，不過他對於「珍妮函件的分析研究」（Letters from Jenny），卻是其個別性研究中極有名的代表。

Jenny 函件分析研究

Jenny Grove Masterson（假名），1868 年出生於愛爾蘭，五歲時移居到加拿大，她有五個妹妹、一個弟弟，Jenny 十八歲時，父親去世，弟妹從此就很依賴她的照顧，因此當她和一位鐵路視察員結婚時，家人很不高興。1897 年她的丈夫去世，未久，其獨生子 Ross 出生，Jenny 辛苦工作，並全心照顧 Ross，母子相依，直到 Ross 往 Princeton 求學為止。在二年級時，Ross 應召從軍，當其被派往法國之前夕，Jenny 往 Princeton 去探望他，在那裡遇到了 Ross 的兩位朋友：Glenn 和 Isabell，此二人就成了 Jenny 以

後通信的對象。

　　當 Ross 由海外回來後，他幾乎是完全變了，除了在 Princeton 完成了學位以外，所遭遇到的是一連串的失敗，和母親經常吵架，主要的原因是 Ross 瞞著母親祕密結婚了。Jenny 在狂怒下，將 Ross 趕出她的房子，並表示不要再見到他。此事以後 Jenny 和 Gleen 及 Isabell 聯絡（她兩人均已結婚，在美國東部某城任教），她們同意和 Jenny 通信。如是從 1926 年 3 月開始到 1937 年 10 月 Jenny 去世爲止，十一年內，Jenny 共寫了三百零一封信（Hergenhahn, 1990, p.195）。

　　另據 Winter（1993, 1997）的報導，實際上 Ross 乃是 Allport 大學時期的室友，而 Allport 和 Jenny 也非常熟稔，她的那些信就是寫給 Allport 和他的妻子 Ada，也就是上述的 Glenn 和 Isabell。在原有資料中全用了假名。

　　1966 年 Allport 的一位學生 J. M. Paige 應用電腦，對 Jenny 的信件進行了內容分析及因素分析，結果得出了八個因素，值得注意的是，Paige 所得結果和 Allport 所獲得的，除了其中一、兩項之外，其他都十分接近。比如兩人都評定 Jenny 具有攻擊傾向、具佔有性、重感情用事、具獨立性及自主需求、重感官的享受、有自憐的心理等，因此 Allport 覺得電腦的運用並沒有提供更多的資料，事實上他認爲那些評判者根據主觀印象所作的分析，更能有助於對 Jenny 的了解（Hergenhahn, 1990, p.196）。

　　Allport 的另一個案研究對象爲 Marson Taylor（假名），也是一個女性，1902 年出生，她從十歲左右開始寫日記。在 1937 年時，她原想自己利用那些日記進行研究。後接受一位朋友的建議，將多年寫的日記及其他資料送給 Allport 夫婦，請他們用爲研究「個人文件」（personal documents）的資料。但此項研究一直沒有完成也未發表（Barenbaum, 1997）。

二、價值調查量表（Study of Values）

在人格評量方面，Allport 傾向於使用自陳式的量表和測驗，而不太熱中於投射測驗，他認爲後者只適用於心理疾病患者，因爲他們的行爲，可能是其心理衝突和潛意識的作用，當事人本身常不了解，只好藉助於投射性的工具。至於對一般正常人而言，他們對本身的情況，都有適度的了解，因此應用自陳式的問卷和測驗，就可以取得所需要的資料。在這一方面，Allport 曾和 Vernon 編訂了《價值調查量表》（Study of Values）於 1931 年出版，目前通用的是第三版，由 Allport、Vernon 和 Lindzey（1960）三人合編的，目的是在了解受試者對於下列六種價值取向中偏重的傾向。

1. 理論型（Theoretical）：偏重理論價值的人比較重視眞理的追求。

2. 經濟型（Economic）：偏重經濟價值的人比較重視事物的實用價值，是實事求是者。

3. 審美型（Aesthetic）：重視美感和藝術化的經驗，欣賞形體的美與和諧。

4. 社會型（Social）：這方面分數高的人比較重視人際關係，喜歡與人接觸的工作。

5. 政治型（Political）：分數高者傾向於權力的追求，熱中於影響或控制別人。

6. 宗教型（Religious）：比較重視形而上的價值，和宇宙的統整與和諧。

這個量表分爲兩部分，第一部分是包含三十個強迫選擇式的問題，讓受試者在甲、乙兩個陳述句中比較自己贊同它的情況（每題爲三分，如完全贊同甲，則甲得三分，乙得零分；若比較贊同甲，則甲得二分，乙得一分，反之類推）。第二部分包括十五題，每題列有四種事物或情況，由受試者依照它們的相對重要

性，分別給予四、三、二、一分。計分時採用規定的計分紙，將
各題分數分別配置在上述六種價值類型內，當即可察見受試者對
此六種價值取向中偏重的傾向。

伍 ☞ 對 Allport 理論的評議

Allport 氏是美國心理學界一位很受人尊敬的學者。美國心理
學會臨床及變態心理學組，曾以問卷向美國當時臨床心理學家詢
問：在人格心理理論者中，哪一位對他們日常工作的價值最大？
所獲得的反應中，Freud 是居第一位，Allport 居第二位（Hall &
Lindzey, 1978）。

一般都認為 Allport 是在美國大學中開課「人格心理學」的第
一人（Engler, 1995; Hergenhahn, 1990; Pervin, 1993）。Allport
（1967）在其自傳中也說他於 1924 － 1925 年在哈佛大學開設「人
格心理學」。但據 Nicholson（1997）指出：Allport 曾於 1924 年
在哈佛開課，但其課程名稱不是「人格心理學」，而是「人格與
社會改革」（Personality and Social Amelioration），而且是開在
社會倫理系。該系成立於 1906 年，強調道德品格的培養。Allport
對於社會倫理很有興趣，他的博士論文最後一章就曾提到將人格
心理的研究應用到美國所面臨的道德問題（Nicholson, 1997）。
他極希望將人格心理與社會倫理融合起來，因為兩者的最終目標
都是在發現並培養「人類的善性」（human goodness）。Allport
這種態度是很令人尊敬的。

Allport 的研究範圍甚廣，他曾致力於人格特質的探討，希望
能從對人的形容詞之分析來了解特質的存在，所以他常被視為特
質論者。他不贊同生理驅力對個體行為的決定性影響，而認為經
由個體經驗所發展出來的興趣與態度，和個人的目標常有更重要
的作用，而且是朝向未來的，此點非常接近人本主義的立場。All-

port 也相當重視自我的功能，提出了「統我」的觀念，闡明其對個體行為的作用，似乎又和自我心理學者的理念是一致的。事實上，Allport 並沒有以任何一個學派自居，也沒廣結其門下弟子來建立一個學派，可以說是一位涉及範圍極廣的學者。

　　Allport 的主要興趣是對於個別成人特性的深入研究，他將重點放在有意識的行為，認為每個人都知道自己在做什麼，也常能了解自己為什麼要做那些，因而才能採用合理的因應方式。在臨床上，自陳式的問卷就可以獲得所需要的資料，用不著藉助於投射測驗，後者乃是專為心理疾病患者準備的。Allport 指出一個人的各樣行為都有其表現性，可顯露出他的人格，因此各具有其獨特性，以區別於他人。職是之故，他不主張運用普遍性的研究，求得某一群人的平均傾向；而贊成就個別對象，作比較深入的探討。個人文件的分析，是他所倡導的研究方法之一，在其主編《變態和社會心理期刊》（Journal of Abnormal and Social Psychology）時，常刊出個案研究報告，使大家能接受個案的探討，為心理學合法的研究方法之一（Hall & Lindzey, 1998）。

　　Allport 對行為動機的觀點，也具有特色。他雖然同意人類有若干共同的基本需求，是構成其行為的主要作用，但他認為每個人在生長的過程中，會因為某些行為的多次重複表現，產生了自動維持其再現的作用，而不需要原來的動機去推動，如此形成了個人的興趣、態度和價值觀念。它們都具有動機的作用，但個人之間興趣、態度的差異，很難以道理計，這也正和 Allport 重視個體行為獨特性的觀點相謀合。

　　有關自我概念，Allport 創用了「統我」一詞，以期能和別人所稱 ego 或 self 有別，實際上也可能有其必要。他一方面指出統我具有多樣的內涵，比較籠統使用一個名詞（如自我觀念）來涵蓋一切要清楚得多，更重要的是他說明了統我的各方面隨著年齡先後出現的情形，及其在不同年齡相對的重要性，這些都是 Allport 個人理論的獨到之處。

　　Allport 和 Vernon、Lindzey 所編《價值調查量表》出版至

今，已達六十餘年，迄今仍為人使用。Huntley 和 Davis（1983）發現大學時代在該量表上之分數，對受試者二十五年後的職業似有預測作用。

對於 Allport 理論負面的批評，也有部分是值得注意的：

1. Allport 強調個別性的研究，固亦有理，但是在對個案所進行的深入性研究，雖可對該個案獲有透徹的了解，卻無從將其結果推論及他人。科學研究的主要目標，乃是要了解普遍的、一般的情況，以期可以推論至多數甚至於所有的情況，許多原先以探索行為的個別性為目的者，後來也並非完全依照 Allport 的建議去做，而常是在進行個案分析時，企圖發現一般性的原則。即使 Allport 本身的研究，也還是以一般性的研究為多。

2. Allport 的理論中，「功能自主」是十分重要的一個概念，但也是備受批評的一點。究竟這個動機轉換的歷程是如何進行的？是不是所有行為動機都會產生功能自主的現象？如果不是，那麼哪些會產生功能自主的現象？哪些不會？為什麼？（Phares, 1990）Allport 似乎都不曾有明確的交代。

3. Allport 認為動物的行為和人類的行為之間是沒有連貫性的，因此不能將動物行為研究的結果，推論至人類的行為上來。同樣地，他也認為兒童的行為和成人行為之間，正常行為和異常行為之間，都是沒有連貫性的。對於這種說法，許多學者多不表同意，例如多數臨床心理學者都以為心理疾病患者的行為，正常人均有之，只是程度上比較輕微而已。

問題討論

1. Allport 認為「特質」（trait）的意義是什麼？
2. Allport 將人們的特質分為哪些層次？
3. 請舉例說明 Allport 所提出的「功能自主作用」。

4. Allport 所提出的健康、成熟人格的條件為何？

5. Allport 等人所編的「價值調查量表」之內涵是什麼？

6. Allport 提出的「統我」是什麼意思？其發展的情形如何？

第九章

Eysenck 和 Cattell
的人格理論及
人格五因素論

壹、Hans J. Eysenck 的人格理論

一、Eysenck 的生平簡介

二、Eysenck 人格理論要義

　　㈠人格的定義

　　㈡人格特質的概念

　　㈢基本的人格向度

　　㈣各個類型特質與行為

　　㈤人格的生理基礎

　　㈥人格的發展

三、對 Eysenck 理論的評議

貳、Raymond Barnard Cattell 的人格理論

一、Cattell 的生平簡介

二、Cattell 人格理論要義

　　㈠人格的定義

　　㈡人格特質的分類

　　㈢特定行為分析方程式

　　㈣資料的來源

　　㈤學習作用

三、Cattell 理論的評議

　　㈠學術研究的貢獻

　　㈡影響未能深遠的原因

參、人格五因素論

一、五因素論的出現及其發展

二、五因素論的普遍性

☞ **本章要旨**

　　本章所介紹的兩位學者，Hans J. Eysenck 和 Raymond B. Cattell 都被列為人格特質論者。他們兩位有一些共同之處。首先，他們都是英國倫敦大學出身，而且都曾受業於 Charles Spearman 之門。也可能是這個緣故，他們都習用因素分析來進行人格的研究。其次，他們兩位都很重視科學的方法，研究的態度都很嚴謹。第三，他們兩位的著述甚多，對學術界有很大的影響和貢獻。

　　Eysenck 在其早年的研究中，發現了兩個人格的基本向度，即是「內傾—外傾」和「神經質」（情緒穩定性—不穩定性）；後來他又發現了第三個人格向度，稱之為「精神病質」，他並編定了評量工具，目前的命名為《Eysenck 人格問卷（EPQ）》應用頗廣。他對於這些向度所具有之特質與行為的關係，進行了許多研究。在論及人格的發展時，Eysenck 比較重視遺傳的作用和生理方面因素；但在對於異常行為的處理上，卻是以學習論為基礎。

　　Cattell 對於人格特質的分類，曾經以不同的角度作了剖析。他對於動力特質的說明，相當有意義。他雖然是特質論者，但並不忽略情境對行為的作用，其所倡「行為生態理論」，就是在說明行為乃是特質和情境間交互作用的結果，並以方程式表示之。Cattell 所編《十六種人格特質量表》，在美國使用甚廣，曾由劉永和編譯修訂，推介至我國使用。

　　由於人格特質方面的研究結果，學者們發現有五個因素乃為人格的基本特質，因而提倡「人格五因素論」。曾有研究者根據所得資料，認為該五個因素是普遍存在於各文化中，我國學者楊國樞根據其在國內的研究，則未能驗證五因素的「泛文化性」。

壹 ☞ Hans J. Eysenck 的人格理論

一、Eysenck 的生平簡介

Hans Eysenck 1916 年出生於德國柏林，父母均爲有名的演員。Eysenck 兩歲時父母離婚，隨即依祖母而居。希特勒執政後，Eysenck 被告知：除非他參加納粹的秘密警察隊，否則將不准進大學。於是他乃於 1934 年離開德國，在法國稍事停留後，轉往英國，入倫敦大學就讀心理學系。

當時在倫敦大學執教的知名學者很多。心理測驗方面有 Cyril Burt 和 Charles Spearman，遺傳學方面有 J.B.S. Haldance 和 L. Penrose，統計學方面有 Egon Pearson。Eysenck 得益於他們之處很多，這對他以後研究的方向影響甚大。他於修得學士學位後，繼續攻讀，在 1940 年完成博士學位。

當英國和納粹德國交戰之際，Eysenck 因具有德裔移民身份，不僅在欲投入英國空軍時未獲准，連求職也相當困難。他總算在 Mill Hill 急救醫院中覓得一研究工作職位。就在此時，他應用因素分析法，對病人的症狀進行大規模的研究，發表了他的人格兩向度理論，其第一本著作《人格的向度》（Dimensions of Personality）即在 1947 年出版。

第二次世界大戰結束後，Eysenck 轉到倫敦大學精神醫學部的教學醫院 Maudsley Hospital 擔任心理學部門主任，負責臨床心理師的訓練工作。在這一方面，他有三項主張：(1)臨床心理學應成爲一個獨立的學科，而不能視爲附屬於精神醫學的一部分。(2)臨床心理學者不應完全宗法心理分析理論。(3)臨床心理學應建立以科學取向爲基礎的臨床與實驗的研究。由於 Eysenck 的努力，

Hans　Eysenck

他這些主張都得以實現，而且獲有頗為輝煌的成就。他去世前是
倫敦大學精神醫學研究所的榮譽退休教授，當時仍繼續致力於著
述和研究工作。Eysenck 著有專書約四十種，研究論文達六百篇；
「著述等身」四字，對 Eysenck 應是最恰當的描述。1994 年美國

心理學社曾以 William James Fellow Award 頒贈予 Eysenck，以表揚其在學術上的成就和貢獻。Eysenck 於 1997 年 9 月逝世，享年八十一歲。其夫人及兒子均爲心理學家。

二、Eysenck 人格理論要義

㈠人格的定義

Eysenck 認爲人格是「一個人的性格、氣質、智慧和體質等，一個相當穩定而有持續性的組織，決定了他對於環境獨特的適應。性格是指他在意願行爲方面比較長期而穩定的型態；氣質乃是指他在情感行爲方面比較持續而穩定的型態；智能乃指他在認知行爲方面持續而穩定的型態；體質乃指他在身體型態和神經及內分泌比較長期而穩定的情況。」（Eysenck, 1970）

㈡人格特質的概念

論到人格特質時，Eysenck 認爲各個特質對於行爲影響的範圍之廣狹，彼此不同，可以分爲幾個層次。居於最高層次的特質，他稱之爲「類型層次」（type level），它幾乎會影響到一個人所有各方面的行爲，使之和其他的人在每方面都有明顯的差別。比如一個外傾型的人，他的思想、興趣、生活方式、社交行爲、情緒反應，以及人生觀等都會呈現出其所具有的特殊風格，而和內傾者顯然不同。

其次乃爲「特質層次」（trait level），其影響也頗廣泛，但往往只及於某一方面。比如「謙虛」的人，常比較不愛表現，不急於表示自己的意見，在人群中不爭取站在顯著的位置，不肯做領導者，很少批評別人……等，這些都偏向於社會行爲。再次則爲「習慣性反應層次」的特質（habit level），其所涵蓋的範圍將

會更小一些，常只涉及和某事項有關的行為。例如重「守時」的
人，對於和時間有關係的事，會特別注意約會絕不會遲到，也比
較挑剔不守時的行為。最下的層次是包含一些「特定的行為反
應」，往往只和某一個情境的某一種行為有關。比如某甲在每次
出門時，必定要去察看瓦斯總開關，雖然他那天可能根本沒有用
過火爐，他仍然要去看一下，才能放心出門。這些層次的關係，
在圖 9-1 上顯示得很清楚。

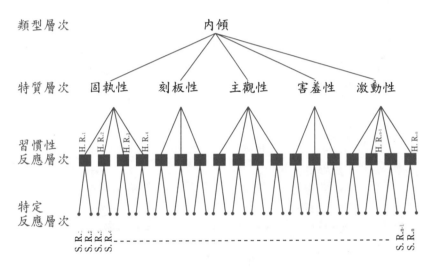

圖 9-1　Eysenck 的人格結構模式（以內傾為例）

採自 Eysenck, H. J. （1953）. *The Structure of Human Personality*.
London：Methuen.

㈢基本的人格向度

　　Eysenck 在探求人格的特質時，應用了因素分析方法，發現
若干特質實際上具有相同的因素，聚合在一起形成一個人格的基
本向度。例如主觀性、害羞性、刻板性、固執性和激動性等可以
併合在一起，而構成內傾的人格類型（type），且明顯地和另一

種人格類型「外傾型」有區別。不過這裡雖用了類型這個名詞，事實上仍然是採用向度的概念，也就是說：並不是所有內傾型的人都是一個樣子，他們在內傾的程度上是常有差別的。有些人可能極端的內傾，另有些人則可能只是稍呈內傾而已。

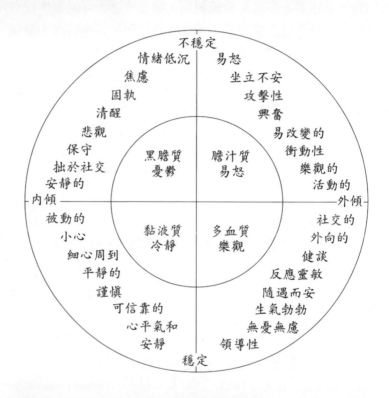

圖 9-2　Eysenck 的人格向度及其與希臘氣質類型之關係

在其早年的研究中，Eysenck 發現了兩個人格的基本向度，那就是「內傾—外傾」（introversion-extroversion）和「神經質」（情緒的穩定性—不穩定性）（neuroticism）。這兩個向度直交時所形成的四個象限，正巧能和希臘古代醫者 Hippocrates 所

言因四種「體液」（humor）失衡形成的四種氣質有相對的關聯（見圖 9-2）。這乃使 Eysenck 考慮到人格特質和生理因素的關係。換言之，內傾者和外傾者的差異，也許不只是在社會行為方面，而可能在生理功能上也有些差別。後面將引述一些有關的研究，來討論這個問題。

在 1975 年時，Eysenck 又發現了第三個人格向度，稱之為「精神病質」（psychoticism）。在此向度上得分較多者，常會表現孤獨、不忠誠、不關心他人、不遵守社會規範的傾向，精神醫學中的精神病或精神病態人格（psychopathic personality）即有此傾向。Eysenck 認為精神病主要是基於遺傳，而且在男性中遠比在女性中來得普遍。McKenzie（1988）稱此精神病質是和 Freud 所指「超我強度」（superego strength）正相對的。

㈣各個類型的特質與行為

1. 內傾者和外傾者的行為

內傾外傾這些概念，由於早經 C.G. Jung 提出，一般人對此都頗為熟悉。所謂內傾者，常較安靜，在人前呈退縮的傾向，除了很親近的人外，很少主動和他人交往，作事常會事先籌畫，而鮮有衝動性的行為，對日常工作都相當認真，喜歡有規律、有秩序的生活，而不太愛好熱鬧的場合。他通常會控制自己的感情，很少表現攻擊性的行為，不大容易發脾氣。他為人可靠，略有悲觀傾向，重視道德標準。至於所謂外傾者，則好社交、交遊廣闊、不喜歡獨自研究或閱讀、喜歡冒險和富刺激性的活動。他愛開玩笑，遇事能自作主張、喜歡變化、凡事均採樂觀態度，隨遇而安；喜歡不斷地工作，具進取心，不能完全控制自己的感情，會發脾氣，偶爾會有不太可靠情形。

Eysenck 編了一個量表，名為《Maudsley Personality Inventory, MPI》，以測定一個人的內外傾特質，Maudsley 是倫敦大學

教學醫院，Eysenck 在該院臨床心理學部工作，故用院名冠諸量表。後來他將之改爲《Eysenck Personality Inventory, EPI》。由於內容簡明，應用頗廣。研究者常用它來測定受試者的人格類型，再比較內傾和外傾者在行爲上的差異，獲得許多有意義的發現：比如內傾者較之外傾者對疼痛敏感，易於疲勞；工作較爲遲緩，但較爲細心。興奮會干擾內傾者的工作成績，但卻能增進外傾者的工作成果。此外 Pervin 檢視了許多有關研究的結果，指出：（Pervin, 1993, p.286）

(1)內傾者在學校的成績較外傾者爲優，特別是在高深的學科上，在大學裡因學業成績不佳而遭退學者常爲外傾者，而因精神醫學方面的原因遭退學的常爲內傾者。

(2)外傾者在性行爲的活動性上，包括性行爲的頻率和對象的異動，較內傾者爲高。

(3)外傾者的暗示感受性較內傾者高。

另外還有一些研究顯示，外傾者和內傾者在讀書的習慣上有些差別：外傾者比內傾者更喜歡選擇圖書館內有外界刺激位置；有較多停頓和中斷的情形；情願有較高的雜音和較多的社交機會（Campbell & Hawley, 1982）。在同樣的雜音水平之下，內傾者所表現的生理反應較外傾者爲高；他們各在其所喜歡的雜音水平下有最好的工作表現（Geen, 1984）。根據這些結果，大學圖書館似乎應安排各種不同的閱讀環境來配合不同學生的需要。

對於上述有關「內傾—外傾」向度上差異的現象，Eysenck 認爲係由於內傾者和外傾者在神經生理功能的差異所形成。內傾者是比較容易爲外在事件所激發的緣故。也有人假設「內傾—外傾」向度上的個別差異是基於遺傳和環境兩方面的作用。事實上，若干應用同卵及異卵雙生子所作的研究指出，遺傳是人們在此向度上分數差異的一部分原因（Plomin, Chipuer & Loehlin, 1990）。由於此項差異在跨文化比較研究中也被發現，在多次的研究中頗爲穩定，而且遺傳的作用也相當確定，因此「內傾—外傾」向度上的差異基於生理因素之說，就獲得了強烈的支持。

2.神經質與行為

神經質向度上的分數乃是情緒穩定性的指標。分數高者有情緒不穩定的傾向，經常陷於擔心和焦慮，以及一些身體方面的不適情形（如頭痛、消化不良等）。一般的解釋是：神經質分數高的人，對壓力情境反應較快；而當壓力消失後，反應的降低很慢，乃使個體不易回復到情緒均衡的狀態。

3.精神病質與行為

Eysenck（1975, p.197）曾指出精神病質向度上分數高者，常具有下列行為傾向：

(1)孤獨，不關心別人；(2)常惹麻煩，不能配合社會要求；(3)殘忍，缺乏仁慈之心；(4)缺乏感情；(5)追求感官刺激，不易於激發；(6)對人存敵視態度，具攻擊性；(7)愛好一些怪異、不平常的事物；(8)不顧危險；(9)不遵守社會常規；(10)很少和人建立親密的關係，及傾向於沒有感情的性行為。

Rigby 和 Slee（1987）也指出：在精神病質傾向愈高的人，對於權威階級的態度和行為，愈趨於負面。

一般說來，非行青少年和犯罪者在精神病質上分數均較高，其比精神病患者還要高些。因此 Zuckerman（1989）認為 Eysenck 的精神病質量表所衡量的並非「精神病質」，而是「精神病態人格特質」（psychopathy）。Eysenck 對於這點並不同意，不過他也認為這個問題還需要更多的研究，才能有合宜的結論（Eysenck, 1990, pp.267-270）。

㈤人格的生理基礎

Eysenck 深信人格的差異是有生理基礎的，他曾經想用神經系統的抑制和興奮觀念來預測內傾者和外傾者的行為差異，但他發現在衡量上有其困難。因此他改由大腦皮質的激發著手，因為在激發狀態下，內傾者和外傾者，及情緒穩定者和不穩定者在生

理系統方面的差異比較容易分辨出來。

　　在 Eysenck 的理論中，他認為內傾者生來就比外傾者具有較高的激發水平（level of arousal），因此他們對於刺激比較敏感。在相同強度的刺激作用下，內傾者經驗到的會比外傾者所經驗到的來得強些（Eysenck, 1976, p.113）。照這樣說，內傾者所喜歡的刺激強度會比外傾者所喜歡的低些（Eysenck & Eysenck, 1985, p.248）。

　　根據 Eysenck 的理論，Campbell 和 Hawley（1982）曾觀察學生在學校圖書館選擇座位的情形，一方面要求他們以次第來表示自己「一小時內中斷研習的次數」，在圖書館內對於聲音、擁擠程度、社交機會所喜歡的程度，社交活動對他們選擇座位的重要性等，同時也請他們填答《Eysenck 人格量表》來測定他們的「內傾—外傾」類型。研究者預測內傾者會選擇比較安靜，不准許談話的座位，外界的刺激較低，社交活動對他們不具重要性。而外傾者則多會選擇聚會式，可以談話或討論的座位，外界的刺激較高；他們中途停頓工作的次數，也將較多；在他們工作時，社交活動的重要性也將較高。研究的結果對上述各點，都予證實。換言之，也就支持了 Eysenck 的理論。

　　Heaton 和 Kruglanski（1991）認為內傾者在高壓力情況下會比外傾者有較強的「完形」（closure）需要，意思是指內傾者有較強的動機去對一個問題獲致結論，而無暇充分運用其已有的資訊，以降低其具有嫌惡性的激發狀態。此二研究者為求證實這個想法，他們令內傾者和外傾者根據一位男性候選人的履歷來評估其適於擔任公司主管的可能性。當受試者被要求在三十秒鐘內作決定時，內傾者所運用的資料較外傾者為少，但在無時間限制時，內傾者會和外傾者同樣地充分運用已有的資料。

1. 自主神經功能與神經質

　　自主神經系統的活動和情緒行為的關係是大家所熟知的，當個體在憤怒或恐懼的狀態時，交感神經系統進入激發情況，轉而

引起一連串的反應；如心跳增加、呼吸急促……等，那些是爲準備個體應付緊急狀態時的反應。Eysenck 指出神經質分數高者，其交感神經的反應性較高。在遇到有壓力的情況時，其交感神經系統的高度反應十分明顯，他們常呈現焦慮不安的心理，而使其工作表現受到影響。焦慮感較高的學生，考試結果常較差，平均學業成績也較低，他們固然也可能和低焦慮的人有同樣好的表現，但是他們常須加倍努力，承受加倍的負擔，在身體健康方面付出較高的代價（Eysenck & Eysenck, 1985, pp.298-299）。

2. 內分泌與精神病質

關於精神病質的生理基礎問題，據已知的事實；男性在 Eysenck 人格量表精神病質分數（P）恆較女性爲高，犯罪者和精神病態人格者多爲男性，女性（至少停經期前的女性）患精神分裂症者少於男性等，使 Eysenck 認爲精神病質或與男性有關，特別是和男性內分泌有關聯（Eysenck, 1982, p.19）。同時，精神病質分數高者，和精神分裂症患者都缺少 steotonin 的分泌，他們體內似有某種抗體的存在，這表示精神病質和精神分裂症有密切關聯。Eysenck 認爲這可能是精神病質生理基礎的重要證據（Eysenck, 1982, p.20）。不過，到目前爲止，Eysenck 認爲精神病質和內分泌有關聯這個想法，尚缺少有系統的研究證據來支持。

綜上所述，可以察見 Eysenck 的觀點是認爲人類基本上是生物性個體。人們生來就具備了一些先存的特性（predispositions）或特質（traits），對於環境中的刺激，會表現出一些特定的反應。每個人的生物性結構各有其和他人不盡相同之處，因此其所具有的特質，也會呈現出個別差異，這也就是在人格向度上的差異情形。Eysenck 多年的研究即在想確定各個人格特質在生理方面的基礎。不過 Eysenck 也認爲這些特質可能在社會化的過程中，爲配合社會要求而有某些程度上的改變，所以人們的行爲乃是其遺傳和環境交互作用的結果，只是生物性因素佔比較強的作

用。

㈥人格的發展

1. 遺傳的作用

　　Eysenck 在論到人格的發展時，一直很重視遺傳的作用，下列三方面的研究資料，是用來支持他的想法之依據。

　　⑴人格三向度的普遍存在：Eysenck 從運用因素分析研究，確定外傾／內傾、神經質（情緒穩定／不穩定）和精神病質是人格的三個基本向度，然後他利用其所編的「Eysenck 人格量表」在多個國家民族文化團體實施大規模的測量，其所選取的樣本包括歐洲（法國、希臘、西班牙、匈牙利、冰島）、非洲（埃及、烏干達等）、美洲（美國）、亞洲（日本、斯里蘭卡）、獨立國協（即前蘇聯）……共三十五個國家的男女受試者，將所得資料分別進行因素分析。結果發現：儘管這些國家之間社會文化的差異很大，那三個基本人格向度在各國的男性和女性樣本中，都普遍地存在（Eysenck, 1990, pp.245-246）。另外 Eysenck 夫婦二人利用《Eysenck 青年人格量表》（Junior Eysenck Personality Questionnaire）測量西班牙、匈牙利、日本、新加坡等國的兒童，發現所得結果和在成人方面所得的相同（Eysenck & Eysenck, 1985, pp.102-107）。由於人格的三個基本向度的普遍存在，顯示它們不受社會文化因素的影響，而是由遺傳的作用所決定的。

　　⑵人格特質的穩定性：如果人格特質是由遺傳作用所決定，那麼它將比較不因環境的因素而改變。換言之，它將有較高的穩定性。反之，如果那些特質本身就是由環境作用形成的，那麼它們自然會隨著環境的改變而變化。就 Eysenck 所提的三種人格基本向度而言，若干縱貫性研究都顯示它們是很穩

定的，在兒童時期呈現外傾性者，到了成年期仍常是外傾性；內傾者也是如此（Eysenck & Eysenck, 1985, pp.113-114）。受試者在人格特質量表上的分數，經過長時間後再度測試，仍保有很高的一致性，表示在這段時間內，環境因素沒有使他們在這些向度上產生明顯的改變。這也就證實人格特質是基於遺傳的作用。

(3)**雙生子人格特質的相關**：研究遺傳作用的常用方法之一，是觀察雙生子在有關特質上的相關情形。說得仔細一點，就是比較在相同環境中及不同環境中生長的同卵雙生子，在有關特質上相關的高低。Eysenck 和 Eysenck（1985, pp.93-95）指出：同卵雙生子在同一環境中生長者，其外傾性之相關為0.42，同卵雙生子分開在不同環境中生長者，其外傾性之相關為 0.61；而異卵雙生子的外傾性之相關乃為-0.17。在神經質方面，也有類似的情形：同卵雙生子在相同環境中生長者之相關為 0.38，在不同環境中生長者之相關為 0.53，異卵雙生子的相關則為 0.11。這些資料都顯示：同卵雙生子無論是在相同環境或分開在不同環境中生長，其人格特質的相關均較異卵雙生子為高，這都顯示人格特質的遺傳性。不過同卵雙生子在相同環境中生長者的相關，反而較在不同環境中生長者為低，這是不容易解釋的。

　　另外在精神醫學方面，已有資料顯示：遺傳作用在精神分裂症和躁鬱症中均佔重要的位置，病人親屬中罹患相同病症者之比例，顯著地較一般人口中患者之比例為高（Perris, 1982）。同卵雙生子同時患躁鬱症者為 58%，而在異卵雙生子中同時患此症為17%（Bertelsen et al., 1977）。精神分裂症方面，Gottesman（1991）曾檢視十三對雙生子的研究，發現同卵雙生子，同時患分裂症的比例均在 50%左右，而異卵雙生子兩人同時患分裂症者之比例為 15%，遺傳作用在此類病症中是相當明顯的。

　　綜合上述三方面的資料，遺傳作用對於人格基本特質的影響，似乎是很確定的。

2.社會化的歷程

嬰兒自出生以後，就生活在社會環境之中，逐漸開拓行為社會化歷程，他要開始學習表現父母和社會所喜悅的行為，以博得父母的讚美和鼓勵，同時他也要學習避免表現父母所不喜悅的行為，以免受到責罰。整個的社會化實際就是一個學習的歷程。

社會規範的學習是有明顯的個別差異的。Eysenck 認為內傾者學習社會規範比外傾者為快，且有較高的效率。他相信這方面的差異是有遺傳基礎的：內傾者的大腦皮質激發水平較外傾者為高，激發的狀態是會增進學習的，所以內傾者會學得快些（Eysenck & Eysenck, 1985, p.241）。同時內傾者也容易形成比較強的良心作用，如是在產生違反社會規範的意念時，就將引起焦慮和罪惡感；因此很少表現犯罪的行為。不過 Eysenck 也相信：極端的內傾者在有壓力的情況下，可能表現強迫性行為、恐懼症、或抑鬱性行為（Eysenck, 1965, p.267）。

相反地，外傾者由於不容易建立制約反應（conditioned response），其反社會行為的抑制作用也較低，所以犯罪者常為外傾性人格。

Eysenck 雖然很重視人格的遺傳基礎，但他也強調人們所得自於遺傳者，只是一些先存的特質傾向，這些特質的發展，仍然會受到其所在社會環境的重要影響。

Eysenck 對於遺傳的重視，是相當堅持的。1995 年國際心理學會第五十三屆年會在台北舉行時，他受邀作主題演講。他的講題是「跨文化心理學與心理學的普同化」（Cross-cultural Psychology and the Unification of Psychology）。在演講中，Eysenck 首先指出心理學之所以未能達到普同化，乃是因為(1)某些「假科學」（pseudo-science）如存在主義、詮釋學、精神分析學所造成的困擾；(2)實驗研究和相關研究的衝突；(3)研究資料來源的高度選擇性，研究者多以美國大學生或動物為對象。Eysenck 指出的另一個問題則為環境論和遺傳論之爭，事實上這兩方面的因素總

是同時存在的，重要的是兩者的作用各有多少，其交互作用是怎樣的。一直到最近，心理學者，特別是美國心理學者，傾向於使用環境作用來解釋所有實徵研究的結果。Eysenck 不贊同這樣的做法，他指出已有許多研究顯示遺傳的生理因素對人類行為的影響，而若干跨文化的研究結果，都給予支持。他並引用了 Licero 的話：「社會習俗不能征服自然，因為自然是永遠不會被征服的」。Eysenck 特別提出許多研究的結果，強調遺傳對性別差異、犯罪行為和人格類型的影響（Eysenck, 1995）。

3.異常行為及其處理

Eysenck 對於異常行為的形成及其治療和處理的意見是和他的人格理論密切關聯的。他同時採用了遺傳和學習的觀點，認為一個心理不健康者所表現的症狀或不良適應情況，是和他的人格特質及神經系統功能有密切關聯。Eysenck 認為一個精神官能症患者的病徵，乃是他的神經系統和其某些產生恐懼反應的經驗所共同形成的，比如有一個神經質和內傾性分數很高的人，如前面所述，他的神經系統激發水平偏高，通常輕微的刺激，也可能引起他頗為明顯的心理及神經的反應。若是他不巧遭遇到一番經驗，使他接觸到某項具有威脅性或危險性的刺激，引起他強烈的情緒反應，就很可能形成某種不健康或防衛性的行為反應。換句話說：當事人基於遺傳和生理因素的人格特質，乃是其不良適應的先存因素（predisposit）。

Eysenck 在異常行為的病理分析，雖然是以其人格類型論為出發點，但是在該類行為的處理方面，卻是以學習論為基礎，崇尚行為治療的原理。他認為個人的激發水平因有其遺傳和生理的背景，但外在事物是否具有威脅或傷害性，乃是習得的。凡是習得的行為反應型式，都可以經由再學習而予以消除（unlearned），或是經由重新學習建立一套良好的適應方式以為替代，這就是行為治療的基本概念。

根據同樣的觀念，那些具有反社會人格（anti-social personality）

者乃將會具有較高的神經質、較高的外傾性,以及較高的精神病
質。他們的激發水平很低,常需要較強烈的刺激來滿足其需求,
同時他們學習接受社會規範的意願很低,因此行爲治療對他們的
效果常不顯著。

三、對 Eysenck 理論的評議

Eysenck 理論的廣博性

　　Eysenck 著述很多,他的理論所涉及的範圍和其研究的領域
十分廣博。除了在人格的個別差異和行爲改變的原則之外,他並
曾致力於遺傳學、教育學、美學、犯罪行爲、精神病理學、政治
學等方面的研究,他的立論主要是以人格的生理基礎爲重心。一
般說來 Eysenck 沒有充分論及環境所產生的各種影響,他認爲人
格特質論事實上已經隱含地承認環境的作用,因爲各種不同人格
的人,會選擇不同的環境去表現和發展他們的特質;比如一個外
傾性高的人會選擇在人群中或熱鬧的場所從事各種活動,而偏向
內傾者則寧願寄身在比較偏僻或安靜的地方去埋首工作。環境不
是基本因素,它乃是人們事先就存在的好惡系統作用之結果
(Eysenck & Eysenck, 1985, p.35)。這種說法固然也言之有理,
但不能解釋那些非自動選擇而卻明顯地對人格發展有影響的環境
(Ryckman, 1993, p.327)。比如在公務人員考試以後,一個內傾
性高的人可能被分發到大都市中活動頻繁的某個機關,擔任聯
絡、主持節目的任務;而一個外傾性強的人,卻可能被分發到偏
遠地區的某單位,擔任研究性的工作。

　　Eysenck 的研究經常會使用到他所編的測驗,立論也常是以
測驗的結果爲依據,因此頗爲明確,而且是可以驗證的。

　　Eysenck 認爲人格的基本特質乃爲三個向度——外傾性、神
經質和精神病質。從人格架構來說,這是非常精簡的。不過有些

學者認爲僅此三向度，並不能適當地描述人格的全部功能；似乎還有另外一些特質，是在此三向度之外的（Gray, 1990）。Eysenck 也同意這點，不過他認爲那些特質，不容易正確地測量出來，同時也無法量度它們和生理功能的關係，不如先把重心放在現有的三個向度上再說（Eysenck & Eysenck, 1985, p.74），和 Cattell 的意見相比，Eysenck 的人格架構理論似乎令人有「無乃太簡」之感。

Eysenck 在學術上的貢獻，是心理學界所肯定的；尤其他所秉持的認眞研究態度，很受人敬重。雖然他大部分的研究是在英國和歐洲地區進行的，但各國學者對他的研究成果，都相當熟悉且十分重視。他所編的《Eysenck 人格量表》（Eysenck Personality Invertory, EPI）已被譯爲多種語文，在許多國家應用，包括我國和中國大陸在內。

不過 Eysenck 的個性很強，他對於其所用的研究方法和所得結果相當堅持，不很容易接受他人的意見。對於他認爲不符合科學與實驗精神的理論，更是予以嚴厲的批評；心理分析學幾乎是他無法容忍的對象，直稱之爲「假科學」（Eysenck, 1995）。他這種過分堅持己見，不能適當地重視他人的貢獻，可能是他未能獲得舉世心理學界一致推崇的重要原因（Buss, 1982; Loehlin, 1982）。

貳 ☞ Raymond Barnard Cattell 的人格理論

一、Cattell 的生平簡介

Cattell，1905 年出生於英國 Staffordshire 城。就讀倫敦大學時，初習化學，畢業後繼續進修心理學，於 1929 年獲博士學位。

在求學期間，曾擔任名心理學家 Charles Spearman 之研究助理，對 Spearman 所提倡之因素分析法（factor analysis）極有興趣，這對於他以後在人格和能力方面的研究，有重要關係。

在另一方面，Cattell 對於行為動機的看法，頗受另一英國社會心理學者 William McDougall 的影響，後者倡「本能論」，並假定人類的社會行為是基於七種本能：厭惡（repulsion）、好奇、逃避、爭鬥、自卑、自我肯定、撫養子女等。Cattell 在分析人類的動力特質，為其所析出的十種「爾格」（erg）命名時，就採用了和 McDougall 相同的若干觀念。

Cattell 在完成其學業之後，曾在英國擔任兒童心理指導中心主任。這一段臨床工作的經歷，使他有機會接觸並應用心理分析的理論，對 Freud 的若干觀念，也能接受，並將之融入他自己的理論之中。

1937 年，Cattell 赴美，先到哥倫比亞大學協助學者 E. L. Thorndike 進行研究工作，旋即在 Clark、Harvard、Duke 等大學任教。1944 年應伊利諾大學之聘，在該校任教二十七年，直到 1973 年退休為止。然後他往科羅納多州 Boulder 城，在那兒成立了「道德及自我實現研究所」（Institute for Research on Morality and Self-Realization）。

1977 年，Cattell 應夏威夷大學 Manoa 校區心理學系之邀，往該校講學。目前他是 Forrest 專業心理研究所的心理學教授，正在推廣新興的「超越原理」（Beyondism）──一種以科學研究為基礎的新道德學。

Cattell 的著述很多，在其從事學術研究的六十年中，他出版近四十本書，超過四百篇研究論文（Ryckman, 1993, p.252）。其在 1946 年所出版的《人格的描述和測量》（Description and Measurement of Personality）中，陳述他的基本理論和研究資料，希望藉以鼓勵人們在人格方面多做認真、實徵的研究。他的《人格與學習理論》（Personality and Learning Theory）兩冊鉅著，先後於 1979、1980 年出版，在該書中，Cattell 致力於綜合其早年的

Raymond Cattell

理論和研究成果，並發表一個廣延的人格發展理論，將生物性和
環境的影響都包含在內，很受人重視。

二、Cattell 人格理論要義

㈠人格的定義

Cattell 認為：「人格是可以容許我們預測一個人在某一個情境中將表現的行為，人格研究的目標就是要建立有關不同的人，在各社會和一般環境下將會做些什麼的法則」（Cattell, 1950, pp. 2-3）。

㈡人格特質的分類

Cattell認為特質（traits）是人格結構的基本元素。由於特質的存在，人們的行為會在不同的時間和情境之下呈現出比較恆定、一致的型式。關於特質的分類，Cattell 有下列幾種區分的方式。

1. 表面特質（surface traits）和潛源特質（source traits）

這是Cattell一個特殊的分類方法，他認為有許多行為，從表面看去，好像是具有相同的性質，但是實質上這些行為的消長變化，彼此之間並沒有相互的關係。這些行為的表現，也不一定是基於同樣的原因，比如有人為了要和某些顯要接觸而經常參加宗教活動；又為了減少賦稅而拿出許多錢來成立宗教性基金會，同時他還為了減肥而常吃素食。這些從表面看似有關聯的行為，卻是由於不相同的原因；就只能算是表面特質了。至於潛源特質有關的行為則是相互有關聯，它們的增長變化是有連帶關係，是基於相同的原因，共同形成其人格獨立的一面。例如有人，在用錢上顯得節省；在紙張等消耗品的使用上，也不肯浪費；經常關緊漏水的龍頭和關熄無人使用的電燈。這些表現在三方面的行為，

卻是基於同一個潛源特質。

2. 本體特質（constitutional traits）和環境形成的特質（environmental-mold traits）

　　本體特質是指那些由生物性因素所決定的特質，是與生俱來的；而環境形成的特質則是基於後天環境因素（包括教養方式、社會文化因素等）。Cattell 曾經提出一個複雜的統計方法，稱爲「多元抽象變異分析」（multiple abstract variance analysis, MAVA）來分析各種特質中遺傳因素和環境因素分別影響的程度。他的方法是選取各種遺傳接近程度的兒童，包括同卵雙生子、一般兄弟姐妹、無親屬關係兒童等幾類，每一類的兒童均含有「在相同環境生長」和「在不同環境中生長」兩種情況，然後再來比較一種特質在這些兒童之間的差異，以探求遺傳因素和環境因素對各該項特質的相對影響。例如假定在相同環境中生長的同卵雙生子之智力分數相關爲 0.87，而在不相同環境中生長的同卵雙生子之智力分數相關爲 0.74，那就表示智力主要是基於遺傳的作用；不同環境所產生的變異很小。

　　應用 MAVA 來進行分析，比起其他方法更能明確地探知遺傳和環境因素對各種特質發展的影響，這些資料對於教育和臨床輔導工作有重要的幫助。如果我們確知某種特質的形成，主要是由於遺傳的作用，那麼企圖利用一般的治療和輔導方法去改變它的效果，將會是很低了。

3. 能力特質（ability traits）、氣質特質（temperament traits）和動力特質（dynamic traits）

　　能力特質乃指一個人在應付某個情境的複雜時所運用的技巧。照 Cattell 的分類法，智力就是能力特質之一，他並將智力分爲兩類：一爲流動性智力（fluid intelligence），乃指與生俱來的能力，也就是「大多是在一個未曾學習並有新資料的情境中出現的能力」（Cattell, 1982, p.432）。另一類則是結晶性智力（crystallized intelligence），乃是「將流動性智力應用在文化學習中」

的結果（Cattell, 1982, p.432），也就是一個人在社會學習和學校教育中，應用其先天的智力去解決問題時的產物。Cattell 認爲我們常將結晶性智力當作是智力的全部，也就是傳統的智力測驗所測量的。爲了要糾正這種過於單純的想法，Cattell 發展出《文化公平性智力測驗》（Culture Fair Intelligence Test），內容是一些不受文化學習和訓練影響的題目，用來測量先天的、流動性智力。

Cattell 認爲一個人的流動性智力在出生後，會隨著年齡逐漸增加至十八歲時爲止；然後緩緩降低，以至於老年。結晶性智力是經由運用先天智力去學習所累積起來的，會隨著歲月一直增長（Cattell, 1987, p.118; Ryckman, 1993, p.264）。

氣質特質也是一種本體潛源特質。它決定一個人情緒反應的情況，包括反應的速度和強度。

論及動力特質時，Cattell 又再將它們分爲爾格（erg）、情操（sentiment）和態度（attitude）三項，也可以說是三個層次。「爾格是一種與生俱來的心理生理的傾向，它會使當事者對某些事物比較容易產生反應（注意、認識），對那些事物產生某種情緒反應，並引起一套行動，在達到某一個目標時會比在達到任何其他目標時，更會完全停止」（Cattell, 1950, p.199）。例如：親情爾格在兒童啼哭時就會發生作用，而在將兒童照顧妥貼時獲得滿足。其他基本的驅力包括有獲取食物、求偶、探索以獲得等（Ryckman, 1993, p.272）。

Cattell 將態度定義爲：在某種情境下，對某種事物採取某種行動的特殊興趣（Cattell, 1965, p.175）。態度和爾格同樣是一種動力特質，可以推動個體表現某種行爲作用，只是態度是在環境中習得的。Cattell 認爲態度是環境刺激和其所引起外在反應之間的假設性建構。爾格和情操則是由態度經過因素分析所推論而得的。

情操是經由與環境的事物接觸所形成的一些動力特質，它一方面是基於某些爾格作用，使那些先天生物性的驅力和社會環境

中的某些人或事物聯起來，透過那些人或事物來滿足其基本需求，如是乃使個體對那些事物具有比較注意，及表現某種情感和行為反應的傾向。Cattell 認為情操大都集中在個體事業、宗教、感情對象……上，比如忠誠、孝順……等特質。另一方面情操會形成一些具體的態度，以期能將個人情操具體地表現出來。

　　Cattell 假定這些動力特質是在個體的認知和動機結構中以複雜的形式組織起來，形成一個「動態架構」（dynamic lattice），如圖 9-3 所示（Cattell, 1950, p.158）。事實上圖 9-3 所顯示的只是某一個假設人物的特質關係架構之一小部分，但已能察見其間錯綜複雜的交互關係。在圖的右邊，所列是爾格，也就是那些與生俱來的驅力。中間是情操，都是和爾格有關聯的一些社會性事物，左端則是一些態度，例如一個人對於繳稅的態度，常是和其對銀行存款及對國家的情操有關係的。Cattell 並利用了 Murray 的「附屬」（subsidiation）的觀念，來說明特質之間錯綜複雜的關係，某些特質控制了或引起了另一些特質的出現。例如要立志成為圍棋名人，必須先拜圍棋的前輩國手為師，恭謹地執弟子之禮向他求教。在這裡拜師求教是由於追求成就的緣故；也就是說求教的動機是附屬於其成就的動機。顯示特質的出現，其間常有先後次第的關係。某種特質必須先存在，另一種特質才會產生或出現（Ryckman, 1993, p.273）。Cattell 認為我們不僅要知道如何去描述和測量一個人所具有的那些特質，而且應當了解它們之間的交互關係（Cattell, 1950, p.156）。Cattell 相信，要了解其中關係，我們得詢問當事人，為何他會表現某種習慣或特質？雖然當事人可能並不知道其中的究竟，或者會為了要保護自己而有所歪曲；但通常他會正確地描述那些特質相關聯的情形（Ryckman, 1993, p.273）。

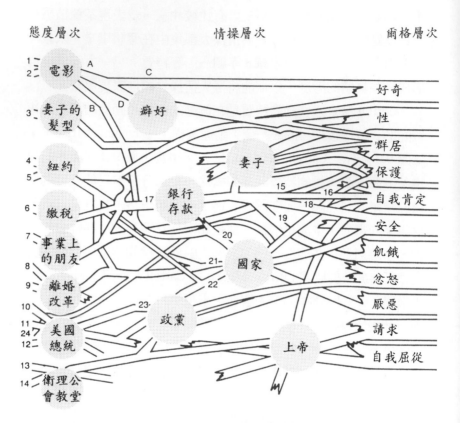

圖 9-3 動力特質關係圖

　　採自 Cattell, R. B. (1950). Personality: A systematic theoretical and
factual study. New York: McGraw-Hill.

㈢特定行為分析方程式（Specification equation）

　　由於特質論者強調特質對行為的作用具有恆定性和一致性，
他們常受到的批評就是忽略了情境因素對於行為的影響。Cattell
為了應付這些批評並補救特質論的缺點，就提出了行為生態理論
（ecological model）。主要是認為人類的行為乃是特質和情境二
者之間一種複雜而微妙的交互作用之結果。如是他建議用一個詳

細的方程式，將各種特質對某項行為的作用以及環境因素的影響
都詳細地列舉出來，以期能對該項行為的表現作適當的預測。

方程式如下：

$$Pj = sjaA + sjtT + sjeE + sjmM + sjrR + sjsS$$

在上式中，

Pj 指當事人在情境 j 中所表現的行為。

A 為能力特質，行為表現的水準。

T 為氣質特質，指當事人的行為型態。

E 為爾格驅力，第一層次的動力特質。

M 為情操，第二層次的動力特質。

R 為當事人在情境 j 中所扮演的角色（role）。

S 為當事人在當時的情感及身體狀況（state）。

s 為指在情境 j 下的加權係數，顯示該情境對各變項之影響。

由於公式中的許多變項還需要經過大規模的研究才能確定其
數值，因此目前尚不能有實際的作用。但由式中所列已可看出其
複雜性。同時也可看出：Cattell 雖然為特質論者，他並沒有忽略
情境因素對個體行為的影響。而且他連當事人在當時的身心狀態
以及其所扮演的角色均都考慮在內，其設想的周詳，可見一斑。

四資料的來源

Cattell 對於人格的研究，主要是應用測量和統計分析，他常
從三方面去取得其所需要的資料：(1) L 資料：乃指一切生活紀
錄：包括健康紀錄、學業成績、行為紀錄，以及教師或其他人對
當事人的觀察及評量紀錄。(2) Q 資料：指當事人在各項問卷或量
表上對其本身所作的評量，也就是他自己主觀的觀察。(3) T 資
料：指經由客觀的測驗或實驗所取得的資料，也就是當事人在某
些控制情況下所表現的行為。利用這三方面的資料，自然是比較

完整了。Cattell 應用的方法是因素分析法，按理說同一個人在這三方面資料所包含的因素應當是一致的，不過事實上並不完全相同，這可能是人們平日在觀察別人行為和評量本身行為時所用的方式不完全一致的緣故。

Cattell 經由上述資料進行因素分析所得結果，就是有名的《十六種人格因素問卷》（Sixteen Personality Factor Questionnaire）簡稱為「16PF 量表」。其中前面的十二個因素是在 Q 資料和 L 資料中均有的，後面的四個因素則只出現在 Q 資料中，而不存在於 L 資料中。整個量表的內容有如表 9-1。

表 9-1　Cattell 十六種人格因素問卷所含因素

低分時的表現	因素	高分時的表現
內向的	A	外向的
智能較低	B	智能較高
情緒性	C	情緒穩定
謙遜	E	自負、自我肯定
冷靜	F	樂天的
圖方便的	G	謹慎
害羞	H	勇敢
剛硬的	I	溫柔的
信任	L	懷疑
現實的	M	想像的
直率的	N	狡慧的
鎮靜	O	憂慮
保守	Q1	趨新
受團體左右的	Q2	自由自在的
隨便的	Q3	拘謹
輕鬆	Q4	緊張

16PF 量表在美國應用頗廣，該量表曾經劉永和教授編譯並修訂適於國人之用，由開明書店出版。但就所知，應用似不普遍。劉氏亦曾將該量表介紹至中國大陸，並由大陸心理學者協助制訂

常模，至於其應用情形，則不知其詳。

㈤學習作用

Cattell 對人格形成中的學習作用，分為三種情況：古典制約學習、工具式制約學習和綜合的學習（integration learning）。

在古典式制約學習中，原屬中性的刺激因多次和引起某種反應一道出現，久之也會具有引起該種反應的作用。許多逃避或恐懼的行為可能是這樣形成的。Cattell 認為這類學習在若干無意識的學習，和具有深隱和強烈情緒色彩反應的形成中有其重要性。比如某生在學校裡常受年長的同學欺侮，並且還威脅他不得報告教師，如是他乃視上學為畏途，將學校看成可怕的地方。

工具性制約作用和人格發展的關係，是更易於明瞭的。個體在表現某種行為後，獲得了酬賞（或達到了他的目的），如是該項行為乃得到增強，出現的頻率，因而增強，進而成為當事人習慣性的行為。Cattell 認為此類學習和前述動力特質的「動力架構」之形成，有重要關係。比如某女孩幼年時媽媽鼓勵她學習鋼琴，每次練習後，都獲得媽媽的稱讚。以後她在學校裡也常被老師安排在許多場合中表演，如是乃加強了她對鋼琴的情操。連帶著將促成她對於音樂的態度，如特別喜歡某些樂曲或某位音樂家的作品。

綜合的學習是 Cattell 所提出的一個概念。他認為雖然我們在過去經驗中，習得了對於某些事物的正面或負面反應傾向，但在某一個情境下，我們還要權衡整個局面，而去抑制某些爾格的驅力或以其他驅力替代，而使另一些驅力獲得表現，取得滿足。Cattell 指出這正是成熟的表現，使當事人能排除一些暫時的驅力作用，而為某一個目標努力，獲致較高層次的成就。

另外 Cattell 還提到兩種學習的情況：一是透過學習改變爾格的目標和達成目標的途徑；一為在學習歷程中，除去一些不必要的步驟，以節省能量（Hall, Lindzey, & Campbell, 1998, p.336）。

三、Cattell 理論的評議

在摘述Cattell氏的理論和研究成果以後，我們可以試著評論他對於人格心理學研究的貢獻。

㈠學術研究的貢獻

1. Cattell研究範圍至為廣博：在當代的心理學家中，Cattell研究的成果，可以說是極為豐碩的，他曾出版四十本專書和超過四百篇研究報告，其所研究的範圍甚廣，「涉及到人格心理學中我們所列舉的每一方面」（Pervin, 1993, p.300）。他曾論及人類行為的各種現象，包括正常的和異常的行為；也深入探討生物因素和社會文化因素對於行為的影響。Cattell 充分了解人類行為動機的複雜性，他雖不排斥雙變項的實驗研究（bivariate experiment），但認為多變項的研究是更適當的，因而極力倡導後者。Wiggins（1984）也強調：「Cattell的理論看來是遠比一般人所了解的有更動人的成就。」

2. Cattell的理論是以明確的統計資料為基礎：在所有的人格理論中，Cattell 最致力於應用明確的測驗結果來建立其理論。他應用複雜的因素分析方法來確定他的概念，所以能不流於空泛；但在另一方面，卻顯得很精簡，因為他利用因素分析發現了正常行為和異常行為的主要潛源特質，同時他那「行為生態理論」也提供了若干概念，來說明環境因素對於行為的影響。

3. Cattell 的研究成果對於臨床研究和工商心理學的貢獻：Cattell 在心理計量的成就，是罕有其匹的。他所編訂的測量工具很多，對心理疾病的診斷與治療效果的評量，極有幫助。同時在職業輔導方面，從職業的選擇以及人員的甄試，都可提供有價值的資料。

(二)影響未能深遠的原因

　　由上述可以看出其具體的貢獻。然而雖然有這些正面的敘述，Cattell 的理論並未對心理學界的思想和研究發生重大的影響。考其原因，可能有下列數端：

1. Cattell的研究報告，常是充滿了許多統計資料，偏重技術性；而且他喜歡應用一些新的字詞，看起來頗為艱深，因此不大受歡迎。

2. Cattell經常應用因素分析方法，那固然是相當客觀而明確的統計方法，但是也有人認為因素分析所運用的資料，仍然是由研究者放進去的，並不能完全免除研究者偏見的影響。若是所蒐集的資料不適當，更可能遭受「進去的是垃圾，出來的仍不過是垃圾」之譏。

3. Cattell的研究工作，相當認真，因此他對自己努力所獲得的成果，難免有過分珍視傾向。相對地，他對於其他學者的研究，就沒有給予適當的重視和注意，這樣自然會影響別人對他的反應。

4. Cattell一直致力於人格特質的探究。直到晚近，才將環境因素的影響納入到其對行為預測的公式裡。對於那些強調環境因素的學者來說，Cattell 的態度是很難受到歡迎的。

參 ☞ 人格五因素論

一、「五因素論」（Five Facter Model, FFM）的出現及其發展

　　Allport、Cattell 和 Eysenck 雖均爲特質論中的巨擘，但是在人們究竟具有多少特質這個問題上，並沒有一致的答案。Cattell 運用因素分析的結果，得出十六個因素，因而編訂了《十六種人格因素問卷》（Cattell, 1965）。Eysenck 卻只分析出三個向度。Allport 在人格特質的數量上，則未曾提出意見；不過他曾以習用的語詞著手進行研究人格特質的方法（Allport & Odbert, 1936），卻爲近年的研究者開啓了一個探索的途徑。

　　首先，Cattell 就將 Allport 和 Odbert 由字典所選出的四千五百個人們常用來描述一致而穩定的人格特徵字詞，歸分爲若干語群後，再由其中選出一百七十一個特質名詞，以此進行因素分析，爲發展其《十六種人格因素問卷》之基礎。隨後 Norman（1963）再就 Allport 和 Cattell 的資料蒐集大量成年人相互評定的結果，作因素分析，得出五個主要的人格因素：是爲 Surgency（外向、活躍）、Agreeableness（友善）、Conscientiousness（謹慎、負責）、Emotional Stability（情緒穩定性）和 Culture（社會性）。

　　其後許多研究者相繼發現五因素論似能涵蓋成人們在評定他人時主要的特質（Digman, 1990; Goldberg, 1990; McCrae & Costa, 1987; Noller, Law, & Comrey, 1987），雖然在特質名稱上不完全一致。Goldberg（1981）並建議：今後凡是討論到人格的個別差異時，應當將這五個大向度包含在內，如是人格「五大因素」

（Big Five）之論，就漸漸傳開了。

　　對五因素論鼓吹最力的應推 Paul Costa 和 Robert McCrae 兩位。他們在 1985 年發行了《NEO 人格問卷》（NEO Personality Inventory，簡稱為 NEO-PI），NEO 的命名乃是因為他們最初編訂的問卷，只包含了神經質（Neuroticism）、外傾性（Extraversion）和開放性（Openness）三個特質的評量，乃以此三字的第一個字母為名。後來又加上「友善」和「謹慎」兩個因素，以配合五因素論。該量表有一百八十一題，由受試者依五點量表方式填答。研究結果顯示：NEO-PI 不但和 Eysenck 及 Cattell 所編量表有很高的相關，同時也和另一些以其他理論為基礎或用其他方法實施的人格評量工具有適度的相關。因此 McCrae 和 Costa（1990）曾強調：應用 NEO-PI 去評量五因素，乃是描述人格基本向度必要而充分的途徑。

　　目前一般採用神經質、外傾性、開放性、友善和謹慎五個向度。湊巧五個字的英文第一個字母連起來正好是大家都認識的「OCEAN」，挺容易記的。Costa 和 McCrae 在他們所編量表的手冊裡（1985），對這五個向度有極詳細的描述（表 9-2）。

　　雖然對五因素論贊同的人不少，但是大家研究所得的結論並不完全一致；特別是因素的命名方面。這乃是因為大家研究時都採因素分析法，因素分析固然是很好的方法，但它所得的結果會因研究者所使用的工具以及其所取的樣本互不相同而有差異。同時所得因素的命名，完全是由研究者來決定，因此在這一方面的結果有些出入，是在預期之中的。

　　1992 年 Costa 和 McCrae 又編了《NEO-PI-R》，取代原有的《NEO-PI》，在新量表中，每一個特質因素又分為六個「方面」（facet）或分量尺，各有八題，全量表共二百四十題，都是五點量尺作答的型式，其各因素所分的六方面可見表 9-3：

表9-2 人格五大因素各量尺的說明

高分者的特性	特質量尺	低分者的特性
	神經質（N）	
多愁、緊張、情緒化、不安全感、自卑感、慮病	對適應良好—情緒不穩定的評量，能鑑定具有心理抑鬱，不切實際的理念，過度的慾求和衝動，不健全的因應反應等傾向的人	安靜、放鬆、不易情緒化、堅強、有安全感、自我滿足
	外傾性（E）	
主動、長於社交、喜歡說話、樂觀、熱情	對人際交互作用的量及強度之評量，對活動水平，刺激需求，歡樂的能量等的評量	保守、清醒、文靜、冷淡、工作取向、缺少活力、退縮
	開放性（O）	
好奇、興趣廣泛、創造性、獨特性、富想像力、非傳統性	對於主動追求經驗和體認經驗的評量；對於陌生事物的容忍和探索能力的評量	從俗性、重實際、興趣狹窄、缺乏藝術性、缺乏分析傾向
	友善性（A）	
心地善良、宅心仁厚、可信靠、樂於助人、正直	衡量一個人在思想、情感和行動上從同情到反對的連續向度中的人際取向之程度	好批評、粗野、多疑、不合作、具報復心理、殘忍、易於激動、好支使他人
	謹慎性（C）	
按部就班、可信賴、努力不懈、自我約束、守時、一絲不苟、整潔、有雄心、有毅力	衡量一個人的組織性、堅毅性，以及目標取向行為的動機	漫無目的、不可信賴、懶惰、不細心、散漫、意志薄弱、好逸樂

表 9-3　NEO-PI-R 包含的人格特質及其分量表

主要因素	神經質	外傾性	開放性	友善性	謹慎性
分量表	焦慮	熱心	幻想	信賴	按部就班
	憤怒—敵視	樂群	尚美	坦誠	責任心
	抑鬱	肯定性	重感受	愛人	勝任感
	自我意識	樂於活動	活動	順從	追求成就
	衝動性	追求刺激	有理念	謙卑	自我約束
	易受襲性	正面情緒	價值觀	慈愛為懷	從容

　　照這樣的安排，每個受試者在接受 NEO-PI-R 後，就可以得到三十個分數，其答案紙可由機器計分，並利用電腦程式作解釋，堪稱方便。

二、五因素論的普遍性

　　Goldberg（1990, p.1216）曾經提出「基本語詞假說」（fundamental lexical hypothesis），認為在人際交往中所呈現最重要的差異，會在世界上某些或所有的語言中，形成共通的詞句。果真如此，我們當可期望一些相同的基本特質詞句會出現在所有語言之中。近年來學者們檢視在各種語文中有關的研究，包括德文、日文、中文等，發現頗能支持基本語詞假說（Digman, 1990; John, 1990）。

　　楊國樞和彭邁克（1988）為了驗證五因素論的跨文化性，乃利用一百五十個中文的人格特質形容詞，請約二千位台灣大專學校學生，用四點量尺方式分別評量父親、母親、最熟悉的老師、最熟悉的鄰居、最熟悉的一位同性朋友，和自己，將所得資料進行因素分析後，「主要地發現下列五個性格向度：⑴社會取向或

自我中心（Social Orientation—Self-Centeredness），(2)有能力或無能力（Competence—Impotence），(3)表現性或保守性（Expressiveness—Conservatism），(4)自制性或衝動性（Self-Control—Impulsiveness），及(5)樂觀性或神經質（Optimism—Neuroticism）。」在和 Cattell 及 Norman 所得結果相比較之後，楊彭二氏的結論是：「本研究從中文性格形容詞入手所獲得的性格知覺因素，與西方學者從英文性格形容詞入手所獲得的性格知覺因素，互有粗略相似之處，但同時也互有顯著不同之處。亦即是說，中國人描述他人及自己性格所採用的基本向度，在內涵上顯然有不同於西方人描述他人及自己性格所採用的基本向度。」（1988, pp.183-184）。楊彭二氏同時也指出：「當所描述對象的目標或參考人物一旦改變，性格知覺的突現與否及其相對強度（所能解釋之總變異量的百分比）即會隨之改變」（1988, p. 181）。在西方學者強調五因素論的普遍性時，楊彭二氏的研究結果，實極具重要性。這些結果正可以提醒人格特質研究者：雖然大家都會注意到：「人格的特質及其發展會受到社會文化的影響，但對於人的知覺（person perception）以及有關的個別差異之描述，也會受到社會文化影響的事實，卻未曾給予同等的注意。才會認為從英文人格形容詞入手，所獲得的人格特質知覺向度是具有泛文化性。事實上那並不是放諸四海皆準的通則。」

楊國樞（1996）甚至認為他和 M. Bond 的研究結果「尚不能視為中國之基本性格向度與結構的正式檢定」，因為他們所採用的「詞單」的本土性不夠。他並相信：「如果改用更有本土性和代表性的形容詞單，所獲得之中國人性格的基本向度及結構，與美國人性格之基本向度及結構的差異應會更大。」

秉著鍥而不捨的精神，楊國樞於 1996 年擬訂了「中國人之基本性格向度、結構、及效應的系統性研究」三年研究計畫，進行四項實徵性研究：

(1)中文性格特質形容詞的屬性分析。

(2)中國人之基本性格向度與結構的檢定。

(3)本土的與外來的基本性格向度與結構的異同。

(4)本土的與外來的基本性格向度之預測效度的比較。

　　楊氏這個系統性的研究計畫，即將在 1999 年完成，其研究結果將對「人格五因素的普遍性」問題，提出確切的、驗證性的答案。更重要的是將可對中國人人格的基本向度和結構，提供極有價值的資料。我們當拭目以待。

問題討論

1. Eysenck 提出了哪些人格向度？
2. Eysenck 的理論中，如何解釋內傾者與外傾者的人格特質？
3. Eysenck 認為異常行為應如何處理？
4. 為什麼 Eysenck 不贊同心理分析學派的理論？
5. 請分別說明 Cattell 所提出的「表面特質」與「潛源特質」。
6. Cattell 將「智力」分為哪兩類？其內涵分別是什麼？
7. Cattell 認為可由哪些方面取得人格研究所需要的資料？
8. 所謂人格的五大因素是指什麼？

第十章

行為學派的
人格理論

壹、行為主義的倡導者——John B. Watson

貳、Pavlov 的古典制約理論

參、Skinner 的操作制約理論

一、Skinner 的生平簡介

二、Skinner 的人格理論要義

㈠人格的結構

㈡行為的動力

㈢人格的發展

㈣異常的行為

㈤行為的評量

㈥行為治療

肆、John Dollard 和 Neal Miller 的人格理論

一、Dollard 與 Miller 的生平簡介

二、一個具有啟示的實驗

三、Dollard 與 Miller 的人格理論要義

㈠學習的四個要素

㈡重要的訓練情境

㈢有關衝突的理論

㈣「潛意識」的意義

㈤精神官能症的形成與治療

伍、行為學派理論的評議

☞ **本章主旨**

　　在本章中，先對行為主義的倡導者 J. B. Watson 做了簡單的介紹，然後分別說明了 Ivan Pavlov、B. F. Skinner 和 John Dollard 及 Neal Miller 的理論，他們的研究都是以可進行客觀觀察的行為為對象，並用實驗方法探討動物及人類的學習歷程。

　　Pavlov 在古典制約作用方面所進行的實驗，是讀者們最熟悉的。那也是動物和人們一個極重要的學習模式。從簡單事物的制約到複雜的情緒行為，都是經由這個模式習得的，類化和區辨作用的事例，生活中俯拾即是。

　　Skinner 應用操作制約的歷程，闡明了增強作用與行為的關係，也強調環境情況對行為的鉅大影響。動物在馬戲團裡表演的複雜行為，可經由「逐步漸進」的程序「塑成」，使他冀望一個烏托邦式的社會，也可能在精密設計的增強系統下建立起來。雖然他曾受到許多批評，但並沒有稍減人們對於他終生致力於學術研究的崇敬。

　　一般人或以為心理分析學派和行為學派的理論是極端對立、互不相容的，可是在 Dollard 和 Miller 的努力之下，發現心理分析論的許多概念，和利用學習原理進行研究所得結果是一致的。他們對於衝突的理論，也是常被述及的。

　　所有的行為都是習得的。這是行為學派學者共同的信念。

壹 ☞ 行為主義的倡導者──John B. Watson
（1878-1958）

　　Watson是行為主義的倡導者，他反對當時心理學界習用的內省法，認為應以可經由客觀觀察的行為作為研究的對象。他在芝加哥大學就讀時，選習了神經學、生理學等學科，並進行了許多動物生理和動物行為訓練的研究。1908 年應聘至 John Hopkins 大學任教，1914 年出版了《行為學》（Behavior）一書。而其最具影響力的論著，《行為論者觀點的心理學》（Psychology from the Standpoint of a Behaviorist）則係於 1919 年出版。他的論點影響了其後半個世紀心理學的發展。1915 年曾被推舉為美國心理學會會長。

　　Watson 於 1919 年離婚，隨即與其學生 Rosalie Rayner 結婚，因而被 John Hopkins 大學停聘，乃投身至一廣告公司任職，應用其心理學知識，為商業公司推廣業務，頗獲成功。他使美國公私機構允許工作人員每日有一段「咖啡時間」，稍作休息；同時也為出產咖啡的 Maxwell House 賺了一大筆錢（Hunt, 1993）。1924 年他出版了《行為主義》（Behaviorism）一書。他對學術界的貢獻，也就告了一個段落。

貳 ☞ Pavlov 的古典制約理論

　　凡是接觸過心理學的人，對於俄國生理學家 Ivan Pavlov 在古典制約（classical conditioning）的實驗研究，大都耳熟能詳。那

個看來「無啥稀奇」的實驗，卻是學習心理學上一個重要的里程碑。

狗在進食時會產生唾液的分泌，那是自然的、不需要學習的反應，或稱「非制約反應」（unconditioned response, UR），鈴聲通常是不會引起唾液反應的。在實驗中，Pavlov 先使狗聽到鈴聲，然後給予它食物。經過幾次以後，祇要鈴聲響起，狗就開始有唾液分泌出來，如是鈴聲就成了「制約刺激」（conditioned stimulus, CS），而由鈴聲所引起的唾液反應就是「制約反應」（conditioned response, CR）。它們的關係，可用圖解來表示：

同樣的程序也可以使狗對鈴聲產生負性的反應。例如在狗的腳上裝一個電極，通電時會產生電擊，狗立刻會將腳縮回去，這是一個不需要學習的反射性活動，也就是非制約反應（UR）。如果每次在通電之前，讓狗聽到鈴聲（若是使用前次實驗的同一隻狗，這裡就不能再用鈴聲了），經過多次的重複之後，鈴聲單獨出現時，也會引起狗縮腳的反應（CR）。

這些雖然是人盡皆知的現象，Pavlov 卻注意到這乃是學習的一個重要模式，動物和人對於許多原屬中性事物的正負、趨避反應，就是經過這樣的制約歷程建立起來的。

Pavlov 在其實驗研究中，還發現了兩個重要的現象。當鈴聲經過制約的歷程可以引起狗的唾液反應後，和鈴聲相類似的聲音，也可以產生同樣的效應，是為類化作用（generalization）。曾經被某一隻狗追逐過的小孩，對所有的狗都有害怕的反應；曾經在醫院有過注射疼痛經驗的兒童，見了穿白衣服的醫師都有迴避的反應；都是極常見的類化實例。這表示某一事物成為制約刺激後，和它相類似的事也都會具有相同的作用，學習的效果大大地推廣了。不過我們也跟著發現：類化作用是有其範圍的。當鈴

聲經過制約的歷程能引起動物唾液反應後，仍然還有許多聲音不會有那種效應，那就表示對動物而言，那些聲音和鈴聲是不相同的，也就是說動物能區辨它們。由於動物的區辨作用（discrimination），使它們對其視為不同的事物，表現不同的反應。研究者也常以動物不同的反應來鑑定動物的區辨能力。

由於爸爸是戴眼鏡的，有時幼兒會叫其他戴眼鏡的人為爸爸，那很明顯的是基於類化作用；而他卻不肯讓鄰居老奶奶抱他，就表示他已能區辨老奶奶和自己的媽媽是兩個不同的人了。類似這樣的情況，在人們的生活中真是數述不盡。

再有一個現象，也是很容易了解的。當鈴聲成為制約刺激，可以引起動物的唾液反應後，如果連續多次，只有鈴聲出現而無食物，動物唾液分泌的反應就將逐漸減弱，而至於停止，是為「消弱現象」（extinction）。

我們不妨再綜述一下這個簡單而極重要的歷程：

1. 有機體基於其生理、神經系統的特性，使之對於某特定刺激會產生某種反應，這是沒有經過學習過程的，分別稱為非制約刺激和非制約反應（US, UR）。
2. 原本是中性的刺激，但經常和非制約刺激一同出現，引起非制約的反應。久之，該「中性刺激」單獨出現時，也會引起那個反應，如是此二者乃成為「制約刺激（CS）」和「制約反應（CR）」。
3. 制約刺激形成後，凡是和它相類似的刺激，也將會有同樣的效應，是為類化作用。
4. 制約刺激形成後，和它不相同的刺激，為有機體所能區辨者，就不會引起反應。
5. 制約刺激形成後，若是長久不再和非制約刺激一同出現，它的效應就會逐漸降低，以至於消失。

Pavlov 還進行了一個重要的實驗。他同時向狗呈現一個圓形的符號和食物，使前者形成制約刺激，可以引起狗的唾液反應。接著他訓練狗區辨圓形和橢圓形，即橢圓形出現時不給予食物，

狗對之沒有唾液反應。然後實驗者逐漸將橢圓的圓度增加，使之慢慢接近圓形。開始時狗尚能區辨，但後來它似是無法辨別了，便表現焦躁不安的情況：開始尖叫，用力扭動身體，亂咬繫住它的帶子，以至於狂吠。Pavlov 稱之為「實驗性精神官能症」（experimental neurosis）。意思是和人們遇有衝突或困難時所表現的精神官能症症狀相類似。Pavlov 這個實驗對於精神官能症的形成，確也有其解釋的作用。

古典制約作用是一個很簡單的學習歷程，但是在人類生活中對於事物的反應，許許多多都是經由這樣一個歷程習得的，特別值得注意的是對於他人和事物的情緒反應，如恐懼、恨惡、焦慮……，也常都是源自於一個很簡單的非制約刺激，經過制約歷程，使一個（些）本屬中性的事物成為可怕、可恨……的對象；而後再由於類化的作用，使更多的事物也跟著蒙上負面的情緒色彩，造成個人和社會極大的困擾。Pavlov 經由實驗所給予人們的啓示，是值得我們多加思考的。

自從 Pavlov 倡導以後，對於古典制約的研究和了解大有增加。近年來有一些學者認為，古典制約作用應視為「對事件關係的學習，使機體能對其環境有所了解」（Resorla, 1988）。Libert 和 Libert（1998）也指出：在古典制約中 CS 所提供有關 US 的資料是具有重要性的，不只是 CS 和 US 的成對出現而已。

參 ☞ Skinner 的操作制約理論

一、Skinner 的生平簡介

B. F. Skinner 1904 年出生於美國賓夕凡尼亞州的 Susquehanna 城。父為律師，母親管教頗嚴，但 Skinner 自稱家庭是溫暖安定

B. F. Skinner

　　的。他幼年時很喜歡上學，語文數理各科，都有良好的基礎。他
從小就對工藝有興趣，自己做過風箏、蹺蹺板、小型雪車……以
至於飛機模型等，這和他以後喜歡實驗研究有密切關係。他訓練

動物所用的 Skinner Box，就是他自己設計的（Skinner, 1976）。

Skinner 初至紐約州的 Hamilton College 主修英文，畢業後希望成為一位作家，並曾獲得名詩人 Robert Frost 的鼓勵。隨後他曾往紐約的 Greenwich 村及歐洲居住兩年，終於察覺自己不會成為一位成功的作家，乃進入哈佛大學，改修心理學，因而有機會閱讀 J. B. Watson、Ivan Pavlov 及 E. L. Thorndike 諸氏論著，頗受影響。特別是對 Watson 倡導研究可以針對客觀觀察的行為，否定內省法研究價值的論點，有極深刻印象。不過 Skinner 並不完全贊同 Watson 那麼極端的看法，他認為主觀和內在的經驗，只要是可以客觀觀察和量度的，仍然可以接受（Ryckman, 1993, p. 438）。

Skinner 在哈佛大學完成其學位之後，在 Crozier 實驗室工作了五年，旋往 Minnesota 大學任教。在這一段時間內，出版了他的第一本書《有機體的行為》（The Behavior of Organisms）。後來他到 Indiana 大學擔任心理系主任，但未久即於 1948 年返回哈佛大學任教。國人所熟知的《桃源二村》（Walden Two）也是在那一年中出版。另外，曾成為暢銷書也同時備受爭議的《超越自由與尊嚴》（Beyond Freedom and Dignity），則是在 1971 年發行的，該書在台灣曾有四個中譯本。

Skinner 曾因其學術上的成就，獲得多次頒獎，包括美國總統所頒贈的科學獎章和美國心理學會所頒「卓越科學貢獻獎」。在 1990 年 8 月 10 日美國心理學會又頒贈他「對心理學終生傑出貢獻」獎狀（A Citation for Outstanding Lifetime Contribution to Psychology）。獲獎後八天（1990 年 8 月 18 日）他病逝於美國麻州劍橋城，享年八十六歲。

二、Skinner 的人格理論要義

㈠人格的結構

　　每一個有關人格的理論，都很重視人格的結構，但是行為主義的學者們則比較重視外在環境中的刺激，認為個體的行為都是由外在刺激所引起的反應。反應就是行為的結構性單位，從簡單的反射性反應（如在強光下的瞳孔收縮反應，手碰到火爐縮回的反應）到很複雜的行為（如考試時解題的行為，在股票市場中「買」「賣」作決定的行為）都是。

　　在人和動物所表現的行為中，我們常能察見：有些行為是明顯地由某個（些）刺激所引起的。比如當主人將一個皮球扔出去後，小狗會跑過去將球啣回來；門鈴響時，主婦起身開門。但另有一些行為的出現，並沒有任何刺激的作用，而是有機體自動表現出來的，如嬰兒躺在搖籃裡自己在搖動小手；金魚在魚缸中自行游動等。Skinner 將後一種行為名之為操作性行為（oper-ants）。這些行為的出現並不是由任何特定的刺激所引起，而是有機體的生物特性所引發的。

㈡行為的動力

　　Skinner 主要的研究，是集中在動物的操作性行為上。他提出了「增強」概念，這可以說是 Skinner 理論的核心。當有機體表現某種行為後，如果跟著的某一項事件會使該項行為出現的機率增加，就表示那件事項具有增強的作用（reinforcement）。比如在 Skinner Box 中的老鼠按了槓桿，立刻被給予食物，以後它按槓桿的行為就會增加；在這裡，食物就是「增強物」（reinfor-cer）。在動物的實驗和訓練中，食物是最常用的增強物，也就是

基本的增強物（primary reinforcer）。若是訓練者每次在給予動物食物時，撫摸動物的身體，久而久之撫摸也會具有增強的作用，通稱之為「習得的增強物」（conditioned reinforcer）或「次級的增強物」（secondary reinforcer）。在人類的學習歷程中，次級增強物（如榮譽、地位、獎狀等）的重要性，遠較基本增強物為高。

在訓練動物的過程中，增強時制的安排（schedule of reinforcement）是極具重要性的。在最初訓練的階段中，動物每次表現了訓練者所要求的行為時，就需要予以增強，也就是全部的增強。以後或許就可以採用「部分增強」（partial reinforcement）的方式，如「定時增強」──每隔一定時間給予一次增強，或「定比增強」──動物表現行為若干次以後給予一次增強。通常在實驗室裡，動物（鼠、鴿子等）多能配合這些安排表現它所習得的行為。

比較複雜的是在時間和比例上都不固定的安排，動物獲得增強物的情況是變動的、沒有規則的。在這種安排之下習得的行為，往往極不容易消滅。在實驗室裡，鴿子在啄盤獲得一次增強之後，常會在沒有增強的情況之下，再啄數千次，而不肯放棄。我們不用嘲笑這些動物，嗜賭的人常常在連輸許多次後，仍不肯罷手，正是同樣的道理。

上面所述及的增強物，都有加強某種行為出現的機會，又常被稱為正增強作用。有時個體表現的行為，可使某種不愉快或痛苦的情況因而中止；如打開窗戶，可以除去污濁的空氣；截斷電源，可以中止電擊。由於這些行為得以解除某種可厭的刺激，下一回遇到類似的情況，該項行為出現的機會乃將增加，也有增強的效應，故被稱為負增強作用（negative reinforcement），以別於上述的正增強作用。頭疼時服一顆阿司匹靈即為常見的例子。再說清楚一些：所謂增強作用，就是給予有機體某種正性增強物或是除去某種它所厭惡的事物或情況，以增加一種行為出現的頻率。

　　懲罰的作用和負增強作用不同。懲罰是在降低某種行為出現的頻率。小孩子犯規了，父母或教師罰他離開遊戲室；酒後駕車者被罰款，目的都是在減少和降低那些行為的發生。在動物訓練中，電擊是常用的懲罰，用來減少動物錯誤的行為。不過Skinner不主張常用懲罰，而鼓勵多利用正面的增強作用，來促成良好的行為。

　　Ryckman（1993. p.459）曾指出：行為學派學者對於行為的分析將使我們集中注意於環境中那些有助於引起行為的事件。這些資訊——連同適合於解釋某種行為的遺傳特質——能幫助我們對行為進行預測。照這樣說，內在的事件——指的是基於與環境交往所產生的過去歷史和我們所持有的遺傳——對行為的預測是有幫助的。Ryckman 認為 Skinner 雖然承認這種說法是合理的，但在其行為分析中，似乎不甚重視它。生理方面的情況，一方面不易作可靠的測量，同時科學家也不能有系統地操弄它們，來觀察其對於行為的影響。Skinner 相信只有當我們集中注意外在環境變項和行為因果關聯的方式時，才會有重大的進步；換句話說：所需要的是對於行為的功能分析（functional analysis）。

　　由於行為主義學者將注意集中在外在環境事件和個體行為之間的關係，因而產生兩種想法：(1)如果我們能確定知道引起某種行為的外在情況，將可以從對那些情況的調節和安排，進一步預期和控制行為的產生。(2)環境對於人們行為有極強大的左右力，Skinner 筆下《桃源二村》的藍圖，就是在這麼一個假想之下描繪出來的。

　　或許上述的想法會遭受到很多人的反對，因為它似乎具有很強的威脅作用，使人們覺得一切都在受環境擺佈，本身就沒有自由，喪失尊嚴。特別在倡導「民主」，尊重「人權」的現代社會裡，被剝奪自由是多麼嚴重的一件事，誰會敢冒這大不韙來唱反調呢？

　　不過 Skinner 認為這種覺得人們對自己行為應該有完全自主作用的信念，有相當嚴重的負作用。那就是人們將因此而忽略環

境因素對行為的重大影響，如是當事人就得對行為及其後果負全部的責任。有功受賞，有過受罰，成為天經地義，卻又大大地蒙蔽了事實的真相，因而往往掩蓋了解決問題和改善環境的有效途徑。有些人成功了，他們獲得讚美和尊敬，社會並常將其成功歸因於他們的智慧、才能、勤勉向學、刻苦耐勞、有上進心、品德超群……等等，而很少去分析那些成功者所得自於環境的助益，所得自於親人的撫愛，師友的領導和鼓勵，以及其他機會性的外在因素。內在的歸因對於當事人沒有任何損失，而且使他們獲得了全部的光彩，但是由於這只報導了部分的事實，甚至只是很小的一部分，很可能使某些後繼者覺得成功者都是「超人」，自嘆弗如，如是低估自己成功的機會，因而沒有勇氣去嘗試，那是很可惜的。

至於對那些失敗者來說，上述的歸因方式，就更顯得不公平了，多少犯罪事件的發生，常有相當明顯的，甚或關鍵性的環境因素。例如若干國中學生的不良適應行為，升學主義實為主因。若是忽略了這些因素，而要求失敗者承擔全部的責任，那不僅是不合理的做法，除了增加當事者所承受的壓力之外，對整個問題毫無裨益。因為主要的原因反而被擱置在一旁，未作適當的處理，於是眼睜睜地看著那些困難無休止地延展下去。Skinner察見這種負面的影響，乃一再強調環境因素的重要性，這個想法的確是很有道理的。但因他的環境決定論多係取證於低等動物的研究，人類行為遠較複雜：如果研究者不能控制當事人以前的環境，就無從察見其行為的變化確是由於操弄現有環境變項所產生的後果，因此缺乏堅強的說服力。再加上前述喪失自主作用的威脅太高，許多人對 Skinner 的理論，常存有「敬之若神明，避之如魔鬼」的矛盾心理！

(三)人格的發展

Skinner 認為人格的研究必須要符合科學的準則：應當是有

系統地探索當事人特有的學習歷史和其特殊的遺傳背景。有機體由於其特有的遺傳和環境的共同作用，表現了某種行為；接著它會受到增強或懲罰的作用，而使該項行為繼續表現或中止。沒有另一個人（除非是其同卵雙生子）會擁有和他完全相同的遺傳，也沒有另一個人會生長在和他完全相同的環境並具有相同的學習歷史，因此各個人的人格發展歷程都是十分個別性的。

嬰兒從出生開始，就展開了學習旅程。雖然它的父母並沒有明顯地要求它立刻會表現什麼行為，但他們常會不自覺地用微笑、撫摸、親吻……等，增強嬰兒的某些動作和反應，使它會慢慢地接近成年人期望它表現的行為，如微笑、咕咕發聲、吮吸奶瓶……等。這和 Skinner 訓練動物的歷程，在實質上是相同的。他訓練老鼠在 Skinner box 中按損桿時，就運用了「逐步接近目標」的連續漸進法（successive approximation）策略，當老鼠走向槓桿時，就立刻給予食物，以增強它朝那個方向的行動。當它有舉起前足的行動時，也是如此給予增強，這樣一點一點地引導它接近目標行為，也就是塑成（shaping）該項行為。馬戲班中動物所作複雜的表演，就是循此途徑訓練成的。同樣地，幼兒語言、動作的學習也是如此。

在兒童的發展過程中，學習的作用比較明顯，父母及其他成人所給予他的增強也比較直接，而易於察見。在父母的鼓勵和注意之下，兒童學會自己吃飯，自己穿衣，自己收拾玩具……。他慢慢長大了，在無數物質性的增強（如食物、糖果、玩具……）和社會性的增強（讚美）下，他表現得「很乖」、「很懂事」，而由這些讚美詞的增強，他學會更多「可愛」、「討人喜歡」的行為，包括「容忍延遲滿足」、「能和別人分享」……等重要的社會行為。Skinner 不重視兒童行為發展的階段性（如 Freud、Piaget 諸氏所倡的發展理論），而主張以學習的概念說明發展的歷程。

㈣異常的行為

從學習理論的觀點，所有的行為都是習得的，正常的行為是學會的，異常的行為也是學會的，而且都是依據相同的學習原理所習得的。這些學者不同意有所謂「異常人格」或「病態人格」，也不認為「異常行為」有任何特殊的原因或是潛意識的作用，而認為那些人只是沒有學到一般視為正常的行為；或是學會了一些被視為異常或不良適應行為；或是學會了在某些不適當的情況下表現某種行為。總而言之，都是學習的結果。

也許這些情況可以就 Skinner 喜歡用的增強概念來說，會更清楚一些。某些人之所以會表現異常的、不良適應的行為，是因為當他們表現了正常的行為時，沒有獲得增強；或是不巧反而受到懲罰。也可能是當他們表現了不適當的行為，或是在某個不適當的情況下表現某種行為時獲得了增強，因而形成了那些不幸的後果。比如兒童要媽媽給他買一件新的玩具，媽媽沒有答應，而在兒童賴在玩具攤前地上大哭大鬧時，媽媽不得已替他買了，很明顯地兒童當時哭鬧的行為獲得了增強。應用這個簡明的增強原理來解釋，就無需假設任何內在的動機、本能或潛意識的存在了。

和異常行為有連帶關係的是迷信行為，每一個文化環境中，都有一些迷信行為，是人們祈福袪災的方式，這一類行為往往有其複雜的文化背景，奉行的人多數不了解其究竟。不過 Skinner 卻從學習理論中，找到了一個簡單的說明。例如鴿子在籠中自動地表現某項動作時（如連續拍動翅膀），訓練者立刻給它食物，經過若干次增強以後，鴿的拍翅動作自然會增加，特別是它需求食物的時候。農民在天旱時，會用各種方法求雨。也許在他們抬神像遊行以後，天下雨了，農民們就會將這兩件事連起來，認為下雨是抬神像遊行的結果，如是每次求雨時就將神像抬來遊行。這樣的解釋固然可以接受，但卻使許多迷信行為的神秘性完全消

失了。那些行為或許仍會繼續存在，可能是同時也被另一些原因增強了的緣故。

㈤行為的評量

　　行為學派學者所指的「行為評量」（behavioral assessment），實際上乃是確定某項行為和某個特定情境的關係，也就是認定某項行為是基於環境某一特殊事項的作用，常稱之為「行為的功能性分析」（functional analysis of behavior）。這裡應當注意的是：所謂「功能」，不是指行為的功能，而是指環境中促成或引發該項行為的作用。又常名之為「ABC評量」。因為研究者所要評量的是：⒜「行為發生前的情況」，⒝「發生的行為」，和⒞「行為的後果」。通常這樣的評量是在行為治療過程中，運用直接觀察的方式進行。

㈥行為治療

　　根據 Skinner 理論的行為治療，實質上就是直接應用「操作制約作用」（operant conditioning）的原理，來引起當事人行為上的改變。治療實施前先選定某種行為為「目標行為」，也就是當事人最後會經常表現的行為（如遊戲後將玩具放回指定的地方）。在治療過程中，每逢當事人表現該項行為時就予以增強。而凡是不希望他表現的行為，就都不加理會，也就是不予增強。

　　有些教養院所和心理疾病醫療機構運用「代幣制」（token economy）來培養兒童或病患的良好行為習慣，就是根據上述原理。每次當兒童或病者表現了「良好」行為，就給予他一個小獎牌（或籌碼），在積了一定數目的獎牌或籌碼後，就可用來換取一件他所需要的事物。這些行為改變技術（behavior modification）通常都被認為是有效的措施。

肆 ☞ John Dollard 和 Neal Miller 的人格理論

一、Dollard 與 Miller 的生平簡介

　　Dollard 出生於美國威斯康辛州 Menasha 城。1922 年畢業於威斯康辛大學。後在芝加哥大學進修，先後取得碩士學位及社會學博士學位。隨後 Dollard 以社會科學研究會研究員身份赴德國進修。在柏林研究所參加心理分析訓練並接受心理分析，這對他是十分有意義的經驗，他回到美國後曾參加西新英格蘭心理分析學會爲會員。

　　Dollard 由德國返美後，即應聘到耶魯大學當時新成立的人類關係研究所任職。那是一個推動科際整合的研究單位，集合人類學、社會學、心理學、精神醫學等方面優秀人才在一起進行研究工作。1933 年 Dollard 成爲該所社會學教授。而其 1937 年所發表的第一本書《南部一城市的階級與文化》（Caste and Culture in a Southern Town）即爲突破社會科學間界限的一本著作，很受學界重視。

　　Neal Miller 是和 Dollard 合作多年的伙伴。Miller 1909 年出生於威斯康辛州的 Milwaukee 城，1931 年畢業於 Wisconsin 大學，隨後在 Standford 大學修畢碩士學位，再到耶魯大學在 Clark L. Hull 指導下完成博士學位（1935）。他也曾在人類關係研究所擔任助理，得以和 John Dollard 相遇，更由於 Miller 曾在維也納接受心理分析訓練，兩人興趣甚爲接近，並能努力將心理分析學、社會交互作用、學習理論等融合在一起，來對人格發展進行分析，極有意義。1939 年兩人合著了有名的《挫折與反擊》（Frustration and Aggression）一書，並有 L. Doob、O. H. Mowrer、

John Dollard

Neal E. Miller

R. Sears 等人參與。其後兩人又合作寫了兩本書：《社會學習與模倣》（Social Learning and Imitation, 1941）及《人格與心理治療》（Personality and Psychotherapy, 1950）。在後者中，Dollard 和 Miller 試圖將學習理論和心理分析學的觀念融合在一起，嘗試著應用基本的學習理論來解釋一些臨床方面複雜的行為，包括精神官能症的出現和心理治療的實施，那是非常有意義的貢獻。

　　Dollard 終其一生致力於社會科學的科際整合活動，Miller 也很推重其貢獻。Miller 本身對實驗心理學興趣甚高，他在 1966 年離開耶魯後，就到 Rockfeller 大學主持生理心理實驗室，退休後仍繼續從事研究和撰述。他目前的研究著重在生理回饋和行為醫

學方面。其在心理學方面的成就，極爲人們推重，曾多次獲頒獎狀獎章，包括 1965 年美國總統頒贈的學術獎章在內。

1979 年 Miller 曾發動邀請中國大陸一位心理學者赴美參加第八十七屆美國心理學會年會，翌年他並率領美國心理學代表赴北京、上海等地訪問（Hall & Lindzey, 1985, p.497）。因此和中國大陸心理學者建立了交往的關係。

心理分析學派和行爲學派一直被認爲是兩個互不相容的學派，前者所重視的潛意識動機、本我和超我的衝突、以及自我防衛作用等，都因爲其無從直接觀察與衡量，不能在實驗室裡進行客觀的研究，乃不爲行爲學派學者們所接受。但是到了 Dollard 和 Miller 的手中，這個問題就不復存在。因爲他們一方面承襲 Clark Hull 的學習理論，另一方面又接受了心理分析學的訓練，正好能將兩方面的觀點，同時納入考慮；而設法將兩個看來互相對立的理論，建立溝通的管道。居然能將在實驗室中對動物研究的發現和佛洛伊德在臨床觀察所得融合在一起。這自然是一項極重要的貢獻。

二、一個具有啓示的實驗

Dollard 和 Miller 所進行的有關學習行爲的實驗，大都是利用動物來做的。其中有一個衆所熟悉的實驗，乃以老鼠爲受試（Miller, 1948）。實驗者裝置了一個長形的箱子，分爲兩間，第一間的牆壁漆爲白色，第二間則爲黑色，中間用木板隔開，但老鼠可以跳過，箱底爲金屬板，可以通電。實驗者先將老鼠放在白箱後，然後按電笛聲，同時使箱底板通電。老鼠在受到電擊後，表現出強烈逃跑反應，最後它跳過隔板，進入黑色箱內，此刻笛聲和電擊都立即停止。在此後六十分鐘內，以不規則的時距重複上述的程序，可察見每次由笛聲和電擊開始到老鼠跳過隔板之間的時間愈來愈短。控制組的老鼠則不受電擊。第二天，每隻老鼠照樣被放入白色箱內，進行實驗一小時，笛聲仍然以不規則的時距

響起，每次到老鼠跳越隔板時停止，但均未伴以電擊。雖然如此，老鼠仍然會在笛聲出現時跳越隔板；而且其中一部分還保持進步，愈跳愈快。控制組老鼠則沒有這一些反應。

　　上述的實驗並不算很複雜，但卻是一個極具啟示性的實驗。如果一個人不知道第一天老鼠遭受電擊的「訓練過程」，而只在第二天看到老鼠聽到笛聲時立刻跳越隔板的情形，一定無法了解那些老鼠為什麼要逃離那白色的隔間。也許會認為它們有點「不正常」。讀者不妨想像：假定我們使另一群老鼠，在黑色箱子裡接受電擊，「學會了」在笛聲出現時跳過隔板逃向白箱。那麼當第二天笛聲響起時，就可看到第一群老鼠跳向白箱，而第二群老鼠則跳向黑箱。它們在中途相遇時，甚至會以鼠語相互譏笑：「你們好笨呀！幹嘛跑到這兒來挨電擊呀！」這不禁使筆者想起在抗戰時期遭受日軍空襲時的情景：當空襲警報響起時，城裡的人匆匆逃向城外，城外的人卻又慌忙地逃向城裡！和上述實驗中的老鼠沒有兩樣。很多人常批評動物實驗無助於對人類行為的了解，事實上我們也許是害怕從這些實驗中發現：原來我們也只不過「其笨如鼠」。

三、Dollard 與 Miller 的人格理論要義

㈠學習的四個要素

　　Dollard 和 Miller（1941）曾經指出：「有機體若要學習，它必須先有某種需要，它會注意到某些事物（刺激），它會表現某些行為，它會有所收穫。」以上述的實驗為例：老鼠需要逃避電擊，它注意到相鄰的黑色隔間，它經由通路口進入到黑色隔間，它解除了電擊的痛苦。這正說明了 Miller 和 Dollard 所稱的學習的四個基本原素：驅力（drive）、線索（cue）、反應（response）、和酬賞（reward）。

1.驅力（drive）

驅力是有機體所感受到的內部強烈刺激，它會推使有機體去表現一些活動，但是並不能決定活動的性質。一般來說：驅力愈強，機體活動的強度也將愈高，持續得比較長。不過也有時驅力過強（比如空戰時的飛行員危險極大，恐懼十分強烈，反而有妨礙其活動的可能性），有機體的活動反而受到負面的影響。某些驅力和有機體的基本需求有關，如飢餓、飢渴、性……等，這些驅力是與生俱來的，故常稱為基本的或原始的驅力（primary drives）。這些驅力的作用，和維持有機體的生命有關，其重要性是不待言的。在上述的實驗裡，當蜂鳴器發聲時，電擊也隨之而來，老鼠也會有恐懼的反應，表現逃跑的行為。蜂鳴器的聲音原沒有什麼可怕，但在本實驗中它和電擊聯結在一起，使老鼠怕它。對蜂鳴器的恐懼，乃具有驅力的作用，會推使老鼠表現逃跑行為。這一種驅力是經過學習的歷程建立起來的，因此就被稱為衍生的驅力（secondary drive）或是習得的驅力（learned drive）。習得的驅力雖非與生俱來，但其重要性，並不亞於基本的驅力，而且常有過之。事實上平日推使我們進行各種活動的驅力，絕大多數來自於習得驅力的作用。

2.線索（cue）

線索是決定有機體反應的刺激。有機體將會表現什麼反應，在什麼地方表現反應，在什麼時候表現反應，都是由當時他所接觸到的線索來決定。線索可能是外界的現象或刺激，也可能是有機體內在的情況和刺激。許多時候驅力也同時具有線索的作用，它一方面推使個體表現活動，同時也構成某種性質的線索。比如飢餓的驅力使有機體去進食，同時他內在的感覺也在決定他準備飽餐一頓，或者只需要稍微吃一點。線索可以是視覺的，也可以是聽覺的。專為盲人鋪設的步道，就是利用觸覺的線索來導引盲人行走。當然日常生活中的許多線索常是多重性。無論是內在的或外在的刺激，也不論是屬於哪一方面的刺激，凡是它能使有機

體察覺到異於另一種刺激的，都具有線索的作用，將會引起有機
體對它的注意。

3.反應（response）

有機體所表現的任何一種活動都是它的反應，有機體必須有
所反應，使之和刺激建立起 S-R 的聯結。在某種情況之下，某些
反應出現的機會常是比別的反應多些，或是說比較容易出現些，
這個原有的先後順序，乃被稱為起始的反應順序（initial hier-
archy）。其間的改變也就代表學習的結果，在某種情況下經常最
容易出現的反應，就是習慣。

4.酬賞（reward）

這是學習歷程中的第四個基本元素，也可稱之為增強作用
（reinforcement）。照 Dollard 和 Miller 的說法，增強作用是在學
習歷程中不可或缺的。當有機體表現了某種反應之後，緊接著的
情況對當時「刺激—反應」的關聯有密切的關係。若是有機體在
某刺激作用下表現某種反應之後，獲得了酬賞，那麼就將使該項
反應被同樣刺激所引起的機會增加。換句話說，酬賞增強了該
「刺激—反應」間的聯結。在相同的情況，凡是能降低驅力強度
的反應，在下回出現的機會都會增加，也就是有了學習的效果。
所以「酬賞」二字在這裡是廣義的。在前述的實驗中，當老鼠進
入黑色隔間後，它的恐懼消失了，恐懼的驅力已不復存在，因此
當下次它再被放入白箱時，它逃向黑箱的反應，就會更容易出
現。Dollard 和 Miller 因此提出了「驅力消減假說」，認為驅力消
減是增強「刺激—反應」聯結的充分條件，也是增強作用的必要
條件（Miller, 1959）。

以驅力、線索、反應和酬賞四要素的理論去說明動物行為的
學習歷程，是頗為適當的。各個要素都很客觀而具體，不難了
解。但一般人類學習的歷程，則遠較為複雜。比如在對日抗戰期
間一般人對於空襲警報的驚慌和恐懼，並非單純地由警報的聲音
刺激所引起，而是他們聯想到過去轟炸時的慘痛經驗；烈焰揚

騰、房屋倒塌、血肉橫飛、親友傷亡……等，以及當時的恐懼和悲傷所共同引起的。他們的反應也不只是躲進防空洞，還可能包括遷往偏遠的鄉鎮、避免談那些傷心故事，或是乾脆遺忘了那些事蹟。換句話說，刺激和反應的意義拓廣了。因此 Dollard 和 Miller 乃將一個原來只可說明低等動物簡單行為的學習概念，擴展來應用於人類的複雜行為。

在今日，人們常為名譽、地位、權力……等所驅使，試看現代社會中，競選為政府官員和民意代表之風極盛，參選人為了爭取某個位置所投入的金錢、時間與精力，常超出一般人的想像，顯示那些行為後面的動機（驅力）十分強烈。那些驅力自然是習得的，而非與生俱來的。不過，如果加以分析，歸根究底，仍然和基本驅力有關聯，使人們更容易或有更多機會獲得那些基本增強物而已。所以 Dollard 和 Miller 的基本論點就是：我們那些最文明、最高級的驅力，都是從那些基本驅力的早期滿足中引發出來的（Phares, 1991, p.295）。

在人類的習得驅力中，有許多是頗有共同性的，為某個社會、某個年齡層、或某個階段的分子所共有的。由於其具有普遍性，因而比較容易了解。一般人行為，大都可以用那些驅力來解釋。

但是一個人的生活經驗也可能有其獨特之處，有一些與眾不同的學習經驗。因此他乃可能具有某一種或多種習得的驅力，是十分個別性的。傳說中的「嗜痂之癖」、「逐臭之夫」，就是很好的例子。

臨床上偶或見的變態恐怖症患者，將某些一般人視為中性的事物或情況，看成為恐懼的對象。心理分析論者或許會從病人的潛意識中搜求原因。如果用習得驅力的觀念來解釋，就不是那麼難於了解了。

另有一個頗不易解釋的現象是，有些習得的驅力，明明是與飢渴或與他種早年基本需求的滿足相關聯的，而後來即使是在面臨飢餓的威脅或極端疼痛的情況下，此驅力卻是仍然持續存在。

我國「齊人不食嗟來之食」的故事，正能說明這點。爲了培養崇高的氣節以得別人尊敬，原可獲得基本需求滿足的機會，卻寧可挨餓而維持自己氣節。同樣地商朝的伯夷、叔齊餓死於首陽山下，就是爲了「恥食周粟」的緣故。習得的驅力竟能成爲如此強烈的動機，是值得我們注意的。

㈡重要的訓練情境

論到人格發展時，Dollard 和 Miller 有一些觀念，是和心理分析學者很相近的。比如他們也認爲兒童最初六年的經驗對其成年後的人格，有極重要的關係。因爲兒童在這段時期，幾乎沒有一點能力來控制他的環境，他完全由那些基本的驅力所左右，並仰賴成年人爲他所作的各項安排。他是會經常獲得滿足，或是會不時受到挫折？他和父母（特別是母親）會建立起怎樣的關係？在心理上會形成哪些衝突？都是他自己所不能決定的。所有習得的，都將視他所接受的「訓練」來決定。

對一個在發展中的兒童來說，Dollard 和 Miller（1950）指出四方面的訓練是特別會引起兒童的心理衝突和情緒困擾的，那就是餵奶的情境、大小便的訓練、性及性別有關的訓練，以及對憤怒和攻擊行爲的處理。我們不難看出：Dollard 和 Miller 在這方面的意見，很明顯地是受了 Freud 的影響。下面將就此四者簡作分析。

1. 餵奶的情境

飢餓乃是嬰兒最早經驗到的強烈驅力之一。嬰兒如何應付這些刺激以及其反應的後果，將是他在成人時期應付其他驅力的樣版。如果嬰兒學到了哭就可引起成人來餵奶，體驗到自己的行爲有一些效果，那將使他傾向主動地去控制環境。如果嬰兒發現哭或不哭和奶瓶（或奶頭）的來不來沒有關係，他可能學會以被動的方式來應付那些驅力。如果飢餓時經常沒有人理會，他將發現

輕微的刺激終究會是強烈的、痛苦的刺激之先導，因此他可能學會對輕微的刺激，開始就表現過度的反應。換言之，原本的輕微刺激也就相當於強烈刺激的強度了（Hall & Lindzey, 1985, pp. 510-511）。

　　嬰兒進食的經驗對其以後人際關係的發展，有極重要的影響。試想嬰兒是不會自己取得食物的，總是得有人餵養他，進食使嬰兒和另一個人發生了關係，通常這個人是他的母親。在多數時候，嬰兒是在其母親愛撫狀態吃到奶的。雖然嬰兒尚不知道那個人和自己的關係，但他卻能感受到在被愛撫時的愉快、安全與滿足；他也會覺得對方是個溫暖可愛的人。吃奶消除了飢餓的驅力，已經是一種滿足的經驗，加上被撫愛的感受，嬰兒自然會將這些愉悅的經驗和母親聯結在一起，他對母親也有了慈愛和關懷的印象。很自然地，這個正面的印象會由於「概化」的作用，推及於其他嬰兒所接觸到的人，而使他覺得人都是溫暖可愛的，以後他就將比較樂於和人交往了。

可是，並不是所有的嬰兒吃奶時的經驗，都是那麼愉快的。哺乳者也許不是那麼喜歡照顧孩子，也許不是十分有耐心為孩子哺乳，也許沒有規律地按時餵奶，甚至有時竟忘記餵奶這回事；也許偶而在兒童進食時製造了緊張或不愉快的氣氛……，而使兒童對哺乳者產生了負面的印象。這些經驗類化的結果，使得兒童對四周人就不會十分喜歡，而可能對社會交往有退避和冷淡的反應了。綜言之，幼年進食的經驗，不只是關係到兒童身體的發展，同時也將影響到兒童成年後人際關係的發展。

2.大小便的訓練

兒童所接受的第二個重要訓練，乃是大小便訓練。Freud 很重視這一方面的問題，指之為肛門期兒童發展的關鍵。Dollard 和 Miller 則是依據學習的原理來說明其重要性。對一～二歲的幼兒來說，學習控制大小便是一件複雜而困難的事情；有些父母也將此項訓練看得很嚴重，要求兒童必須要在短時間內達到要求的標準，給予兒童頗大的壓力。兒童若是偶然控制不了，弄髒了衣服或地毯，往往會受到父母的責備和處罰，這樣將可能產生和處罰之間的關聯。由於這種習得的關聯，使兒童在看到父母時就將產生恐懼或焦慮的反應；如是躲避父母乃將具有減低焦慮的作用。然後由於類化的緣故，這種躲避的傾向，也可能推廣及於其他的人，因而形成普遍性的與人疏遠的情況。再有另一種可能的情形：由於父母的要求過高，管教的方式十分嚴格，兒童乃可能產生一種感覺，覺得父母好像是什麼都知道的樣子，甚至連他那個小腦袋裡想些什麼父母都一清二楚。在這種情況下，他就只有乖乖地聽父母的吩咐，成為特別順從的子女。對於每一件事的微枝末節，都嚴謹遵守，絲毫不亂，規矩分明。認為唯有如此，才能確定取得父母的贊許，如是將形成強迫性的傾向。

3.性及性別有關的訓練

第三個易於引起兒童心理衝突和情緒困擾的，是父母對於性及性別有關的訓練。生殖器官原就是身體上敏感的部位，刺激它

時會引起快感，因此幼兒會去撫弄自己的生殖器官部位，乃是很自然的事。但這些行為卻被社會冠上涵意嚴重的名稱——手淫，引起父母的焦慮，通常父母都會加以禁抑，但往往只會增加兒童的困惑。

也就是同一個時候，性別的觀念逐漸形成。兒童一方面會注意到自己的身體和妹妹（或弟弟）不一樣，而其差異又正是父母所禁止撫弄的部位。另一方面，兒童也會發現父母對於自己管教和對妹妹（或弟弟）的管教，從衣服、玩具和遊戲活動，都有區別。自己也被冠上了「男孩」或「女孩」的標籤，同時在行為上也被放入不同的期望和要求模式裡，因此常會引起一些困擾。

4.對憤怒和攻擊行為的處理

第四個常會引起兒童心理衝突的，乃是對於憤怒和攻擊性行為的控制。當兒童年齡漸長的時候，他將會表達自己的意見和願望，希望照自己的意思去做些什麼，這就常會和父母的規定及管教發生衝突，兄弟姐妹之間也會很容易會有衝突和爭吵的情形。如是兒童就將有因遭受「挫折」而生氣的反應，甚至會表現攻擊性的行為（如罵人、破壞物件……）。但是這些通常也都是父母所不容許、而會要加以禁抑和阻止的。父母的管教若是寬嚴得宜，當能導引兒童學習控制自己的憤怒和攻擊性的行為。若是父母的管教過分嚴格，在兒童表現憤怒或攻擊行為時，就立即予以責備，甚或懲罰，則可能使兒童將那些行為壓抑著，不表現出來。但這並不是很好的做法，因為能適當地將自己憤怒表現出來，對自我肯定的態度是有幫助的，有益於人格的健全發展。

(三)有關衝突的理論

在 Dollard 和 Miller 的理論中，最為人們所熟知者，乃是他們對於衝突的理論。在人類生活中，幾乎隨時都有衝突的情況發生。像魚與熊掌的取捨，有具體的事物可以互相比較，要決定取

捨尚不太困難；若是涉及的問題過於廣泛，像孟子所說的義與利
之爭，要在其間做個選擇，就常不是一件容易的事了。輕微的衝
突，常能在短時間內化解，不會有多大影響；但在嚴重的心理衝
突下，兩種行為的傾向勢力相當，相持不下就可形成困擾了。有
一則寓言說到有一頭驢餓了，出外覓食。牠走到一個三岔路口，
看到右邊路上有一堆嫩草，碧綠可餐，正準備前去取食，但又看
到左邊路上，也有一堆同樣鮮碧的嫩草。如是引起驢子心理上衝
突，使牠一時無法作取捨的決定，終於餓死在三岔路口。也許有
人會以為這寓言是過甚其詞，其實人們也有時會遇到難以取捨的
情境，徘徊斟酌，在三岔路口癱瘓下來，無法舉步前進。

　　Dollard 和 Miller（1950）對於衝突的行為，提出了五項基本
的假設（見圖 10-1）。

　　假設一：一個人趨向一個正面目標的傾向，會因其愈接近目
標時而愈加增強。這個傾向常稱為趨向的漸增度（gradient of ap-
proach），如以圖表示，將是驅向的傾斜度。

　　假設二：一個人逃避一個負性刺激的傾向，會因其愈接近刺
激時而愈加增強。這個傾向常稱為逃避的漸增度（gradient of avo-
idance）。如以圖表示，將是逃避的傾斜度。

　　假設三：逃避的傾斜度常比趨向的傾斜度陡些；那就是說，
當人們接近負面的刺激時，其逃避傾向增加率要比其接近正面目
標時趨向增加率高些。

　　假設四：與趨向或逃避有關的驅力增加時，將會提昇其漸增
度。換言之，當行為的動機增強時，其趨向目標或逃避刺激的傾
向將提高，不論當時和目標的距離是多少。同理，當與趨向或逃
避有關的驅力減弱時，將會降低其漸增度，與當時和目標的距離
沒有關係。

　　假設五：當兩種反應競爭時，較強的反應會出現。比如某人
對某一個目標同時具有趨向和逃避傾向，那就將由兩種傾向的傾
斜程度來決定何種反應將出現。

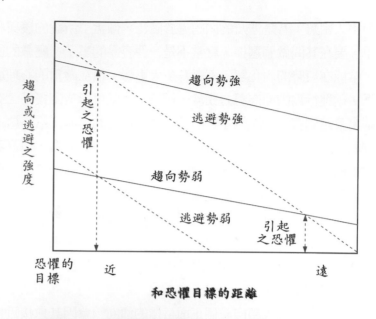

圖 10-1　趨避衝突的圖示（引自 Miller, 1951）

　　Dollard 和 Miller 就根據上述五個假設，來預測人們在面臨各種衝突時，會表現什麼反應。在日常情況下的衝突，可分別為雙趨的衝突（approach-approach conflict）、雙避的衝突（avoidance-avoidance conflict）、和趨避的衝突（approach-avoidance conflict）三種，而第三種在人們平日生活中最常出現。解決這類衝突的效應，就要看其趨向或逃避的傾向是否能改變，以及當事人的實際行動而定。在一般情況下，要使一個人從事其所恐懼的行為時，設法去降低其逃避傾向要比去增強其趨向動機來得容易些。所以治療者常會重視那些不健全恐懼的減低，不過愈接近那個他所需求卻仍害怕的目標時，衝突也會增強。因此在這種情況下治療者就需要給當事人強力的支持。雙避的衝突事實上也是不少見的。許多犯罪者在表現不法行為之前，常曾經過一段衝突的情況。比如有人因為負債為債主所逼，而想去行竊或搶奪，這時就看當事人覺得債主的壓力和犯罪後可能的懲罰相較之下，是哪一個勢力大些，就決定他將會逃避哪一個情況。雖然那時主觀的判斷不一定是適當的或正確的。

　　依照 Dollard 和 Miller 的理論，雙趨的衝突似乎是比較簡單的，當事者如果有接近目標甲的行動，他同時也就遠離了目標乙，衝突的情況就解除了。不過事實上卻常不是如此，因為甲乙兩個目標相比較時，常是有多個變項包含在內。甲可能在某一方面優於乙，而乙卻可能在另一方面優於甲，其間錯綜複雜的情況，常使當事人不易作整體性的評判，以作取捨，而導致相持不下的衝突情況再度持續下來。人們生活中這類在「魚與熊掌」之間難作決定的情況，也是常見的。

㈣「潛意識」的意義

　　根據 Dollard 和 Miller 的理論，一種行為表現後若能獲得酬賞，它將被增強，出現的機會也會增加，而形成習慣。所謂「防衛作用」（defense mechanism）就是這樣形成的。因其具有減輕焦慮的作用。衝突常是潛意識的，如是連帶著消除衝突的措施及其意義，也常不為當事者所察覺、所意識到。例如有人具有強迫性洗手的行為，他自己往往不知道為什麼要那麼做，只是不去洗就感到心裡不安，因此形成非洗不可的「習慣」。心理分析學者多以潛在罪惡感作解釋。Dollard 和 Miller 不同意將潛意識視為是藏污納垢的處所，不認為潛意識活動都是不見容於社會和個人良知的；而只是認為潛意識就是因為沒有被貼上標籤，人們就不容易察知它的意義和作用；因此我們的思考歷程對它支配和控制的程度就大為降低了。這正是精神官能症患者常不能了解他們本身行為意義的原因（Phares, 1991, p.299）。換句話說，Dollard 和 Miller 注意到潛意識作用的現象，但他們不用「潛意識」這個名詞，也排除了心理分析學的解釋，而採用學習原理來說明。

㈤精神官能症的形成與治療

　　由於 Dollard 和 Miller 都曾經接受心理分析學的訓練，使他

們對於精神官能症的產生及其治療十分注意，不過他們偏向於應用學習理論來解釋。他們認為異常行為和正常行為的發展原則是相似的；不良適應行為也是習得的，它們的習得歷程和正常行為的學習原理是完全一樣的。

精神官能症的核心，是在於一些強烈的無意識的心理衝突，那些衝突大多是發生在兒童時期。正如前節所述：兒童一方面要表達自己的願望，滿足其本身的需求；另一方面又要接受父母的管束，有時對父母的管教有反應，但同時也覺得該順從父母，因此引起焦慮與不安的心理。這種心理常可能延續至成人時期。

在前述 Dollard 和 Miller 的實驗裡，老鼠學會一種工具性反應〔跳到另一間〕，以逃避痛苦的刺激。同樣地，人們也可能學習某種反應，以解除內心的焦慮和不安。壓抑（repression）可能是其習得的一種方法，壓抑就是「不去想它」，「不讓自己察覺那些衝突的存在」，不承認自己對父母有反感。事實上兒童時期那些反感並不是罪大惡極的事，天下也沒有「無不是」的父母；但是兒童不知道這些，只是將自己認為不該有的想法和行為壓抑下來，否定有它們的存在。但是壓抑並沒有徹底地消滅那些焦慮和罪惡感，因而某些「症狀」就出現了。有些人發展出強迫性愛好整齊或清潔的傾向，這種行為通常是幼年父母管教的一部分，自己若能有整齊清潔的表現，必定可以獲得父母的讚許，成為父母的乖孩子，是在順從父母的教訓；這樣就可以減輕其罪惡感和焦慮，這樣的效果，進而會增加整齊清潔行為的出現，使其強迫性症狀持續下來。

簡單的說，Dollard 和 Miller 頗能同意心理分析學者所指出的若干現象，但是認為要應用學習的原理來解釋、說明。同樣地，他們也以學習的觀念來探討和實施行為的治療。從表面上看，Dollard 和 Miller 所採用的心理治療，和一般的治療情境並沒有很大的區別。治療者以同理和有耐心的態度，鼓勵當事人自由地表達他的想法和感受，然後治療者協助當事人了解其思想和情緒的產生和發展的歷程。並且讓當事人察見：由於他一直在使用一些

防衛性技巧去防止引起情緒的激動，因此其焦慮和罪惡感就沒有機會消除。治療者乃需要鼓勵當事人表達其所抑制的思想和情緒，並體會他所引起的恐懼與罪惡感。但由於在治療情境中，當事人原來所擔心的後果並沒有出現，恐懼的反應乃因此而減輕，壓抑的必要性也不存在了，當事人的恐懼沒有被增強，就會逐漸消滅。

在開始的時候，當事人只會討論比較輕微的問題，但和這問題相關聯的焦慮和罪惡感消失後，其效應可能類化而推廣到其他比較嚴重的問題，使得當事人比較容易應付它們。

伍 ☞ 行為學派理論的評議

從 Watson 倡行為主義開始，在隨後的半個世紀中，心理學者可以說是受到極大的影響。本章所介紹的四位學者的研究重心雖各不相同，他們基本的觀點是一致的，因此都被列為行為學派。

行為學派能風靡一時，受人稱頌，概言之是基於下述的理由：

1. 行為學派研究的範圍，甚為廣泛。從最簡單的反射活動至人類日常生活中的迷信行為，以及不良適應行為的處理，都包含在內，都能用一個理論來解釋——所有的行為都是習得的。

2. 應用制約、增強和習慣形成的作用來說明學習的歷程，甚為簡明，不需要作任何假設。而且整個學習歷程，都可以在實驗中客觀觀察的情境中進行，在重視實驗研究的時代，自易受人歡迎。

3. 在實驗的研究中，研究者對情境中的變項比較注意，並且會仔細地加以控制，因之其所產生的結果和情境變項間的因果關係，易於察見，也易於被接受。

4.由於實驗的情境，是由研究者所控制的，自然會使他感覺到自己有權力在左右一切。同時也樂於看到實驗的結果，研究者之所以願全心投入，是很容易了解的。

　　和其他的理論一樣，行為學派的觀點，也曾受到一些批評，其中比較重要的非議，有下列幾項：

1.行為學派所依據的學習理論，固屬簡單明瞭，但由於那都是基於動物行為的研究，部分學者乃表示懷疑的態度：動物和人類的學習可以用同樣的理論來解釋和說明嗎？

2.實驗的研究固然非常客觀，但並不是所有的行為都可以在實驗室控制的情況下來進行研究的。研究者可能會因為要遷就實驗的限制，而使自己的研究局限在比較簡單行為的研究上。

3.對動物來說，也許實驗的情境和非實驗的情境沒有多大的區別。但是對人類而言，實驗室內外情境的意義就顯得不同了。實驗室內所表現的行為是否會類化及於實驗室外的行為，是一個常被提出的問題。

4.行為學派學者集中注意於可以觀察的行為，因此他們不論及認知方面的問題，但對人類的行為而言，認知因素的重要性愈來愈受重視，職是之故，S-R 的理論乃被視為過於簡單。

5.行為治療被倡用以來，一方面頗受歡迎，因其有具體的步驟可循，但在另一方面，也有人對於行為治療效果的持續性、普遍性（是否對所有的人均有效？是否對於不同嚴重程度的行為問題，都有相同的效果）提出質疑。

　　另外還有一個問題：行為治療的效果是否將隨治療者而異？

　　約在二十年以前吳英璋教授以「膚電反應、放鬆狀態對消除害怕效果的影響」為題，進行博士學位專題研究，他應用「系統減敏感法」去消除受試者對蟑螂的恐懼，其研究設計、進行步驟、資料的分析均極為審慎周密，在論文評審會上備受稱讚。本書作者當時也有幸列席，曾向吳教授提出一個問題：「如果由另一個人應用完全相同的方法和步驟，進行此項行為治療，是否會

獲得完全相同的結果？」吳教授的回答是：「不一定」。作者對
吳教授的答案甚表同意。這表示行為治療的實施，除了「方法」
和「步驟」是有明確的規定以外，治療者也是一個變項，而且通
常是未加控制的變項。

1. Pavlov 所倡古典制約學習之主要歷程是什麼？
2. 人們日常生活中的哪些現象可以用 Pavlov 的古典制約作用
   來解釋？
3. Skinner 對於人的自主性的看法是什麼？
4. Skinner 如何解釋人格的發展？
5. Dollard 和 Miller 認為學習的基本元素有哪些？
6. Dollard 和 Miller 對衝突行為提出了哪些假設？

第十一章

Rotter, Bandura 和 Mischel 的 社會認知論

壹、Julian Rotter 的社會學習論

一、Rotter 的生平簡介

二、Rotter 的人格理論要義

　　㈠社會學習理論的基本概念　　㈣行為的評量

　　㈡行動的自由度　　　　　　　㈤內外控量表

　　㈢最低的目標　　　　　　　　㈥行為的改變與治療

貳、Albert Bandura 的社會認知論

一、Bandura 的生平簡介

二、Bandura 的人格理論要義

　　㈠個人、行為、環境三者的交互作用

　　㈡行為的習得與表現

　　㈢觀察學習

　　㈣替代學習

　　㈤預期作用與行為目標

　　㈥自我效能

　　㈦媒體中暴力行為的影響

　　㈧社會認知論與行為治療

三、對社會認知論的評議

　　㈠正面的評價　　　　　　　　㈡爭議之處

參、Walter Mischel 的社會認知理論

一、Mischel 的生平簡介

二、Mischel 的人格理論要義

　　㈠基本觀點和研究態度

　　㈡社會認知學習的個人變項

　　㈢人格特質一致性問題

　　㈣人格的認知─情感系統理論

☞ 本章要旨

　　在前章所論及的學習行為，如 Pavlov、Skinner 他們所研究的，都是指在實驗室或其他經過特殊情境中，對某一項指定行為的學習。在日常生活中，人們事實上都在不斷地學習，多數時候並沒有事先安排「訓練計畫」或學習目標，也沒有明確的增強物。在某一個情境中該表現什麼行為，常常只能從四周旁人的反應中體察出來。簡單地說：許多都是在社會環境中學習的。

　　本章中將介紹三位學者 Julian Rotter、Albert Bandura 和 Walter Mischel 在社會學習方面的理論和研究，他們原都贊同行為學派學者的觀點，主張用實驗的方式，以具體和可以直接觀察的行為為研究的對象；但是他們也都注意到個體的心理狀態，如 Rotter 所指當事人的「預期」（expectancy）和 Bandura 所重視的「自我效能」（self-efficacy），皆涉及到認知的領域，如是社會學習論就被改稱為社會認知論。

　　在這一章中，將先列舉 Rotter 的理論，Rotter 在 1954 年出版的一本書，命名為《社會學習與臨床心理學》，曾明白指出當事人的「預期」及增強物對當事人的「價值」和行為發生的可能性有密切的關係，已經注意到認知因素的重要性了。Libert 和 Libert（1998, p.440）曾謂 Rotter 是最先論及人格中認知因素的心理學家之一。另外，Rotter 所謂內外控信念，也是很受重視的問題。

　　Bandura 可稱為社會認知論的核心人物，其所倡觀察學習、替代性增強、和「榜樣」示範等概念以及有關攻擊行為的實驗，都極具重要性。其對於「自我效能」的研究和行為的學習以及行為治療，都有密切關聯。此外，Bandura 對媒體中暴力行為的影響，也有深入的研究。

　　Mischel 原本不同意人格特質是行為的決定因素，他的意見曾引起「個人特質與情境執重」（person-situation contraversy）的爭議，近年他和 Shoda 提出「人格的認知—情感系統理論」，認為一個人的行為是由其「認知—情感系統」和情境的交互作用所決定的。

壹 ☞ Julian Rotter 的社會學習論

一、Rotter 的生平簡介

　　Rotter 在 1916 年出生於紐約，1937 年畢業於 Brooklyn 學院後，於 1938 年在愛俄華大學修得碩士學位，並於 1941 年在印第安納大學獲得博士學位。在求學期間，受 Alfred Adler 及 Kurt Lewin 的影響頗多。Rotter 認為自己之所以會特別注意行為的目標性和人格的整體性，都應歸功於 Adler。同時他也服膺 Kurt Lewin 的場地論（Field Theory），強調一種行為的發生常是基於多種因素作用，而且各種行為是相互有關聯的。

　　第二次世界大戰後，Rotter 受聘往 Ohio 州立大學任教，隨後並擔任該校心理診所主任；1954 年，Rotter 出版《社會學習與臨床心理學》一書，發表其人格社會學習理論，並且邀集一些學生來考驗其理論中各種預測事項。1963 年，Rotter 轉任 Conneticut 大學教授，也兼任臨床心理訓練班主任；1972 年，與 J.E.Chance 和 E.J.Phares 合著《人格社會學習理論的應用》；1975 年，與 Dorothy Hochreich 合著《人格心理學》；1982 年 Rotter 將其理論與研究重要論文彙編為《社會學習理論的發展與應用》，1988 年獲美國心理學會頒贈心理學的優異科學貢獻獎狀。Rotter 於 1987 年退休，但仍繼續在社會學習領域內進行研究與撰述。

Julian Rotter

二、Rotter 的人格理論要義

Rotter 是以學習的觀念與原理創立了一個人格理論,他的基本假設是:人們的行為都是在與人交往的經驗之中習得的。他強調人格的整體性和與他人的交互影響作用,認為在和他人交往之中,人們是不斷地彼此影響的,過去的經驗會影響現在的經驗,

同時現在的經驗也會改變過去所習得的事物。所以人格是既穩定而又變化的；由於不斷地有新經驗，人格自然會有改變；又由於以往的經驗影響新的學習，故乃有其穩定性（Rotter & Hechreich, 1975, p.94）。Rotter 也認為一個人的行為都是為了達成相同的目標，因此在功能上是互相關聯的。

㈠社會學習理論的基本概念

社會學習理論的四個主要概念為：行為發生的可能性（behavior potential, BP）、當時的預期（expectancy, E）、增強物的價值（reinforcement value, RV）、和心理情境（psychological situation）。引用 Rotter 的話是：「一種行為在某一個情境下發生的可能性，乃是當事者對該項行為會招致某種增強的預期，和那項增強物之價值所共同決定」（Rotter & Hechreich, 1975, p. 57）。

如果用公式表示將為：$BP = f(E \times RV)$

以下將對這四個概念簡作解釋：

1. 行為發生的可能性

在《社會學習理論的應用》一書中，Rotter 對行為發生的可能性之說明是：「針對著某種（或某些）增強物，一種行為在某種（某些）情境下發生的可能性」（Rotter, Chance, & Phares, 1972, p.12）。在這項說明中，Rotter 強調認知的作用，明白指出當事人對其所接觸事件主觀解釋的重要性。在任何一個情境中，常會有多種行為可供選擇，某一種行為發生的可能性，將會受到當事人對所有行為的知覺所影響，因此要預測一個人的行為必須要考慮到當事人的內在認知因素。

2. 預期

在 Rotter 的理論中，「預期」是一個十分重要的概念，它是指一個人對某項事物或事件性質的了解或信念。預期可能很低，

表示他認為某件事不會發生；也可能很高，表示某件事多半或必然發生。說得明白一點：一個人在表現某種行為時，並非完全盲目或一味衝動，而是對其行為的後果有某些預期，而後才會那麼做的。

對一件事情的預期，常是和過去的經驗（直接或間接的經驗）有關係。目前國內購物發票有抽獎的安排，凡是有過中獎經驗的主婦們，對獲獎的預期常較高，因此她會將每一次購物發票保存起來，到時去核對開獎的結果；沒有中獎經驗的主婦們，就認為中獎的機會太低，期望很小，對購物所取的發票也就沒有興趣保存了。

預期有不同程度的普遍性。人們有些預期涵蓋的範圍很廣；也有些預期則只涉及某一項或某一方面的事件。比如有人相信自己在某年行大運，做事樣樣亨通、無往不利，如是他做每樣事時都很起勁，懷著很高的預期。另有人可能認為自己只有在某方面會有成就，如同一個學生只覺得自己在文學方面有天才，對之懷有很高的預期，而對其他學科則只要及格就好了。他對各學科努力的程度，常與他對各學科相對成就的預期有關。對一個相信命運的人來說，命相術士的話，可能會使他對生活各方面的預期普遍地受到影響；如果他相信這一年會走好運，他對各樣的預期將可能會提高一些，而其從事各種活動的興致也將隨著加強一些。

Rotter 對於「預期」和行為的關係非常重視，特別對於增強作用的預期，他也提出了一個很有意義的概念：就是增強作用是由誰在控制？有人相信生活中一般增強作用，大都可由自己控制，一切成就都是自身努力的結果，這乃是內控的信念，簡稱「內控」（internal control）。有人則認為生活中一般增強作用，都是由外力或他人所左右；無論成敗利鈍，他本身無能為力，乃為外控的信念，簡稱「外控」（external control）。這兩者也都是普遍性的預期，後面將對於內／外控信念的測量和有關的研究有較詳細的說明。

3.增強物的價值

一個人生活中，具有增強作用的事物或事件很多，但它們的增強價值，在當事人心目中，卻可有很大的差異。Rotter 對增強物價值的定義是：「如果一群增強物出現的機會相等時，當事者希望某一項（或某些）增強物出現的程度，就代表價值」（Rotter, Chance, & Phares, 1972, p.21 ）。簡言之，也就是每個人所賦予各種活動的重要性。在周末的時候，有人結伴去爬山，有人隻身去海邊釣魚，有人情願排長隊去看一場首輪的電影，有人則要趁此時上圖書館看書。各人選擇了對自己增強價值最高的活動或事件。各人所賦予各項增強物的價值，自然是和其過去的經驗有關係的。

4.心理情境

社會學習理論用以預測行為的第四個概念乃是心理情境，也就是指當事人觀點中的情境，Rotter 認為這是決定當事人行為極重要的因素。在論及行為的決定因素時，學者們的意見常是有出入的，有的強調情境的影響，有的則重視個體本質的作用。處於一個極端的，則有行為學派的學者，如 B. F. Skinner ，只注意到如何操縱情境中的刺激變項，來引起或改變個體的反應；而不重視個體本身「黑盒子」的情況。居於另一極端的乃為特質論者，認為個體所具有的特質，才是決定表現某種行為的基本因素。例如攻擊性強的人，不管是在何種情況之下，總是好與人爭鬥。至於社會學習論者，則注意個體本質和情境因素兩者對行為的影響，一方面承認個體特質及其過去經驗的重要性，同時也重視當時情境的影響。比如在中國社會裡，一個內傾的人，平日可能不常喜歡參加社交性的活動，但要遇上過年或是父母誕辰的慶典，他還是會很高興回家去參加的。

㈡行動的自由度

在 Rotter 的理論中，行動的自由度（freedom of movement）也是一個具有重要性的概念。它的意義是：一個人為了要獲得一些在功能上有關聯的增強物，他表現了許多有關的行為，如是他對於獲取正面滿足有了平均的預期，那就是其行動的自由度（Rotter, Chance, & Phares, 1972, p.34）。比如一個學生通常會對其所選學科的成績有個一般性預期。有些學生對自己成績有比較高的預期，也就是他有較高的行動自由度。

㈢最低的目標（minimal goal）

Rotter（1954）在《社會學習與臨床心理學》一書中，指出所謂最低目標乃是：「一個人在生活某方面的一連串增強物中目標最低而仍為滿足者」（p.213）。那也就是在某一方面正面增強物和負面增強物的分界點。就一般適應來說，活動的自由度宜高，表示預期獲得滿足的機會較大；但最低的目標則不宜過高。如果一個人希望某一個學科都拿一百分，那是不切實際。若是一個人認為整個生活事件中，獲得滿足和增強的機會很低，而環境並非極端惡劣，就可能是將自己能力估計過低的緣故，也就相當於 Adler 所說的具有自卑感了。

㈣行為的評量

Rotter（1954）曾指出下列五種方法可以用在臨床情況下對於人格進行評量：

1. 晤談（interview）

在諮商和治療的情況下，晤談是可用以評量人格特質的方

法。根據社會學習理論的概念，在晤談中，諮商員或治療者可以
了解當事人的需求、行動的自由度，和需求的重要性。

2.投射測驗（projective tests）

　　Rotter 認為投射測驗在臨床的診斷方面頗有助益。不過他認
為羅夏克墨漬測驗不能量度社會學習論的那些概念；倒是主題統
覺測驗能提供許多人際交往經驗的資料（如母子關係），比較有
用。還有 Rotter 自己所編的《語句完成測驗》，一向被認為是半
投射性測驗，由於字根簡單，限制很少，受試者乃有充分機會將
自己意見和情感投入句中，因此從其反應中可以察見當事者行動
的自由度，某些情境中失敗的預期，以及一般性的衝突等。Gold-
berg（1968）在其調查中，曾發現語句完成測驗在臨床方面的應
用，僅次於羅夏克墨漬測驗、主題統覺測驗、魏氏智慧量表、明
尼蘇達多相人格量表、投射性畫人測驗，而居於第六位。可見它
是很受人歡迎的工具。

3.控制性行為測驗（controlled behavioral tests）

　　這實際就相當於在實驗情況的觀察。受試者被安置在某種情
境中，由研究者安排某些刺激的改變，以觀察受試者反應。例
如：研究者希望知道受試者對於壓力的反應，他就可將受試者安
置在某種壓力情境下（如考試），來觀察其反應。這種評量方法
可用來驗證社會學習論的某些假設，如在成功經驗和失敗經驗後
受試者「預期」的改變。

4.行為觀察技術（behavioral-observation technique）

　　這和第3項不同之處，就是由研究者在一般自然情況下，對
當事人的行為作「非正式」的觀察。這可以幫助了解當事人在實
驗情況下行為類化及於日常生活的情況。

5.問卷（questionnaire）

　　Rotter 認為問卷法可以用來驗證社會學習理論的某些概念，
他自己所編的《內外控信念量表》就是常被使用的一種問卷，下

面將對此項問卷簡作說明。

㈤內外控量表（I-E Scale）

前節曾提到內外控信念的概念，Rotter 認為人們經由學習建立了對於增強事件的普遍性預期：會以為增強事件是由他們自己行為所引起（內控），或以為增強事件不由他們自己控制的（外控）（Rotter, 1966, p.1）。具有內控信念的人相信一切增強物都在自己掌握之中，都是自己努力的結果；而具外控信念者則認為各樣增強事件的發生都和自己的行為沒有關係；而乃是命運和機遇的安排，或由某些強有力的人物所造成。如是 Rotter 就編訂了《內─外控量表（I-E Scale）》來測量人們內外控信念傾向。

Rotter的《內─外控量表》內容相當簡單，全量表共含有 23 個強迫選擇題，每題有兩個題句，其一顯示為外控信念，另一句則代表內控信念，由受試者選擇其與自身相似或相近的一句。評分時只計算其所選外控信念題句數，每句 1 分，故得分範圍為 0-23 分，分數愈高表示其外控信念愈強。Rotter 並無意將人分為「內控」和「外控」兩類，通常只說某人的「增強控制重心」（locus of control）為內或外而已。不過在研究時為了便利，常會指某些受試為「內控者」，某些受試為「外控者」。從量表的評分法，就可察見由 0-23 是連續遞變的情形，並未指定何處為「內控」和「外控」的分界線。洪有義（1974）曾將該量表修訂，在我國進行測試，應用者頗不乏人。

Rotter 之「內─外控量表」出版後，應用它來進行研究的人不少。在 1970-80 年代間，它成了心理學研究的熱門題目，有人探討內外控信念和學業成就關係，有人分析其與社交行為的相關，有人則研究內外控信念和身心健康的關係，茲將比較重要的研究結果適述於下：

1. 已有研究發現內外控信念與學業成績有相關。Bar-Tal 和 Bar-Zohar（1977）指出：內控信念和平均學業成績有正相關。

Findley 和 Cooper（1983）在檢視研究文獻中，發現內控信念明確地和多種學科成就測驗的分數有正相關。Ryckman（1979）則發現內控者對於和本身福祉有關的政治事件，比外控者要知道的多些。

2. 內外控信念與社交行為的關係。有些研究顯示具內控信念者在社交行為方面比外控信念者顯得熟練些。Lefcourt 等（1985）發現內控者在與友人說話時，常能使對方有受到注意和被悅納之感，當對方停止說話時，他常會接下去，使談話不致中斷，他們比外控者善於應對些。不過我們可以推想到內控者傾向於拒絕別人對他的影響作用；相反地，他會設法去控制他人的行為。許多有關的研究都證實了這一點，Lefcourt （1971）就發現內控者常會不顧他人的要求，自作決定。而外控者在相同的情況下，卻常會順從大家的意見。Silverman 和 Shrauger（1970）也指出內控者比較喜歡他們所能操縱的人，而不喜歡他們所無法左右的人。

3. 內外控信念與身心健康的關係。有許多研究指出內控信念者在身體健康方面較外控信念者為佳（Ryckman, Robbins, Thornton, & Cautrell, 1982），前者似從幼年開始就受父母教導應對自己健康負責（Lau, 1982）。高中學生中內控者開汽車時繫上安全帶和注意牙齒保健者較外控者為多。在吸煙行為方面，內控者多能減少吸煙的次數或戒煙，他們在戒煙後抽煙的情形也比外控者少些。

　　在心理健康方面，一般言之，內控者較外控者為佳，若干研究中指出患抑鬱症、精神分裂症和精神官能症者中，外控者多於內控者。前者自信心較低，而有較高的困擾性焦慮（Keltikangas, Jarviuen, & Raikkonen, 1990; Phares, 1976）。不過極端內控信念者也有其問題所在。他們由於相信所有的增強事件皆在自己掌握之中，故當遇到失敗時，往往會有較強的歉疚及罪惡感。另一方面，由於內控者企圖控制自己和別人的行為，常會表現較高的侵略性和攻擊性，其遭遇挫折的機會乃將

　　隨之增加。所以適度的內控信念雖具有許多優點,但若趨於極
端並非最有利的情況。

　　內外控信念的發展也被發現和父母對兒童的教養方式有關。
Krampen(1989)發現:父母若對兒童良好的行為給予注意和認
可,有助於兒童內控信念的發展。若父母對兒童的增強祇是以其
和社會比較的結果為依據,或是輕視兒童,對其行為不給予注
意,都將促成其外控信念。

　　另一方面,內外控信念和社經地位及文化背景也有關係。
Jensen,Olsen 和 Hughes(1990)發現在歐洲九個國家的居民
中,社經地位高者其內控分數均值較高,而非技術性工人及失業
者之內控分數最低(見圖11-1)。在這九個國家中,以丹麥、德
國、愛爾蘭國民平均內控分數較高;英國、西班牙、比利時次
之,法國、荷蘭、意大利國民平均內控分數較低(見圖11-2)。

㈥ 行為的改變與治療

　　Rotter 的社會學習論是脫胎於學習理論:人們所有的行為,
無論是健康的或是不健康的,都是習得的。不過 Rotter 所強調的
是,一個人的行為是在他和別人交往的關係中習得的。雖然學習
是一個和生命並存的歷程,但是基本的行為模式和增強經驗是在
兒童時期習得的。如果一個人在幼年與人相處的經驗是愉快、滿
足的,那就表示他和其所接觸的人(主要是父母或其他養育他的
人)相處得很好。那些人能在他有所需求的時候,給予他適當的
增強;整個關係是安全而溫暖的,兒童將有被愛、被接納之感,
他也會努力使自己所表現的行為,大都能符合社會的要求。在不
時獲得讚賞和鼓勵之下,逐漸能建立對自己行為的信心,並能有
良好的適應。而一般適應不良的人則未必如是,在其被養育的過
程中,基本的需求未能獲得適當的注意和增強;在其和養育者的
交往中,缺乏滿足的經驗;這些經驗類化的結果,整個環境和四
周的人看來都似具有排斥性,不接納他,使他覺得難以達到所期

望的目標。因此他對自己也不滿意，但他不學習如何去追求達到
目的，獲致成功，而一心企圖避免那眞實或想像的失敗，以防衛
自己，投射作用和合理化作用是他們最常採用的防衛行爲。

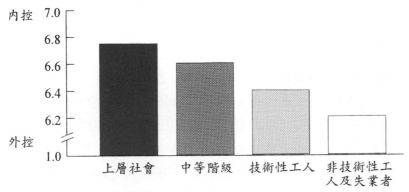

圖 11-1 歐洲九國家中各社會階層居民內外控信念分數之比較

採自 Jensen, L., Olsen, J., & Hughes, C. Association of country, sex,
social class, and life cycle to locus in western European countries. *Psy-
chological Reports, 67,* 199-205. @ Psychological Reports 1990. 本圖片
刊載獲有出版者及作者同意。

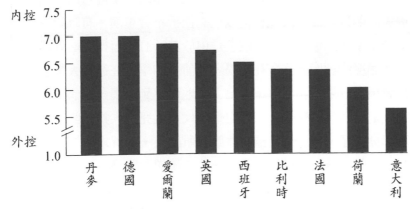

圖 11-2 歐洲九國人民內外控信念分數之比較

採自 Jensen, L., Olsen, J., & Hughes, C. Associafion of country, sex,
social class, and life cycle to locus in western European countries. *Psy-
chological Reports, 67,* 199-205. @ Psychological Reports 1990. 本圖片
刊載獲有出版者及作者同意。

　　在論及不良適應行爲的輔導與治療時，Rotter 認爲治療者必須儘可能保持彈性，因爲當事人的問題都是源於其個別的經驗，其所需要的協助和指導，以及能促進他改變的環境，也是和別人不相同的。Rotter 也強調治療者和當事人要建立良好和支持性的關係。由於前者往往需要就當事人過去的經驗，所遇到的困難及問題、當前的環境、未來可能發展的途徑和機會，以及可能採取的策略等，進行詳細分析討論，只有在雙方能相互尊重、信任、和悅納的關係中，這些討論才得以順利而有效地進行。治療與輔導的主要目標是要使當事人能夠察見自己有需要在觀念上、態度上和行爲上作某些改變，而且能有改變的意願和動機，並能了解那是他自己的責任，而實際去履行改變的措施（Rotter,1954）。

　　Rotter 同意 Alfred Adler 的看法，認爲自卑心理是不良適應的重要因素。廣泛的自卑心理常是基於某一、兩次失敗的經驗，當事人將其未能達成預期成果的事件，過度類化，認爲自己是有如敗絮，一無是處，這是一種不適當的預期。因此治療者的任務，是要鼓勵當事人去學習辨別事件的情況，引導他去察見當前的情況和過去的遭遇不盡相同，甚至大不相同，使他自己看見成功機會的明確證據，而能相信以往的挫折不會重演。有時治療者需要讓當事人知道他的「失敗」是由於其所訂的目標失之過高，應當作適度的調度。許多在中學名列前茅的學生在進入大學後，往往發現自己未能和以前一樣出人頭地而感到沮喪，他們常沒有想到凡是能考進大學的大都是中學時代頂尖兒的人物。競爭的對象水準提高了，自己的目標當然應有所調整。何況求學也不祇是以學科分數爲唯一的目標，另有一些有價值的收獲，常是成績單上所未能顯示出來的。這一些事實的澄清，也都是治療者的任務。

　　「治療」是源出於醫學的概念，其終極的目標似乎是將某種疾病治好，消除某些症狀。Rotter 則強調治療的目標不只是消除那些不良適應的行爲，而是要進一步使當事者習得良好的行爲。「治療」也是一個學習的歷程，當事人要在治療的過程中，學習分析問題，以探知合理的解決途徑；而更重要的是要學著去付諸

實行。這一連串的行爲改變，都是要在治療者的鼓勵和支持下，在相互信賴與尊重的關係中來完成的。

貳 ☞ Albert Bandura 的社會認知論

一、Bandura 的生平簡介

Albert Bandura 係於 1925 年出生於加拿大 Alberta 省。中學畢業後，往溫哥華就讀於英屬 Columbia 大學，1949 年畢業。旋即赴美，在 Iowa 大學完成其碩士及博士學位。在 Wichita Guidance Center 臨床實習後，即應聘至斯丹福大學任教。1964 年升任教授，1974 年膺選爲講座教授，同年並被推選爲美國心理學會會長。由於其對於心理學之貢獻，曾先後獲頒多項學術榮譽獎章，並膺選爲美國文學及科學院院士。

Bandura 致力於發展社會認知理論，著述頗多，其對於攻擊行爲之研究，極受人注意。1973 年出版之《攻擊行爲》（Aggression），即爲對攻擊行爲決定因素之理論及研究之檢視。其新近有關社會認知論理論及研究之發展，則可見其在 1986 年出版之《思想與行爲的社會基礎》（Social Foundations of Thought and Action）一書中。

Albert Bandura

二、Bandura 的人格理論要義

㈠個人、行為、環境三者的交互作用

　　Bandura 對於人類行為形成的觀點，基本上和 Julian Rotter 的看法是一致的。他們認為人類行為的發生，既不是完全由於內在的衝動所驅使，也不是單純地由環境中刺激所左右；而是由內在的歷程和外在的影響兩者間複雜交互作用的結果。Bandura 特別強調個人認知對行為的重要影響。他認為一個人對某項事件的認知，比如以為飲酒是一種高級的享受，不只是一個靜態的、外表的現象，乃是促成他飲酒行為的重要原因（Ryckman, 1995, p.327）。

　　個人、行為、環境三方面的交互影響作用（reciprocal determination）是 Bandura 所提出的重要概念之一，其意義可用圖 11-3 來說明。如圖中雙向箭頭所示：個人（P）、行為（B）、環境（E）三者之間，任何兩項都是有交互作用存在的。

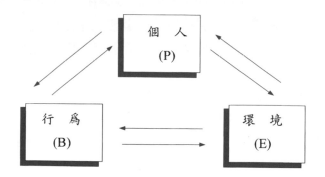

圖 11-3　Bandura 所倡「個人、行為及環境三者之交互作用」

　　例如服裝製造商推出一種新款式（E），引起了仕女們趨新

愛好的心理（P），紛紛採購（B），購買的熱潮（B）使製造商
再大量生產（E），消費者發現街上大家穿的都是同樣的服飾，
失去了新奇和獨特感，就不想再穿它（P），如是銷路大減，製
造商被迫又得動腦筋去設計另一種款式了（E）。在上述的事例
中，個人、行為和環境三者之間交互的影響，是十分明顯的。環
境中最重要的一部分是本身以外其他人物，每個人自然會受到他
人的影響，同時他也在不斷地影響他人；縱使他不言不動，他的
存在仍是有其影響。雖然在上段描述中，似乎沒有指出行為（B）
對個人本身影響，其實只要想一想：當一位女士穿上一件很時髦
的衣服攬鏡自照時那份自得的心情，就不難察見其間的關係。至
於一種行為若涉及成功或失敗的關係，其影響就將更為明顯。
Bandura 對此甚為重視，後面將有較詳細的說明。

㈡行為的習得與表現（acquisition and performance ）

　　早期有關學習的實驗研究，多係以動物為對象（如 Pavlov 的
狗，Thorndike 的貓，Skinner 的老鼠和鴿子等）。在這些實驗
中，當動物表現了研究者所期待的行為時，研究者就認為動物已
習得了該項行為。換句話說：研究者是以動物行為的表現來衡定
其是否學會了實驗中所安排的行為。事實上這並不是很好的衡定
標準，因為在某個時候，動物可能已經學會了某項行為而沒有表
現出來。在人類學習行為中，這一種情況更為普遍。五歲的小明
在和小朋友吵架的時候，忽然說了一句罵人的髒話，使他的媽媽
大吃一驚，她不知道小明什麼時候學會那一句話的，但是他的確
是會用那一句話罵人，的確表現那種行為了。這明白地告訴我
們，行為的習得和表現是兩回事，不一定要在同時出現。已習得
的行為不一定會在習得後立時表現出來。Bandura 十分注意這項
事實，認為行為的習得和表現應當分開。他並且認為無論有無增
強作用，一個人都可以習得一種新的行為；至於他是否會表現該
項行為，就得看有沒有增強作用存在了。Bandura 及其同仁進行

了一項重要的研究證明了他們的看法（Bandura, Ross,& Ross, 1963）。

　　Bandura 等在其研究中，令兒童觀察一段五分鐘影片，放映一個成人「榜樣」（model）（註），對一個塑膠人模型進行攻擊的情形：他對塑膠人模型拳打腳踢，甚至坐在它的身上，口中還唸唸有詞，甚爲得意。研究者將兒童分爲三組：第一組所看到的就是這一段，影片中「榜樣」攻擊了塑膠人模型之後，沒有任何後果（無後果組）。第二組兒童則又觀看了第二段影片；內容是「榜樣」在表現了攻擊行爲之後，另一成人進來，對前者的行爲備加讚揚，並且給予他飲料糖果以爲獎品（榜樣受獎組）。第三組兒童所觀看的第二段影片內容，則是「榜樣」在表現了攻擊行爲以後，另一成人進來，對他大加責備，又用一捲報紙打了他，並且說如果他再表現這樣的行爲，還要再加以處罰（榜樣受責組）。

　　在看過影片之後，兒童們被帶到另一間遊戲室，裡面放了許多玩具，也有一個和影片中相同的塑膠人模型，研究者使兒童可以自由地遊戲，而在單面透視鏡後，觀察並記錄兒童們在室內的反應，特別注意的是他們是否對塑膠人表現攻擊行爲（無誘因階段）。在這一階段記錄完成之後，研究者再進入遊戲室，對兒童們所表現攻擊塑膠人模型之行爲給予獎勵，分別贈與精美獎品，而後再離開並繼續記錄兒童的攻擊行爲（有正面誘因階段）。全部實驗結果，可以從圖 11-4 顯示出來。

　　圖 11-4 所顯示的是很有意義的結果：首先我們可以看出兒童們在看過「榜樣」的攻擊行爲後，在「無誘因階段」的表現明顯地和在「有正面誘因階段」的表現不同，在後一階段中兒童的攻

註：Bandura 所用「model」一詞，中文書常譯為「楷模」，實有未妥。因中文「楷模」所指皆為正面的、崇高的模範，而「model」則有善有惡，譯之為「榜樣」，似較適當。兒童遊戲時常倣效動物的行為，在那種情況下，「楷模」二字就更不相宜了。

擊行爲顯著地增加了；而且三組之間沒有什麼差別。這表示兒童
在觀看影片時，就都已習得了「榜樣」所表現的攻擊行爲。只是
在「無誘因」的情況下，許多兒童未曾將攻擊行爲表現出來；一
旦加上「正面的誘因」，就都表現出來了。這也就顯示行爲的習
得和表現是兩回事：縱然在沒有誘因的情況下，兒童仍會習得新
行爲，表示增強不是學習的必要條件。但在需要他們表現其已習
得的行爲時，增強作用的重要性就大大地增加了。

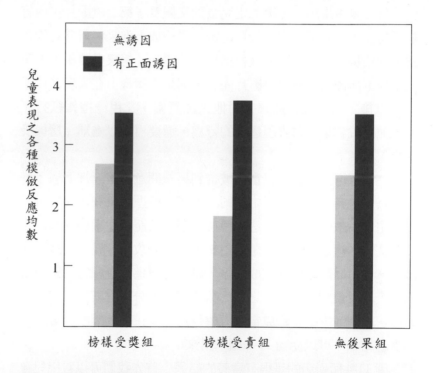

圖 11-4　兒童表現之模倣行爲與榜樣攻擊行爲後果及有無誘因之
　　　　關係

採自 Bandura, A.（1965）. Influence of models' reinforcement conting-
encies on the acquisition of imitative responses. *Journal of Personality
and Social Psychology, 1*, 589-595. Copyright © 1999 by the American
Psychological Association. Reprinted with permission. APA is not re-
sponsible for the accuracy of this translation.

　　圖 11-4 也呈現了榜樣所遇到的三種不同情況下（無後果、受獎、受責）對兒童行爲的不同影響。當兒童看到「榜樣」在攻擊塑膠人模型後受獎時，他們所表現的攻擊行爲明顯比看到「榜樣」受罰時兒童所表現的攻擊行爲多些。但是這種差異在有明顯的正面誘因之下，就都消失了。可見「榜樣」的遭遇，並沒有影響兒童對其攻擊行爲的學習，而只在兒童攻擊行爲的表現上形成了差異；而且當兒童面臨正面誘因時這些差異都不復存在，所有兒童都會表現其所習得的攻擊行爲。

(三)觀察學習（observational learning）

　　上述實驗研究說明了社會認知理論中一個重要概念——觀察學習。人們可以經由觀察他人的表現而習得某種行爲。表面看來，這似乎是一件毋須說明的事，但實際上卻很重要。因爲能經由觀察來習得一項行爲，就節省了許多嘗試錯誤（trial and error）的歷程，直接習得了終極階段應有的表現。同時也增加了學習的機會，只要觀察到就有機會習得，不必再需要任何增強作用。經由觀察而習得的，可以是動作、語言、情感或思考方式的行爲。在觀察學習中，被觀察的對象通稱爲「榜樣」。「榜樣」的特質，並沒有任何限制，可善可惡；平日在兒童成長過程中，我們總希望他少遇見壞榜樣，以避免習得不良的行爲。我國古代「孟母三遷」，正是依據這個原則。

(四)替代學習（vicarious conditioning）

　　前述的實驗已經指出：「榜樣」行爲的後果對觀察者有影響，不過它所影響的不是在於觀察者行爲的習得，而是在觀察者行爲的表現上。觀察者不但可以經由觀察習得榜樣的行爲，也可以察見榜樣的情緒反應，如恐懼或高興；並隨之對該有關的事物或情境產生同樣的情緒反應，儘管他也許從未和該事物直接接觸

過。Bandura 稱這種經由觀察他人行為而習得情緒反應的歷程為「替代學習」（vicarious conditioning）（Bandura, 1986, p.185）。許多青少年在電視上看見某足球明星穿了某個牌子的球鞋，就對那種球鞋產生了好感；女孩子看見電影明星使用某種商標的化妝品，也就對它趨之若鶩。相反地許多兒童看見母親在打雷時表現出驚恐的反應，就「學會了」怕雷。這些都是極常見的事例。事實上我們平日對於許多原屬於中性的人或事物所存的恐懼或嫌惡、愛好或崇拜，常都是透過「替代學習」的歷程習得的。

實驗中也曾顯示：當兒童看到「榜樣」的攻擊行為受到獎勵後，他們所表現的攻擊行為也隨之增加，像是自己獲得了增強一樣。當他們看到「榜樣」的攻擊行為受到責備後，他們的攻擊行為也隨之減少，像是自己受了懲罰一樣。這個現象被稱為「替代性增強」（vicarious reinforcement），好像觀察者對於「榜樣」的受獎和受責，有了感同身受的效果。這也是社會上經常見到的現象。當街道上有兩三輛違規停靠的汽車被拖吊之後，違規的事件立即減少，交通秩序大見改善。但當交通管理單位執行取締措施鬆懈時，開車的人看到違規的車輛未被拖吊，而又獲得停靠的便利（正增強），就相率效尤，在不該停車的地方停下來，如是秩序大亂。這只是信手拈來的常見事例之一而已。銀行運鈔車被劫事件發生後而未破案，短期中就可以看到類似的劫案接二連三地發生，很顯然是「替代性增強」的案例。

㈤預期作用與行為目標

在 1980 年代中，社會學習理論被改稱為社會認知理論，是在強調人類行為中認知的基礎。極端的行為學派學者由於不信任內省法取得的資料，而反對研究認知的歷程，但是 Bandura 和 Mischel 卻認為個體內在的思考歷程是必須探討的。當事人在不必擔心評價的情況下的自我報告是研究其認知歷程有價值的資料（Pervin, 1993, p.389）。

　　根據社會認知論的觀點，一個人的行為不是完全盲目的，而是依照自己的經驗和觀察學習的結果，對行為的後果，有一些預期。換句話說，在一種行為表現之前，他對該行為是否會獲得獎賞或蒙受懲罰，都有一些預見的期望。也可以說，他是有其既定目標的。

　　照這樣說，人的行為並不只是被動地由環境因素所支配，視為單純地對環境中某些刺激所作的反應；而是有其主動性，朝向某個目標的。固然外在的增強獎勵或懲罰，會有其影響作用，但那些正性或負性的增強，並不能完全左右一切，人們還有其「自我增強作用」（self-reinforcement）。一個人在表現某項行為之後，若自己感到有成就，那份滿足感，就具有極大的增強作用。例如詩人在獲得佳句時，常會搖頭擺尾地反覆吟哦，那份高興的心情，和聽到外面掌聲響起時毫無二致。同樣地若是一個人對自己所作的某項行為不滿意，如不曾用功準備考試，或暗中有虧待別人的地方，儘管不為人知，而其自責和歉咎之情，常更甚於外界的懲罰與責備。這些內在的自我增強作用，對當事者行為的影響，和一般外在的增強作用是相似的。正面的自我增強具有激勵和鼓舞的作用，使當事人更加投注於有關的行為。這也就是說，每個人對於行為有其自我標準。在某種情況下，「我能做什麼？」，「我該做些什麼？」，「我會做得怎樣？」……都有其主觀的認知，而且他會根據這些資料，隨時調整自己的行為，也同時調整自己的期望。Bandura（1989）稱之為「自我調節作用」（self-regulation）。

　　社會認知論者以為行為表現過程的認知作用中，當事人對其本身的認知乃是其極為重要的部分，這也就是一般所謂自我觀念（self-concept）。意指一個人對自己各方面的主觀印象。它對當事人行為的影響是非常明顯的。因為在行為表現時，在當事人意念中，是「我在做這個！」（如「我在玩皮球」、「我在賭博」……）而他的「自我觀念」實際對其行為有「限制」的作用：哪些事他可以做？哪些事他不能或不該做？哪些事該怎樣去做？都

要經過「自我」的選擇和判斷。比如一位中年紳士，大概不會蹲在地上玩彈珠；一位受人尊敬的法官，大概不會去賭博。在一般情況下，一個人不會去做一件他認為對其自我不相宜的行為。

㈥自我效能（self-efficacy）

在自我觀念中，Bandura 最重視的是「自我效能」，那是指一個人對自己在某種情境下表現某種行為之能力的預期。比如在一次考試之前，教師讓學生來預估自己可能得到的分數，就是他們在那次考試上的自我效能。我們不難察見一個人的自我效能和他的目標、行為動機，以及其表現的成果，都有密切關係。在一般情形下，一個人不會將他自認力所不及的事物視為爭取的目標，也就是沒有想去爭取的動機。試想若有一位才貌雙全，且又在社會上頗有地位的名女性公開徵婚，固然會有許多男士去應徵；但也會有不少人自認雀屏中選的機會很小，就根本不去嘗試的。

一個人的「自我效能」信念將決定其動機的強度，這在他從事有關工作努力的程度，和遇到困難時持續的時間上就會顯示出來。他的自我效能信念愈高，他努力的程度將愈大，持續的時間將愈長。Bandura （1989）引述了許多研究來證實這點。同時他也指出已有許多資料證明：一個人的成就與幸福，頗仰賴其對自我效能的樂觀信念。因為現代社會充滿了困難與險阻，一個人必須具備堅定的自我效能信念，才能有持續的努力，以獲得成功。在另一方面，自信有能力適應其所面臨的情境者，將勇於承擔當時的艱辛，而不會有恐懼之感。因此可免於焦慮，有信心去選擇甚至創造適於自己的環境，而不為逆境所困。相反地，如果一個人對於適應其面臨情況的效能信念很低，他所預見的只有失敗，將引起抑鬱的情緒。

Bandura （1989）指出：自我效能通常會經由動機和資訊處理的共同作用，影響一個人的認知功能。這種雙合的影響，可以

在有關記憶能力的研究中顯示出來。Berry（1987）研究發現：受試者對其記憶能力有較強的信念時，他們投入在記憶工作中認知進程的努力會比較多些，這樣乃提升了其在記憶方面的成果。每個人在做一件工作之先，都常對其工作情況有一些設想和預見，而其自我效能乃會影響到他所預見設想的工作情況。自我效能高的人常易預見到成功的景象，轉而可以對其工作有正面的導引作用；相反的，自我效能低的人，則常會預見失敗的景象，因而一直擔心會出毛病，而降低其工作的效率和成果（Bandura, 1986）。

(七)媒體中暴力行為的影響

在對於觀察學習和榜樣行為進行了一些研究之後，Bandura 相信媒體中的暴力行為，對於社會有極嚴重的不良後果。雖然有些人爭論，每天有成千上萬的人接觸到媒體中的暴力行為，並不是每個人都因此而學會了使用暴力；也有人指出：電影或電視節目中使用暴力者，最後總是會受到懲罰，應當具有嚇阻作用。Bandura 固然也承認暴力行為的放映，並非形成攻擊行為的充足或必要的條件，但他仍然強調觀見暴力行為的表演，在某些情況下，確可助長攻擊的傾向（Bandura, 1973）。他希望大家能察見其危險性。

前面引述的實驗曾經指出：當兒童看到榜樣因攻擊行為而受到責備時，其所表現的攻擊行為會比較少些；但是那並不影響他們對攻擊行為的學習。兒童們照樣習得那些行為，而且在有強的誘因情況下，他們會將那些行為表現出來。研究結果也顯示：觀察者可以向實際的榜樣學習，也可以向銀幕或螢光幕上的榜樣學習。

許多電影和電視節目中，使用暴力的那個角色常會因攻擊別人而佔到很多便宜，只有在最後受到懲罰。觀眾雖都知道他是個「壞人」，最後是將自食惡果，但他們仍然有些崇拜他，覺得看

他表演很過癮。他所做的也正是觀眾自己所想做的，所以他們還是學到了那些「壞」行為（Bandura, Ross,& Ross,1963）。社會上許多攻擊行為事件，看來幾乎是電影和電視上故事的重演，從這一點就不難察見媒體上暴力行為的示範作用和其對社會的傷害之烈了。

這裡還有一個重要問題：我們是否應當用暴力的方式來抑制那些暴力的罪行？從社會秩序一方面來看，那似乎是天經地義，而且是必行之道。曾在台灣、香港等地放映，受到觀眾們熱烈歡迎的電視劇《包青天》，就是以暴制暴的標準例子。當劇中的包拯將一個惡徒送上「Ｘ頭鍘」時，觀眾都有大快人心之感。劇中包拯被尊為包青天，就是因為他用了暴力在「替天行道」。這裡讓觀眾得到了一個印象：暴力是可以合理使用的，也是解決問題的一個快捷途徑。這樣是否會阻止人去考慮使用非暴力的制暴之道？

Meyer（1972）曾進行了一個研究，在實驗中，他使多位大學生，每人配上一個夥伴（係由實驗者安排的同謀者），相互評閱對方的報告，以給予對方電擊的次數做為評分，優良的報告受電擊的次數愈少。

輪到他們的夥伴去寫報告時，研究者使這位學生去觀看一段影片，這時他們被隨機分為八組，一～三組所看的是越戰時的一段紀事影片，內容是一個越南士兵用刀殺死一個越共的情形。第一組所看影片無對白，第三組影片的對白說明那個越共曾殘殺平民多人，因此越南士兵殺死他是合理的。第二組影片的對白說明被俘的越共應當依照國際法送往俘虜營，不應被處死。四～六組所看的是劇情片「From Here to Eternity」中的一個片段：兩個士兵因故爭鬥，其中甲將乙殺死。和前面一樣，第四組所看的影片無對白，第六組的旁白說明甲的行為是合理的，第五組所看影片的旁白，則指出甲殺害乙的行為是不合理的。第七組所見的為不含暴力行為的影片，第八組為控制組，未觀看任何影片。然後這些受試者就被叫來評閱其「夥伴」的論文，以電擊次數來評

分。結果是：看到影片中暴力行為是「合理的」之受試者（第三組，第六組）所給予「夥伴」的電擊次數明顯地較看到影片中「不合理」暴力行為者（第二組，第五組）為多，這項差異在紀錄片和劇情片上都存在。

這些結果顯示：在一般電影或電視節目中，其主角合法地採用暴力手段消除了惡徒，實際上可能仍會促使觀眾攻擊行為的增加。以牙還牙的心理，在現代社會中仍然是相當普遍的（Ryckman, 1993, p.535）。

從研究資料中洞見了媒體頻用暴力行為的嚴重後果，Bandura極力呼籲作有效的防止，並曾建議採取一些補救的途徑，其中包括由民眾籲請政府制止媒體推銷暴力行為，請媒體製作機構自行節制，及獎勵非暴力內容的影片或電視節目之製作與發行等（Bandura, 1973, pp.276-281）。這些方法許多國家都或多或少在採用，但效果似乎不十分理想。推究原因不外下列三項：(1) 含暴力影片或節目賣座或收視率高，製作者可獲厚利，要求其自我節制實無異於「與虎謀皮」；相反地，他們會使用各種技倆，使影片或節目通過審查，或竟用不法手段於放映前臨時加接或插入。(2) 若干含暴力內容之媒體，常經過糖衣包裝，如加上「替天行道」、「行俠仗義」等標籤，以為掩飾，使人不能洞察其害。(3) 部分觀眾追求刺激，貪一時耳目之娛，而未覺察或根本不了解其對社會之危害，因而提升了暴力影片的票房價值。在這種情況之下，消費者也許只有自求多福。家長們儘可能為兒童選擇比較健康的視聽節目，同時鼓勵兒童學習運用非暴力方法，解決生活中問題。Bandura 曾語重心長地說（Bandura, 1973, p.323）：「暴力乃是社會中鼓勵暴力情況下的產物，既非不可避免，也不是人性中無法改變的一面，人是有權力來降低其攻擊性的。」

(八)社會認知論與行為治療

以社會認知的觀點來討論行為的改變和治療時，其焦點乃在

自我效能信念的改變，而其所應用的方法，乃是「示範和指導下的參與」（modeling and guided participation）。進行的程序是先由榜樣就目標行為作示範性的演示，而後將目標行為由易到難分為若干段落，在榜樣的指導之下，受試者逐段照著做。一個經常被提到的實驗是克服對蛇的恐懼（Bandura, Blanchard, & Ritter, 1967）。在實驗進行前，先測定受試者能接近蛇的程度，在經過實驗後，再測定其能接近的情況，進行比較。實驗時受試者分為四組：(1)真實的榜樣和參與組——有一位榜樣示範弄蛇的行為，然後協助受試者去學習一些比較困難的反應。(2)影片中的示範——受試者看到影片中兒童和成人玩弄巨蛇的行為，同時並接受鬆弛的訓練。(3)系統減敏感組。(4)控制組——沒有實驗處理。結果顯示：控制組的怕蛇反應沒有改變，第2、3組怕蛇的行為有明顯的降低，第1組則有最大的進步。這證明真實榜樣的示範加上在指導下的參與，乃是克服懼蛇行為最有效的方法。事實上在其他恐懼行為的處理上，如兒童怕狗的行為，初學游泳者怕水的反應，都可以用同樣的方法祛除其恐懼的心理。這個行為改變的歷程，簡單地說可以分為兩部分：一部分是應付危險或威脅情境技巧的學習，那是經由觀察榜樣的示範而習得的。在觀察學習中，受試者看到榜樣的示範後，在認知上有了一些改變，他知道那個「可怕」的情境是可以控制的，它的威脅作用乃隨之降低，其所引起的焦慮自也下降。同時他從觀察中習得了應付困境的技巧，對實際控制困境具體行為的操作，有了明確的了解。第二部分則在榜樣指導之下應付危險情境技巧的演練，由於自己行為的表現，他的自我效能信念乃隨之提昇，從那些行為的回饋中，他等於在告訴自己：「我已經具有應付的技巧了」，或是「我已經具有克服這個問題的能力了」。這個自我效能信念的提升，使其所習得的技巧得以自由地表現出來。這樣乃可使當事人的行為產生改變，也就是產生了「治療」的效果。

近年來，自我效能觀念日益拓廣，有些學者曾本此理論去探究心理社會因素如何影響人們的一般健康功能（O'Leary, 1992）。

他們的假設是：人們對其能力的知覺，將會影響他們的行為、思考範型和情緒反應，轉而影響到他們應付壓力和疾病的情況。O'Leary 及其同仁（1988）曾以認知行為治療，處理三十位女性風濕性關節炎病人，對治療組病人進行的處理包括鬆弛訓練，認知性的疼痛控制訓練，和治療目標的訂定等。經過五星期的治療，發現在和控制組相較下，治療組病人的自我效能信念有提昇，同時疼痛和關節發炎的情況減低，而心理社會功能皆有進步；不過 T 細胞數量和功能則沒有改變。

三、對社會認知論的評議

㈠正面的評價

在本書所提到的各個人格理論中，社會認知論無疑地是較新的一說。同時這個理論的本身也不斷地在擴充、改變，就連名稱也從開始時的社會學習論改稱為社會認知論了。一般說來，大家對於這個理論，頗有好評。綜合多方面的意見，正面的評語，乃有下列數端（Hall & Lindzey, 1978；Pervin, 1993；Phares, 1993）。

1. 立論以實驗研究為依據——這是社會認知學派最受推崇的一點。像 Bandura 和 Mischel 所倡導的一些概念，大都獲得實徵研究支持，故能免於空泛。而且他們所進行的研究，都是以人為對象，因此研究的結果，常能直接引用於人類行為，減少了在推論上的困難。

2. 以大家所重視的行為為研究的對象——社會認知論者所研究的，皆是人們所重視的問題，比如攻擊行為、大眾傳播媒體對兒童行為的影響、父母及其他榜樣的作用等。顯示研究者對於人們社會生活的關心和興趣，並且提供了解決問題和改善社會環境的建議。Bandura（1977）強調心理學研究者應將其研究結果用於改善人類生活的工作上，這是受人尊敬的態度。

3.利用觀察學習和自我效能等簡明的概念，建立認知行為治療的
理論基礎——觀察學習是一個極普遍的現象，也是若干不健全
行為之源。自我效能是人們所有行為的關鍵因素，缺少了它就
將使人陷於困境。社會認知論者掌握了這兩個概念說明人們行
為模式形成的歷程；同時也就是以這兩個概念為基礎，導出認
知行為治療的基本模式，簡約明瞭，容易為人所接受。

(二)爭議之處

　　社會認知論當然也受到一些批評，比較共同性的看法是認
為社會認知論還不能算是一個有系統的、完整的理論（Hall &
Lindzey, 1978; Pervin, 1993; Phares, 1993）。因為行為學習的概念
是早有其淵源的，不過社會學習論者強調人類的學習都是在社會
關係中進行的。「自我效能」的信念，實際上是自我觀念的一方
面，只是比較專注在個人對其表現某種行為之能力信念而已。認
知的歷程則更不是新的概念。社會認知論者將這許多概念綜合在
一起，再加上他們所重視的觀察學習和榜樣示範的作用，固然也
能說明人類行為中一些重要現象，但總難稱之為一家之言。不過
這樣的批評，也有人認為失之過苛（Baron, 1987）。事實上自有
人類以來，人的行為就一直成為大家研究的對象（正式的和非正
式的）。兩千多年來累積下來的經驗，分別被研究者用以為建立
其理論的基礎。由於所觀察和研究的對象是相同的，因此要求新
的研究者完全擺脫已有理論的影響，是頗為難能的事。何況Ban-
dura近十年來也非常積極地在發展他的理論。以自我效能信念為
例，他就認為它是人類行為動機、情感和行動的基本決定因素。
在每個人所有的心理機構中，自我效能信念的影響最大也最廣，
它控制了有關生活的一切事故。舉如行為目標設定，投入氣力的
高低，努力時限的長短等，均將為它所左右（Bandura, 1989）。
他也曾列舉許多例證，指出人們的成就和幸福，需要正面的自我
效能信念，因為今日的社會環境十分複雜，現實中充滿荊棘和困

擾，挫折和失敗都在所難免，必須對自身的效能具有堅定的信
念，才能持續努力，追求既定的目標。至於身體健康方面，已有
資料顯示：自我效能信念的提昇，有助於心臟病、關節炎、貪食
症的治療和處理。心理疾病方面，自我效能對恐怖症治療的效
果，已爲眾所熟知。其對婦女防身訓練的幫助，也已見諸報導
（Ozer & Bandura, 1990）。這些資料的累積，自將有助於理論的
發展。要建立一個系統的理論，原非易事；但以 Bandura 及其同
仁的努力，社會認知論之將日趨充實，是可預期的事。

參 ☞ Walter Mischel 的社會認知理論

一、Mischel 的生平簡介

　　Walter Mischel 係於 1930 年出生於維也納，1938 年隨其家移
民至美國。1951 年入紐約市立大學修習臨床心理學，隨後進入
Ohio 州立大學心理學研究所。George Kelly 和 Julian Rotter 適在
該大學任教，Mischel 受他們的影響頗多。他在幾所學校任教後，
於 1962 年轉往斯丹福大學，乃得和 Albert Bandura 共事。在他們
二人的努力之下，奠立了社會學習理論的基礎。1983 年 Mischel
再回紐約，應聘至哥倫比亞大學任教並致力於研究工作，因其在
學術上優異的貢獻，曾于 1978 年及 1982 年先後獲得美國心理學
會臨床心理學組和美國心理學會的頒獎。

Walter Mischel

二、Mischel 的人格理論要義

㈠基本觀點和研究態度

　　Mischel 的基本研究態度是：(1) 立論以實證研究的結果爲基

礎；⑵ 重視個人對於其行爲環境的了解和建構；⑶ 從個人認知的內涵去了解他的行爲，再進而界定他的人格。

　　Mischel 最受人注意的言論，是他在其所著《人格與評量》（Personality and Assessment）（1968）中，對於一般人將人格特質視爲廣泛而普遍的行爲決定因素一點，提出了嚴厲的批評，他認爲那種想法並沒有可靠的實證依據。他指出一般人格自陳評量工具的結果和實際行爲的相關很少超過 0.30，沒有實質的意義。Mischel 這一番批評，引起了所謂「人與情境孰重」的爭論，歷二十年不休。

　　在 Mischel 提出社會認知學習理論時（1973），曾說明他並不是否認行爲的一致性，也不認爲情境是決定個人行爲的主要因素。他所要指出的乃是人們具備有很強的區辨情境的能力，我們的人格理論必須要能同時解釋在各種情境間互異的行爲和行爲的一致性。各人獨特的社會學習歷史，產生各人對刺激所賦予的獨特意義。

㈡社會認知學習的個人變項

　　Mischel 不主張人格特質的普遍性，而認爲要用「社會認知學習的個人變項」（cognitive social learning person variables）來解釋行爲的個別差異。那些變項乃是：

1. 能力

　　每個人都有一套行爲和認知的技巧或能力：當情境有所要求時，他所能執行的外表和內隱的行爲。

2. 分類的策略和個人的建構

　　各人對於其所遇到之人際的和物理方面的事物，有其特有的方式予以分類。

3.預期

指一個人對在一特定情境中，某一項行動之成果的估計。

4.個人的價值觀念

每個人對其每次行動可能成果，都有其主觀價值觀。兩個人對某項行動的成果雖有相同的預期，但若他們對該項成果的價值觀不相同，他們的行為仍將互異。

5.自我調節系統和計畫

此係指一個人對其行為有其自身規定的酬賞和自主的目標，這些將形成其行為的動機與方向。

一個人的行為就是由上述這些變項和情境的交互作用所決定的。

㈢人格特質一致性問題

曾有研究者（Bem & Allen, 1974）指出：一般人憑直覺認為人格特質具有普遍性，因而覺得行為有跨情境的一致性；而在另一方面，研究結果並不支持那種一致性的存在，因此乃形成一種矛盾。Mischel 和 Peake（1982）應用「認知原型」（cognitive prototype）的觀念來解釋這種矛盾現象。

人們對於四周事物進行分類時，常會以該項事物的一種特徵為依據。那項特徵久之便成為人們對該事物的認知原型。例如我們通常認為「有翅膀、會飛」的動物便是鳥類。不過這種分類祇是人們常習用的，並非科學的分類，因此並不十分確定，而會引起錯誤，許多兒童常以為蝙蝠是鳥類，就是這個緣故。

一般說來，行為在不同時間裡的一致性是存在的。因為雖然時間上有改變，而那些個人的認知學習變項沒有改變，一個人的行為仍會保持一致。但若情境不同，那些個人認知變項就常會隨著有改變，行為的一致性就不復存在了。Mischel 和 Peake 認為

就是因為行為在不同時間裡的一致性，人們乃以為行為是具有一致性的，無論情境是否有改變。換句話說：人們在認知上形成了一個錯覺：將行為在時間上的一致性和其跨情境的一致性混為一談了。

㈣人格的認知─情感系統理論

在較近的研究裡，Mischel 和 Shoda（1995）提出了「人格的認知─情感系統理論」（A cognitive-affective system theory of personality），對情境、特質、行為動力，以及人格結構的不變性重新做了一番討論。當他們發現一個人的某種行為（如友善的態度）在十種不同情境中之表現有高低變化時，他們不主張將那些高低變化的分數綜合起來，而以其平均的情況來代表當事人的「友善特質」。Mischel 和 Shoda 認為每個人在一種情境中的行為，是由其特有的「認知─情感系統」和其當前情境交互作用來決定的。如果他在多種情境某項行為高低的變化相當穩定，那就正顯示他所特有的行為範型。Mischel 和 Shoda 稱之為「如果⋯⋯我就會⋯⋯情境─行為範型（if⋯⋯then⋯⋯ situation-behavior pattern）」。他們的目的是要提供一個理論，一方面可以說明一個人在同一情境下人們認知和情感反應的個別差異，同時也可以說明一個人在不同情境下行為變化的穩定性。這兩者都是同一個人格系統的表現。綜言之，Mischel 和 Shoda 認為：個體是在其「認知─情感」人格系統和當前的情境交互作用之下，根據其對情境的解釋，選擇其所特有的某種穩定的行為範型來進行反應。

Mischel 這一些說法和 Bandura 偏重行為習得的歷程，倒正是相輔相成的。

1. Rotter 的社會學習論有哪些重要概念？
2. Rotter 所倡導的人格評量方法有哪些？
3. 內外控信念與身心健康有什麼關係？
4. 試解釋「觀察學習」與「替代學習」。
5. 請說明「自我增強作用」與「自我調節作用」。
6. 何謂「自我效能」？自我效能對工作效率與成果有什麼影響？
7. 請解釋「人格的認知─情感系統理論」。

第十二章

認知資訊處理
及自我調整理論

壹、基本的觀念

貳、基模和腳本

參、自我基模

肆、認知和行為

一、歸因作用

二、行為和記憶中資訊的關聯

三、行為的意願和目標

四、回饋作用

五、目標的層次理論

六、情緒與認知行為

伍、評量方式

一、認知的評量

二、自我調節功能的評量

三、個人目標的評量

陸、行為問題與認知的關係

一、資訊處理的困難

二、抑鬱者的自我基模

三、缺乏適當的自我調節作用

柒、認知治療

一、認知治療的假設

二、認知治療舉隅

☞ **本章要旨**

　　在本世紀人類的許多發明中，電腦可以說是極重要的一種
（電腦說來是個通俗的名詞，但是大家似都已習慣這樣稱呼
它）。在今天，幾乎人們生活的每一方面都要用上它，從資訊的
檢索、處理和儲存，訊息的傳播、解釋和運用，以至於大小機件
的運作和控制，都藉助於電腦，在現代化的社會裡「人手一機」
的描述，並沒有絲毫誇張的意味。

　　一個有趣的現象是：人類發明了電腦，卻又從電腦處理資訊
的運作中，領察到我們本身大腦活動的情形，從而探究認知行為
的歷程，這正是本章的內容。

　　本章先就兩個基本觀念——基模和腳本，做了簡約的說明。
基模是認知結構中的單位，人們的思考活動就是一些基模在運
作，因此書中對基模的作用做了詳細的說明，同時也解釋了「自
我基模」的功能，凡是有關個體本身的訊息，都是要由自我基模
來處理，其重要性是不待說而自明的。學者們所提出的若干概
念，如「可能的自我」、「應成的自我」等，都有助於說明自我
基模的動力作用。

　　認知與行為的關係是十分密切的，本章中分別對歸因作用、
行為的意願和目標、回饋作用……有所說明，並特別指出情緒和
認知的關聯。一般人常認為此二者是相互獨立的，常將二者分開
來討論，事實上不祇是認知的結果會影響我們的情緒，情緒也具
導引認知的作用。

　　由於認知與行為的密切關聯，因此學者們設計了許多策略和
工具來對它進行評量，本章對此亦做了介紹性的說明。

　　從認知心理學的觀點，一個人的行為乃以其認知為基礎，許
多心理上和行為的問題，常可能是由於認知功能的障礙，因此行

　　為的改變和治療，須從認知治療著手。本章除了就認知治療的假設有所說明外，並以目前常被用的幾種策略為例，說明認知治療的原理和實施的梗概。

壹 ☞ 基本的觀念

認知資訊處理理論（cognitive information processing）主要是探討人們如何組織並陳述其經驗。人類行為，簡單的如舉手投足，複雜的像運籌計畫，都有生理方面機構為基礎。人們也一直在努力探討，希望能了解生理方面的各部分機構，是如何在影響和操縱個體的行為；尤其是對神經系統的運作，更予以高度的注意。這個擁有億萬個神經細胞相互聯絡構成的系統，將訊息由身體的一部分，傳導至其他部分，很明顯地是支配、控制個體活動的中樞。近數十年來，由於電腦的發明和應用，使人們從自己所製作的機件及其處理資訊運作的程序裡，體會到大腦的活動具有相類似的歷程，這樣就帶動了對於認知行為的大量研究。

Carver 和 Scheier （1997, pp.460-461）指出從事這方面的研究，至少要納入下列三個假定：

1. 了解人類行為就是要了解人們如何對付或處理四周環境所提供的訊息。試想你現在正在教室裡上課，你的感官不斷地接受從四周環境來的各種刺激，眼睛會接受由牆上圖片所傳來的彩色光波，耳朵會接受到教師演講、學生發問和物品移動的聲音……這些刺激帶給你來自當時環境的一些訊息。這些訊息是一點一點地傳給你，由你感官的無數個神經原分別接受。但是你所獲得的並不是一點一點零零碎碎的訊息，而是你會將它們組織起來、統合起來，讓你獲得對當時環境一個相當完整的印象，用資訊科學的術語來說，也就是所謂資訊處理的歷程。

2. 認知—資訊處理論的第二個假定是：人們在其生命中充滿一大堆作決定的事項。其中有些決定是有意識的，但有更多的決定是在不自覺的情況下進行的。有哪些待決定的事項會進入一個人的思路？哪些成見將會影響你的決定？以及你會怎樣運用那

些成見？那就是你的人格因素的作用了。

3. 認知─資訊處理論的第三個假設是：人類行為在其本質上是有其目標的。人們先確定了自己行動的目標，然後一步一步地朝向目標前進。每個人有些目標是比較遠大的、涵蓋比較廣泛，將包含許多複雜的行為；也有一些目標是比較近程的，祇需要一些簡單的行動就可以達成。不過在一般情況下，在朝向某個目標行動的過程中，常需要不斷地調節自己的行為，正如同汽車在行走時，駕駛者必須隨時調節其行駛的方向和速度一樣。至於目標的選定和自我調節時，將以哪些資訊為參考，那就是個人人格的表現了。

貳 ☞ 基模和腳本（schema and scripts）

在認知資訊處理理論中，「基模」和「腳本」是兩個非常重要的概念。基模可被認為是「知識的結構」，是人們根據其對於某一個事物或現象的了解所構成的。一旦形成以後，又可以用它來認識、了解隨後所遇到的事件。例如：「車」，我們對它最基本的認識是一種有輪子的交通工具。有了這個基模，就可以幫助我們了解、認識另一些事物，像馬車、汽車、三輪車……等。

至於基模是怎樣形成的，很不容易有個確定的說法。不過一般認為我們是以每一項事物最具有代表性的形象為依據，或者認為是你目前所見到的某項事物最標準的樣子。也有人認為人們記憶中並沒有「存」著一個完整的原型，而祇是可以用來識別某項事物的一大堆屬性，其中經常出現的屬性，就會被拼湊起來構成其基模。

一、基模的作用

㈠基模的一個作用，就是使新資料的「登錄」、「編碼」比較容易和正確。正如你若知道某段記載是有關於「警察」的，你會容易懂得其中的意義，如「兩線三星」之類的術語。

㈡基模的另一個作用，就是從記憶中提出有關的資料，來補充某些訊息。例如有人對你說某君是個「菩薩心腸」的善士，你可能就會認定某君是個賦性慷慨、樂善好施、很願意幫助別人、深具同情心的人。雖然不一定每一項都見諸事實，但你會覺得這一連串常用來描述「菩薩心腸」的特質，都存在那位善士的身上，你會主動地將那些特質歸之於他。

㈢基模將會自我們的記憶中，選擇那些和你當時想法有關係的資料。將記憶比喻為倉庫，並不完全正確，當你「打開記憶之門」時，並不是裡面所有的東西都呈現在眼前，也不是毫無秩序地零亂地跑出來。你會記得些什麼，將會受到你當時行動目標所影響，會為你對當時某項事件的看法所導引。同樣地，你在面對當前的情境和事物時，你的注意也是具有高度選擇性的。你當時的目標和觀點會引導你去注意某些事物和某些現象，而忽略或者根本沒看到另一些東西。Carver 和 Scheier（1997, p.467）認為「對一事項件採取某一種觀點，就是在運用某一個特定的基模去看它，那個基模就會引導你去尋找和那個事件有關的訊息」。一位素食主義者走進超級市場時，他只會注意蔬菜和水果的陳列單位，至於肉類和海鮮的部分，他會繞道而行，如同它們不存在一樣。即使許多人為那天牛肉大減價的廣告所吸引擁向某一特定櫃檯，他也會視而不見。現在的報紙版面很多，每個人各有其喜歡閱讀的部分；有許多版面可能是你從未翻閱過的。

㈣人們對四周他人行為的注意，也同樣具有選擇性。帶著不同的觀點將會看到不同的現象，也就會使你形成某種想法和印象。

在演講會裡，如果臺上是一位你所欣賞的講員，你可能很容易聽到一些引人入勝的語句；若是湊巧他是你所不欣賞的講員，你可能會聽到一些粗俗和不合理的論調。這裡值得提醒大家的就是：基模可能使你在登錄所接觸到的訊息時，受到一些成見的影響。比如我們平日對某些種族、宗教、政黨、職業、學校、地區……等，都有許多早已存在的看法，也就是成見。當你看到一個人的履歷表，或是被介紹和一位從未謀面的人士相遇時，你就常會從對方的某部分資料中，「獲得了」一些印象，認為對方會具有某些特質，而使你不完全依據或者根本不依據你所實際「看到」的訊息去了解對方。由那些「先入為主」的成見所造成的誤解，有時可能是相當嚴重的。更值得注意的是，成見常有一種「自動持續」的作用。基模不僅會指引我們從什麼地方去尋找資料，而且它會暗示我們：「一定會找到的」。如是那些被「證實」了的資訊，就會比那些未被證實的資訊容易記住些。如此將使那些基模更趨於固定而不易「推翻」它。

二、「腳本」（script）

資訊處理論者常提到的另一個概念就是「腳本」。意指在某種情況下一套或一系列被認為適當或合乎規定的行為。比如你去參加一個比較正式的會議，或是上圖書館去查索參考資料，通常都有一定的程序或手續。當事者在那種情況下，就需要按照規定或一般習俗按部就班地表現一連串的行為。就如同舞台上表演的演員要按照腳本逐步表演一樣。若是不了解那些腳本，或是表演得不適當，不依照腳本行事，就可能會引起許多不便，或是讓別人看起來很尷尬或是彆扭的情況。若是在比較不正式的場合下，如熟悉的朋友不拘形式的聚會，行動比較隨便，那麼參與者就不會感到拘束了。

參 ☞ 自我基模（self-schema）

　　在人們所有基模中，最具重要性的應是「自我基模」。這是 H. Markus（1977）所提出的一個概念，也就是個人對自己的印象和想法。當一個人要描述他自己時，他（她）所說的、寫的就是其「自我基模」。也許有人會問：「他自己所說的一定是正確的嗎？」、「他一定會誠實地描述自己嗎？」這是兩個有趣同時也很有意義的問題。事實上有些人對自己的描述可能不是十分正確的，因爲他可能對自己沒有明確的了解，但他的描述仍然是他的「自我基模」，仍然具有「自我基模」的功能。至於不誠實的自我描述，也仍是值得注意的。表示那是「他自己希望有的形象」，或是「他希望給予別人那麼一個形象」，對他的行爲都有其影響。這都留待下面再予說明。

　　Markus 指出「自我基模」對於有關自己訊息的處理，將會有極重要的決定作用。比如應當注意哪些訊息、哪些認知應當記憶下來……等，你都會根據自我基模來選擇。一旦我們形成了對自己的某些看法，無論是正面的（如認爲自己是能幹的人），或是負面的（如認爲自己是不受歡迎的人），都有一個很強烈的傾向要維持那種看法，比較容易注意和自我觀念一致的訊息。換句話說，自我基模具有「自我驗證」（self-confirming）的作用。Swann（1991）並且提供事實，證明人們常主動從別人那兒爭取與其自我觀念相符的證據，將自己表現成那種形態來博取那些「印象」或評語。比如某人自認擅於言辭，他在別人面前說話時，便非常注意自己的修辭，盡力使自己說得流利而又風趣，以博取別人的讚美，這樣肯定了別人對自己的印象，轉而證明了自己的想法。這是一個有趣的循環；也就是何以「自我基模」一旦形成，就不容易改變的緣故。這對那些具有正面自我基模的人來

說，自然是很好的一回事，也是莫大的福氣；他可以一輩子很有自信地活著。但對那些具有負面自我基模的人來說，可就要吃盡苦頭了，他將要長期背著自己鑄造的重枷，生活在愁苦中。抑鬱症患者就是明顯的例子。

每個人的自我基模當然會包括他「整個的我」，包括他各方面的情況，包括他在不同情境中的表現。不過為了易於說明，我們不妨說一個人實際上可能有許多個「自我」。而這些「自我」之間，可能有一些共同的地方，可能會彼此有些差別。比如一個人可能覺得自己是一位優秀的教師，在課堂上有良好的表現，很受學生們敬愛；在教學的工作上，自覺游刃有餘。但是在理財方面，他卻自認是個低能者，對於市場經濟起伏的判斷，毫無信心；在做投資決策時，畏首畏尾，經常錯過時機。此外他在做丈夫、做父親的角色扮演上，可能又有另外的自我印象。這些自我基模，可能彼此不完全相同，但仍各都具有前節所述的那些功能。

說一個人可能有許多個自我，千萬不要將之和多重人格相混淆。後者乃指人格本身分離或缺乏統整性的情況，是一種不健康的現象。前者指個人在不同情境之下所呈現出的不同形象。有人稱之為「自我複雜度（self complexity）」（Linville, 1987）。自我複雜度高的人，會將自己不同的方面分開，而不致將對自己某一方面的印象，推展或「波及」到其他方面。比如他在經營商業的得失，不會影響他對自己學術地位的評價。相反地自我複雜度低乃是一個不利的情況，其在一方面逆境所引起的負面感受，常會影響他整個自我觀念，而認為自己「一無是處」或「走了霉運」。Nasby（1985）根據其研究結果指出：那些對自己了解得較多的人，其自我複雜度常比較高些。

在每個人的自我基模中，不只是含有其對自我當時情況的印象和態度，也常含有他覺得自我可能呈現的形態。這包括：「我可能成為怎樣的一個人」、「我希望自己成為怎樣的一個人」，以及「我怕自己成為怎樣的一個人」……等，Markus 和 Nurius

（1986）稱之為「可能的自我」（possible selves）。這個概念有
其重要的意義，因為它們指出自我不僅具有組織資訊的作用，同
時也具有情緒的、動機的功能。當一個人存有「我希望成為怎樣
的一個人」的想法時，這個想法將驅使當事人趨向某種樣式。相
反地，如果一個人「不希望或害怕成為某種樣式」，這個意念將
會驅使他致力避免該種情況的產生。

從上節所述，我們已能明顯地察見自我基模所具有的動機作
用。Higgins（1987,1989）更循此而指出每個人對其自我形象，
實有其自定的標準。他提出「理想自我」（ideal self）和「應成
的自我」（ought self）概念，並謂它們是在導引當事人努力使自
己成為某一個樣子。這些當然都是習得的，和當事人所處的文化
環境有密切的關係。兒童自幼年就學會了述說「我的志願」和
「我要做個好國民」。前者包含「理想的」特質較多，後者常以
應具有的特質為主。雖然他們在那個年齡還不能完全體念「理
想」和「應當」的意義，隨著年齡和社會文化的變遷，這些「標
準」都會不斷地改變；不過無論其實質如何，人們大都會努力使
自己和這些「標準」接近，縮減自己和它們之間的距離。當一個
人發現或認為自己無法達成其「理想」，或是不能使自己具備其
「應當」擁有的特質時，他就應當依照實際的情況來調整其「理
想」和「期望」，否則他將會感受到失望和罪惡感的壓力。目前
許多青年在父母和老師的「期望」之下，升學成為他們的理想和
應當做到的事。當他們發現自己和這個「標準」相距甚遠時，其
挫折感之強烈是旁人所不易想像的。若干不良適應行為（包括自
殺），常是由此造成。

肆 ☞ 認知和行為

一、歸因作用

認知行為中極重要的一項，就是對生活中各種現象及事件的了解，也就是要設法解釋各個現象發生的原因，是即所謂歸因作用（attribution）。事實上人們對於每日發生在其四周的事件，都希望能知道其所以如此的原因；而且也都會試著解釋，所以歸因乃是一般人共有的傾向。

在個人的歸因行為中，對於自己處理事件時成敗的歸因最具重要性，因為它將影響當事者對於本身和其所處環境的看法。Weiner（1990）曾經指出對事件發生原因的認定，有三方面是值得注意的：

㈠ 原因的所在（locus of causality）

這是指個人對事件發生的原因是將之歸於本身內在的因素，抑或是將之歸於外在的因素。

㈡ 原因的穩定性（stability of causes）

這是指當事人認為事件發生的原因是比較恆常的，或是比較暫時性的。比如對個人的工作成敗而言，「能力」是比較穩定的變項；而個人「努力的程度」，則會因情況而異，是比較不穩定的。又如工作的難度是比較穩定的；而運氣是比較不穩定的。

(三) 原因的可控制性（controllability of causes）

有些事件的發生與否是可以控制的，例如在工業生產的過程中，原料的品質和成分的配合，是可以由製造者事先予以控制的。另一些事件如突然的停電或自然災變，則是根本無法控制的。

通常人們探討事情的成敗時，多涉及能力、努力、工作的難度及運氣等四個因素。能力和努力是個人內在的因素，而工作難度和運氣則為外在的因素。從穩定性來看，能力是相當穩定的，至於努力的穩定性則因人而異，也可因情況而產生變化；工作的客觀難度應當是頗為穩定的，而運氣則是極為不穩定的。這些歸因的傾向，常能影響個人對未來的預期。

上述三方面的作用，並不是完全固定的，有些也可能因各人的看法而有差異。比如一個人外型美或醜，有人認為那是生來就固定了，自己無法控制；而另一個人卻可能相信美醜以及個人所具有的吸引力，是可以因自己的努力而改善和提高的，現在社會中從事整形的人很多，即為明例。同時上述的穩定性和可控制性，也都不是全有全無，而是有各種不同的程度，並且也非固定不變的。所以事件的本身往往不是關鍵之所在；重要的乃在於當事人的看法和其歸因的習慣性傾向。Jones 和 Nisbett （1971）曾有研究發現：人們對於別人的行為，傾向歸因於其個人意願與特質；對於自己的行為則傾向歸因於情境。Abramson 等人（1989）指出：若是一個人將生活中的逆拂事件看成是基於穩定、恆久的原因，將導致抑鬱的狀態。

Wilson 和 Linville（1985）曾將大學一年級學業成績在中數以下的學生分為兩組，他們讓第一組學生相信自己成績不佳是由於暫時性的原因，並且獲知許多人在一年級之後有成績上升的情形。第二組學生則為控制組，不曾獲得上述的資訊。結果發現：第一組學生後來成績有進步者較第二組的學生多些。顯示學生若

將欠佳的成績歸之於不穩定的因素，將可減低其焦慮，而提升其以後的成績。這個研究提供給教師們的啟示是十分重要的。有些師長和父母在孩子表現的成績和其期望不相符時，傾向於用「你真笨呀」來責備他們，也就是將之歸因於「恆常性」的變項，其不利的結果是顯而易見的。

二、行為和記憶中資訊的關聯

從認知心理學的觀點，我們之所以會表現某種行為，可能是循兩個不同的途徑，其一是經由某種認知的作用（如記憶、觀察……），使得和某項行為有關的資訊在記憶中與該項行為的有關情境發生關聯。

例如Wilson和Capitman（1982）曾進行一項實驗：使一組男性大學生先閱讀一篇「男生遇見女生」的故事。為了要了解故事的意義，閱讀時必須在記憶中讓某些行為基模（如打招呼、握手……）活動起來。另一組為未閱讀此篇故事的控制組。隔了一會，有一位漂亮的女性進入教室，那些讀過故事的學生的表現就和故事相近，未讀者則否。研究者的解釋是：和某些行為有關的資訊，在記憶中和說明該行為的基模有關聯，因而提高了後者的活動性，如是當發現自己進入了相同的情境時，那種行為就容易表現出來。模仿的產生就是經由相同的歷程。這類行為的表現是頗為自動，不一定自覺的。

三、行為的意願和目標

行為表現的另一個途徑，乃是基於行為的意願。Ajzen 和 Fishbein（1980）經過長期的研究，認為人們在考慮表現某種行為時，他們會尋求下列幾方面的資訊：

1. 該行為所產生的結果
2. 本身對是項結果需要的程度（第1、2點合成為當事人的態度）

3. 相信別人會要我表現該項行為

4. 當事人願意做別人要他表現之行為的程度（第 3 、4 點整合為
該項行為的社會性）

5. 當事人認為該項行為表現的難易程度

如果當事人的態度和該項行為的社會性都是正面的，那麼他
表現此項行為的意願就會很強；若二者都是負面的，則其行為意
願將不高。Ajzen （1988）後來又加上了第 6 個元素，指出當事
人認為該項行為表現難易的程度和其意願也有關係。若是個人態
度和社會性二者相互衝突，則情況將比較複雜；不過在生活環境
中那種情況倒也是不鮮見的。

從這樣的觀點，我們當可知人們的行為都有其目標，而不是
盲目地、漫無目標地隨便出現的。Pervin（1983）指出：人們的
目標將使其行為更加有力。Baumeister（1989）則謂人們的目標
在導引他們的行為，給予他們生活的意義。每個人都有其長程或
短程的目標。有些是他終生的志願，是其畢生奮鬥的目標；有些
則祇是隨時的計畫，或針對某個問題的解決方案。事實上一個人
人格的形成也常受其目標的影響。Read、Jones 和 Miller 諸氏
（1990）指出人格特質（traits）的意義，就是由它們包含的目標
所產生的。

一般言之，目標和行為之間有一定的關係。較高的目標往往
會有較好的表現（Locke & Latham, 1990），因為：(1) 目標較高
時，當事人會較為努力；(2) 目標較高時，工作會比較持久；(3) 目
標較高時，當事人會比較集中注意於工作（Carver & Scheier,
1997, p.502）。當然目標也不宜太高，使當事人覺得其遙不可及，
或竟如空中樓閣，無法達成，終將失去興趣。因此建立適當的目
標，乃極具重要性。

四、回饋作用

前面提及：目標具有導引行為的作用。但是僅訂定了一個目

標，並不能保證所做的必定與目標完全相符。這時就要仰賴一個非常重要的作用，那就是回饋作用（feedback）。

回饋乃是一個自我調整的歷程。我們在表現一種行為時，會隨時不斷地觀察（監控）行為進行的情況，並將其與原訂的目標（或意願）相比較；若不相符，便會即時對行為作適當的調整。小自極簡單的動作（如搔癢），大至與人交往的社會行為，都是如此。曾經接受射擊訓練的人，可能最容易體察回饋的重要性。在一次或多次射擊之後，射擊手一定要去察看其結果，以了解其彈著點和靶心相距的情形，然後對下一次的射擊動作做適當的調整。假使射擊手不能知道自己的結果，就是缺少參照的依據，來調整其射擊的姿勢和動作，他就將無法進步。

事實上對行為進行自我觀察、採取回饋，然後自我調整是隨時配合、經常在進行的歷程。有時候當事人不一定隨時都覺知回饋作用的運作，但實際上它卻是無時不存在的。正如在公路上駕駛汽車一樣，駕駛人是隨時在注意車輛行駛的情況，同時也在不停地調整駕駛盤。

經由回饋所獲得的訊息，有時是相當複雜的。比如一位新到某個機構工作的職員，他想知道自己在機構受歡迎、受重視的情況，想知道自己工作的表現是否令人滿意，就須從許多方面取得回饋。但是這時所得到的資訊，不一定都和他的行為有關聯，常不容易作正確的判斷，而可能引起困擾。一位教師常希望知道他所提供的教材是否能配合學生的程度和興趣；希望知道他所講授的方式及速度是否適當，也常需要用許多方式去取得回饋。舉行測驗或考試是常用的方法之一。不過我們都知道影響考試結果的因素很多，不是全由教師的教學來決定的。不過這已能顯示我們對於回饋的需要。

在保健方面，回饋是一個非常重要的作用。衛生機構常會將許多疾病的症狀公佈出來，使大家作為觀察本身健康（也可能包括家人）情況的參考。女性乳癌的預防，就是很好的例子。醫師常會叮囑成年的女性，每個月用手輕按自己的乳房部位，察看是

否有硬塊組織的存在，目前認為這是及早發現乳癌的簡單途徑。
不過有時回饋並無補於事，甚至可能引起一些問題。高血壓就是
一個有趣的例子。高血壓常是沒有症狀的，當事人常無從察覺自
己的血壓在昇高，也就是他不能憑藉自己在身體感覺方面的回
饋，獲知血壓昇降的情況。但是研究者發現：多數接受過高血壓
治療的患者，都會發現一個「症狀」，使自己知道何時血壓在上
昇；接受治療愈久者，愈相信自己可以根據某個「症狀」的回
饋，得知血壓的變化（Meyer, Leventhal, & Gutmann, 1985）。
但事實上「病人自己報告血壓在昇高」和「實際上血壓上昇」二
者之間並沒有關聯（Baumann & Leventhal, 1985）。表示他們所
獲得的回饋和實際情況不符合。如果這些病人要根據自己所觀察
的「症狀」來決定服藥與否，那就可能有危險了！

　　Carver 和 Scheier（1997, p.505）認為：由上述研究結果，似
乎可見人們對於回饋的需要。人們經常需要有關當前情況的資
訊，以作為自我調節的依據；儘管有時由「回饋」而得的資訊和
當時面臨的問題並沒有關係。在政治上，有人常會「放出一些空
氣」，來試探各方面的反應，也是在吸取回饋；祇是那些情況複
雜多了。

五、目標的層次理論

　　當我們在表現一種行為時，如果要說明該項行為的目標，可
能會有許多不同層次的說法。比如某人立志要做一個科學家，為
人類謀福祉；這可以說是最高層次的目標，是十分抽象的。然後
他訂定了一些行事原則：如做一個負責任的人；這可以說是原則
性的目標，涵蓋仍相當廣泛。為了要達成負責任的條件，它規定
自己每天準時上班，如是他在每天睡覺時都撥好鬧鐘，以便自己
可準時起床；這就到了很具體的行為層次了。到了這個具體行為
層次之後，跟著就會獲得一些回饋。這些低層次的回饋，可以使
當事人覺得自己履行了「原則性」的行為，達到了較高層次的目

標，所以是相當有意義的。當然各層次的目標都可以用多種方式去達成。一般說來，行動層次的表現常是會和原則性的目標相配合的，但也有些時候兩者會有衝突的情形。例如某些要求飲食應當符合健康原則的人，有時也會忍不住吃些高脂肪和多醣的食物，特別是在宴會的場合下。

如果當你正在做某一件事時，有人在室外問：「你在做什麼？」這時你可能有多種回答，如：「我在寫字」、「我在看書，同時做筆記」、「我在為我想寫的書找資料」、「想寫一本書，還我多年的心願啦！」這些答案都是在正確地描述你目前在做的事，但彼此層次不同。前面的比較具體，著重在當時的行動；後面的比較抽象，卻也說明了當時行為較遠的目標。

Vallacher 和 Wegner 對這個現象很有興趣，稱之為「行動的定位」（action identification），也就是一個人對自己行為的定位。他們認為如果一項行為可以定位在較低的層次，同時也可以定位在較高層次時，人們常會傾向於將之定位於較高的層次。換言之，人們傾向於把自己的行動目標看得比較抽象一點（1985, 1987, 1989）（這可能有文化的因素，在中國傳統上，很多人傾向將自己的雄心壯志隱而不言，而用淡泊、簡單的話來描述。）他們編訂《行為定位量表》（Behavior Identification Form）（1989），來評定一個人對自己行為定位的情形。

上述這種層次理論可以用來說明一些明顯而難以解釋的事實。比如一些範圍很小且非常具體的行動（如減低肌肉的緊張），乃是一些高層次的抽象特質的基礎（如在客人前表現出高貴的神采）。用其他的理論頗不易說明，而在層次論中是很自然的結果。

六、情緒與認知行為

認知資訊處理理論是根據電腦運作的原理發展出來的。因此常被視為忽略了人類行為的情感和意願的作用，但近年來這一派

理論家已十分注意到認知和情感及行爲動機的關係（Pervin, 1993, p.465）。Simon（1967）曾謂情緒是一個內部的呼聲，希望當事人改變其行爲的程序。Carver和Scheier（1990）也指出：情緒是由操縱行爲進行速度的另一個回饋體系所引起。當一切進行順利時，當事人就會感到高興；當進行不順利時，他就會有負面的情緒，如焦慮、抑鬱等。情緒有如一個人對自己行爲的主觀檢示板一樣，不時在察看自己做得怎麼樣；至於那些感受的特殊性，則由當時的情況決定。如果他認爲做得好是由於自己的能力或努力，那麼當時情緒的色彩將是自信、以至於驕傲；若認爲係由於環境因素，那麼他將有感謝的心情。如果他認爲是由於外在因素使他做得不好，他將會有憤怒的感受。

現在大家都相信情緒對於人們將自記憶提取的思想性質，有明顯的影響。當一個人具有正面的情緒時，正面的思想將較易出現；反之，在其具有負面的情感時，則負面的想法或念頭就會比較容易出現些。如果這一個說法是正確的，那麼人們在解釋一個模稜兩可的現象時，其情緒狀態就將有重要的影響了，情緒好的時候，就會將眼前的一些現象解釋得順耳些。從資訊處理的觀點，就可以說情緒是會自動延續的（self-perpetuating）。在另一方面，也有證據在指明：人們可以利用愉快的回憶，來改善自己的情緒（Parrott & Sabini, 1990），這也是很值得注意的現象。事實上這也是增進個人心理健康的良方。

伍 ☞ 評量方法

一、認知的評量

我們可以用許多方法去探索或評量一個人的認知世界。Merluzzi、Glass 、Genesr 等曾合編《認知的評量 》（Cognitive Assessment, 1981）一書，對認知評量的各種方法有周詳的介紹。其中常用的方法計有：

「出聲思考」──這是使一個人在進行解決某項問題時，將其思考的歷程說出來的方法。可以幫助我們了解解決問題的過程，及各種思考出現的情形。同時也可以察見何種思考策略是比較有效的，以及何種思考策略是比較無效的。

「思考取樣」──Csikszentmihalyi曾利用此法進行研究。他利用呼叫器和受試者聯絡，讓他們報告當時的行為、思想及情緒感受等，這可以知道一個人的行為和其心理狀態的關係。

例如研究者曾發現：當人們在主動地去做某種工作時，他們所具有的正面感受，比必須去做某項工作時為多。同時當人們在專心致志地做一項工作時，就常會有滿足、自由、思想敏銳、創新等正面的感受；而在心有旁鶩或一心多用時，就不如是。而有趣的是，那種會全心浸潤於活動中的正面感受，常出現在工作的時分，倒不一定在遊樂的時光出現（Csikszentmihalyi, 1982, 1990）。他稱之為「神馳現象」（Flow）。

「自我監控」（self-monitoring ）──這是指由當事人自己辨認並記錄某一種心理狀態（如緊張），包括情緒出現及其作用之時間、出現之次數及當時的情境等。這種技巧可以幫助一個人察見自己是在什麼情況、時間、地點，感到緊張、焦慮或憂鬱的，也可以由此了解引起那些心理狀態的因素。由此而製成有系統的記錄，當可發現和那些心理狀態出現的有關線索，也許進一步可以設法預防那些現象的產生。比如記錄顯示每次是在有約會、或單獨置身某個情況時感到緊張，就可以從情況的改善來減少該項情緒的產生。

二、自我調節功能的評量

Fenigstein 諸氏在 1975 年編有「自我意識量表」（Self-con-

sciousness Scale）用以測量一個人對其本身感受、動機、行動
……省察的傾向。編者認爲「自我意識」高的人，其自我調節通
常比較小心而周到；他們知道何時行爲不符合自己的意向，而加
以調節。

前面曾經說過：人們在論及自己某項行爲的目標時，常有高
層次目標和低層次目標之分。Vallacher 和 Wegner（1989）曾編有
《行爲定位量表》可用來評量這種傾向上的個別差異。

三、個人目標的評量

自我調節論比較重視人們的目標，因爲人們是以其目標爲參
照點，來調節其行爲的。Emmons（1986）曾使受試者描述四方
面（工作／學業、家庭、社會關係、休閒活動）行爲重複出現的
情形，來了解其本身的意願和目標。受試者可以完全自由地列舉
自己認爲重要的需求，而不是要去和別人做比較。

陸 ☞ 行爲問題與認知的關係

行爲方面的問題以至於心理疾病，也可以用認知理論來加以
說明。

一、資訊處理的困難

根據認知心理學的觀點，某些心理方面的問題，乃是反映基
本認知或記憶功能上的缺失；在注意、編碼、或提取資料時發生
了困難。Carver 和 Scheier（1997）引述了許多研究資料，作了
詳細的說明：

㈠需要較長的時間認識刺激，如精神分裂症者（Miller et al., 1979）。

㈡在一些無關宏旨的事上花了很多注意力，因此在真正關鍵性的問題上乃無法集中注意，因為人們的注意力是有限度的。比如在焦慮的時候，因為焦慮佔住了太多的注意，因而降低處理資訊的能力（Newman et al., 1993）。許多考試焦慮者，在應付考試時，過分注意一些瑣碎的細節，使其在工作的效率大為降低。

㈢過高攻擊性的兒童往往不注意別人的意願，或將其解釋錯誤，因而對別人表現攻擊的反應（Crick & Dodge , 1994）。

㈣某些人具有一些不正確的「基模」，導引他們偏向某一方面去尋找資訊，將可能導致不適當的啟示和不健全的行為。例如：「防人之心不可無」、「先下手為強」等概念（Holtzworth-Munroe , 1992）。

二、抑鬱者的自我基模

從認知的觀點來研討行為或整個人格的偏差，是頗受注意的一個問題。因為基模的功能之一，就是導引當事人朝向某一個方向去蒐集資訊，因此某些不適當的基模，就可能干擾或妨礙其認知功能，使當事者對於世界的事物，甚至於對其本身產生歪曲的觀念。

Aaron Beck（1972, 1976）對於抑鬱症患者的理論，就是基於上述的觀點。他認為此類患者常依據一些負面的成見，而不注意環境其他的訊息，他所謂的「認知三病」（cognitive triad），即指抑鬱者常對於自己、世界和未來三者都存有負面的看法。這些患者常會牢記住自己某些短處或某些挫敗的經驗，而確信自己「一無是處」。他們也認為整個世界一片黑暗，沒有什麼可愛的地方；而未來也將充滿了災難和痛苦，沒有什麼希望，而且這是永遠無法改善的。這些負面的基模佔住了他們整個思想，他們的

口頭禪就是:「我不會做這個」、「這樣做是無用的」、「無論怎麼做都不會有好結果的」……。這種負面的思想當然會影響當事人的感受和行為,而且將形成連鎖性的反應!負面的情緒使人易於使用負面的基模,負面的基模又將引起負面的情緒,輾轉不息。這樣抑鬱者就陷入自己所造成的痛苦深淵裡,而不幸的是:期待災難的人,往往比較容易遇見災難。這已經為研究者所證實了(Kirsch, 1990)。

Beck對於抑鬱者的理論,一向是頗為人所重視的。不過他認為抑鬱症者的認知有歪曲現象的假設,近年曾引起一些爭論。有些研究發現:抑鬱症者的判斷事實上比非抑鬱症者的判斷較為正確。後者對於自己對一些事件正面結果的控制作用,有過高的估計。Lewinsohn 及其同仁(1980)也曾進行了一個類似的研究:他們使一些受試者對自己的社交能力作評估,同時也請別人來對他們進行評估。結果發現非抑鬱者對自己的評估比別人的評估來得好些;而抑鬱者對自己的評估倒是和他人的評估甚為接近。照這些研究結果顯示:似乎認知具有歪曲現象,不應視之為抑鬱者的症狀。因此 Carver 和 Scheier (1997, p.491)綜合各方面的研究所得指出:抑鬱者的認知確實有異於一般人,一般人的知覺通常是過於樂觀的,而抑鬱者則是過於悲觀。

三、缺乏適當的自我調節作用

一個人要能表現適當的行為,必須具有良好的調節功能。前面已經說明:對本身的注意,可以增進自我調節作用,由此推論,缺少對本身的注意,會對於自我調節功能有不利的影響。其行為將可能完全由所在情境所支配,而不能適當地符合本身的條件。

例如有些人偶或會有「失去本性」(disindividuation)的情形。他當時也許是完全沉醉於團體活動之中,隨著大眾的推動,完全失去了自己的本性。有時表現凶狠、殘暴的行動,有時表現

放蕩不羈的行為；和其平日的舉動截然不同，充滿幼稚、無理性、無法紀的色彩。這時他幾乎完全失去自我調節作用，和平日行為的原則、標準完全相背，與平日做人處事的方式大相逕庭，也不符合其原有的價值觀念，事實上他已經不是他自己了。

上述這種現象，也可能因酒精中毒而引起。酒精降低了當事者的自我抑制作用，也減損了自我省察（self-awareness）的能力，使其行為乖離平日守則。我國古人深知自我省察的重要性，故要求各人每日要三省其身，藉以能隨時察覺自己的形象，因而可以配合表現適當的行為。

柒 ☞ 認知治療

一、認知治療的假設

論及認知治療，雖然應用很廣，卻尚沒有統一的理論和方法。不過 Pervin 指出下面一些假設是為大家所接受的：

㈠個人的認知（包括歸因、信念、期望，以及有關於自己和他人的記憶）被視為是決定其感受與行為的關鍵性因素。因此大家對於人們的思想及其對自己所說的，都很有興趣。

㈡雖然大家了解對於情境的一般性期望和信念的重要性，但大家注意的重心，乃在於對某種情境或某一類情境的認知。

㈢心理疾病是由於當事人對自己、他人或事件，有歪曲的、不正確的認知所引起。不同的疾病是基於不同的認知或資訊處理方式。

㈣錯誤的和不適當的認知，將會引起不適當的情緒與行為；而後者又轉而會導致不適當的認知，形成惡性循環，並造成自動應驗的結果。如是當事人就會表現一些行為，來證實和維持那些

「歪曲的訊息」。

㈤認知治療的進行，乃是經由治療者和當事人的合作，來確定哪些不正確或歪曲的認知，是引起困難的原因；然後設法用比較符合現實有適應性的認知來替代。治療的過程是積極的、有計畫的、以當時情況爲對象的。

㈥認知治療不重視潛意識的作用，除了有時病人未能察見對於自己及生活習用的思考方式，需要給他一些指引或提示；同時治療的重點，宜放在個別不適當行爲的改變，而不是去改變當事人整個人格（Pervin, 1993, pp. 452-453 ）。

二、認知治療舉隅

在認知心理學中，認知治療佔了一個相當重要的位置，以認知治療爲主題的專書，就不可勝數。它所涵蓋的範圍和其所運用的方法或技巧，則更是缺少共同的標準。嚴格說來，「治療」二字，應當是指在臨床方面對某種不適當或不正確認知的改善和處理。但是這項工作並不限於臨床方面。在臨床工作以外、在日常生活中，對認知行爲的改善和處理，是一個十分普遍而且經常存在的現象。甚至我們可以說：整個生命就是一個認知改變的歷程。

例如我們在閱讀一本書（如Norman Peale著，彭歌譯的《人生的光明面》）、聽一場演講（如有關癌症的預防和治療的演講）、或是參加一項技藝訓練（如繪畫、電腦文書編輯等）之後，常可以增進某一方面的知識、改變對一些事物的態度、提升自我效能的信念，都是循認知改變的途徑，增進對生活的適應；廣義地說，也都含有治療的意義和功效。

不過，從臨床工作的角度來看，認知治療是指那些有系統、有計畫、有固定對象的治療程序。這裡擬就常用的幾種，作簡要的介紹。

㈠ Meichenbaum 的壓力免疫訓練

Meichenbaum 氏認為認知治療就是設法幫助當事人，發現其所具有的不適宜和歪曲的觀念，及其引起困擾的想法，使之成為擅於解決問題的人（Meichenbaum & Gilmore , 1983）。所謂壓力（stress）並不是某種困難或不利的情境，而是基於當事人對人和環境的認知。Lazarous（1990）也有這樣的看法。

Meichenbaum 的壓力免疫訓練包含有三個步驟：

1. 澄清觀念（conceptualization）

使當事人了解壓力的認知背景，並利用訪談和問卷蒐集其對事物不適當或不正確的想法，使他能察覺那些負面的、構成壓力的想法之存在，並了解那些負面思想對本身情緒與行為有不利的影響，以引起他去改善這種情況的努力。

2. 因應技巧的習得

(1)使當事人學習肌肉放鬆的方法，作為準備性活動。

(2)使當事人學習改善認知的技巧：如重新對問題進行分析，尋求新的處理途徑，評估每一種方法的優缺點，選擇最適宜的方法，並學習不時自我鼓勵。

3. 應用與追蹤

治療者指導當事人想像著各種壓力情境，運用上面所習得的技巧來因應，並可運用角色扮演、模仿榜樣等方式進行，然後可將上述方法應用於實際的問題。

㈡ Beck 對憂鬱症的認知治療

Beck 對於憂鬱症者認知行為的解釋，已見前述。他的治療目標就是去辨識當事人歪曲的看法和不合理的信念，而予以矯正。

在治療過程中，治療者指導當事人去操弄其負面的思想，藉以察見那些思想是如何形成其不適宜的感受；使當事人了解抑鬱的情緒，是導源於其對所經歷事件的負面解釋和看法。然後進一步指導當事人學習以現實為基礎的解釋，來取代其原有的看法。

上述治療過程都由治療者策劃進行，通常是每星期一次，全程包括十五～二十五次。治療的重心在當事人有意識的認知情況，而不追溯至以往的經驗，也不涉及潛意識的問題。

(三)自我調節作用與治療

許多學者認為，若干不良適應行為，是由於當事者沒有給予適當控制，在知覺到某些線索時，立刻「主動地」表現了行為的緣故。因此治療的作用是在消除這種「自動性」，使得所表現的是經過適當控制的行為。而且要進一步遵照資訊處理的理論，使那些適當行為之基模重複地納入記憶，以後就容易活動起來，獲得「自動性」，取代原有的不適當行為了。這也就等於改變了行為的習慣。當事人可以運用「想像」、「角色扮演」等技巧來完成這個歷程。

這種行為治療需要不斷的回饋，來幫助當事人的自我調節作用。為了實施的便利，治療者常需要協助當事人將其目前情況和終極目標之間劃分出若干「分段目標」來，俾在由行為的改變中獲得回饋，藉此隨時可以察見治療的效果。

問題討論

1. 基模的作用有哪些？
2. 試舉一例說明自我基模具有自我應驗的作用。
3. 人們考慮表現某種行為時，會尋求哪些資訊？
4. 請說明認知和情緒的交互影響。

5.不良適應行爲可藉由哪些方法來進行自我評量？

6. Meichenbaum如何解釋認知治療？其壓力免疫訓練包含哪些步驟？

【第三篇】

人格的評量

第十三章

人格評量
方法概述

壹、一般評量方法的條件

一、信度

㈠重測信度

㈡複本信度

㈢折半信度

㈣庫李信度和 α 係數

㈤評分者間信度

二、效度

㈠內容效度

㈡效標效度

㈢建構效度

三、常模

四、測驗實施的便利性

貳、人格評量方法

一、自陳式量表

二、「客觀」實作測驗

三、行為觀察法

☞ **本章主旨**

　　本章內容分兩部分，第一部分係說明一般評量方法的條件。所有使用過測驗或其他評量工具的工作者，對於這裡所敘述的都應當十分熟悉。不過作者認為這些條件實具有極高的重要性。特別是我國自實施九年國民教育開始，在中等學校，推行輔導工作，隨後分別向上下延伸，到今日，各級學校都有輔導單位的設立。因此評量工具的應用，乃甚為普遍。但是並非所有的評量工具都具備這些應備的條件；也不是所有使用評量工具的人，都能透徹地了解這些條件的意義和重要性。所以再扼要地說明一次，並非無意義的重複。對有興趣編訂人格測驗者來說，其重要性是更不待言了。

　　本章的第二部分，是就各種人格評量的方法，作系統性的說明。投射測驗部分原應當是放在本章之內的，但由於資料較多，和其他三種方法的分量有失平衡，乃為之另闢一章（第十四章）。

　　自陳式量表是人格評量時應用得最多的。它的便於實施可能是被普遍採用的原因。由當事人來回答和說明其本身的情況，自然會比由旁人來說更正確、更直接，若是採現象學派的觀點，也更有意義。不過一般所關心的問題，就是當事人可能不按照真實的情況作答。如是許多測驗就設計「撒謊量尺」（lie scale）來作檢驗的措施。其實照本書作者的看法：任何人格測驗的實施，必須要在主試者和受試者建立良好、互信的關係之後進行。同時主試者應當說明：為何要做某個測驗？測驗的結果對受試者有什麼意義？有何幫助？袪除他可能有的疑慮。這樣受試者將會以合作的態度，認真填答所有的問題。

　　客觀實作測驗通常是比較容易實施的。由於受試者多不了解

測驗的目的，所以不常會有「作假」的情形。不過如係用在甄選人員上，似宜謹慎從事，其中情境測驗逐漸有為工商界應用的趨勢。

行為觀察法的說明，可以使我們注意到：平日無計畫、隨意觀察所得，是不具代表性的。

壹 ☞ 一般評量方法的條件

在科學研究裡，時常會用到評量的方法，這些評量的方法和技術，都應當具備一些基本的條件，那就是應有適當的信度（reliability）和效度（validity）。前者是指評量方法的可靠性，後者則是指評量方法的正確性。同時需要具有適當的常模。茲分別說明於次：

一、信度

評量的信度就是指當評量某一種心理特質時的穩定性或一致性。平時人們也許不會注意信度的問題和它的重要性，但我們可以一個事例來說明，近年來人口中老年人的比例增加了，老年人常有的疾病乃比較受人注意，其中最普遍的就是高血壓症，許多人都自己購置了血壓計，以便隨時測量血壓。可是卻出現了一個問題：就是常常發現兩次測量的結果不一致，甚或有頗為明顯的出入，用本節的術語說，就是沒有適當的信度。

如果仔細探討，當可察見上述測量血壓結果不一致的可能原因有三：(1)測量工具（血壓計）量度不準確，產生誤差，正如市面若干電子血壓計就常有這個缺點。(2)操作的人沒有適當地使用該項工具。(3)當事人的血壓不穩定，不時有升降的變化。

心理測驗也可能有類似的問題。因此在使用某種測驗或評量方法時，就必須了解或檢定它的信度，常用的方法有下列數種：

㈠重測信度（test-retest reliability）

這是指將同一個測驗或量表，使同一群受試者在不同時間重

複接受兩次，以兩次分數的相關為信度係數。這是探測驗分數穩定性最常用的方法。兩次測驗相距的時間並無硬性規定，可由研究者視情況來決定。但不宜太長，因受試者的情況可能產生變化，而導致其分數的變化。

(二)複本信度（parallel form reliability）

很多測驗常備有兩種內容相同的複本，實施時可使受試者同時接受兩種複本，而以兩者之分數計算相關，即為複本信度係數。

(三)折半信度（split-half reliability）

有些測驗本身已有夠大的長度，若要求受試者同時接受兩種複本，或有困難。同時編製複本也非易事，如是乃將原測驗實施後分為兩半計分，求出此兩半的分數之相關。然後再用斯比校正公式（Spearman-Brown Prophecy Formula）處理，以所得結果作為信度係數。由於折半信度是利用一次測驗的結果，沒有練習效果的影響，因此常會較複本信度略高。不過，折半信度不適用於速度測驗（葛樹人，1996, p.45）。

(四)庫李信度和 α 係數
（Kuder-Richardson reliability and coefficient α）

這一類的信度是以對所有測驗項目反應的一致性為基礎，庫李信度是由 F. Kuder 和 M. W. Richardson 二人在 1937 年所發展出來的。在理論上，它其實就是以所有可能的折半方式獲得的折半信度係數的平均數。其計算有兩個不同的公式，KR_{20} 和 KR_{21}。比較常用的是 KR_{20}，後來為因應分等評分量表的需要，Cronbach（1951）將 KR_{20} 加以修改，而將其所得結果名之為 α 係數，或

稱之為 Cronbach α，是目前用以表示測驗項目一致性最常用的指標。關於庫李信度和 α 係數的計算公式，請參閱心理測驗專書，如 Anastasi（1996），葛樹人（1996）等。

(五)評分者間信度（scorer reliability）

在評量的過程中，為求在觀察、紀錄、評分等方面的準確，可能會安排一位以上的評分者，這時各評分者所評分數的相關，便是評分者間信度係數，評分的程序愈客觀，此項信度將愈高。

二、效度（validity）

效度是一項測驗所必須具備的最重要條件，它是指一項測驗在測量其所希望測量的特質或行為時所具有的真確性（葛樹人，1996, p.168）。用來檢驗這種關係的方法很多，Anastasi（1996）指出：在美國「教育和心理測驗準則」（Standards for Educational and Psychological Test）裡，這些方法主要是分為三大類：即(1)內容效度（content validity），(2)效標關聯效度（criterion related validity），(3)建構效度（construct validity）。

新近測驗學者認為將效度以種類加以區分，並不是很恰當，因為效度可視為一個一元化的概念，而以建構效度為測驗效度的基本統合架構。無論一項測驗所要測量的是人格特質、學習成就或職業技能，它們皆牽涉到建構的建立和驗證（Messick, 1989）。但這祇是個觀念上的問題，對實際測驗效度的處理並無影響。下面仍擬就前列三者分別簡作說明。

(一)內容效度

測驗的內容效度，就是對測驗內容作有系統的檢視以確定它是否包含了其所要測量的特質或行為範圍內的代表性樣本。通常

內容取樣的代表性有一些應備的條件：(1)每一試題皆應與所界定的內容或行為範圍有適度的相關；(2)測驗內容應能確切涵蓋所界定對象範圍中的重要部分；(3)測驗中試題之分配應適度地配合範圍中各變項或成分所應佔之比重；(4)內容取樣亦應注意樣本之大小，俾使試題的數目足以維持試題的信度。

內容效度主要是應用在成就測驗上，也可以適用於測量外在行為、技能和態度等的測驗（葛樹人，1996, p.173）。

有時某項測驗的外表、名稱或試題的型式，可能給予人們一個印象，認為它像是可以正確地測量某種特質或心理功能，就說它具有表面效度（face validity），而實質上卻不一定真正具有效度，令人混淆不清。不過表面效度可以增加測驗的吸引力，提升受試者合作的態度，如果該有關測驗同時確也具有真實效度，那麼表面效度的存在也有正面的效用。

(二) 效標效度

一個測驗的效度，也可用它的測量結果和外在效標間的相關程度來表示，是即稱為效標效度。所謂效標（criterion）就是該項測驗所要測量的特質的一種可視為標準的量度。例如斯比量表（Stanford-Binet Scale）一向被認定是測量智力的標準量表，如果有人新編了一份智力測驗，就可以利用比奈量表為效標，而該新測驗和比奈量表的相關，就是前者的效標效度。

採用效標效度時，在時間上可以有兩種安排，其一是測驗的實施和效標測量資料的蒐集，是同時或在相近的時間內進行的，由此所獲得的效度，稱為同時效度（concurrent validity）。其二是在測驗實施若干時間以後，才進行效標測量資料的蒐集，由此而得兩者的相關，稱為預測效度（predictive validity）。蓋可藉此相關察見測驗分數對效標測量結果的預測效應。比如我們可以利用大學生就讀一年後的學業成績為效標，和他們的大學入學考試分數求相關，就可視之為後者的預測效度了。預測效度應用的範

圍甚廣，也極具實習價值。在生活中，我們常希望能有一些測量
工具，能對一個人在學業成就、工作表現、人際關係……上，具
有預測的功能。

　　運用效標來檢定測驗的效度時，效標的選擇極為重要。效標
必須要能有效地代表測驗所要測量的特質，它本身應具有適當的
信度和效度，才可被視為可以信賴的標準。

㈢建構效度

　　一個測驗所測量的對象，舉如智力、人格、內（外）傾、焦
慮、領導才能、機械性向……等，都是一些建構或概念，用以幫
助我們說明和了解某種特質或行為運作的歷程，在行為科學中，
對每一個建構都已經有了一些理論和研究的結果。我們如果要編
訂測驗去測量某一個建構，那麼測驗分數所代表的意義自應和該
建構有關的理論及研究結果相符合。利用此種相符合的程度來驗
證一個測驗的效度，就稱為建構效度。

　　比如一個智力測驗的分數，就當與智力發展的理論相符合。
我們現在已知智力的發展是隨年齡而增進的，若是此項測驗的分
數也有隨年齡增加的趨勢，就可以說該項測驗具有某種程度的建
構效度。

　　我們也可以採用兩個不同的樣本來探求某一個測驗的建構效
度。比如假定有一組是經診斷確定為憂鬱症患者，另一組為正常
人。現在有一個測驗是編來測量憂鬱品質的，如果使兩組受試者
同時接受該測驗，而憂鬱組測驗上的分數顯著地高於正常人，那
就可以說該測驗具有適當的建構效度。

　　另一個驗證建構效度的途徑，就是利用因素分析法。將測驗
的結果進行因素分析，可察見測驗中項目所測量的是哪些心理特
質，測驗結果的解釋就當以那些特質為基礎。若是測驗假設的結
構和因素分析所發現的特質相符，就表示該測驗具有良好的效
度。

三、常模

常模（norm）乃是一個標準化測驗所必須具備的條件，測驗的分數單獨看來，並沒有什麼意義；而是要和有關的常模對照起來看，才能判定某個分數是高或低。通常一個測驗總是以測量某一個群體的某一種特質爲目的的，在編訂完成後，就必須取得該樣本團體在該測驗上分數分配的情形，並據以訂定常模；如是在看到一個分數時，可以立刻從常模表上察知在樣本團體中有多少比例的人是在該分數之上（下），進而了解該分數是高或低了。

測驗的常模，可以視需要制訂全國性常模、區域性常模和特殊性常模，以配合它應用的對象和範圍。不過一般說來，應用常模時，都宜考慮常模樣本和測驗實施對象的性質是一致的；同時常模樣本應有適當的人數，才會具有代表性。再者常模宜具有「新近性」，近代社會、文化、教育水準、價值觀念等時有變遷，而且改變頗大，因此常模建立後經過一段時間，應當重新修訂，以期能配合使用當時的情況，保持時效。

常模可以應用測驗原始分數列舉，不過通常會將原始分數轉換爲百分位數後對照地列出來，如此很容易了解某一個分數在常模樣本中的位置。由於一般人都了解百分比的意義，所以百分位數是最常用來解釋測驗結果的方式。不過有一點要注意：兩個相等的百分位數差距之間（如百分位數 90-80 間和百分位數 60-50 間）的分數差距是不相同的。因此百分位數除了表明測驗分數的位置外，不能將之作進一步的統計處理。

測驗常模也可以用標準分數來呈現，常用的有 Z 分數和 T 分數。它們並可經過常態化的處理，成爲常態化標準分數（normalized standard scores）。然後可以與其他呈常態分配的測驗分數相比較。附圖 13-1 顯示了常態曲線上數種轉化後分數之關係位置。

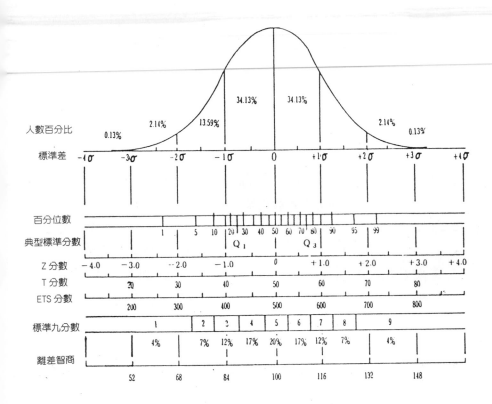

圖 13-1 常態曲線上數種轉化後分數之關係地位

　　凡經過標準化的測驗，都必須提供常模，以供使用者解釋其實施所得結果的參考。因此常模資料乃為測驗實施手冊必要的一部分。

四、測驗實施的便利性

　　前面所述信度、效度和常模，應當是一個測驗所必須具備的條件。除了這些以外，還有一個附帶的條件，就是測驗實施的便利性。編製測驗的目的，自然是希望它能被廣泛地使用和實施。因此若實施時非常方便，手續簡單，其被使用的機會就會增加。編製測驗若能在編訂項目以外，也注意下面所述有關實施的事

項，應有裨益。

㈠儘可能使測驗易於實施

1. 對於實施的情境，除了一般的條件：如適當的光線、安靜而不受干擾的環境、相當舒適的座位、適宜的溫度和通風等以外，沒有其他特殊的限制和要求。

2. 有簡明的指導語和作答方式的說明，使受試者容易了解正確的作答方法和程序，不致發生錯誤。

3. 儘可能少用特殊的設備，如投影機、幻燈機、錄音機等。如確屬必需，則應事先有充分的準備，以避免臨時發生故障，例如羅夏克墨漬測驗選擇法（參見第十四章投射測驗），實施時需要將墨漬圖片用幻燈機放映出來，就使該測驗在使用上受了很多限制。

㈡使受試者容易了解測驗結果的意義

在接受一個測驗之後，受試者自然希望能很快獲知測驗的結果以及其所得分數的意義。在臨床方面，通常是會由臨床心理學家或專業輔導人員對有關個案作個別性的處理。在生涯輔導或一般性輔導方面，有時可能會由有關機構提供一般性的說明。這些都是要很審慎去準備的，以避免引起負面的影響。

㈢答案紙的運用

許多測驗或量表，為了經濟因素和閱卷處理上的便利，常讓受試者在答案紙上作答，使題本可以重複使用。這種便利的措施對年齡過低、教育程度低的受試者或不適宜，也可能因跳答而引發錯誤，都是應當顧慮到的。

貳 ☞ 人格評量方法

人格評量方法，通常分爲：投射測驗、自陳式量表、客觀實作測驗和行爲觀察法四種。由於投射測驗部分資料較多，乃另在第十四章作較完整的介紹。其他三者得將在本章內逐一說明。

一、自陳式量表

自陳式量表可以說是人格測量工具中最常見的一種。顧名思義，它就是由受試者自己陳述其對量表或問卷中項目的反應，通常在量表中包括許多敘述的題句，由受試者視題句所述和其本身情況是否相符而圈選「是」或「否」的答案；或是視題句內容和其本身情況相符的程度圈選相當的數字作答；或是就題句所準備的多個情況中選定與本身相符的作答。由於作答的方式很簡單，所以一般量表的題目雖多，仍可在適當的時間內塡答完畢，而不致使受試者感受過重的負擔。

自陳式量表實施程序簡便，多可用團體方式進行。不過它也有一個限制：就是受試者必須具有適當的語文能力，能了解量表題句的意義。同時他也須具有觀察自身行爲及身心情況的能力，俾可正確地依照自己的情況作答。所以通常多祇用於成人和青少年。若受試者爲兒童，則宜由對他充分了解的人，如父母或教師代爲塡答；或以個別方式實施，由主試提供必要的補充說明和解釋。

自陳式量表爲數衆多，各有其特殊的形式和功能，若從量表編訂的程序來看，則可分爲內容驗證法、效標關鍵法、因素分析法和綜合系統法等四種。不過這樣的分類並不是很絕對的，在發展一種測驗時，常會運用多種方法，經過多項程序，許多量表是

可以同時列入兩種甚或兩種以上的。下面將就上述四種簡作說明。

㈠內容驗證法（content validation）

早期的自陳式人格量表多係經過這種程序編訂的。編製者先有一個目的，希望編訂一種工具來測量某一種人格特質或行為傾向，如是他就依據自己的思考和一般的想法來蒐集一些項目，編寫成為題句，作為量表式問卷的內容。它們不一定有任何理論為基礎，也不一定經過效度考驗的程序，頂多可說是具有一些表面效度，看起來像是可以測量預定的那種特質。葛樹人（1996）和 Anastasi（1996）分別在所編著的「心理測驗學」中，同時都列舉了 Woodworth 的《Personal Data Sheet》和《孟氏行為困擾量表》為例。前者是第一次世界大戰時發展出來的，1940 年左右蕭孝嶸曾將其譯為中文，在我國使用過，不過目前在台灣地區可能找不到有關資料。至於《孟氏行為困擾量表（Mooney Problem Check List）》則是大家並不陌生的測量工具。該量表曾先後由胡秉正、何福田（國民中學用版本，1970）、胡秉正、周幸（高中、高職用版本，1976 ），以及胡秉正（大專用版本，1976）諸氏修訂為中文本。由於各人之困擾程度不同，同一人在不同時間內困擾之變化亦甚大，故不宜有常模，但均列有適當樣本在各類困擾問題上的百分位數和平均數，可供參考（簡茂發等，1992）。

㈡ 效標關鍵法（criterion-keying）

應用效標關鍵法來編訂人格量表時，量表上項目的選擇是以其準備選用的效標之特質為基礎，也是不一定憑藉何種理論或假說來進行的。比如說研究者要編訂一個測量精神分裂症的問卷，他就先得從文獻和臨床資料中蒐集有關精神分裂症患者症狀的資

料，然後再選定兩組受試者，一組是經過診斷確定為精神分裂症
的患者，是為效標組；一組是正常人，也就是控制組。再以大量
的問題在兩組中實施，將其結果作統計分析，找出最能有效區辨
兩組的項目，編為問卷。以後接受這個問卷評量的人，在該量表
上的分數，就代表他所具有精神分裂症傾向的程度。臨床方面最
常用的《明尼蘇達多相人格量表（Minnesota Multiphasic Person-
ality Inventory, MMPI）》就是按照這一種程序編製而成的。下章
將對它作介紹。

闫因素分析法

應用因素分析法編訂人格量表時，不一定需要以任何特定理
論為基礎，也不需要事先假定有哪些人格特質，而是運用統計方
法，試圖發掘行為中潛在的人格特質。編製者先將大量的項目實
施於一個他將測量之對象的代表性樣本，依因素分析法將項目劃
分為若干同質的項目群，每一群的項目就形成一個量尺（sca-
le），然後以各量尺內項目共有的內容特色為之命名，即視之為
該量尺所測量的人格特質。Guilford 應是首先採用因素分析編製
人格測驗者之一。他和其同事曾於 1930 年代開始對一些已知人格
量表進行因素分析，編製為三個量表，旋於 1949 年將它們合併成
為《Guilford-Zimmerman Temperament Survey》，中文稱為《基
晉二氏氣質量表》。

至於最為人所熟知的，應屬 Cattell 所編的《十六種人格因素
量表》（Sixteen Personality Factors Questionnaire, 16 PF）將在下
章中介紹。

四綜合系統法

事實上綜合系統法就是綜合了前面所列舉的三種方法編訂測
驗，是 Jackson 所倡導的。他認為編製人格量表應當有理論作基

礎，對其所準備測量的人格特質，先須有明確而詳盡的描述和界定，乃可依照其定義來設計、選擇適當的項目，編爲量表。然後以此量表實施於一個適當的樣本，根據其結果來檢驗其內部一致性。此後還須選定適當的效標，來建立量表的效度。Jackson就依照這些程序，先後編訂了《Personality Research Form, PRF（人格研究表格）》和《Jackson Personality Inventory》。下面將就前者簡作介紹。

Jackson所編《「人格研究表格」（PRF）》是以H. Murray的需求理論爲基礎的。整個表格包含有二十二個量尺，其中二十個是測量各種需求的量尺，分別爲謙遜性、成就性、親和性、攻擊性、自主性、變異性、支配性、堅毅性、表現性、慈愛性、秩序性、求援性（以上十二種需求和Edwards Personal Preference Schedule中的需求名稱是相同的）、認知性、防衛性、避傷性、衝動性、遊戲性、感覺性、社會認識性及理解性。另外尚有兩個效度量尺：一爲「期望」量尺，用以測量受試者是否有過分企圖給予他人好印象的傾向；一爲「罕見」（Infrequency）量尺，用以測量受試者異乎尋常的反應，這些反應常爲粗心，或不了解指導語的緣故。

Jackson根據其多年研究及得自文獻的資料，對這二十個相互獨立的人格特質做了明確的定義，界定了它們的行爲範圍，並儘量減少彼此重疊的部分。他爲每一量尺編寫了一百個題目，將之在一千餘人的大學生樣本中實施後，根據項目分析結果，選出二十題，分配到兩個平行的測驗本上。這個程序可以說是相當審愼的。隨後的研究，指出PRF的折半信度和再測信度均稱適宜。在效度方面，PRF與受試者自評或同儕評定的相關係數在中等或稍高的情形，部分量尺已被證實和《加州心理量表（California Psychological Inventory）》及《基晉二氏氣質量表》中相對的量尺有確實的相關，一般說來，PRF已經給測驗使用者一個相當良好的印象。而其在編製過程中綜合運用各種不同的方法，也開啓了測驗編製的新趨向。國內林邦傑、翁淑緣二氏已於1986年將PRF

之 E 式修訂，定名爲《大專人格測驗》，並建立了台灣地區大專學生常模。

二、「客觀」實作測驗（"objective" performance test）

　　在這類測驗中，受試者所要進行的作業，表面上似乎和主試所準備探討的行爲沒有直接的關係，Anastasi（1996, p.662 ）指出它們和一般人格測驗有下列不同之處：⑴受試者以指定的作業爲反應，而不需要描述自己習慣性的行爲；⑵受試者不能察見測驗所測量是他哪一方面的行爲；⑶受試者被指定的是明確、具體的作業，和在投射測驗上的反應不同；⑷每一項作業似乎都有一個「正確答案」，受試者只要盡力找到那個答案。有關「認知型態」（cognitive style ）的測驗就是屬於這一類。

　　所謂認知型態就是個體在接觸認知性的工作時所表現的特性。比如有些人在看到事物或情境時，常會將它們的特殊或新奇之處輕描淡寫地帶過去；而另一些人則有強調或誇張那些特點的傾向。前者被稱爲飾平性（leveling ），後者乃被稱爲誇張性（sharpening ）。

　　另一個相對立的認知行爲傾向，就是沈思型（reflectivity ）和衝動型（impulsivity ）。前者是指在遇到問題審愼思考、分析而後表現行動的型態；後者則是指有問題時，立刻憑當時的想法，迅速而衝動地採取反應的型態，當然兩者之間有連續遞變的情形。

　　在認知型態有關的研究中，最受人注意的，乃是「場地獨立性—場地依賴性」（field independence vs. field dependence ）兩種對立的認知型態。Witkin 和他的同仁（1954）在這方面進行了許多研究，發現了人們在認知和辨識一件事物時的一個重要變項，就是「抗拒背景線索混淆影響」的能力。當他們讓受試者在歪斜的背景上（如歪斜的框子、或牆壁）判斷一張木條的垂直性時，發現有些受試者能不受「背景」的影響，作正確的判斷；而

另一些受試者則很容易受到歪斜背景的干擾，不能將木條放在眞正垂直的位置。顯示前者有對指定事物的知覺，具有不受情境中不相干線索干擾的能力，即其認知具有場地獨立性。而後者則缺乏該種能力，故其對事物的認知，會容易爲情境中其他線索的干擾，也就是有依賴場地的傾向。隨後的研究且發現人們在《藏圖測驗（Embedded Figure Test）》上的分數和場地獨立性有顯著的相關，如是以後許多研究裡就常用藏圖測驗作爲鑑定此認知型態的工具，圖 13-2 所示，就是該測驗的例題。

對於場地依賴性的研究原係始於知覺方面，但後來卻擴展爲人格方面的一種特質，而被稱爲「整體—分節」認知型態（global versus articulated cognitive style）或「心理差異」。Witkin 及其同仁（1962）研究發現場地獨立者在學習時常採取主動和參與的方式，而場地依賴型者則採取觀察的方式。場地依賴型者比較注意社會性線索，對他人的反應較多，情緒方面比較開放，因此常有比較良好的人際關係。一般說來，女性的場地依賴性傾向較男性爲高。

情境測驗也可以算是客觀實作測驗的一例。情境測驗的概念，是在第二次世界大戰期間美國的 Office of Strategic Service（OSS）所倡議的，當時的目的是爲了要甄選擔任特種軍事任務人員。他們設計了多種測驗，其中包括將受試者安排在模擬某種戰鬥情境中，來觀察其處理或應付該情境的能力。所謂「情境壓力測驗」（situational stress test），就是用以觀察受試者在受到壓力、困難或挫折情境下的行爲。如部屬不完全配合，甚或牽制工作進行的情境；正規器材缺乏，必須尋求代替品的情境；被要求以最快速度、最安全的方式運送物資過河的情境等。由觀察者就受試者的反應來評估他的人格特質。

這一種情境測驗的構想，近年也被民間工商業機構採用，來甄選其所需要的工作人員。如令受試者在模擬實務的情況下進行工作，或處理事先安排好的一些「籃中業務」，或以「角色扮演」、「集體討論」等方式進行。由多位觀察者來擔任評估。

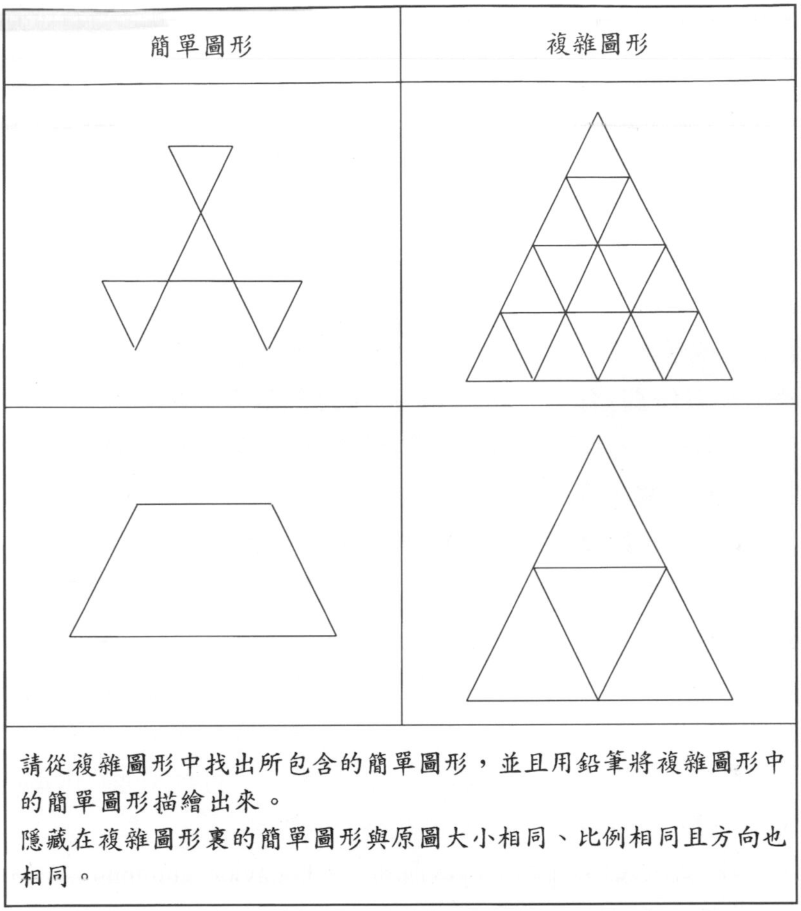

簡單圖形	複雜圖形

請從複雜圖形中找出所包含的簡單圖形，並且用鉛筆將複雜圖形中的簡單圖形描繪出來。

隱藏在複雜圖形裏的簡單圖形與原圖大小相同、比例相同且方向也相同。

圖 13-2　團體藏圖測驗之例題

三、行為觀察法

上面列舉了三種人格評量的方法，彼此之間有明顯的差別，但若仔細分析，三者都是在「觀察」人們所表現的行為。本來個體的行為，無論是在一般的情況或是在某種指定的情境中，都是其人格的表現，所以對行為的觀察，自然是了解個體人格的途徑。利用量表中的題目，或實驗室中的「工作」（task），或經

過安排的任務，都是一種觀察的方式。除了這些以外，還有比較直接的方式，就是「行爲觀察法」。

一般說來，「行爲觀察」是指「自然觀察」（naturalistic observation），也就是在實際生活環境中（如家庭、教室、工作場所、集合情境、運動場……），對個體的行爲進行觀察，研究者對當時的情境，不加任何的改變或干預，甚至爲了避免對被觀察者產生干擾作用，觀察者可利用單面透視窗（one way screen）的設備，或參與當時的活動，或是由情境中原有的成員（如父母、教師）擔任觀察的工作。有利於「自然觀察」的爲「設計觀察」，就是在經過特殊安排和設計的模擬情境中進行觀察，前述的「情境測驗」可以歸屬於這類。

進行行爲觀察時有一項重要的程序，就是要對觀察的「目標行爲」作一個十分確切的界定。比如研究者要觀察某一個案在教室內表現的「攻擊」行爲，就必須先界定何爲「攻擊」。這是一件不太容易的事，許多人可能有不同的意見；也正因如此，明確的界定更具重要性。研究者在經過審愼考慮後，應當爲該項研究對「攻擊行爲」作一個「操作性的定義」（operational definition），確定其所指爲何，以爲觀察的依據。

另一項安排，乃爲「行爲取樣」（behavior sampling）。爲了要使觀察的結果有其意義，並能予以量化，研究者必須對行爲的取樣先作審愼的設計，這將包括：

1. 時間取樣（time sampling）——在何時間進行觀察？
2. 久暫取樣（duration sampling）——每次觀察的時間。
3. 間距取樣（interval sampling）——每兩次觀察時間的間隔。
4. 情境取樣（situation sampling）——進行觀察的情境或場所。

這些都將視研究的主題、觀察的對象、目標行爲的性質……等因素來作決定，當然整個研究的目標（純粹研究性或具有治療、行爲改變的意義）也是關鍵性的因素。

行爲觀察也可以由當事人自己擔任，由他對本身所表現的目標行爲進行觀察並作紀錄。Kratowill 和 Sheridan（1990）指出當

事人在經過自我觀察的訓練後，也能有效地運用該項技巧。同時有些行為如情緒的感受（恐懼、焦慮）、思考的運作（解決問題的歷程）等，必須仰賴當事人自身觀察，因此目前已被認為是可以接受的方法，在行為治療中的使用也日益普遍，配合此一趨向所發展的行為問卷和評定量表也成為常用的工具。從經濟和使用便利的角度看，自我觀察的被採用，應是不難了解。

問題討論

1. 一般評量方法必須具備哪些條件？
2. 試說明常用的檢定信度的方法。
3. 實施測驗時必須注意哪些事項？
4. 何謂認知型態？如何測量認知型態？
5. 行為取樣的方式有哪幾種？

投射測驗

☞ **本章要旨**

　　在人格評量的方法中，投射測驗原是極重要的一種，在臨床方面，它們的重要性，更曾是首屈一指。在 1960 年以後，由於投射測驗的效度爲大家所置疑，它們的「聲望」，乃大爲減低。但是使用者對它們的興趣，似乎並沒有成比例地低落。Watkins, Campbell 和 McGregor（1988）曾向美國心理學會諮商心理學組會員進行「最常用的評量工具」調查，發出調查問卷 1,000 份，收回六百三十份。結果所得十八種最常用的測驗中，有十種爲人格評量工具，是爲 MMPI（1）、語句完成測驗（4）、班達完形測驗（5）、「屋—樹—人」測驗（7）、畫人測驗（8）、主題統覺測驗（9）、羅夏克墨漬測驗（10.5）、十六人格因素問卷（10.5）、艾德華斯個人興趣表（13.5）、加州人格量表（15）等（括弧的數字爲該測驗或量表在十八種常用測驗中的前後次等），而其中有六種乃是投射測驗。足見它們仍是被常用的，因此本書決定以專章介紹。

　　在投射測驗中，羅夏克墨漬測驗和主題統覺測驗原是應用最普遍的，幾乎曾是心理疾病診斷中不可或缺的工具，研究的文獻也很多。畫人測驗和「屋—樹—人」測驗實施甚爲便利，且適用於兒童，故使用的頻率也很高。語句完成測驗常被認爲是半投射性測驗，在學校裡使用極爲方便。這些連同另一些投射測驗，都將在本章內介紹。同時也針對投射測驗應用的問題，詳作討論。國人在各測驗上所作研究，也簡作報告。

壹 ☞ 投射法的意義及其理論基礎

　　在人格心理學的理論中，S. Freud 對於投射一詞的說法是最受人注意的。他認為投射是指一個人將其本身的動機、感覺和情緒歸到別人頭上或外界其他的事物上去，而使自己不覺得那些心理歷程原是屬於其本身的。

　　雖然研究投射測驗的學者都重視 Freud 的意見，但多認為並非所有的投射作用都像 Freud 所說的那樣。比如投射行為並不一定都是無意識的歷程，有些受試者在接受《主題統覺測驗（Thematic Apperception Test, TAT）》時，常明白地說：「照我的推測，他（指圖片中人物）是想做……」；表示受試者知道他當時是在「以己之心、度人之腹」。同時受試者對圖片中人物的描述，所加之於後者的品質或動機，也不一定都和其本身的情況有關。

　　使用投射測驗者，常有下列三項假定：

　　(1)人們對於外界刺激的反應都是有其原因且可以預測的，而不是偶然發生的。

　　(2)在測驗情境下表現的行為，不僅是個人平日有規律性行為的樣本，而且可以直接反映他的人格及在其他情況下的行為。

　　(3)投射測驗的刺激都是不具確定結構、沒有固定意義的，因之受試者得以自由地反應，所表現的將為其本身自發性的創見，是具有代表性的。

貳 ☞ 投射測驗的分類

　　對於投射測驗的分類，各學者提供的意見頗多。Lindzey

（1959）認為以依測驗所引起的反應之性質分類最為適宜。他並依此將投射法分為五類：

一、**聯想法**　使受試者說出因某種刺激（如單字、墨漬）所引起的聯想（通常是最先引起的聯想）。

二、**構造法**　使受試者編造或創造一些東西（如故事、圖畫等）。

三、**完成法**　使受試者完成某種材料（如語句完成法）。

四、**選擇或排列法**　使受試者在一些刺激下，依某項原則進行選擇或予以排列。

五、**表露法**　使受試者利用某種媒介自由地表露他的心理狀態（如指畫）。

Lindzey 這種分類方法頗為實用。不過各類之間的界限並不是十分絕對的，有很多測驗可能同時兼具有幾種形態。

參 ☞ 羅夏克墨漬測驗

一、羅夏克墨漬測驗的內容與實施程序

本項測驗乃是瑞士的精神醫學家羅夏克氏（Hermann Rorschach, 1884-1922）所編製。羅夏克氏曾經利用很多墨漬圖片作實驗研究，將它們用來測驗精神病患者，以觀察各類病人所表現之反應，來分析其間的特徵。羅氏最後選定的一套墨漬圖片，計有十張。其中包括五張黑白的圖片，各張墨漬深淺濃淡不一；另兩張除黑色外，尚加有鮮明的紅色；餘三張則為彩色。每張均為對稱的圖形，印在厚紙板上，通稱為羅夏克墨漬測驗（如圖 14-1、14-2）。

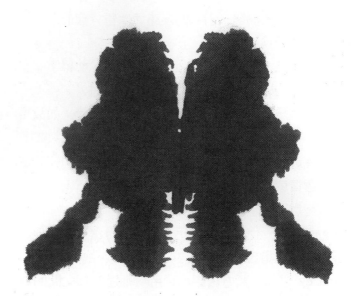

圖 14-1　墨漬圖示例一（非 Rorschach 測驗圖片）

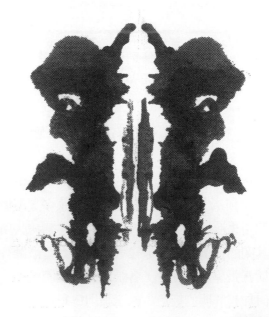

圖 14-2　墨漬圖示例二（非 Rorschach 測驗圖片）

㈠ 一般性規定

　　墨漬測驗實施時的情境諸如適宜的燈光、舒適的座位、不受干擾的空間環境等，均和一般心理測驗實施時所需具備的情況相同。惟主試的位置，宜在受試者的旁邊或後方，使受試者在說明其反應時，主試易於察見其所指之部位。測驗室內的佈置以簡單為宜，特別是受試者前面牆上的裝飾，愈少愈好，以免影響其反應。

　　指導語方面，雖各專家所用的稍有出入，目的都是使受試者明確地了解他該做些什麼。例如 S. J. Beck 氏所建議的指導語是：

　　「我要請你看一些圖片，共有十張，我每次給你一張。
　　這些圖都是用墨水漬製成的，你在看這些圖片時，請你
　　告訴我你看到了什麼，或是讓你想起了什麼。你看完了
　　就請將圖片交還給我。」（Beck, 1950）

㈡ 自由聯想階段（free association period）

　　這是墨漬測驗的第一步。主試在說完指導語之後，按照圖片的規定順序和「方位」，將第一張圖片交給受試者並說：「這是第一張」。隨即按動碼錶。

　　主試此時應注意受試者轉動圖片的情形，並將它記錄下來（通常係以「∧」號表明圖片的位置，尖端所指方向代表圖片上端的方位）。由圖片陳示至受試者說出第一個反應之間的時距，通稱「反應時間」（reaction time），也是需要記錄的。同時主試應照著受試者所說的，將其全部反應照錄下來。當受試者對第一張的反應完畢交還圖片時，主試應記錄他在此圖片上所用去的全部時間。然後再呈現第二圖，這樣直到全測驗作完為止。在這個階段中，均由受試者自作反應，主試不置可否，亦不提出任何問題，故稱為「自由聯想階段」。

(三)詢問階段（inquiry）

在自由聯想階段之後，主試須再將各圖片逐一交與受試者，進行詢問。這是很繁複而又極為重要的步驟。主試要依順序就每一個反應向受試者詢明下列兩點：(1)受試者是根據墨漬的哪一部分表現該反應的？必要時可令受試者就圖片上指出他所選擇的部分，以資確定。(2)引起該反應的因素是什麼？是墨漬的形狀？色彩？或是幾種因素共同的作用……？由於詢問所得的資料，乃是計分的基本依據，因之主試的問句和態度，都須極為審慎。受試者的答詞，均須詳為記錄。

受試者在被詢問時，可能又有新發現，而提出新的反應，主試應將其記錄，計分時列為「新增反應」，與原有反應分別處理。

(四)極限試探階段（testing the limits）

部分學者（如Bruno Klopfer）主張在「詢問」完畢後，再就某些方面進行探究，以期對受試者有更明晰的了解。本階段的探詢，可視個別情形決定。通常包括下列幾項：

1. 探詢受試者是否有察見「整體反應」（whole response）、「明顯局部反應」或「細節反應」的能力。當受試者在「自由聯想階段」中未曾表現某類部位反應時，即以之為試探的對象。

2. 探詢受試者是否有運用所有各項決定因素（determinant）去認識事物的能力？

3. 探詢受試者是否有察見「從眾反應」（popular response）的能力？能否看到一般人都能看到的反應？

二、羅夏克墨漬測驗各項分數的意義

關於羅夏克墨漬測驗的計分方法，若干學者曾提供意見（如 Beck, Klopfer, Hertz 等）。不過通常都包括各個反應在部位（location）、決定因素（determinant）和內容（content）等三方面的計分。茲簡要分述於次：

㈠反應的部位

計分時首先要依照受試者作各個反應時在墨漬圖片上所採用的部位，將各反應分類。主要的類別有五。茲照 Klopfer（1954）所用符號列舉於下：

1. W（整體反應）：受試者的反應包括了整個的或接近整個的墨漬。

2. D（明顯局部反應）：每一墨漬常可因其形狀結構或墨漬之濃淡或彩色的不同，而可明顯地分為若干部分，受試者的反應可能祇利用了某一明顯的部分。

3. d（細微局部反應）：受試者的反應只利用了墨漬中較小但仍可明顯劃分的一部分。

4. Dd（特殊局部反應）：受試者反應所利用的是墨漬極小或不循一般方式分割的一部分。

5. S（空白部分反應）：受試者反應所利用的是墨漬中的白色背景部分。

根據已有資料，一般人在接受測驗時所表現的上述五種反應的分配情形約為：

W％　20％—30％　　　d％　5％—15％
D％　45％—55％　　　（Dd＋S）％　0％—10％

這雖然是僅可供參考的一般趨勢，但也暗示各類反應的平衡乃屬一重要條件。

㈡反應的決定因素

這是指受試者作各反應時的主要依據，他是怎麼會有那個反應的？一般注意的有下列數項：

1. F（外形）

受試者係因墨漬的全體或局部的形狀像某種事物，而引起某種反應的。評分時並依兩者相似的程度有 F ＋，F 或 F －之分。

2. M（人的動作）

受試者由墨漬上看到人的動態行為，通常被視為是具有想像力及擬情作用（empathy）的徵象，也是智能優越的表現。這類反應也常被認為是內傾性的符號，和它相對的是彩色反應 C，後者是代表外傾性的；因之兩者的比例及平衡的情形，在臨床上是診斷的依據之一。

另外 FM 是用以表示動物的動作，m 則表示非生物性的或抽象的動態反應。它們的意義和 M 不同，惟因篇幅所限，擬不贅述。

3. C（彩色反應）

受試者之所以有某種反應（如玫瑰），是因某部分墨漬的色彩使之然。彩色反應常被視為感情作用和內在衝動的表現，當其和外形同時決定某一反應時（FC 表示以外形為主，CF 則係以色彩為主），則表示情緒或衝動性受到了或多或少的控制，乃被認為是較佳的反應。事實上純彩色反應（C ）出現的機會是較低於 FC 的。

4. K（陰影反應）

在各張墨漬圖片上，墨漬的濃淡深淺，也常是決定受試者反應的基本因素之一。由於各部分黑色的陰暗或明亮情況，有時可

構成二度空間知覺，有時將引起不同質地（如硬或軟）的印象，也還可產生動態的聯想，或含有迴光及倒像的反應。再則「黑」「白」和「灰」也均可以看作色調，如「白雪」、「黑的毛皮」這些。

(三)反應的內容

根據已有資料，在墨漬測驗上較常出現的反應，可歸入下列數類：

動物〔整個動物（A ）或其某一部分（Ad）〕

人類〔人的整體（H ）或某一部分（Hd）〕

解剖性反應（At，指內部器官或 X 光片）

性器官反應（sex）

器物（obj，包括各種人造器物）

自然景物（N ）

建築（Arch）

抽象觀念（Abs ）

地理（Geo）

藝術（Art）

植物（Pl）

實則此項分類，並無嚴格限制；如有不在上列各項之內，隨時可予增列。一般言之，反應內容廣泛，顯示受試者經驗豐富，能因墨漬聯想及多方面事物，乃爲有利的情況。反應內容有兩種特殊的情形：

1. 從眾反應（popular response, P）：這是指多數人共有的反應；P 值的多寡，可代表受試者知覺反應趨向於團體反應範型的程度。黃堅厚（1995）曾依 Beck 氏之標準，找出我國人的從眾反應，計有十一項。楊國樞等（1963）也曾作類似的研究。

2. 獨特反應（original response, O ）：在一般人一百次反應中，

祇出現一次的，可視爲獨特反應。通常祇有經驗豐富的主試，方能作適當的評判。獨特反應可能是基於創造性或超人脫俗的聯想，但也可能是病態思想的象徵。它和從衆反應在診斷上都是極具意義的指標。

三、羅夏克墨漬測驗的應用

㈠在臨床診斷方面的應用

羅夏克墨漬測驗的主要應用，自然是在精神醫學臨床診斷方面。在各種診斷用的心理測驗中，它一直是應用最多、最普遍的一種。臨床心理學者視之爲不可或缺的工具。造成這種情勢的原因頗多，主要是因爲臨床精神醫學受精神分析學思想的影響甚大，而後者又是整個投射測驗理論基礎之所繫，在學理上既有相同的淵源，墨漬測驗之爲精神醫學所接受是易於了解的事實。

羅夏克測驗所用圖片不含語文因素，也是使之能廣泛應用的原因之一。它幾乎可適用於各種年齡的病者，不受教育程度及社經地位的限制；而所要求於受試者，祇是頗爲簡單的答案，不致產生任何壓迫作用，因而易於取得受試者的合作，臨床工作者之樂於使用它，實非偶然。

我國精神醫學方面，在抗日戰爭期間，曾開始試用羅夏克墨漬測驗。台灣光復後，國內醫院精神神經科即逐漸應用該項測驗爲診斷工具之一，初期皆參照國外所建立之標準，隨後國內臨床心理學者各依據其累積之經驗，訂定多項有助於診斷我國病患的指標。其中如顏一秀對精神分裂症的診斷指標，柯永河、黃正仁對一般心理疾病的診斷指標，林淑貞對焦慮指標的研究，均已發表，頗具參考價值。

㈡在人格發展研究方面的應用

　　羅夏克測驗既被認爲是人格測驗,而人格是隨年齡發展的,因之不同年齡受試者對墨漬圖片的反應自將會有差異。很多學者就致力於分析兒童和青年的測驗記錄,以期能在其間察見發展的趨向,進而可應用那些資料作爲研究以作爲診斷人格發展的工具。

㈢在不同文化比較研究上的應用

　　墨漬測驗自然是極適於用在文化比較研究的工具。因之羅夏克測驗就常被用在這一方面的研究上。Lindzey 曾對此類研究報告作了一個頗爲周詳的檢討,他有下列幾點結論:

1. 從那些看來很原始而未開化的社會中所獲得的羅夏克測驗資料上,可以察見人格品質的差異,甚爲顯著。
2. 在互不相同文化的背景中生長,經歷過社會化歷程互殊的人們,對於投射測驗所表現的反應也有差異。
3. 由投射測驗資料所作對於某一文化環境中人格品質的推論,和人類學者由其他實地調查所獲得的推論,頗爲一致。
4. 投射測驗似爲從不同文化背景中獲取有關人格品質資料的工具(Lindzey, 1961)。

㈣羅夏克墨漬測驗的前途

　　羅夏克雖曾經是臨床方面應用極爲普遍的工具,但若從心理評量學的觀點,它沒有標準的實施程序、計分方法和解釋的依據,無論在信度或效度上,都不能符合心理計量的條件,曾備受批評。近三十年來,Exner 及其同仁致力於改善這些情況,並在 1968 年成立了羅夏克研究社,他們從美國最常用的五種羅

夏克實施方法中，攝取最完美的程序和步驟，建立一套完整的方法，稱之爲「綜合實施體系」（Comprehensive System），提供標準的實施程序，設計適當的計分方法，藉以提高評分者間的信度。同時有計畫地蒐集各類樣本的測驗資料，來制訂各種分數指標的常模，以爲使用者在評估測驗結果中各項數值時的參考。有了這些資料，在解釋時就可以運用實徵結果爲依據，而不是借助於空泛的理論了（Exner, 1974, 1993）。他們多年的努力，雖然尚未達到理想的成果，但已使Rorschach測驗步入計量化。Exner所提倡的許多模式，也已廣爲臨床工作者所採用。這份曾經盛極一時，又經衰退的墨漬測驗，似可能有復甦的機會。

也有一些學者提出另外的建議，如Blatt（1990）就認爲最好是將羅夏克當作一種實驗的程序：有系統地向受試者呈現一些模糊不清的刺激，再來觀察並研究他如何解釋那些刺激。Aronow、Reznikoff 和 Moreland（1995）也有類似的想法，他們將羅夏克墨漬圖片當作標準刺激，用之爲半結構式訪談的工具，來引起受試者的反應。他們重視的是受試者反應的內容，而不考慮其他方面的計分。這也就避免了許多解釋上的問題。

西方學者在這方面的研究甚多，難於備舉。我國學者從事此項工作者，許烺光應是第一人。他和 T. M. Abel（1949）利用羅夏克測驗研究在夏威夷的中國人，發現在中國出生的中國人，不論男女，「都在控制自己的衝動，在與人交往時，表現順從但『敬而遠之』的態度，和中國傳統文化的行爲型態相符。」其後鄭發育、陳珠璋諸氏（Cheng, Chen, & Kin, 1958）曾用本測驗研究台灣原住民，如排灣族、阿美族等，以其結果和平地居民相比較是很有意義的研究。

隨後學者們更注意到我國正常人在羅夏克測驗上的常模問題，因爲要應用這個測驗來研究中國人的人格，必須由我國人的反應去建立一些標準分數，以爲參照點。如是黃堅厚（1955）首先探討國人的從眾反應，楊國樞等（1962）在從眾反應及反應區

位、反應時間上提供了頗有系統的報告。這些報告都指出我國人
在羅夏克測驗上的反應內容與速度和西方人顯有差別。

　　再有一點應予強調的，就是當用羅夏克作文化比較研究時，
在某一群人中所取得的資料，必須從他們所在的文化觀點去求了
解，才能察見它們的眞實意義。

四、其他墨漬測驗

㈠霍滋曼墨漬測驗（The Holtzman Inkblot Test）

　　本測驗係由 W. H. Holtzman 氏及其同僚（1961）所編製，分
A、B 兩套，各四十五張。實施時受試者對每圖祇作一次反應。
「詢問」（inquiry）隨即進行，以確定反應之部位及決定因素。
　　每一反應均循六方面計分，是即：反應之部位、外形之確定
性、動作的能量、彩色之應用、陰影的應用、及外形的適當性
等。每項各訂標準，分三至五等級評分。
　　這樣編成的測驗，有幾項優點：(1) 受試者的反應數將彼此接
近；(2) 刺激增加，各具有特質，可獲得較豐富的反應；(3) 各反
應均係由一獨立刺激所引起，易於分析及比較；(4) 計分標準明
確，分級評定，可臻量化，並較爲客觀。據 Holtzman 報告：不
同主試在各項計分間的相關達.91-.99，確屬甚高（1965）。本測
驗現已有由五歲至成人間的百分等級常模，以及少數病者的資
料，可資參考。同時「團體實施測驗」也已編訂完成。因之很多
學者都對它有好評。

㈡羅夏克墨漬測驗選擇法

　　羅夏克測驗向來係個別實施，因之其應用乃極受限制；在第
二次世界大戰時，Harrower 和 Steiner（1951）乃設計以團體方

式實施墨漬測驗，將圖片製成幻燈片射於銀幕上，可使二、三百人同時參加測驗，各自寫下本身的反應。此法固可在實施上獲得便利，卻未能減除計分與解釋方面的困難。Harrower隨後乃將之改爲選擇法：當將每一墨漬圖片映射銀幕時，令受試者在預先擬訂之十個反應中，選出他認爲最適當的答案。Harrower預爲每一圖片所安排的十個反應，實係以墨漬測驗中各項主要決定因素（determinant）爲依據，其中五項是常爲健全的受試者所選用的，另五項係適應欠佳受試者所常有的反應。Harrower氏認爲一位受試者在自由作答會注意何項決定因素，在選擇時也會傾向於選取由該因素爲主的答案。因此各受試者所選擇反應的性質，即可視爲其適應情況的指標。

由於選擇法同時解決了墨漬測驗實施和計分的問題，乃先後爲軍事及實業機構所採用。後來 Harrower 更進一步，爲每一墨漬圖片提供三十個選擇的答案，並將其分爲甲、乙、丙三組，受試者在受測驗時間內，須在每組中選一作答，如是他對每一圖片，將選三個答案，全測驗共選三十個答案，此數和一般個別測驗時的反應總數頗爲接近，而其所能提供的資料自也大爲增加了。

黃堅厚（1959）曾應用此選擇法研究本省犯罪少年，發現他們所選「不健全的反應」，顯著地較一般在學少年爲多。因此他認爲墨漬測驗選擇法可能是甄別犯罪少年的適當工具。

肆 ☞ 主題統覺測驗

《主題統覺測驗》（以下簡稱TAT）是投射測驗中和羅夏克墨漬測驗齊名的一種工具。實施的方式就是使受試者看圖畫講故事。由Murray與Morgan在1935年編訂而成。

現在西方心理學者使用的 TAT，實爲 Murray 等所編的第三

套圖片。全部共有二十張，另空白片一張。實施時分為男、女、男童、女童（十四歲以下）四組，每組各分配二十張（包括空白片）。依照規定程序，應分為兩次實施。一般言之，後十張的內容比較奇特複雜，容易引起情緒反應。實施時的指導語頗為簡單，主試告訴受試者：「我要請你看一些圖片。並且要你根據每張圖片講一個故事，說明圖片中所表現的是怎麼回事，為什麼會造成那種情況，以後會有什麼結果。你可以隨意講，故事愈生動、愈戲劇化愈好。」在臨床測驗中，TAT 通常是採取個別實施，由主試記錄（或應用錄音設備），並可注意受試者在測驗時的行為反應。在其他情況下，可令受試者自己逐圖寫下他的故事，甚至可以用團體方式實施，在時間上較為經濟。

一、主題統覺測驗的計分與解釋

依照 Murray 原意，由 TAT 所取得的故事，應依「需要—壓力原則」（need-press method）進行分析。主要的意思是要找出故事中主角表現的需要及其所遭受到的壓力。不過此項分析工作頗為繁複，好些時候不易確定某種行為究竟基於何種需要，評定一份記錄可能需四、五小時，因之各個學者紛紛提出了新的方案。

事實上多數研究者應用 TAT 時，是將它看成為一種「方法」，而沒有將它看成一種測驗。換言之，他們只是應用一些圖片，向受試者取得了一些故事，而將之進行分析。所用圖片並不限於 TAT 原有資料，分析的方法更因各人研究目標而異，沒有統一的程序。例如 Lesser 要用統覺測驗法（thematic method）來分析某些人的攻擊傾向，就祇注意故事中的攻擊行為與意念，Lindzey 和 Newburg（1965）要分析故事中的焦慮反應，就只注意一些和焦慮有關的跡象。

另有一些研究，則由另一角度著手，只衡量故事反應的某一方面。例如 Eron 等（1950）製訂評定量表，以評估 TAT 故事的

緒色彩。他將故事分爲五等，故事情節最悲、最令人失望的記零分，情節最令人滿意、充滿快樂的記四分，其間分別依內容悲喜的程度，分別記一、二、三分。黃堅厚（1974）曾根據此標準比較中國及蘇格蘭青年在 TAT 12BG 圖上所敘述的故事，發現中國青年的故事比較快樂些。

二、主題統覺測驗的應用

㈠在臨床方面的應用

TAT 在臨床方面的應用，是可與羅夏克墨漬測驗相提並論的。通常由 TAT 測驗歷程及其取得的故事，可有下列功用：(1) 幫助診斷；(2) 幫助建立與受試者的交通；(3) 幫助受試者了解自己的問題。

㈡在發展心理學方面的應用

「看圖——講故事」原是幼稚園中常用的一種教學方式。待主題統覺測驗正式被心理學者用作研究工具之後，很快地它就再用到兒童身上，以爲研究兒童幻想內容及其發展的工具。

爲了要研究兒童的幻想，有些研究者且製訂了特別的圖片。其重要有下列數種：

1. 兒童統覺測驗（Children's Apperception Test, CAT）

由 L. Bellak 和 S. S. Belak 共同編訂，計有十張，均以動物作爲圖中角色。

2.「小黑」圖片測驗（The Blacky Pictures）

這是由 Blum（1950）編訂，係以一小黑狗（Blacky）作各圖

片主角。此十一張，完全以 Freud 的「心—性發展」理論為基礎，分別將各階段中的人際關係和問題，作為各圖主題。

3.圖畫故事測驗（The Picture-Story Test）

這是 Symonds（1949）專門為青年編訂的。計有二十張，都以男女青年為其中主角。

㈢在文化比較方面的應用

和羅夏克測驗一樣，TAT 之用在文化比較研究上，主要的也是人類學者的功勞。他們有的致力於某一民族或部落人格品質之研究，有的從事於涵化作用歷程的探討，也有的是側重在兩種或多種文化環境中人格特質的比較。

許烺光（1963）將中國、美國和印度三種文化相比較時，也應用了兩張 TAT 圖片（Card I 和 12BG），並由 Watrous 為之作分析。據後者指出：美國人在其幻想中的主要表現是對權威的反抗，對同輩接納的需要，和個人的獨立；其解決問題的方式是以行動為主。中國人在幻想中所表現的自發性、超群性及同輩接納的需求均較美國人為低；而在一些行為上均較慎重。印度人在其幻想中多數看重生命和非生命及主觀和客觀的界限，他們受宗教的影響頗大，解決問題時常以冥想代替行動。許氏並指出在香港的中國青年和在臺灣的大學生的幻想內容及情緒色彩雖有不同，但在涉及成就和人間關係的反應上，卻仍多相似之處，都是趨向以「情境為中心」（situation centered）的觀點。

黃堅厚在其中英青年社會態度比較研究中（Hwang, 1974a），經過審慎選擇，採用了四張 TAT 圖片（依呈現次序為 6BM, 14, 8BM, 12BG），以團體實施方法，分別向我國及蘇格蘭地區國民中學青年進行測驗，發現兩國青年的社會態度，明顯地受各該文化環境的影響。例如他們大多數雖同將 6BM 中的人物看成母子，但中國青年描述母子具有良好關係者，遠較蘇格蘭青

年爲多；又在對第十四圖的反應中，兩組均有三分之一爲「偷竊行爲」，但在對竊賊的處理上卻顯有差別，其任竊賊逍遙法外者，中國青年中約有 10 ％，而在蘇格蘭青年中則達 29.93 ％。

三、我國主題統覺測驗的編訂

將 TAT 圖片應用到非西方文化環境中時，自然會使人思考圖片內容的文化是否適當的問題。每一文化環境自宜依照本身情況來編製主題統覺測驗圖片，在我國方面，初正平（Chu, 1968）曾編訂《中國學齡兒童主題統覺測驗》，汪美珍（Wang, 1969）也曾將 TAT 依照我國文化予以修訂，惜乎二者均未公開發行。

伍 ☞ 其他重要的投射測驗法

一、語句完成法

語句完成法可以說是一種極簡單的測驗方法。主試列出一些「句根」（stems），讓受試者將其補充，寫爲一個完整的句子。這是小學低年級語文教學時所常用的方法。心理學家最初是利用此法作爲衡量智慧的工具，但在近年卻常將其用爲人格評量的方法。

語句完成法有一些優點。Mischler 指出有五端：⑴ 實施簡易，不需要特殊訓練；⑵實施需時不多，從所得資料觀點，應屬經濟；⑶ 可依需要探討之變項編訂；⑷ 對受試者無威脅感；⑸可個別計分。因其有這些優點，故應用頗廣。據 Goldberg（1968）所作之調查中，語句完成測驗的應用，在臨床方面次於羅夏克墨漬測驗、TAT 、魏氏智慧量表、MMPI、投射性畫人測

驗，而居於第点位。

　　Rotter（1950）所編的《Incomplete Sentence Blank》，含四十題，不另分組。這些「句根」都十分簡單，因此填充時比較有多的自由，沒有什麼限制。如「我喜歡──」，「男孩子──」等，受試者在填答時心理上不會感到受威脅，反應中所表現的資料可能更有意義些。在計分方面分七等評定。積極性的反應（又分P3，P2，P1 三等，P3 為最愉快、最積極的反應，計 0 分；P2 計 1 分，P1 計 2 分）、中性反應（N，計 3 分）、衝突性的反應（又分C1，C2，C3 三等，分別計 4，5，6 分，C3 指含衝突最嚴重的反應）。實施時各題分別評分，而以四十題之總分表示受試者的適應情況。

　　黃堅厚（Hwang, 1973）曾經在我國國民中學實施語句完成測驗，那時的測驗題係根據 Rotter 測驗譯出，並增加兩題（其一為「這個測驗──」）。結果發現一般學生對之頗感興趣，皆能以合作的態度填寫。當採用上述 Rotter 所訂等級評分時，兩評分員所給之分數的相關達 .82 ，顯示頗能符合客觀的標準。惟若以教師所評學生適應情況為效標時，則該項分數的效度係數只達 .28，似不甚高。不過教師平日所注意的，多偏重在遵守或違反規則那方面，不一定能代表整個適應的情況。

　　黃堅厚認為語句完成法頗適於國民中學使用。除了前面已述及的優點之外，另一重要原因，是一般教師多能了解此項測驗的作用和學生反應的意義，多數具有嚴重衝突性的反應，即使不經過評分，也不難發現。因此教師們對使用此測驗的興趣將會高些。在目前提倡測驗工具的時候，這是值得注意的一個測驗。

二、繪畫測驗法

　　任何一種作品，既是由人所製作的，都和作者的人格品質或多或少有些關係。因此利用繪畫作為人格測驗，是很自然的事，在繪畫測驗中，《畫人測驗（Draw-a-Person, DAP）》是最受注

意的一種。

Levy曾指出很多臨床工作者將人像繪畫視為當事人自我觀念和「身體印象」（body image）的投射。但Levy自己卻以為繪畫者所投射的不一定祇為「自我觀念」，也可能是其對於環境中另一人的印象，或為其「理想自我」，或為其習慣型式的表現，或為其情緒的流露，或為其當時對測驗情境或主試的態度，或者竟是其對於整個生活及社會的態度；而且多數情況下是數者兼而有之。因此臨床工作者不宜將畫人測驗看成一種一成不變的方法。

畫人測驗實施程序十分簡單，通常是給受試者一枝較軟的鉛筆和一張 8×11 吋的白紙。在有充分照明的情況下，使受試者舒適地坐著，然後對他說：「現在請你在這張紙上畫一個人」。當受試者詢問「該畫什麼樣的人」，「該怎樣畫」時，主試應以輕鬆的語氣回答：「隨便你怎樣畫都可以」。當其畫好一張後，主試再給他一張紙並說：「現在請你再畫一個女（男）人」（與第一張所畫者性別相反）。主試隨後即以此二張為評分及解釋的依據。也有人主張只需畫一張。

對畫人測驗的評分都是在質的方面，要從受試者所畫人像的分析，來探討他的人格品質。分析時所注意的項目包括：人像的大小、人像在紙上的位置、線條的粗細輕重、正面或側面、身體各部分的情形（如頭、手、腳……）等。此外如各部分的比例、缺短或畸型，以及畫中陰影和擦抹情形，也都在分析之列。對於這些「項目」（signs）的解釋，有些研究者各有其特殊的意義，相率編訂手冊，以為評分者的參考。如 Machover 謂將人像畫在左方者處事多從自己的立場著眼（self oriented），人像畫在下方者，則屬於抑鬱性格。Urban 也謂「大頭」表示「旺盛的心智活力」，或象徵「自己對智能有不滿之感，因而強調心智活動，以求補償」。Naglieri（1991）也提出「情緒困擾」指標。但是這些解釋和指標，既沒有充足的證據，也不為一般研究者所支持。儘管如此，畫人測驗仍舊名列在最常用的十種測驗之內（Murphy & Davidshofer, 1998）。

《屋、樹、人測驗（House-Tree-Person, HTP）》是另一種
繪畫測驗，可以適用於成人及兒童。該測驗的構想是認為房屋是
人們住的地方，它可以引起受試者對於家庭及家人關係的聯想；
樹的繪畫似能反映受試者對本身較深刻或無意識的態度，而人像
則常代表接近有意識的自我形象和與人相處的情形。

三、班達完形測驗

本測驗的全名是《The Bender-Visual Moter Gestalt Test》，
但通常即稱為 Bender-Gestalt Test，中文有時逕稱為班達測驗，
測驗包括九個簡單的圖形，是班達女士從 Wertheimer 氏（完形心
理學的創導者）研究視覺知覺時所用圖畫中挑選出來的（參見圖
14-3），各印在 3 × 5 吋卡片上，實施時先後分別呈現，讓受試
者在一張 8 × 11 吋的白紙，將它們描繪下來。

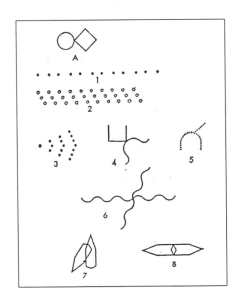

圖 14-3　班達完形測驗

班達測驗的實施固甚簡單，但評分卻頗為繁複。Pascal 與

Suttell（1951）曾經為成年人的測驗結果，訂定了一個評分的標
準，以每個圖形描繪時的「缺點」出現的情況及次數作計分的依
據（如過大或過小的圖形，省略或不完全的現象，圖形方位移
轉，接觸未能密合……等），缺點愈嚴重或愈高時，分數亦將愈
高。照 Pascal 與 Suttell 所訂方法為正常人、精神神經病患者及精
神病患者三組受試者的反應評分，發現他們三組的分數均數分別
為 50，68.2 及 81.8（按為標準分數），顯示班達測驗對心理疾病
患者有鑑別的功能。此外也有資料證實此種計分可有助於大腦機
體性疾病的診斷（Tolor & Schulberg, 1963）。

　　班達測驗在我國的應用，首係由本書作者之建議，於民國四
十四年在國軍不適現役人員檢定程序中列為甄別測驗之一。惜該
項資料未能作詳盡之分析。其後致力於本測驗之研究者，乃為柯
永河。他曾自訂計分方法，確定班達分數與智慧分數在低年級兒
童的相關；並曾先後探討班達圖形旋轉問題、班達分數與注意廣
度之關係等。近年劉鴻香曾研究班達測驗在兒童中應用情形，並
曾對之進行修訂。

四、逆境對話測驗

　　本測驗係由 Rozenzweig 在 1941 年所編訂，原名為《Ro-
zenzweig Picture-Frustration Study（P-F Study）》。分別有成人
用（14 歲以上）及兒童用（4-13 歲）兩種，係根據挫折情境引起
攻擊行為的理論編成的。測驗中包含有一些卡通式的圖片，通常
畫中有兩位人物。其中一人說了幾句話，是足以引起另一人生氣
或陷於受挫折的情境的，受試者就須照後者當時的感受，寫下他
將回答的話。附圖 14-4 是兒童用試冊的二例，也代表兩種挫折的
情境。

　　本測驗的假定是認為受試者在反應時，是將自己的想法投射
到卡通圖片中受挫人物身上，而替「他」回答；因此從那些答案
的性質，將可預測受試者在遭遇到挫折時的反應傾向。計分時以

答案的「作用」和「攻擊方向」爲基準。前者可分爲三類：即
「強調障礙」（反應的重點在強調障礙或困難的存在），「保衛
自我」（反應重點在爲本身辯護或解脫責任），「需求爲主」
（反應看重在提供解決問題的途徑，以克服障礙）。因受挫折而
所引起的攻擊行爲，也可能循三個方向進行：朝向他人或外界事
物，是爲「責人反應」（extrapunitive）；朝向受挫者本身，是
爲「責己反應」（intropunitive）；設法撇開或規避所面臨的局
面，是爲「免責反應」（impunitive）。這樣受試者的反應就共有
九類（3×3），Rosenzweig所編手冊上，曾就各卡通圖的每一類
反應列舉範例，可供計分時參考。閱卷時只須將各類反應之百分
比算出，同時並可與「團體常模」（即多數人在各情境中表現的
反應）相比較。

圖 14-4 逆境對話測驗

黃堅厚（1969）曾將 Rosenzweig 的《P-F study》作部分修
訂，依我國情況改繪後，在大學生中實施，並將所得結果與Ros-
en-zweig 所提供之美國常模及日本學者所制訂之日本常模相比較

發現我國大學生所表現的「責己反應」顯較爲多,而「責人反應」則遠較美日受試者爲低。此種差異,似係受文化因素的影響。因我國一向崇尙「不怨天、不尤人」的觀念,遇有挫折,恒主張以「反求諸己」的態度對之,對挫折情境乃有「逆來順受」的趨向。

陸 ☞ 投射測驗應用的問題

一、投射測驗的信度和效度問題

一般測驗信度的研究,多利用折半相關法(split-half correlation)或再測法(test-retest),以相關係數表示信度之高低。但是這兩種方法在投射法上均有困難。折半法原是考驗測驗內部的一致性,而在若干投射測驗中,如羅夏克測驗、TAT 和 P-F Study 等各張圖片的內容性質皆互不相同,其所假定測量的品質亦互不一致,根本就無法分爲相等的兩半(試想羅夏克測驗的十張圖片,五張爲有彩色的,就不能均分爲兩組)。至於再測,在時間上也不易安排:若兩次測驗相距時間過長,則其間受試者的人格可能曾產生變化;如相距時間過短,則受試者反應可能受記憶的影響。有些主試指導受試者在 TAT 再測時,另寫「新的故事」,結果發現相關頗低(Lindzey & Herman, 1955),那應是意料中的事,因爲兩次對受試者的要求既然不同,反應自將有別了。

另外我們還當考慮不同計分者之間的一致性。一般說來,投射測驗的計分方法常較普通測驗爲複雜,且多變化,因之各計分員之間評分的一致性較低。更重要的是投射測驗的各項分數並不即爲測驗的最後結果,而是須將那些分數再加解釋才有意義。各計分者所受的訓練及經驗如有差異,其對測驗分數所作解釋自亦

將互不相同，而缺乏一致性。

　　至於投射測驗的效度，研究者常用幾種方法進行探討。如以某些「職業」或「病症」作為效標，觀察從事某項職業或被診斷為某項病症者在測驗上是否表現「其應有的反應」；或以個案資料和行為記錄與測驗結果相互比較，以確定其同時效度；或利用測驗結果預測訓練或治療的成果，藉以評定測驗之預測效度；或者企圖驗證某些測驗分數的意義。但照 Anastasi（1996）指出：多數有關投射測驗效度的研究，常因設計控制或統計分析的不盡完善，未能獲致可靠的結論。

　　一種投射測驗（如墨漬測驗）所包含的內容和可能計分的項目頗多，因之兩個效標組的受試者常可能會碰巧在某幾項分數上表現出「顯著差異」。這些差異如果未經過反覆驗證，其效度常不一定可靠。當受試樣本更動時，原有的差異可能根本不復存在了。

　　事實上有時候效度並非全是測驗本身之過，問題可能在「效標組」上。通常測驗效度多以其在診斷方面的正確性為基準；但是在臨床上各種診斷（如精神分裂症、妄想狂想），也不是絕對正確的。醫師們對機能性精神病所作診斷的一致性約為.60 左右（Rosen & Gregory, 1965）。因此僅以「病症」作為評估投射測驗效度的效標，也不是最完善的辦法。

二、投射測驗實施的問題

　　投射測驗出現的初期，使用的人咸以人格品質的 X 光視之，認為所獲得的資料，皆係受試者心理狀態的外射，因而可用為診斷及了解其行為的依據。但隨著投射測驗的推廣，多方面的研究使人們了解，除了受試者的人格特質之外，還有其他因素是將影響其反應的。本節祇擬敘述和實施過程有關的一些問題：

㈠實施時指導語的關係

Abramson（1951）使一些大學生接受羅夏克測驗後，將他們依「反應部位」（W, D, Dd 等）分爲相等的兩組。然後告訴第一組受試者：成功的專業人員多表現「整體反應」（W）。而卻告知第二組：成功者多表現「細節反應」（Dd）。待兩組重作羅夏克測驗時，他們的 W 和 Dd 出現的比率，顯然就有差異了。

Calden 與 Cohen（1953）使受試者接受羅夏克測驗時，對其中三分之一說是智慧測驗，對另三分之一則說是「神經質測驗」，對所餘的三分之一則說是想像能力測驗。發現三組的反應彼此有差別，認爲那是智慧測驗者，反應均較愼重，反應數較少而形態品質較高，從衆反應及動物反應也較多。另有學者在 TAT 方面作了類似的研究，發現指導語對受試者所述故事的情緒色彩及結局頗有影響（Summerwell, Campbell, & Sarason, 1958）。

㈡實施時情境的關係

測驗時的整個情境，對受試者是有其影響的。Lindzey（1950）曾使受試者在十～十二小時內不得進食，喝較多水而在三小時不得小便，並各抽血少許，同時迫使在團體面前遭受失敗。在這種情況之下，進行逆境對話《P-F Study》測驗，發現他們所表現的「責人反應」，有顯著增加；他們在 TAT 上反應的改變，也幾乎都在預期的方向上。

有些研究所利用的情境因素，是比較自然的情況。例如 Klatskin（1952）曾使婦產科病人接受羅夏克測驗，其中部分是在她們接受外科手術前一日實施的，而另一部分則是將由產科出院前一日實施。這兩組病人對於墨漬圖片的反應，在很多分數上，皆表現了顯著的差異。另 Meyer 諸氏（1955）也曾利用住院病人作 H-T-P 繪畫測驗，發現將在接受手術前病人的繪畫和其已接受

手術後的作品相較時，前者顯有較多「退化」的徵象，差別甚為明顯，幾難相信是為同一人所繪製。

㈢主試的關係

　　在實施測驗時，主試也是當時情境的一部分，因此主試本身的情況，如性別、膚色等，可能會對受試者的反應發生一些影響。就主試的性別來說，各研究的結果未能一致。Alden 與 Benton（1951）曾在美國退伍軍人醫院中找出一些羅夏克測驗記錄，其中五十份是由女性主試實施的，五十份是由男性主試實施的，兩者在含性色彩的反應上並沒有區別。但是 Curtis 與 Wolf（1951）研究所得結果卻正相反，他們也是利用退伍軍人的資料共三百八十六份，是由三位女性主試和七位男性主試實施的，發現受試者所作含有性色彩的反應確和主試的性別有關。Rabin 諸氏（1954）則指出主試性別的影響有時存在，有時則否。當受試在掛有解剖圖畫的室內等候測驗時，他們隨後在羅夏克測驗所表現的「解剖反應」並未因主試性別而有差異；但若等候時所看到的是女性裸體圖畫，則他們在男性主試實施測驗所表現的含性色彩反應，較由女性主試實施時所表現的為多。照這樣看，主試性別或非影響受試者反應的全部因素，但也可能是有影響的因素之一，其作用須視各個因素交互的關係而定。主試膚色的影響應也具有相同的性質。

　　至於主試與受試者關係之溫暖或冷淡，則是確定具有影響作用的。Lord（1950）也發現在溫暖關係下接受羅夏克測驗者所表現之反應總數較高，具有智慧及創造性之反應也恒較多。

　　實際上在投射測驗中，主試的影響並不止於上述。由於記分方法的不確定，對最後結果的解釋也無十分客觀的準則，因此主試所受的訓練和臨床經驗，將有頗為顯著的影響。當一份墨漬測驗或 TAT 記錄放到主試面前，由他們評鑑解釋時，就等於讓主試接受一次「投射測驗」。換句話說，在主試所作解釋中，他本身

所推崇的理論觀點、所習用的名詞，以及其人格特質，都將表露出來。說不定這些成分，且將超過受試者的人格特質。

事實上測驗實施情境的可能影響，在各項測驗中均有之。不過因為一般測驗的反應方式頗為固定，因情境變項所引起的差異將較為小。在投射法中受試者表現反應的範圍較大，自由度也較高，如是當時情境變項所形成的變化，也較容易表現出來。基於此項原因，凡是應用投射測驗作臨床或研究工具時，對實施的情境，應給予密切注意；而在解釋測驗結果時，必須明確也必須了解實施時情境因素的可能影響。

投射測驗的應用尚有另一個限制。由於投射測驗的應用主要是在臨床方面用以診斷心理疾病之工具，其費用通常是列在醫療費用之內。在國外一般人都參加了醫藥保險，所有診斷和治療的費用，均由保險機構負擔，因此都需要經過保險單位的審核，才得付款。目前美國保險機構對於心理測驗費用，多不願給付，如是乃使診斷性心理測驗的應用受了很大的限制。據知在 Ohio 州被接受的，僅有 MMPI 一種。因其可用電腦處理計分和分析，所需費用較低；同時其結果有明確數字，易作診斷上之依據，故在法律上也能被接受。目前我國健康保險係由政府主管，尚無這方面的問題，將來若開放為公辦民營，就未可預料了。

1. Lindzey 如何依測驗所引起的反應性質，將投射法分類？
2. 臨床心理學家如何利用受試者在羅夏克墨漬測驗上的反應來評量他的人格？
3. 主題統覺測驗可被應用到哪些方面？
4. 語句完成法有哪些優點？
5. 逆境對話測驗可以用來了解受試者人格的哪些方面？
6. 實施投射測驗時應先注意哪些問題？

第十五章

美國常用的
人格測驗簡介

壹、明尼蘇達多相人格量表

貳、加州心理量表

參、十六人格因素問卷

肆、NEO 人格量表修訂版

伍、麥布二氏行為類型量表

☞ 本章主旨

　　人格測驗在美國的使用頗為普遍，除了在臨床診斷人才甄選、職業和生涯輔導等方面的應用外，在許多有關人格的研究裡，也不時會採用測驗，以其評量結果作為研究的資料。因此在閱讀人格心理學的文獻時，常會接觸到若干測驗和量表。筆者乃認為有必要就美國常用的人格測驗，作簡明而有系統的介紹。

　　由於篇幅的限制，本章祇選擇了五個美國目前最常用的人格測驗，依次為《明尼蘇達多相人格量表》、《加州心理量表》、《十六種人格因素問卷》，《NEO 人格量表修訂版》，和《麥布二氏行為類型量表》。其中 NEO 人格量表修訂版和人格五因素論有密切關係，在近年來是非常熱門的評量工具，宜使讀者多有一些認識。其他四種都曾由國內研究者修訂或譯為中文進行研究。

　　本章中對各項測驗的內容、理論依據、編訂經過、標準化過程及常模等項，均有適當的說明。同時也引述了最近學者對它們的評論。這些評論多數取自於《心理測驗年鑑》（Mental Measurement Yearbook），應是具有相當權威性的。

　　在前兩章中，曾就人格評量的工具做了概括性的說明，美國使用人格測驗的情況，比較普遍。Watkins、Campbell 和 McGregor（1988）諸氏曾經由美國心理學會諮商心理學組的會員中，隨機抽取了 1,000 人進行調查，詢問他們最常用的測驗。根據六三〇份寄回有效問卷結果，Watkins 等表列出來十八種。其中有十種是人格測驗：六種為投射測驗，四種為人格量表（參見表 15-1）。在常用的心理測驗教本中（Anastasi & Urbina, 1997; Kaplan & Saccuzzo, 1997; Murphy & Davidshofer, 1998）也都分別介紹這幾種測驗，顯示它們是比較受重視的評量工具。

表 15-1　重要人格測驗在 Watkins 等研究中及心理測驗教本中出現情形

測驗名稱	Watkins	A&U	M&D	K&S
明尼蘇達多相人格量表（MMPI）	✓	✓	✓	✓
加州心理量表（CPI ）	✓	✓	✓	✓
艾德華斯個人興趣量表（EPPS）	✓	✓	✓	✓
麥布二氏行為類型量表（MBTI）		✓		✓
十六種人格因素問卷（16PF）	✓	✓	✓	✓
NEO 人格量表修訂版（NEO-PI-R）		✓	✓	✓
羅夏克墨漬測驗	✓	✓	✓	✓
主題統覺測驗	✓	✓	✓	✓
語句完成測驗	✓	✓	✓	✓
畫人測驗（Draw-a-Person）	✓	✓	✓	✓
班達測驗	✓	✓	✓	✓

壹 ☞ 明尼蘇達多相人格量表

（The Minnesota Multiphasic Personality Inventory, MMPI）

　　MMPI 是在美國應用最廣的人格量表。它是由 Hathaway 和 McKinley 在 1940 年編訂出版的。全量表包含有五五○個題目，由受試者以「是」、「否」和「不確定」作答。這些題目的內容涉及的範圍很廣。一般應用時，可由受試者的反應得出其在十個「臨床量尺」（clinical scales）上的分數。這十個量尺是：

1. Hs：慮病症量尺（Hypochondriasis）
2. D：憂鬱症量尺（Depression）
3. Hy：協識脫離症量尺（Hysteria）
4. Pd：精神病態量尺（Psychopathic deviate）
5. Pa：妄想症量尺（Paranoia）
6. Pt：精神衰弱症量尺（Psychasthenia）
7. Sc：精神分裂症量尺（Schizophrenia）
8. Ma：輕度狂躁症量尺（Hypomania）
9. Si：社會內傾性量尺（Social introversion）
10. Mf：異性量尺（Masculinity-femininity）

　　前八個量尺中的項目是被診斷為各該項精神病患者的症狀（每項患者樣本多在五十人以上），和正常控制組（樣本約 1,500 人）相區辨者。社會內傾性量尺所含項目係大學生中在內外傾量表上極端內傾者的反應。異性量尺上高分則表示具有明顯異性者的興趣傾向。

　　此外 MMPI 還有三個「效度量尺」（Validity Scales ）：

1. 撒謊分數（Lie score, L）。這些項目會使受試者看來非常完

美，但事實上是做不到的，如「我從來不做壞事」。

2. 罕見分數（Infrequency score, F）。這些項目是一般人很少會作「得分」反應的。因此 F 高分可能表示記分錯誤、作答不經心、極端自我中心、或有意謊答等情形。

3. 校正分數（Correction Score, K）。顯示受試者作答時的態度。高分可能表示防衛傾向或「充好」的意圖；低分則可能是過份坦率和自我批評，或故意「充惡」的傾向。

　　從 MMPI 的內容，可以看出它最先的功能是在測量一個人偏向病態人格的傾向。但在它出版以後，許多研究者利用它的項目又從而發展出三百多種新的量尺。其中不少是在正常人樣本中建立起來用以測量某些和心理疾病無關的人格特質：如自我強度、依賴性、支配性、偏見性……等。目前使用的 MMPI 分數側面圖計分紙上，除了先有的十個臨床量尺及效度量尺外，也加上了焦慮、壓抑、自我強度和 MacAndrew Alcoholism 四個新量尺。

　　雖然 MMPI 經常用在區辨性診斷工作上，同時一般說來，臨界量尺上的分數愈高，顯示受試者偏向病態的傾向愈大；但是卻不能從表面的分數直接去作解釋，因為實際上的情況是相當複雜的。例如精神分裂症量尺的高分數，並不一定就表示當事人患有精神分裂症；其他精神病患者常也會在此量尺有高分數。另一方面，精神分裂症患者也可能在其他量尺上獲有高分。各類型心理疾病的症狀常有相互重疊的情形。

　　當使一位正常人接受 MMPI 時，主要的目的固然是要區辨他和各類心理疾病患者，但那些臨床量尺也可視為是測量其人格特質的指針。例如「不信任」和「懷疑」，一方面是妄想症者的症狀，但若從正面去看，也可能是「好奇」和「研究」傾向的根源。所以在解釋 MMPI 的結果時，切忌枝節地根據個別量尺上分數去作結論，而必須綜合當事人所有的資料，來做整體性的解釋。

　　為了使用者的便利，許多研究者曾根據實徵性資料，編訂

MMPI 測驗結果解釋手冊。晚近更有各種不同功能的電腦解釋程式應市。這些工具所提供的方便，自不待言。但也如前面所指出的一樣，它們仍宜配合當事人其他的資料，來作綜合的處理。在一個有經驗而負責的臨床工作者手中，它們確實是很有幫助的工具。若是在一個沒有適當訓練而祇圖簡便的使用者手中，這些自動化、現代化的玩意，就可能形成負面的效應了。

　　MMPI 從 1940 年代開始發行，到 1980 年代已有四十年的歷史。在人格測驗中，它的應用無疑地居於首位，有關的研究文獻達數千種。但是它也出現了一些問題。最先標準化的樣本，在人數上和地區性上，均不足具代表性。由於社會的變遷，量表中若干題均已不合時宜；同時今日人們的行為態度和價值觀念也和四十年前大相逕庭。當時所建立的常模已無意義。因此明尼蘇達大學出版社（University of Minnesota Press ）乃成立了一個委員會，主持 MMPI 的修訂事宜。修訂時的原則是：一方面要維持量表原有的特色，保留所有臨床量尺、效度量尺，以及若干後來增補的量尺，同時儘可能保留原有的題句。另一方面則是將全量表重新標準化，各量尺均建立 T 分數常模，淘汰一些不合時宜和有爭議性的項目，增加新的題句，並發展出新的量尺（Anastasi & Urbina, 1997, p.352 ）。最後並將此量表分編為兩個版本：一為 MMPI-2，適用於成年人；一為 MMPI—青年版，適用於青年。

　　經過修訂以後，MMPI-2 具有下列幾項特點：(1) MMPI-2 含有五六七個項目。這些項目經過重新排列，受試者在回答了三七〇題後，原有的十個臨床量尺和三個效度量尺的分數就都可以計算出來，便於「簡式的施測」。（這三七〇題都是 MMPI 原有項目，餘下的一九七題中，有一〇七題是新編的。）(2)量表經過超過來自美國七個州 2,500 人的樣本進行標準化，其常模有較高的代表性。(3)各臨床量尺建立了一致性的 T 分數，以便於相互比較。(4)增加了一些以內容為主的量尺，如焦慮、強迫性、社會不適應性、家庭問題等量尺，這些都是被認為評量人格或偏差行為的重要指標（Murphy & Davidshofer, 1998, p.472 ）。

　　將 MMPI 修訂爲 MMPI-2 是一件煞費苦心的工作。一方面是要將原有量表的問題予以改善，以期它能保繼續發揮其甄別和診斷的功能；但同時又要維持 MMPI 和 MMPI-2 之間的連續性。因爲前者在應用了四十年的歲月中，累積了極爲豐富的資料和深具價值的研究文獻。若是將它們束之高閣、棄而不用，將是非常可惜的事。同時若干研究者和臨床工作者在多年應用 MMPI 之後，對它已非常熟悉，要在朝夕間完全更新，會感到十分不便。因此修訂委員會才費盡心力儘可能將原有的項目和許多量尺保留下來，並且使兩者的分數側面圖也可相互對照。在多位學者所編撰的 MMPI-2 使用手冊中都大量地提供這兩個新舊量表對照的資料。Greene（1991）所編著的《MMPI-2 與 MMPI 量表分數解釋手冊》即爲一例。從這些努力來看，MMPI-2 確是肩負了承舊啓新的任務。但無可諱言的，它也背了一些撤不下的包袱。也就爲了這個緣故，Nichols（1992）在承認 MMPI-2 確有若干改善之後，還是說在很多情況下，MMPI-2 會不如NEO 人格量表等那麼適用。

　　一般說來，美國測驗學界對於 MMPI-2 的出現大都表示正面的態度，同時也很關心它的發展。Archer（1992）就曾明白指出：MMPI-2 和 MMPI 雖然有密切的關聯，但二者並非是兩個相等的量表。在獲得充分的相關研究資料發表之前，要使二者通用，這是一個重要的問題。當 MMPI-2 本身獨立的研究累積得夠多時，這個問題的重要性也就將隨之減低了。Archer 也認爲 MMPI-2 是新舊之間一個適當的折衷產品，在要求更新和要求保守的兩種傾向中維持了合理的平衡。MMPI-2 應是 MMPI 有價值的繼承者。

　　MMPI—青年版（MMPI—A）是和 MMPI-2 同時發展出來的，它基本的內容和所含的臨床及效度量也是和後者相同，適用於十四～十八歲的青年，使 MMPI 使用的範圍因此更擴大了許多。它含有四七八個項目，其中若干是和學校和家庭生活適應問題有關的。已制定了該年齡範圍的常模。MMPI—2 和 MMPI—A

現在都可用電腦施測，記分和解釋結果。

在國內方面，路君約教授曾對 MMPI 進行修訂，但似未普遍應用。在中國大陸，宋維眞（1980）曾將 MMPI 修訂並在正常人和精神病人中實施，認爲該測驗在中國有一定的實用價值，但發現有些題目不適宜中國受試者回答（陳仲庚、張雨新，1986）。這應是意料中事。

MMPI—青年版（MMPI-A）是由 MMPI 修訂專爲青年人用的。它有三個基本的特點：第一是將題目數由五六七減至四七八，因爲青年人比較沒有耐性塡答太長的量表；第二是將題句中的文字改寫，以期能接近青年人習用的語氣；第三是配合青年人的生活，增加了若干和學校及家庭生活適應有關係的題句。MMPI-A 的標準化樣本正常組係取自美國八個州學校的學生，頗具有代表性。臨床組則偏於服用酒精或藥物的青年。在基本內容上，青年版和 MMPI-2 是相當一致的，包含了相同的臨床量尺和效度量尺。適用於十四～十八歲，已制訂了該年齡範圍的常模。並編了頗爲完善的手冊。Claiborn（1995）和 Lauyon（1995）對 MMPI-A 均有好評，認爲它是測量青年人心理疾病傾向的良好工具。

貳 ☞ 加州心理量表
（California Psychological Inventory, CPI）

《加州心理量表》（CPI）係於 1957 年由 Harrison Gough 所編訂出版。其目的是爲一般正常人使用的。最先包含了四八〇個題目，由受試者以「是」、「否」作答，其中有一九二題是由 MMPI 中取用的。在使用了三十年之後，Gough 將它作了一次修訂，將題數減爲四六二題，目前第三次修訂本又再減爲四三四

題，其結果可以在二十個量尺（scales）上獲得分數。這些量尺為了解釋的便利，在其計分側面圖上又歸併為四組〈Walsh & Betz, 1995, pp.91-92〉：

第一組含有七個量尺，旨在測量鎮定、自信、善與人相處的傾向：

Do：支配性（Dominance）

Cs：權威性（Capacity for Status）

Sy：社交性（Sociability）

Sp：儀態自如性（Social presence）

Sa：自我悅納性（Self-acceptance）

In：獨立性（Independence）

Em：同理性（Empathy）

第二組也含有七個量尺，用以測量成熟、社會化和責任心：

Re：責任性（Responsibility）

So：社會化性（Socialization）

Sc：自我控制性（Self control）

Gi：悅眾性（Good impression）

Cm：隨群性（Communality）

Wb：自得性（Well-being）

To：容忍性（Tolerance）

第三組包含有三個量尺，測量成就的潛能和心智效能：

Ac：循規成就性（Achievement via Conformance）

Ai：自主成就性（Achievement via Independence）

Ie：心智效能（Intellectual Efficiency）

第四組含有三個量尺，乃在測量心智與興趣作用的型態：

Py：分析性（Psychological-mindedness）

Fx：伸縮性（Flexibility）

F/M：柔／剛性（Femininity/Masculinity）

從上列這些量尺的名稱，不難察見它們所測量的都是人際交往及社會關係中重要的人格品質。Gough 選取這些作為其所測量的變項，因為他相信無論在哪個社會中，這些都是極具重要性的品質，而且大家多能了解其意義，不用多作解釋。他希望各個量尺所衡量的，也正是一般人應用那些詞句或概念時所含的意義。CPI 中悅眾性量尺是在測量受試者注意別人對他的印象的程度，高分顯示他過分重視別人的臉色，甚至有行「偽善」，以博取「好印象」的傾向。在自得性量尺上，高分表示受試者對本身的身心健康頗為滿意，對未來甚為樂觀；低分表示對身心健康有些憂慮，對未來持有悲觀的態度。過低的分數可表示自己真正遭遇困境，但也可能是誇張自己的不幸來爭取注意與同情，故在解釋時宜加小心。隨群性量尺的高分表示受試者覺得自己和一般人沒有什麼兩樣，各方面都容易適應；低分則表示認為自己在想法和愛好等方面都與眾不同。這個分數似乎和作答時認真與否有關，過低的分數可能是不認真作答所造成的。因此這三個量尺也被視為「效度量尺」，用以測度受試者不實反應或對量表中題句不了解的情形。

也許是為了配合現代社會中，事業機構甄選人才的需要，Gough 在 1987 年 CPI 修訂後，發展出一套人格類型理論，將 CPI 各量尺的分數經過分析後，建立三個新的量尺，視為人格結構性的三個向度（dimensions）：人際交往向度（外主性—內主性）、行為常模向度（常模接受性—常模拒絕性）和自我實現，而將前二者組合並分為四個類型：

Alpha——富有事業心、好交遊、可靠

Beta——保守、負責、穩健

Gamma——具冒險性、追求享受、易於激動

Delta——退縮、隱遁、不滿現實

至於自我實現向度上分數高者多屬深思、能幹、樂觀的人，低分者則認為自己不夠堅強，不能發揮自己的潛能。不過 Gough 這種類型的概念受到許多批評。Bolton（1992）和 Engelhard

（1992）都認為需要更多研究的支持。

《加州心理量表》一直被視為良好的人格量表之一，應用也頗為廣泛。不過這並不表示它是完美無缺的。Bolton（1992）就曾指出：Gough 編訂 CPI 的目的，原就是要編製一個為正常人人格評量的工具，但他從 MMPI 移轉過來的一九四題中，有七十題是明顯和抑鬱症、妄想症、慮病症……等心理疾病的症狀有關聯的。部分受試者可能看來不太順眼。事實上既是為正常人使用，就不必包含這一項的項目。另一個問題則是 CPI 二十個量尺之間的相關相當明顯（由-.15～.83，中數為 .44），表示它們不是完全彼此獨立的（實際上 CPI 的四六二個項目中，約有半數是同時含在兩個或多個量尺內的）。此外在其實施指導手冊中，沒有能提供一些重要的技術性資料。雖然如此，Bolton 仍認為 CPI（1987版）是一個良好的正常人人格評量工具。

Engelhard, Jr.（1992）也曾指出 CPI 在其修訂的過程中有一些瑕疵。例如：CPI 原量表在修訂時，有十八題被刪除，二十九題改寫，但這些處理的詳細過程未見說明。原量表在標準化樣本，人數很多，達 13,300 人；修訂時則係自其擁有的資料選出男女各 1,000 人制訂常模，但其種族、社會階級、地區等分配資料未見列舉。而在計算內部一致性時，又係另用四百名大學生樣本（男女各 200 人），這一些似均有未當。至於 Gough 所倡三個結構性量尺和人格類型說的用處，則需要更多的研究來予以驗證。不過 Engelhand, Jr.在其評論結語中，也還是說：「雖然有一些缺點，CPI 仍然是這一類人格量表中最佳者之一。」

在我國，楊國樞、李本華二氏曾將 CPI 第一版修訂為中文，並定名為《青年人格量表》，為研究者所常選用，1987 年 CPI 新版發行後，似尚未見在國內應用。

參 ☞ 十六種人格因素問卷

（The Sixteen Personality Factor Questionnaire, 16PF）

　　《十六種人格因素問卷》，通稱為 16PF，是 Raymond Cattell 及同仁在 1949 年初次編訂的。他們的原意就是要從英語對人類行為描述的形容詞中，採用因素分析的方法，找出人格的基本原素，其實 Allport 也有同樣的想法，而且已經從英語字典中找出來四千個描述人格特性的形容詞（Allport & Odbert, 1936）。Cattell 就將這些形容詞歸併為四十五類，再就之進行因素分析，結果在除去影響變異量很小的三個因素外，獲得了十二個因素。分別以 A 到 O 等字母標誌之。另外 Cattell 又從其他人格量表中分析出幾個對描述行為具有重要性的因素，名之為 Q1、Q2、Q3 及 Q4，合併起來，共為十六個因素，可以描述正常人各方面的行為，乃以之為問卷的正式名稱。

　　16PF 自 1949 年出版後，經過四次修訂（1956, 1962, 1968, 1993,），目前為第五版，含有一八五題，由受試者以「是」、「否」或「？」（難以作答）作答。（惟 B 量尺祇有「正」、「誤」兩個答案）這些題目依其性質分配在十六因素上，每一因素含有十～十五題，沒有重疊的情形，但是從十六因素相互間的關係看，可知它們也不是完全彼此獨立的。它們所量度的人格特質分別為：

A.溫情性 Warmth	B.推理能力 Reasoning	C.情緒穩定性 Emotional stability	E.支配性 Dominance
F.活動性 Liveliness	G.規則意識 Rule-consciousness	H.敢為性 Social Boldness	I.敏感性 Sensitivity

L.警戒性	M.理想性	N.隱私性	O.過慮性
Vigilance	Abstractedness	Privateness	Apprehension

Q1.求變性	Q2.自信性	Q3.求全性	Q4.激動性
Openness to change	Self-reliance	Perfectionism	Tension

對這十六因素進一步的因素分析，所獲的第二層次因素，爲：

EX：外傾性	AX：焦慮性	TM：意志堅定性
Extraversion	Anxiety	Tough-mindedness

IN：獨立性	SC：自制性
Independence	Self-control

　　Cattell 稱之爲整體性因素（global factor），代表比較廣泛的人格特質。同時在修訂版中，又增添三個「反應類型」（response style）的量尺：「印象控制量尺」（impression management）以測量受試者依循社會認可性作答的傾向；「默認量尺」（Acquiescence）以測量受試者接受題句內容的傾向；和「罕見量尺」以測量受試者任意填答的傾向。

　　16PF的評分方法非常簡單，除了B量尺是正確答案計1分，錯誤者計0分外，其他各量尺都是每題計0、1或2分，各量尺的原始分數即爲其各題分數，然後再轉換爲標準分數即所謂「標準十」（sten）分數（總分爲10，均數爲5.5，標準差爲2）。隨後再依此描畫側面圖，以顯示各量尺上分數高低的情形，一般言之，標準分數4-7 分可視爲正常的範圍，全卷若有超過十三題未填答者則不予計分。

　　16PF第五版修訂完成後，曾在一個大樣本中實施（N=4,499），然後再依美國1990年戶口資料中性別、年齡、種族、教育程度等變項分層隨機抽樣，取得標準化樣本2,500 人來進行標準化。不過 McLellan（1995）指出：該樣本與美國 1990 年戶口資料仍

稍有出入：如十五～十七歲組較多，而六十五歲以上者較少；教育方面，中學程度者較少，而大學程度者多於戶口中之比例。該量表以紙筆實施時，約需時三十五～五十分鐘；若以電腦施測，則可在二十五～三十五分鐘內完成。五年級學生應能閱讀該量表而無困難。

16PF 兩週距之再測信度為.69-.86，平均數為.80；兩月距之再測信度為.56-.79，均數為.70；其內部一致性Cronbach α係數為.64-.85，均數為.74；至於它的效度，在指導手冊上有詳細報導，包括 16PF 各整體性因素和其他測驗（加州心理量表、人格研究量表、NEO 人格量表、麥布二氏行為類型量表）有關量尺分數相關的情形，顯示 16PF 具有可靠的效度（**16PF Fifth Edition Administrators Manual, pp.70-100**）

16PF是一個頗負盛名的量表，它原就是為評量正常成人的人格特質而編訂的。它可以用在臨床和諮商工作上，用於工商業機構和學校，來預測工作成績、行為傾向，以及人格的改變等。不過 Rotto （1995）曾明白指出：此項量表不能用以測量心理疾病的傾向；它可以用來預測和社會技巧有關的行為，但卻不宜用來評量那些影響未來行為的因素（如行為動機）。16PF不是用來區辨各種不同人群的。

16PF第五版固然保存此量表的基本特性，但有許多改善的地方：

1. 修訂題目的內容文字，以配合現今語法，並修正涉及性別、種族和文化偏見的字句，較以前各版更合時宜。
2. 所有各題的選擇答案都經過一致的安排，中間性的反應均以問號（？）作答。
3. 標準化常模樣本係以美國 1990 年戶口資料為依據。依照聯邦人權法規定，計分時可選用統一性別常模。
4. 新增「印象控制」（Impression Management, IM）量尺，以替代第四版中的「偽善」（Faking Good）和「偽惡」（Faking Bad）量尺，同時又編訂了「默認量尺」和「罕見量尺」。人

格分數不再根據效度指標來調整。

5.第五版的心理計量品質也有所改善，其內部一致性和再測信度均稱適宜。一般人熟知的效標分數，如「適應」（Adjustment）和「創造性」（Creativity）都已重新修訂，並另建立了新的效標分數，如「同理心」和「自尊心」等。

16PF最有利的條件之一，就是它歷年來累積了許多研究的資料，不過大部分的研究都是以第四版或更早版的量表爲依據所進行的。第五版發行之後，必定會引起一些研究，來探索其應用的情形。我們會需要等待一些時日，才會獲知那些新的研究結果。

16PF 曾於 1976 年由劉永和、梅吉瑞二氏譯爲中文，並予以修訂並建立有大學男女學生標準十分常模，由開明書店發行，照出版時間推算，該項修訂工作仍在 16PF 第五版發行之前。據所知修訂本在國內之應用似不甚廣，開明書店非專門發行測驗機構，可能是原因之一，聽說劉永和氏也曾將之攜往中國大陸實施，情況如何尚未得知。

肆 ☞ NEO 人格量表修訂版

（The Revised NEO Personality Inventory, NEO-PI-R）

《NEO 人格量表修訂版》（NEO-PI-R）顧名思義是NEO-PI發行後，發現了若干不盡令人滿意的地方，經由編者予以修訂所得的成果，在1992年出版。自從人格五因素論（Five Factor Model, FFM）被提出來後，在心理學界引起了非常熱烈的反應。編訂量表來對這「五大因素」（Big Five）進行評量，乃是這整個反應中最易受人注意的一項。而在這方面付出努力最多的，也就是推動五因素論最力的 P. T. Costa, Jr. 和 R. R. McCrae 二人，他們在1985 年編訂了 NEO 人格量表，先祇包含神經質（Neuroticism,

N），外傾性（Extraversion, E ）和經驗開放性（Openness,
O），後增加友善性（Agreeableness, A）和謹慎性（Conscientio-
usness, C），以配合五因素論。

　　NEO-PI-R 的內容，主要的仍然和原量表一樣，包含有神經
質、外傾性、經驗開放性、友善性和謹慎性五大向度（dimen-
sions）。每一向度又各含六個「方面」（facets），各有八題，
如是該量表共有二四〇題，均以五點量表計分。NEO-PI-R 共發
行了三種版本：S 式是用作受試者自我評量的；R 式是用來由朋
友、配偶或其他人對受試者進行評量的；再有簡式（NEO-FFI）
含六十題，祇能得出向度分數，而沒有「方面」的分數。

　　NEO-PI-R 可說是經過十五年的研究成果。其常模樣本是由
三個大型研究中抽取出來的 1,000 人（男女各半），其在年齡、
性別、種族分配方面，係以 1995 年美國戶口資料為參考，這是較
NEO-PI 取樣重要改善之處。S 式和 R 式版本有男性和女性的常
模，S 式版本並有男性和女性大學生常模。

　　在信度方面，相距六個月的再測信度：在五個向度上是 .86-
.91 ，在各「方面」上是.66-.92 。相距六年的再測信度在 S 式版
的神經質、外傾性、和經驗開放性等向度上，約為.80 ；在 R 式
版本上則約為.75（Walsh & Betz, 1995, p.126）。

　　在效度方面，有許多不同方面提供了資料。Botwin（1995）
指出 NEO-PI-R 的自我評量式和他人評量式的結果之一致性很高。
Costa 和 McCrae 及他們的同仁曾將 NEO-PI-R 和許多其他人格量
表中相類似性質的量尺進行相關研究，其中包括了以 Jung 類型理
論為基礎的《Myers-Briggs Type Indicator》，以需求和動機理論
為基礎的 Personality Research Form，以區辨心理疾病為主的
MMPI……，結果似都能驗證 NEO-PI-R 有適當的效度。

　　在 NEO-PI-R 的計分過程中，可以察見受試者的反應型態，
能夠發現受試者任意填答和專作「正面」或「反面」反應的傾
向。不過並沒有控制受試者社會認可性的措施，因為 McCrae 和
Costa （1983）發現對社會認可性傾向的控制可能降低量表的效

度。同時他們也假定多數時候受試者是誠實地填答的（Botwin, 1995）

NEO-PI-R 原是為評量正常人的人格特質用的。但 Costa 和 McCrae 有意使它也能用在臨床及其他方面。Botwin（1995）認為 NEO-PI-R 最適於用為基本研究的工具。但有許多應用研究方面也建議用它。例如在甄選工作人員、行為醫學、職業諮商等，在鑑別心理疾病時，將NEO-PI-R列為一組評量工具中的一部分，也是很有用的。Botwin 也稱道 Costa 和 McCrae 二氏所編 NEO-PI-R指導手冊，內容非常充實，所列參考文獻甚為周詳。不但對 NEO-PI-R 的內容有清晰的說明，同時也讓讀者對五因素論的歷史、理論基礎及其應用獲得適當的了解。他也讚美兩位編者以多年對人格結構研究結果為基礎，提供了一個優異的人格評量工具。NEO-PI-R 應當被認定是人格評量的標準量表，也為人格心理學基本研究和應用心理學之間建立了一座橋樑。

Botwin（1995）在其評論中最後也指出 NEO-PI-R 也有兩個缺點：第一是「友善」和「謹慎」兩個向度中，新設「方面」的效度尚需有進一步的說明。第二是人格五因素何以具重要性的理論基礎，還需要多作解釋，不過他隨後又輕描淡寫地說：「隨後的研究將會為這些問題提供答案的」。

伍 ☞ 麥布二氏行為類型量表

（Myers-Briggs Type Indicator,MBTI）

MBTI 是由 Isabel Myers 和其母親 Katherine Briggs 二人積四十年的努力所編訂成的。她們是以 C. G. Jung 的人格類型理論為基礎，發展出這一套人格類型評量的工具，目前 MBTI 在美國也是應用甚廣的量表。每年約有近兩百萬人個別地，或經由工作機

構安排來接受評量，以了解其人格類型。

　　按照Jung的理論：人們的心理活動，有兩種取向：一種是外向型（extrovevt, E），他的注意和興趣，主要是朝向外在的環境和世界，重視客觀的經驗；一種是內向型（introvert, I），其注意和興趣主要是朝向內在的世界，重視主觀的經驗。同時Jung也認為人們具有四種心理功能（functions）：思考（thinking）——憑藉思考來了解事物及概念之間的關係，尋求解決問題的方法。感受（feeling）——根據某一事物或概念所引起的正面或負面的感受，來對之有所評價。感覺（sensing）——人們憑藉各種感官所接受的刺激，來了解外在環境及本身的情況。直觀（intuiting）——透過突如其來的「靈感」或直覺獲得某種印象。這四種功能是成對存在的。思考（T）—感受（F），感覺（S）—直觀（N），每個人常會偏好於運用其中的某一端的功能。此外Myers和 Briggs 還認為一個人在其整個生活中，可能傾向於運用判斷（judging, J）來掌握其行動；或是偏好於利用知覺（perceiving, P）來體察其經驗。統合這四對心理傾向的組合，可將人分為十六種類型，分別以其偏好方面的英文首字來表示：如「E（外向）S（感覺）T（思考）P（知覺）」、或「INFJ」等。以前者為例，該受試者在 E-I 向度上，外向的分數較高，在 S-N 向度上，感覺的分數較高，……在 J-P 向度上，他偏好於知覺，這樣就構成了他的人格類型。在 MBTI 的記分紙反面，表列了十六種人格類型的一般特徵，讓受試者有機會將之和自己的情況相核對，是一個很有趣的安排，例如：「ISTJ型：性情安靜、認真、以專心和審慎的態度去追求成功；作事有規律、循理尋知、實事求是、有責任感。認為事情都是有其法則的。在確定其所要達成的目標之後，不論有何阻力或分心因素，都會全力以赴。」（Myers & McCaulley, 1985, pp.20-21）ISTJ 這也是我國大學生中最常見的一種類型（Hwang & Hwang, 1992）。

　　MBTI 出版後，曾經過多次修訂。目前最常用的是 G 式版本（Form G），包含有一二六題（實際上最後三十題乃為蒐集資

料，以備必要時調整項目之用，並不納入計分）。每題有兩個答案，由受試者選一作答。另有自行計分式題本，祇含九十六題，應用特定答案紙填答，即可依照指定程序計算出四個向度上的分數，獲知類型。此外更有簡式題本（abbreviated version），含五十題，實施時可節省時間，其所得結果與G式相同的機會達 75%（Myers & McCaulley, 1985）。

　　MBTI在美國是相當流行的一個量表，在其他國家，如法國、加拿大……等國也已受人注意。該量表有兩個基本的前提：⑴所有各個類型都有其價值和必要性，各有其優點，也各有其弱點。⑵每個人在其所偏好的功能、態度和行爲傾向上都將會有比較良好的表現（Myers & McCaulley, 1985）。這對受試者來說，乃是一個很重要的保證，使他們知道：MBTI固然在分辨人們的類型，但強調類型之間是沒有高低的。

　　MBTI雖很受一般人的歡迎，但其將人分爲若干類型的構想，卻正是多數人格理論學者所不贊同的。後者咸認爲每個人都是一個獨特的個體，和其他的人之間都存有若干差異，硬性地將許多人歸爲同一類型，是很牽強而與事實不符的。

　　我國黃堅厚氏曾於1991年獲得MBTI出版商之同意，將該量表G式及其簡式本譯爲中文，作爲研究之用。首先曾在台灣大學生中實施，樣本達 1,059 人，係在文、理、工、法、教育、藝術等六個學院中抽取。由於主試曾宣布將於兩周後將結果及解釋分別通知各受試者，因此大家作答時態度甚爲認眞。結果發現中國大學生在十六種人格類型中，以 ISTJ（27.10%）、ESTJ（15.68%）和ISFJ（14.83%）爲最多，超過了總人數之半；而以ENTP、ESFP和ESTP三種類型的人數最少，共祇五十一人。黃氏將此項結果和國內外學者對中國人人格的研究結果相比較，發現具有頗高的一致性（Hwang & Hwang, 1992）。

　　黃氏等並曾邀請大學英語系高年級學生同時接受MBTI英文本和中譯本，發現他們在兩種問卷上所得分數之相關高達.80。顯示兩種題本的相同性很高（黃堅厚，1991），也就表示該量表在

中國應用，不會有太多問題。不過仍將需要審慎的修訂，並在經過標準化歷程後，才能成為可用的評量工具，而且應當和其他心理測驗一樣，祇能由經過專業訓練的工作者去使用它。

1. MMPI 有哪些效度量尺？
2. Gough 修訂「加州心理量表」，將人格結構分為哪些向度？
3.「十六人格因素問卷」中包含哪些「反應型態量尺」？
4. NEO 人格量表修訂版的內容包含哪些向度？
5.根據已有研究，我國大學生在「麥布二氏行為類型量表」的反應類型如何？

第十六章

國內適用的人格
評量工具選介

☞ **本章要旨**

　　本章主要的目的，是對國內的人格評量工具，作一個選擇性的介紹，標題上冠了「適用」兩個字，乃是指其符合測驗的基本條件——有信、效度及常模資料，具有實施指導手冊，同時沒有版權的問題。當然國內人格評量工具符合這些條件的很多，但本書並非測驗彙編，不能全部納入。既是選擇性的介紹，主觀的因素自難完全避免。

　　在本章前面的說明中，曾指出「適於中等學校使用」，是選用的條件之一，這乃是由於中等學校對於評量工具的急切需要。為了這個緣故，特別介紹了「行為困擾量表」和「國中學生語句完成測驗」，這兩種工具都很簡單，一般教師都會知道如何使用，也能了解學生所作反應的意義，所以有助於教師對學生的了解，能為輔導提供有用的資料。

　　賴氏人格測驗和青少年性格量表在形式上及使用程序上，是很相似的。兩者各包含了一些量尺，各個量尺所評量的特質，由各量尺的名稱可知其梗概，不過都需要更多實徵的資料來加以驗證。

　　嚴格地說，柯氏性格量表並不是學校裡應用的評量工具，一般教師多數不會了解其所包含量尺的意義。乃就難於體會各項分數的作用。不過該量表的發展過程和編者重視研究的態度是值得取法的。

　　照常理說，這一章應當是很容易著筆的，但事實上卻不盡然，因為國內測驗界近三十年來曾經有一段蓬勃發展的階段，而最近卻又一下子弄成青黃不接的現象。前一階段的發展是由於三十年來國內一些重要的教育措施，如國民教育年限由六年延長為九年、辦理高中評量與輔導工作、推行國中與高中數理及自然科

學學習成就之評量、特殊兒童的普查、資賦優異兒童之甄選、高中數理、英文、國文資優學生之免試進入大學，及大學推荐甄選等，在在需用測驗，因而激發台灣地區測驗學術之研究與發展。（參見「國立台灣師範大學心理與教育測驗研究發展中心」近中長程計畫）

可是另一方面，在已發行的測驗中，國人自行編製者僅佔三分之一。若干國內普遍使用的測驗多由國外著名測驗修訂而來，由於著作權法關係，凡在1994年六月十二日前未能取得國外測驗發行單位授權者，均須停止使用，這樣乃造成青黃不接的瓶頸，因此要在這個時候為國內人格評量工具提出介紹不是一件很容易的事。經過仔細的思考後，本書作者選擇了五種評量工具，它們都符合下列幾個條件：

1.評量工具的內容適合中等學校學生的程度。

2.評量工具的實施程序簡單，一般教師能正確地使用。

3.評量工具結果的解釋方式清晰。

4.由評量工具所蒐集的資料，有助於整個教學環境的改善。

5.由評量工具所蒐集的資料，有助於個別學生的輔導。

6.評量工具的實施，不需要龐大的經費，可避免增加學校負擔。

從上述的條件，當可察見這些評量工具，都是適用於中等學校的。這乃是因為目前在國內評量工具使用最頻繁的，就是各級學校，而以中等學校居首。由於中等學校推行輔導工作，測驗的運用，為經常性的活動。所以對測驗的需要，極為迫切。本章為配合此項需要特選定了《柯氏性格量表》、《賴氏人格測驗》、《青少年性格量表》、《國中學生語句完成測驗》、《行為困擾調查表》等五種評量工具，簡為介紹。本章以「國內適用人格評量工具簡介」為題，實際上適用的工具當然不止這些，祇是限於篇幅，不能作普遍性的介紹而已。

壹 ☞ 柯氏性格量表修訂版（KMHQ 1998）

　　《柯氏性格量表》乃爲多方了解個人與團體的心態健康程度
而編製。它是由柯永河教授所編，於 1964 年問世，三十年以來，
該量表曾由原編者進行過三次修訂。其第三次修訂，係於 1991-
1993年舉行。

　　修訂後的柯氏性格量表含有三百個項目，其可算出三十八個
量尺分數，各量尺名稱及所含項目數（括弧內數字）如下：

1. 做答可靠量尺（2）
2. 做答不可靠量尺（1）
3. 形象維護量尺（12）
4. 重覆量尺（9）
5. 意同詞反量尺（9）
6. 奇異量尺（2）
7. 自評心理健不健康量尺（4）
8. 親群量尺（10）
9. 感受似同量尺（10）
10. 獨立量尺（15）
11. 反依賴量尺（11）
12. 正常（N）女性傾向量尺（7）
13. 正常（N）男性傾向量尺（20）
14. 不正常（A）女性傾向量尺（25）
15. 不正常（A）男性傾向量尺（61）
16. 女性傾向量尺（16）
17. 男性傾向量尺（17）
18. 自我強度量尺（18）
19. 正常量尺（22）

20.神經質因素量尺（53）

21.精神病質因素量尺（21）

22.疑心量尺（23）

23.自信自誇量尺（13）

24.自卑憂鬱量尺（18）

25.焦慮量尺（19）

26.強迫念行量尺（23）

27.性壓抑量尺（11）

28.慮病量尺（16）

29.攻擊量尺（24）

30.消極攻擊量尺（24）

31.離群量尺（20）

32.分裂型量尺（15）

33.精神病型量尺（6）

34.歇斯底里型量尺（8）

35.邊緣型量尺（12）

36.自戀型量尺（12）

37.厭性因素量尺（7）

38.整潔守規因素量尺（7）

　　這三十八個量尺的前六個是效度量尺，分別可用來判斷測驗結果是否可靠，結果有沒有受到否認、扭曲、不了解、膨脹、縮減、亂答等心理因素的影響。

　　第七量尺反映出個人對於自己心態健康的主觀評估，可用於了解病識感強弱。

　　第八至第十九量尺（第十四與十五量尺除外）分別可反映出人際關係、獨立傾向、性別反應傾向、自我強度，以及一般心理健康程度。

　　第二十至第三十四量尺，分別呈現出如下心理不健康狀態；諸如精神病（含二十、二十一、二十二量尺）、精神官能症（二十三、二十六、及二十二量尺）及性格違常等（含二十四、二十

五、二十六、二十七、二十八、二十九、三十、三十一、三十二、三十三、三十四、三十五及三十六等量尺）心理狀態。

第三十七至三十八量尺分別提供對於性與整潔兩種刺激有關的心理因素分數。

本量表施測時，由受試者以六選一的方式作答（1 表示完全不符合，6 表示完全符合），可以用個別或團體方式實施。

一、柯氏性格量表的信度

(一)內部一致性

根據編者 1993、1994 年研究的結果，在三十八個量尺中，除了重覆量尺、厭性因素量尺以及整潔守規因素量尺以外，其他三十五個量尺的 α 值都在 0.5 與 0.97 之間。一般言之，心理症狀量尺的 α 值較高，健康心理特質的 α 值較低。

(二)再測信度

編者曾三次收集再測信度的資料，結果發現柯氏性格量表中，大部分量尺的三十至四十天間隔再測信度都在可接受的範圍內。

二、柯氏性格量表的效度

編者曾從(1)男生對女生；(2)正常組對不健康組；(3)健康組對行為特殊偏差組；(4)輕度偏差組對嚴重偏差組等之比較，以及(5)因素效度等五方面，研討本量表的各量尺之效度。

例如以男女兩性在若干量尺上分數的差異為例：女生組在「正常（Ｎ）女性」、「不正常（Ａ）女性」、「女性傾向」、

「性壓抑」、「厭性因素」等量尺上的均數都顯著地高於男生組的均數；而男生組在「正常（N）男性」、「不正常男性」、「男性傾向」及攻擊等量尺上的均數皆顯著地高於女生組。這些性別差異都是和一般想像和預期相符的，也就支持了各量尺的效度。此外男生組在「獨立」、「反依賴」及「自信」等量尺的均數，皆較女生組的均數爲高；也就是支持了這三個量尺的效度，因爲基於文化因素，男性在這三方面是高於女性的。

根據《美國醫學診斷手冊》（DSM-III-R），強迫型性格違常者較常見於男性群中，而本量表的「強迫念行」和「整潔守規因素」兩量尺上男性均數皆高於女生，顯示它們的效度受到支持。相對地根據 DSM-III-R 及過去研究結果，女性組的焦慮反應恒高於男性，而本量表的「神經素因素」和「焦慮」兩量尺上的數據正亦與此相符合，所以也肯定了這兩個量尺的效度。

綜言之，男女兩性在《柯氏性格量表》中十七個量尺上呈現了差異，和一般常識及已有研究文獻資料中兩性的差異相符，這樣乃使這些量尺的效度獲得驗證。

由於《柯氏性格量表》共有三十八個量尺，不可能找到一個效標，同時驗證所有三十八個量尺的效度，因此編者祇能運用許多不同組別受試者在某一個或多個方面的差異，來探討某一個或多個量尺的效度。

三、量表常模

編者根據人數適當而且分佈台灣全島的代表性樣本，建立了柯氏性格量表在國中、高中、大專、男女生的常模。這些受試者在本量表三十八個量尺上的均數和標準差均見指導手冊中。

本量表的計分及報告撰寫工作都可由電腦來完成，編者將另詳作說明。

據本書作者所知，柯永河教授自台灣大學心理系畢業後，即參與臨床心理方面工作，並曾兩度赴美進修。他之編訂《柯氏性

格量表》，顯然是得自於《明尼蘇達多相人格量表》（MMPI）
的啟示。不過他沒有對MMPI做任何修訂的工作，而索性從最基
本的起點開始，根據他的學識和經驗，選定用以進行評量的量
尺，編撰每一量尺所包含的項目，逐步編成整個量表。在當時
言，這是一個頗爲長遠的目標。然而編者以極大的毅力與耐心，
不但爲國內臨床心理學界製備一件重要的評量工具，而且不斷地
利用其所蒐集的龐大資料，驗證量尺的效度、調整項目、改進作
答方式，並先後於1974，1991，1993年作了三次修訂工作，使之
日臻完善，目前本量表是國內最有豐富實徵研究資料爲基礎的評
量工具。

　　《柯氏性格量表指導手冊》的內容極爲充實，編者自稱其爲
「琳瑯滿目」（p.36），確也屬實；但也正因爲材料太多，很難
給予讀者一目了然的印象。從陳述的方式來說，它也許更像一份
研究報告，實際上它和編者所撰寫的「修訂後之柯氏性格量表
（KMHQ 1996）內容、信效度常模及其使用說明」（測驗年刊，
44輯，1期，pp.3-28）是幾乎完全相同的。手冊中的資料，均來
自實徵研究，彌足珍貴。惟對於一般使用量表的人來說，似乎過
於專門化了，而未能獲得簡明的指示。

　　不過，話說回來，誰該是《柯氏性格量表》的使用者？照本
書作者的淺見，它不是一個一般人可以隨意使用的評量工具，而
是應由受過專業訓練的臨床心理工作者或接受過本量表使用講習
的輔導工作者來使用的。即以本量表的三十八個量尺來說，它們
的名稱和意義，就不是一般人所能了解的；有關量表結果之解
釋，雖然編者列有十一個問題，使解釋者可以依序找到所需要的
具體有效資料，但也非一般人所能自行處理的。有關這一點，手
冊上並沒有確切的說明，可能在量表正式發行的時候，會有一些
限制或說明。這是相當重要的，因爲一件良好的工具由不適當的
人去使用時，不但不能彰顯其應有的功能，抑且會引起嚴重的負
面後果，那當然不是關心本量表的人所樂見的。

　　《柯氏性格量表》在形式上、架構上，以及功能上，都和美

國的 MMPI 極度相似，兩者都在多年使用中蒐集了豐富的資料，構成極珍貴的資源，而受到重視。MMPI 在我國雖曾由路君約教授修訂，但除曾在軍中一度使用外，未見普及。本書作者以為國內既已有完全根據本土資料發展之柯氏性格量表，自無需再使用又將涉及版權問題之 MMPI 也。

貳 ☞ 國中學生語句完成測驗

這是一個適合於我國國民中學學生的語句完成測驗，由王俊明、黃堅厚、張景瑗編訂。它包含有三十五個句根，要求受試就每一個句根寫成一句完整的句子，作法十分簡單，通常可以在二十五～三十五分鐘做完，可以用個別或團體的方式實施。

由於造句是小學低、中年級就習用的技巧，因此對一般國中學生來說，語句完成測驗不會構成任何困難。同時句根都很短，受試者有充分的自由，按照自己的想法來填答，教師和輔導人員乃可從受試者的反應中來了解他的需求、願望、當時的心情，和情緒上可能的困擾。

編製語句完成測驗最重要的工作，就是在選擇句根。最基本的原則就是它們應當是國中學生比較常用的句根。為了力求客觀，編製者乃計畫從國中生的生活週記和作文中去選取。後來發現國中學生的作文，受「題目」的影響很大，學生所用句根的同質性很高，才又決定只採用學生生活週記作為選取句根的資料。經在嘉義市和台北市兩所國中抽取一八〇名學生（每年級六十名，男女生各半）的生活周記一八〇份進行分析，並只限取出現在句首的詞，共得五六八個句根，其中出現在十次以上者計有八十二個，就用之進行預試。

為選擇句根，編製者先後進行了三次預試。第一次預試後，淘汰了二十六個不適於用在句首的詞句，如「世界」、「時

間」、「上課」……等。第二次預試又淘汰了「六個句根，原因分別是「不能反映目前的情感」（如「以前」、「記得」……）、「和另一句根意義接近」、「容易導出中性或正向的句子」。第三次預試時發現有部分學生未能在一節課內答完全卷，因此接受施測教師的建議，再減少五題，成為三十五題的測驗。

　　測驗的內容決定之後，第二個重要的工作就是制定計分的方法。由於該研究小組認為編製此項測驗的重要目的，乃是要提供一種工具，幫助國中教師發現學生的需求和心理狀態，一般說來，教師比較重視的是學生負面的情緒和他們所感受的困擾。因此編製者就希望語句完成測驗能夠對受試者負面的反應比較敏感。根據這個原則，乃做了下列幾項決定：

1. 凡是中性反應，一概不予計分。

2. 正面反應各計一分。

3. 負面反應依其強度分為三個等級：「有點兒困擾」的反應計一分，「很困擾」的反應計二分；「非常困擾」的反應計三分。

　　為了教師和其他評分者的便利，編製者特就各種反應各提供了十五個例子，非常明確地指出了各等級反應的特徵，以備參考。就評分者間的信度達 0.71-0.89 來看，一般評分似無多大困難。

　　本項測驗的信效度均稱適當。在重測信度方面，正面反應的重測信度為 0.45，負面反應的重測信度為 0.60（重測的時距為兩星期）。至於評分者間信度三十五題中祇有六題在 0.71-0.75 之間，其他均在 0.75 以上，超過 0.80 者有十五題。其相關係數均達 $p < .05$ 的有意義水準。

　　在效度方面：(1)適應良好與適應不良學生在正面反應上沒有差異；但適應不良學生的負面反應顯著地高於適應良好的學生。(2)學業成績良好的學生或成績欠佳學生在正面反應上沒有差異，而後者的負面反應顯著地高於前者。(3)和《賴氏人格量表》的效標關聯效度：正面反應分數和賴氏量表上正向人格特質有正相關，和負向人格特質有負相關；負面反應分數則正相反。這些結

果都顯示國中學生語句完成測驗具有相當的效度。

本測驗以台灣地區二十五所國中 3,657 名學生爲樣本，分別建立了各年級男生、女生和全體學生之正面反應與負向反應的原始分數與百分等級的常模。

語句完成測驗是一個值得推廣的工具，它具有多項優點：

第一是做法簡單，易於實施。特別是在我國，造句的練習，從小學就開始了。學生們早就熟悉了它的做法，做起來不會感到什麼壓力。

第二，由於句根很短，受試者可以有充分的自由，照自己的想法去填寫，乃能將自己的感受、需求、願望……表露出來。通常視之爲半投射測驗（semi-projective test）。但在應用和解釋上，遠較其他投射測驗簡單。一般教師，即使沒有特殊的訓練，也能利用它取得有意義的資料，在美國諮商心理學界，語句完成測驗應用之廣，在所有測驗之中名列第四，僅次於 MMPI、《魏氏成人智慧量表》、《Strong 興趣量表》（Watkins, Campbell, & MeGregor, 1988）。

第三，實施的時間較短，以目前的長度，可以在一節課的時間內完成，在學校情境中，較爲方便，不致引起若干阻力。若在一節課內不能完卷，除了寫字太慢的原因，也可能是情緒上的障礙，是值得注意的現象。

第四：記分方法簡單。學生反應的性質（正向、負向或中性）很容易辨別。負向反應的分級，雖稍費功夫，但對中學教師來說，應無困難；何況尚有例句可供參考，即使教師沒有時間逐題計算，就在一次瀏覽之下，也能對一個學生的反應，獲有一般性的印象。

第五：語句完成測驗祇有三十五題，一張紙兩面印刷即成，所需費用無多，可能是所有的測驗中最經濟的一種，不致造成學校的負擔。

當然，語句完成測驗並不能提供一般諮商輔導所需的全部資料，事實上我們也不應期望任何一種測驗能具有那樣的功能。教

師祇能利用它作初步的探索，去發現學生心理和情緒方面的困擾，然後再作進一步的研討。不過，我們還是要注意：即使某個學生在語句完成測驗上的反應未顯示任何困擾的跡象，也不能認為那就是適應良好的絕對指標。教師尚須注意其他方面的資訊。「盡信書不如無書」這句話，是必須經常記住的。

參 ☞ 青少年性格量表

本項量表係由朱瑞玲所編製。編者根據 H. A. Murray 的心理需求理論，並參考 A. L. Edwards 所編《艾德華斯個人興趣量表》（EPPS），以其所包含的十五項需求為內容，改以單題評定式編寫題目，並加社會贊許需求量尺，編成此項量表。

朱瑞玲（1997）指出：編製《青少年性格量表》之目的有三：(1) 建立符合中國國情，但同時具有人格理論基礎的人格量表；(2) 建立台灣地區初中以上青少年在該量表上的年齡常模；(3) 探討人格基本結構。

朱氏所編第一次題本共有一六五題，即十五個需求分量尺各九題，社會贊許量尺三十題。經過兩次預試及項目分析後，每一量尺均減為八題，即共一二八題，編為正式量表之題本。其標準化樣本包括八所國中與高中之男生六六五人，女生八〇九人，共計 1,474 人。

本量表之再測信度在 .62 至 .82 之間，尚稱良好。全體樣本的 Cronbach α 係數為 .62-.84，折半信度為 .58-.87；效度分析時，乃以《大專人格測驗》（係由林邦傑、翁淑緣根據 Jackson 之 Personality Research Form, PRF 修訂而成）及《青少年心理測驗》（係由楊國樞、李本華根據 Gough 之《California Psychological Inventory, CPI》修訂而成）為效標，結果顯示本量表具有很好的聚合效度及相當理想的區分效度。

《青少年性格量表》在制訂常模時，係以台灣地區的國中高中學生為對象。所用樣本班級為九十班，人數約 3,600 人。由於國中和高中學生在大多數分量尺上均有顯著差異，男女生之間的差異也很明顯，因此本量表分別為國中男女生及高中男女生建立了百分位數常模。

編者曾將《青少年性格量表》以主軸分析法進行因素分析，根據以往研究發現及使用陡階檢驗法，先決定抽取兩個共同因素，分別命名為「人際和諧」與「自主表現」。接著又發現在「人際和諧」向度之下，可再區分出「人際謙遜」、「情感依賴」和「自我約束」三個因素。而在「自主表現」之下，也可分為「支配他人」和「主動探索」兩個相關因素。經過二階的驗證因素分析，發現實徵資料對此一因素結構模式的適配性，尚稱合理。

編者特別指出「人際和諧」和「自主表現」二者並不是相對立的。十五種需求的相互配合，應可能在各種情況之下，達成這兩個基本的目標。

從本量表的編製過程中，編者深能體察：標準化的人格量表，不僅有其實用的目的，也是人格研究不可或缺的工具。同時編製有理論依據的人格量表，既可達成聚合與區分效度的要求，更重要的是有可能探究到人格的基本建構。

朱瑞玲在其報告（1997）中雖曾指出在編製《青少年性格量表》時，係以 EPPS 為參考基礎；實際上，她衹是選用了 EPPS 中的十五項心理需求作為量表的量度變項而已，並沒有取法 EPPS 其他部分。相反地，她倒是對 EPPS 作了頗為強烈的批評。朱氏真正需要的，乃是要以 Murray 的需求理論作為編製量表的理論依據。誠如朱氏在其文中所述：根據 Murray 需求理論發展出來的測驗，除了 Murray 自己編訂的《主題統覺測驗（Thematic Apperception Test, TAT）》外，尚有 Jackson 所編的《Personality Research Form（PRF）》和 Retzlaff 等所編的《Personality Adjective Inventory》等，可見大家都認為人們在各種需求上的表現，乃是其人格的重要變項。

Edwards 所編《個人興趣量表（EFP3）》原本是有其特色的。他當時注意到受試者在接受人格自陳式量表時，很容易會受到「社會認可」因素（social desirability）的影響，而會有意無意地依照社會所認可的情況來填答。爲了要消除這種傾向的作用，Edwards 特別先計算出每一題句的「社會認可值」，而將社會認可值相近而又屬於不同需求的兩個題目並列，令受試者選擇自己所偏好的一句爲答案。由於此時社會認可傾向既已相同，影響受試者選答的，就是兩種需求的相對重要性。這個構想，平心而論是有其獨到之處的，而且要將十五種需求中的題句，依照社會認可值一一相配置，是頗不容易的事。也許這是 EPPS 當年很受人歡迎的原因之一。時至今日，它也還是在美國最常用人格測驗的名單中（Watkins et al., 1988）。

不過 Edwards 努力的結果，並不如預期的理想，同時強迫選擇式試題尚另有一些短處（朱瑞玲，李黛蒂，1983），因此編者決定以單題評定方式來編訂本量表。因其有明確的理論基礎，經由嚴謹的程序編訂而成，在評量工具需要迫切的今日，本量表應會受到歡迎。

肆 ☞ 賴氏人格測驗

本測驗係由賴保禎編訂，賴氏曾修訂《基氏人格測驗》，在台灣地區各學校使用有年，本測驗即以《基氏人格測驗》爲參考。

本測驗共有一三〇題，分爲十三個量尺，每一量尺含十題。各量尺之名稱及其所量度之人格特徵有如下列說明：

1. 活動性（General activity；簡稱 G 量尺）：愛好活動，工作迅速，動作敏捷。
2. 領導性（Ascendancy；簡稱 A 量尺）：想指揮別人，支配他人，擔任領導者或發起人角色。

3. 社會外向（Social extraversion；簡稱 S 量尺）：善於交往，社會接觸廣泛，喜歡和別人閒談。

4. 思考外向（Thinking extraversion；簡稱 T 量尺）：思考不精密，粗心大意，不三思而後行。

5. 安閒性（Rhathymia；簡稱 R 量尺）：隨遇而安，無憂無慮，保持愉快心情。

6. 客觀性（Objectivity；簡稱 O 量尺）：不堅持自己意見，能夠和別人商量，接受別人善意建議。

7. 協調性（Cooperativeness；簡稱 CO 量尺）：肯跟別人合作，不好挑剔。

8. 攻擊性（Aggressiveness；簡稱 Ag 量尺）：具有敵對，反抗心理，一意孤行，易與別人爭論。

9. 抑鬱性（Depression；簡稱 D 量尺）：悶悶不樂，時常悲觀，煩惱不願表露。

10. 變異性（Cyclic tendency；簡稱 C 量尺）：心情易動搖，情感易變，感情用事。

11. 自卑感（Inferiority feeling；簡稱 I 量尺）：缺乏信心，自我評估太低，易受別人影響。

12. 神經質（Nervousness；簡稱 N 量尺）：反應過度，易受刺激而發怒，多餘地煩惱，反來復去。

13. 虛偽性（Lie；簡稱 L 量尺）：為人不坦白不誠實，時有說謊，想隱瞞自己的缺點。

　　根據本測驗指導手冊，此十三個量尺，再形成三個因素：G、A、S、T、R五個量尺構成「內外向性格因素」，O、CO、Ag 三個量尺構成「社會適應因素」，D、C、I、N 四個量尺構成「情緒穩定性因素」。此項因素架構，似乎不是根據因素分析的程序得出。至於它們究竟是經由何種途徑建立上述架構，手冊中並未見說明。至於第十三個量尺即為一般人格自陳量表中的說謊量尺，以測量受試者為人是否坦誠；其所填答的內容是否可靠？是一個鑑別性的量尺。

本測驗在進行編訂時，每一量尺編有十四、十八題，於 1991 年四月在台灣全省北、中、南地區，抽取高中男生二五二人，女生二六七人進行預試。經過項目分析後每一量尺選用十題。再測信度爲 0.78-0.92。與《基氏人格測驗》之相關係數十三個量尺介於 0.64-0.85 之間。

本測驗 1991 年十月間在台灣全省北、中、南部抽取國中男生 1,485 人，女生 1,524 人爲樣本，建立國中男、女生百分位數常模。旋於 1992 年五月以高中、高職男生 1,365 人，女生 1,334 人爲樣本，建立高中、高職男女生百分位數常模。最後於 1992 年十一月抽取大專男生 1,563 人，女生 1,625 人爲樣本，建立大專男女生百分位數常模，故本測驗自國中至大專院校均可適用。

本測驗的計分與解釋，驟視之似頗複雜，但若依照實施手冊逐步進行，則亦不應有困難。茲說明於下：

1. 首先將各量尺分數，依照百分等級對照表，確定其百分位數，再由低而高分爲 1, 2, 3, 4, 5, 五個等級。

2. 將 G、A、S、T、R 五個量尺排在等級表的上端，由於這些都是評量內、外傾特質的量尺，因此當它們的分數是屬於 1, 2 等級時即爲內傾，屬於 4, 5 等級時，乃爲外傾；若爲等級 3，則不呈現明顯內傾或外傾性，屬於中間性。

3. 將其他七個量尺（O、CO、AG、D、C、I、N）排在等級表下端，這些均爲評量行爲適應良好與否的量尺。如是當它們的分數是屬於 1, 2 等級時，表示適應良好；當其分數是屬於 4,5 等級時，即表示適應情況欠佳，或極端不良。

4. 如是本測驗各量尺上分數的分佈乃將有如下圖所示：

　A（平均型）各量尺分數均在中央等級

　B（偏右型）分數在右上與右下位置，即外傾而適應欠佳者。

　C（偏左型）分數在左上與左下位置，即內傾而適應良好者。

　D（左下型）分數在右上左下位置，即外傾而適應良好者。

　E（右下型）分數在左上與右下位置，即內傾而適應欠佳者。

等級		1	2	3	4	5
量	G A S T R	左　上		中	右　上	
尺	O CO AG D C I N	左　下		央	右　下	
類型		D	C	A	B	E

　　在十二個量尺中，如有六個或以上的分數符合上述情況，即可列入某一類型。

5.至於對各類型的解釋，均係依其在各量尺的人格特徵進行。

　　照目前情況，本測驗爲各級學校使用頗廣的一個評量工具，但迄今未見若何實徵研究資料，能據以了解本測驗使用之效果。不過這仍然是一個很有潛力的評量工具，稍假以時日，累積的資料會成爲很可貴的資源，若是編製者能稍作規畫，有系統地進行蒐集，就將有更豐碩的成果了。

伍 ☞ 行爲困擾調查表

　　中國行爲科學社發行的行爲困擾調查表計有：

1. 《國民中學行爲困擾調查表》　　　胡秉正、何福田修訂
2. 《高中（高職）行爲困擾調查表》　胡秉正、周　幸修訂
3. 《大專行爲困擾調查表》　　　　　胡秉正修訂

這二個調查表都是參考美國 R. L. Mooney 所編的《Mooney Problem Check List》（1950）修訂而成。Mooney 是根據由團體討論、個別諮商以及四千名中學所提的行為困擾問題，分別編為適用於國中、高中、大專及一般成人四種版本。Mooney 在編訂這些量表時有下列幾項假設：

(1)大多數學生對量表中的題目會有反應。

(2)學生會以積極的態度接受調查。

(3)調查表中的題目可以包括學生所關心的困擾問題。

(4)調查的結果將有助於學校行政人員、教師及輔導人員。

(5)調查的結果將有助於研究工作。

編者在選題時，也訂有一些原則。其中最重要的是：(1)符合學生所用的語言；(2)文句簡短，便於迅速閱讀；(3)題句排列時，比較簡單的問題排在前面；問題困擾嚴重的程度，向後逐漸增加；(4)題句語意含蓄，使學生在選擇某題之後，感覺並未暴露其所想要隱藏的困擾。

在修訂國民中學調查表時，修訂者曾列有七項原則：

(1)剔除為高度工業化社會產物而與我國國情相左者的困擾項目。

(2)增補在本省社會壓力下，國民中學學生普遍可能遇到之困擾項目。

(3)剔除有觸及學生自尊心、阻礙其坦白填答之可能性，且可由其他方面輕易取得資料之項目。

(4)將反應率極低之項目，作內容上之修正，以期獲得較廣泛之反應。

(5)純用口語句型，但不改題意。

(6)每題酌加主格「我」字，以合學生口氣。

(7)在「異性關係問題」類中，由於考慮台灣地區國中階段學生發育情形，酌予適當地變更題目。

上述這些原則，雖祇出現在《國民中學行為困擾調查指導手冊》中，但相信其他兩種調查表修訂時也採用相同的原則，尤其是三種調查表都是在胡秉正教授主持之下進行修訂的。至於其他

有關事項，則將分別說明於下：

一、國民中學行為困擾調查表

此項調查表中所含問題，計分為七類，每類三十題，共二一〇題，七類為：

1. 健康與身體之發展。　　5. 異性關係。
2. 學校生活。　　　　　　6. 人際關係。
3. 家庭與家屬。　　　　　7. 自我關懷。
4. 金錢、工作與前途。

最後尚有三個問答題，第一題為：「什麼事情最使你傷腦筋？請你寫出兩三項。」這一題的答案，即被視為國中學生之「嚴重困擾」。相對地，受試者在前述二一〇題內以橫線劃出的「自己感到困擾的問題」，乃被列為「一般困擾」。

此項調查表曾於 1969 年在台灣地區三十四所國民中學中進行調查，受試者達 4,177 人，其中男生 2,113 人，女生 2,064 人。皆為一年級學生。

指導手冊曾將國中一年級學生全體，男生、女生之一般行為困擾、平均數、標準差、及百分位數分別列表呈現，也將一年級學生嚴重行為困擾進行類別統計列出，以供參考。

本項調查曾以國中一年級學生九十九名，在相隔七十一天之前後，進行兩次調查，發現其七大類別之等級相關係數為 .97 。研究者將本調查表調查所得結果，郵寄受調查學生之級任導師，徵詢其意見，結果顯示：調查結果與教師觀察結果相符者佔 70.15 ％，認為不盡相同者佔 23.48 ％，未表示意見者佔 6.35 ％。

二、高中（高職）行為困擾調查表

《高中（高職）行為困擾調查表》所含問題，計分為十一類，每類三十題，共三三〇題。其十一類為：

1. 健康與身體發展。

2. 經濟、生活狀況和職業。

3. 社交和娛樂活動。

4. 求愛、性和結婚。

5. 社會—心理關係。

6. 個人—心理關係。

7. 道德與宗教。

8. 家庭與家屬。

9. 前途、職業和教育。

10. 對學校課程之適應。

11. 課程與教學。

　　受試者在接受調查時，對表中所列問題，順序進行閱讀，遇到曾使自己感到困擾的問題，就以橫線劃記；在全部問題之後，再回頭檢視其所劃記的問題中，有哪些是自己認為嚴重的困擾，就加圈標明。這樣約有三分之二的學生可在三十五分鐘內完成全卷，大多數學生最多約費五十分鐘。對少數於規定時間未能完卷者，仍要給予他們機會去做完。

　　此項調查表曾於 1965-66 年中進行調查，在台灣全省東部、北部、中部、南部各地區高中二、三年級男女學生中取樣 5,229 人，指導手冊中曾將學生全體，男生、女生一般行為困擾及嚴重行為困擾之均數及標準差分別列表備查。對於「行為調查表的輔導問題」及「行為調查表的甄別作用」皆有頗為詳細的說明，但對於其信效度，則未提供任何資料。

三、大專行為困擾調查表

　　《大專行為困擾調查表》之題目，共分為十類，除未包含「道德與宗教」類外，其餘所含類別均和高中（高職）調查表中所有類別相同。每類有三十題，全表共有三〇〇題。雖無時間限制，一般受試者可以在三十五分鐘內做完。

　　本項行為困擾調查表曾於1965年12月在全省各大專學校二、三、四年級學生中進行調查，取樣達 5,275 人，其中男生 3,433 人，女生1,842 人，遍及文、法、理、工、農、商、醫七個學院。指導手冊中曾將全體大學生，男生、女生、各年級、各學院學生

一般困擾及嚴重困擾之均數、標準差、百分位數等資料表列以備
參考。

　　指導手冊中並指出在受調查的 5,275 名學生中，80 ％以上認
為本調查表很有意思，值得一做。61 ％認為調查表中自己所劃記
的句子，能夠把生活中所感到的困擾完完全全地說出來。這似可
顯示填答者均能以積極的態度接受調查，表中題目確已能包括本
省大學生大部分的困擾。

　　編訂者曾以本項調查表先後兩次調查國立政治大學教育學系
男女學生八十一名，時間相隔一個月，發現兩次十大類別的等級
相關係數為.95，表示本調查表具有適當的穩定性。

　　按《Mooney Problem Check List》在美國已為過時之物，目
前已很少被人採用，但是它仍有其可取之處。主要是內容簡單，
填答方便，適合於作一般性甄選之用；同時它有多種版本，可涵
蓋初中、高中、大學，以至於一般成人。本節所介紹的三種調查
表，都經我國學者就表中題句審慎修訂，使之能符合我國國情，
同時都經過大規模標準化歷程，提供了可供參考的重要資料。在
目前測驗工具短缺的情況之下，此項調查表仍有其價值，一方面
可以幫助教育工作者對各階段學生的行為困擾問題，獲得一般性
的了解；另一方面在個案輔導上，此項調查表可作為初步探索的
工具，輔導者可以受輔者的反應作為起點，進而作較深入的探
討，以了解其困擾之如何形成，其所感受到的壓力，及其所採取
的因應之道，然後可配合其個別的情況，設計輔導的策略。同時
也可用此作為改進教學環境及教學方法之參考。

　　不過使用者應當要記住，行為困擾調查表不是一個測驗，也
不能用以為診斷的工具，受試者認為自己為某個事項所困擾，祇
是一個現象，教師或輔導者宜進一步去了解該事項之所以會成為
該受試者困擾的原因。如果同時有多個學生指出某項困擾，則問
題可能就不在某一個人身上了。

　　這三個調查表都是 1965-67 年前後修訂的，迄今已達三十餘
年。而就在這一段時間，台灣地區受了急速現代化和工業化的衝

擊，社會文化產生了頗為明顯的改變。過去存在的若干困擾，或已消失或更加劇，或者改變了它的形態；同時還可能增添了許多新的困擾。因此這三個調查表都有重新修訂的必要，俾其可以配合今日的情況，保持並增進其應有的功能。

問題討論

1. 《柯氏性格量表》的優點是什麼？
2. 《國中學生語句完成測驗》有哪些優點？
3. 《青少年性格量表》編製的理論背景是什麼？
4. 《賴氏人格測驗》對大學生自我了解，能發揮哪些功用？
5. 實施《行為困擾調查表》對各級學校輔導工作人員的意義如何？

第十七章

人格評量的問題

壹、測驗實施的倫理問題

一、測驗實施的基本原則

(一)尊重受試者的權利

(二)測驗發行的原則

(三)測驗記錄的保管問題

二、測驗工作人員的資格與責任

(一)測驗實施人員的資格與責任

(二)測驗主持人員的資格與責任

貳、測驗實施情境的重要性

一、測驗實施的情境

二、受試者的心理狀態

三、主試者的重要性

參、受試者接受測驗時的反應心向

肆、電腦在心理測驗上的應用

一、應用電腦的優點

二、電腦施測與解釋測驗結果的問題

(一)電腦施測與紙筆測驗的結果會一樣嗎？

(二)電腦解釋測驗結果的功能

(三)電腦解釋測驗結果的限度及倫理問題

☞ **本章要旨**

　　人格評量看來是一件簡單的事，一般人常祇注意到：如何去找到一種評量工具，實施以後得到一個分數，就算完成了。對於許多有關的問題，則常未能給予適當的重視。而那些問題和評量工作的進行及其結果，是有密切關聯的。

　　例如測驗實施的倫理問題，就是極具重要性。在測驗實施之前，我們當讓受試者了解評量之目的和意義，以提高他（們）接受評量的意願和積極參與的態度；在實施之後，測驗資料應能作合理的運用，並嚴密保管。本章中對這些均有詳細的說明。

　　測驗實施的情境，包括物理環境、實施的時間，以及受試者的心理狀態，都可能對測驗的結果有重大的影響，應當多予注意。本章中特別強調主試者的重要性，因為他（們）乃是測驗實施的關鍵性人物，這不是任何人都能勝任的。

　　目前利用電腦實施測驗，甚至用以解釋測驗結果，已漸趨普遍，這種新科技方式的運用，有許多優點；但也有其限制。本章中對這項新的發展有頗為詳細的說明，我們若能補其短而用其長，當可使電腦在測驗實施和結果解釋上，發揮充分的效果。

　　在現代化的社會中，心理測驗的使用，日趨頻繁。在學校方面，為了實施團體及個別輔導，常有系統性的擬定測驗項目，以期對學生的能力、興趣、價值觀念及人格特質有適當的了解，以為實施學業和就業輔導的參考。在工商業方面，人員的甄選、工作安排和升遷等事務，常需以各種測驗為重要評估資料。在醫藥衛生方面，行為適應及其正常性的評估，以及對心理疾病的診斷與治療，更需要心理測驗結果為依據。由於測驗的應用愈廣，一些問題隨著出現，舉凡如測驗實施的倫理、測驗實施情境的重要性、受試者的反應心向，以及電腦施測與解釋等問題，都常為大家所注意的焦點。下面將分別討論之。

壹 ☞ 測驗實施的倫理問題

一、測驗實施的基本原則

㈠尊重受試者的權利

在社會重視並鼓勵學術研究的時候，一般研究者通常可以獲得便利，尤其是在資料蒐集的方面。但在相反的一面，受試者的權利就沒有獲得應有的重視。許多時候，國中或國小的學生被教師指定了去接受某一項測驗，而他們對接受測驗那回事，幾乎是毫無所知。按理說那是不應該有的現象。在正常的情況下，我們應當做到下列幾點：

1. 受試者（或其家長）應有權利知道接受測驗的意義和測驗大致的內容。
2. 受試者（或其家長）應有權利拒絕接受某項測驗；也可拒絕提供涉及個人隱私的資料。
3. 受試者應有機會獲知測驗的結果和對該項結果的適當解釋。
4. 測驗的實施應當避免對受試者有任何不利的影響。

上述這些似乎都是理所當然，應當遵守的原則。但事實上卻常被忽略。有時主試祇告訴兒童來參加一種新遊戲，事實上卻測量兒童對成功與失敗的反應；或是主試告訴成年受試者參加一項有關學習的研究，實際上卻是測量受試者願意聽從指示給予別人痛苦的程度。這都是透過「欺騙的方式」，來進行的實驗研究，是違背了學術研究基本原則的。歷年來偶爾也曾有研究者要求在筆者任教的班級上實施測驗或問卷，筆者提出的條件是：(1)必須

將所用材料送筆者過目；⑵由筆者徵求學生同意接受該項測驗或
問卷。這並不是苛刻的條件，事實上從1970年代開始，美國各大
專學校都成立了委員會，負責從道德標準來審查研究計畫。所有
措施都必須儘量對受試者有益，至少不能對受試者有任何不利或
傷害。1978年筆者曾進行一項跨文化研究，需要在舊金山幾所幼
稚園實施一項簡單的測驗。當時曾將測驗的內容和實施的程序、
主試人員的學經歷等項資料送到各幼稚園，先後經過了各幼稚園
教師會議、家長會，以及市教育委員會的審核同意後，才獲准進
行。可見他們對於受試者的保護是相當周到的。

㈡測驗發行的原則

編製一種測驗，往往需要很多人力和時間，但是要毀壞它卻
祇是一舉手間的事。比如我們祇要讓一份測驗或問卷遺落在外
面，洩露了它的內容，它的常模可能就失去意義，也就失去了其
價值，至於測驗被誤用或濫用所可能造成的負面影響，則更是不
言而喻。因此對於測驗的流傳一向就有嚴格的管理和控制。測驗
發行機構或出版商對於購買測驗者的資格，都有一些限制。通常
他們會將測驗分為若干等級，分別規定購買者的資格，像教育成
就測驗、職業興趣量表等，一般學校教師都可以申請；像智力測
驗、人格測驗及臨床方面應用的測驗工具等，則申購者必須曾接
受專業訓練，具有使用該項測驗資格，方可獲准。這些規定，現
已為測驗使用者所尊重。

在另一方面，出版商也有他的責任：他們所發行的測驗，應
當是已經發展完成並具備完整資料的工具。如果一份測驗已經使
用相當時間以後，出版商應促使編製者考慮作必要之修訂，或重
新訂定常模，以期能保持其適用性。測驗實施手冊也應隨之更
新，最好能將新近有關研究資料納入，供使用者參考。

一份測驗的內容，按理來說，是不宜在報章、雜誌和書刊上
發表的。Anastasi（1988）也曾提到這點，不過她指的是「暢銷

書」，似乎教學用書不受此限。但筆者並不苟同，近年若干人格心理學書本上（如 Pervin & John,1997; Phares & Chaplin, 1997）將 Rorschach 和 TAT 的圖片刊印了出來，應當是不適宜的。因為那些圖片既然是診斷測驗的一部分，應當是具有機密性。在書本上公開以後，很可能大家為了好奇，以之為討論的題材，就難免損及它們原有的意義與功能了。基於這個緣故，本書乃用自製的墨漬圖片，照樣可以說明該項圖片的性質，而無損於 Rorschach 測驗的效度。

(三)測驗記錄的保管問題

一個學校或機構在使其學生和人員接受某項測驗之後，對那些記錄的保管，也是應當審慎考慮的問題。因為測驗記錄具有機密性，特別是人格測驗的資料，可能涉及隱私；同時今日接受測驗者，可能是明日社會上某方面的重要人物，他們測驗的記錄就可能具有某些特殊的意義，而被運用來作為「攻擊」或傷害的工具。因此這一類記錄的保管和取用，就是一個相當嚴重的問題。目前國內研究者已經開始注意到這方面的問題，但似乎尚沒有提出具體的方法。比如許多測驗記錄都留存在電腦檔案裡，它們的保管就極具重要性。部分研究者在其本身研究結束之後，常未注意到其所蒐集的資料之處理，有時或可引起嚴重的後果。William Sheldon 在 1950 年代曾進行體型與人格特質的相關研究，他利用當時美國東部某些大學學生為受試者，讓每個人拍了正面、背面和側面三張裸體照，來測定他們的體型。當年的受試者不少今日已是社會上有地位的人物。有一段時間曾謠傳一些當年的照片被人偷出來了，頗引起一陣紛擾。

二、測驗工作人員的資格與責任

此地所指測驗工作人員，包括兩個層次：一為測驗實施人

員，是指實地施行測驗，或並兼任計分工作的人員；二為測驗主持設計人員，則是指那些負責擬訂測驗計畫、選擇所用測驗、監督並指導測驗的進行，並擔任測驗結果解釋工作。很明顯地這兩個層次工作者的資格是有差別的。

㈠測驗實施人員的資格與責任

這些人員雖然祇是負責執行實施和擔任計分的工作，但若要有良好的表現，必須先了解這些工作的意義，才能體認其中有關規定的重要性。因此他應當是大學心理（包括教育心理、應用心理）、輔導或教育系的畢業生，曾經修習「心理測驗」，並曾在教師指導下擔任過測驗主試或襄試，才會勝任愉快。同時他們應當具備下列條件：

1. 了解測驗情境的重要性及其對測驗結果的可能影響，因而知道如何在情境方面作適當的安排，並隨時注意測驗時的心理氣氛，使受試者能有最佳之表現。

2. 對各種重要測驗的性質和內容有適當的了解。對其所將實施的測驗，更富有完全而透徹的認識；即使是一些細節，也當熟知。

3. 了解測驗時要在一個標準情境下測量受試者的反應，因此能重視「指導語」的作用，而會嚴格地遵照其規定實施。不增不減，也不自作主張地擅加改變。儘可能符合原有的標準。連同收發測驗卷的程序，也都能忠實地按部就班地執行。

4. 對接受測驗的受試者有適當的了解，因而知道如何接待他們，促其認真參加測驗。同時對於測驗的目的，能作適當的說明。

5. 了解測驗分數的意義及其功能，因此能以認真的態度進行計分工作，並且知道複核的程序及其重要性。在主持者的監導下，他們也能擔任統計的工作。

6. 了解測驗保密工作的重要性，故能在測驗實施時及實施前

　　後，注意維護其安全。

　7.能注意某些受試者之特殊需要（如殘障者、左利者等），並
　　能配合作必要之安排。

㈡測驗主持人員的資格與責任

　　這是指各個學校或機構主持測驗工作的人員，他們的責任是
在設計並推動該機構有關測驗的整個計畫，因此他們應當對於測
驗的原理、發展歷史及現在情況……等，具有深刻的了解，同時
在測驗應用方面，也需具有豐富經驗。從學歷來說，他們最好是
心理或輔導研究所畢業，取得了碩士學位或相當資歷。這種學識
方面的背景，將有利於工作。下面列舉的是一些具體的條件：

　1.了解測驗的基本原理及其功能，同時也能洞悉其限度，因此
　　他能爲其機構訂定適切的測驗計畫，並能向其主管及同僚說
　　明測驗之目的，以取得他們的贊助和支持。

　2.對於當前已有的各種測驗，能有十分透徹的認識，確知每種
　　測驗工具的功能、優點和短處，所能提供的訊息，實施程序
　　的繁簡，所需要的實施情境與設備，實施人員所需具備的訓
　　練，計分的程序以及機械計分的可能性，結果的解釋……
　　等，以期能配合其目標，選用最適當的測驗工具。

　3.對於整個測驗發展的趨勢及其觀念更新的情形，能及時有所
　　了解，俾可視情況對其所訂計畫，作必要之調整。

　4.實施測驗之目的，應同時顧及受試者與機構兩方面的利益。
　　比如就機構而言，也許是甄選最適於擔任某項工作的人員；
　　而對受試者言，則是了解其本身某些能力或品質的情況。多
　　數時候兩者並不一定會相互衝突；特別是若能在事先考慮得
　　宜，常可二者兼顧。惟宜使兩方面對此均有充分的了解，則
　　將可增加測驗計畫的效果。

　5.對於所擬選用的測驗，應具有實地使用的經驗，期能確切知
　　道其情況。比如該測驗所具有的信度和效度資料，其所具常

模的性質，以及那些資料可信靠的程度等，對於該項測驗實施時可能發生的問題，或需要特別注意的事項，也應有周詳的了解，進而能妥作安排，使其得以順利進行。同時也能在訓練實施人員（主試、襄試及計分人員）時，明白指出，使後者得知如何處理。

6.對測驗實施之全部步驟，應有完整而詳盡之了解，並具經驗，期能對整個機構測驗計畫之實施，自準備測驗試卷，安排測驗時間及場所，約請主、襄試人員及其訓練或講習，測驗之計分與資料之整理，測驗結果之呈現與解釋，以至測驗結果之運用……等之全部流程，有整體性之設計與安排。俾能逐步實施，而不致中途遭遇困難，造成不利的影響。

7.對於測驗結果之解釋，應具有適當的訓練與經驗。主持者應先詳細研讀測驗手冊及有關之研究報告，確定該機構應用該項測驗之目標及運用該項結果之具體辦法（如制定某項甄選之上下限分數），並能將此項決定向機構中主管或有關人員說明，並取得其同意。此項解釋且宜配合該機構本身之情況與需要，而不能僅以測驗分數為依據。

8.測驗主持人應能熟諳諮商之原理與技巧，俾能向個別或團體受試者，就測驗結果作適當的解釋，並回答有關的問題。最主要的目的是要使受試者能完全了解測驗結果的意義，因此應給予他（們）充分的機會去進行剖析。主持人應能接納受試者的反應，包括拒絕或懷疑的態度，但宜設法鼓勵後者接受某些客觀的資料。

　　解釋測驗結果時，不宜將任何一項測驗的分數，視為獨立的資料；而應將之與其他方面的資料綜合在一起，包括受試者接受測驗時的身心狀況，測驗當時的情境，作比較完整的解釋。同時也宜對學校教師或有關機構負責人解釋：測驗分數祇是受試者的一種資料，雖有其功能，但不能因有測驗分數，即否定其他資料的意義和價值。古人嘗謂：「盡信書，不如無書。」使用測驗者，應以之為訓。

測驗結果的解釋，都應以理論和實證資料爲依據，以期確切
而眞實。切忌穿鑿附會，信口開河，損及測驗的科學地位。

貳 ☞ 測驗實施情境的重要性

在心理學的研究裡，測驗常是重要的評量工具。要使那些工
具的使用能獲正確而有意義的結果，測驗實施的情境和受試者的
心理狀態都具有極重要的影響。下面將就此二者簡作討論。

一、測驗實施的情境

這可包括測驗場所的客觀情況：如光線、溫度、座位的安
排、受試者作答時的便利，以及彼此間可能的干擾等。根據
Kelley（1943）的發現：在高中的團體測驗中，使用桌椅分開式
的座椅的受試者得分，比使用連有桌臂椅子者高些。此外測驗的
時間安排也是應當多作考慮的。比如有些時候測驗被安排在午間
休息或聯課活動的時段，那固然可能避免耽誤正常的課業和工
作，但卻不是一般學生或工作者所歡迎的。因爲那將剝奪他們休
息或參加其所愛好的活動，引起受試者負面的情緒，常可能影響
其對測驗所作的反應。

二、受試者的心理狀態

在頗多的情況下，學校裡的測驗常是由教師來安排的。學生
們往往不知道「爲什麼要作測驗」？測驗對他個人會有什麼意
義？他在接受測驗時所表現的反應將會對他有什麼影響？在其他
機構安排的測驗場合，往往也祇有很簡單的說明。換句話說，受
試者常是在「相當焦慮」的情況下，來接受測驗的，他們有些時

候曾使用一些防衛性的行為，來因應當時的緊張心情。對測驗的
結果，自難免會有影響。

三、主試者的重要性

在實施測驗的時候，主試者是在擔任一個極重要的任務。他
不祇是在收發測驗題本，宣讀指導語而已；他的年齡、性別、地
位，以及當時的儀容等，都可能影響受試者對測驗的態度以及其
所表現的反應。所以主試乃是整個測驗情境的一部分，而且是極
重要的一部分。

一位有經驗的主試，常知道測驗實施過程的重要性，乃會在
事先做好各項準備：舉凡如測驗開始前的說明、答案紙和題本的
分發、受試者基本資料的填寫、計時器的使用、對受試者問題的
回答和解釋……等，都能依照規定，有條不紊地進行。其從容和
穩重的態度，能使測驗的情境呈現安定、和諧的氣氛，也能使受
試者以平靜的心情，認真地接受測驗。主試者的任務，是要取得
受試者的合作，肯認真的照著指導語對每個題目作反應，使那些
反應能夠正確地顯示出其人格特質。在個別測驗的情況下，主試
者的角色更為重要。他必須和受試者建立良好的關係，減除或降
低對方的焦慮；使受試者感受到一種保證：他的反應都會被接
受。受試者因此乃能撤除防衛作用，而將內心的反應，全部表達
出來。

有一些研究者由於自身工作太忙或其他的原因，常將測驗實
施的工作，委諸未曾受過嚴格訓練的助理或研究生，那將嚴重影
響其所蒐集資料的價值。

在理想的情況下，主試者若是為受試者所熟知的人，或是已
有某種相互了解的關係，應將有利於測驗的實施。Carl Rogers 就
認為心理測驗應當在溫暖與相互接納的氣氛中進行。雖然他所指
的是臨床方面個別性的測驗，團體測驗時的氣氛也是值得重視
的。在大專院校裡蒐集資料時，主試的人選尤宜慎重，他們應能

取得受試者的尊重，才能促使後者對整個測驗或調查產生重視的態度。部分研究者常令其學生代勞，其間差異是難以否定的。

現在進入科技時代，一般人逐漸重視數據，凡是附有數字或統計結果的資料，常比較容易取信於人；同時由於數字比較簡單、明確，人們也較易於吸收。這原是好現象，問題是在任何資料，無論其是否正確、是否可靠，蒐集的程序是否適宜，都可以輸入電子計算機，都可算出些「結果」。而且在電腦報告上印出的數值裡，常不能辨別原有資料的情況，給研究者添了麻煩尚不一定嚴重，對一般社會都可能導引其建立錯誤的印象。

行為科學研究的心理計量工具，遠不及自然科學裡的儀器那麼精確、客觀，很容易受到其使用過程中情境因素的影響。主試或訪問者對測驗調查或結果可能的影響，也遠較自然科學實驗室儀器操縱人員為大，因此他們本身也就是測驗實施過程的關鍵性人物，本節對於他們的重要性的強調，並無過分之處。

參 ☞ 受試者接受測驗時的反應心向

在許多人格測驗或量表的指導語中，都有類似這樣的說明：「這個測驗裡的題句，沒有『對』或『不對』的差別，請你完全依照自己的情況作答。」這是非常清楚的說明，但是受試者常不完全會依照指示行事。他（她）常常可能不按照自己的真實情況作答。有時是由於害羞，不好意思將自己的情況或想法表露出來；有時是由於某些問題具有威脅，他根本不敢去接觸它。在這些情況下，他可能採取一種防衛性的措施，選取一個比較為社會所認可、所接受的答案，作為自己的反應。使自己會顯得是和一般社會的規範相符合的，而可以給予人們一個良好的印象。這種爭取「社會認可」（social desirability）的「反應心向」（response set）頗為常見，且已經引起研究者的注意。

　　由於爭取社會認可反應心向的作用，測驗結果的正確性乃將受到影響。如是研究者就設計許多措施，來消除或降低它的作用。最常用的方法有下列三種：

1. 測驗或問卷的項目，儘可能採用中性的題句，沒有社會認可方面的問題。

2. 另外編訂一個分量尺，來測量受試迎合社會認可的反應心向。如 Edwards 所編 Social Desirability Scale 或《加州心理量表》中的「悅眾量尺」，若受試者在這些量尺上分數很高，就表示他的「僞善」（或「僞惡」）傾向過強，其測驗分數將不足採信。

3. 採用強迫選擇方式編寫試題，每一題中所包含的一對題句是具有相等的社會認可值。這樣受試在選擇時，就不會受該項因素的影響了。前面提到的《艾德華斯個人興趣量表》（EPPS）就是按照這個構想編訂的。

　　但是這三種措施並沒有獲得令人滿意的結果，因此有些學者認爲最好的方式是使測驗實施者能和受試者建立良好互信的關係，讓後者能明確地了解測驗的實施，是對他有幫助的，以期能贏得受試者的合作，而肯按照自己眞實情況作答。縱然這樣做也不一定能保證百分之百的效果，但其對受試者尊重的態度是可取的。

　　也有人認爲，接受測驗的態度，實際上也是受試者人格的表現；與其設法將其遮蓋，或不如索性承認其存在，並對之進行測量，試圖了解其眞正的意義。

　　除了上述，社會認可性的反應心向外，最受人注意的是「默認」（acquiescence）的傾向，在「是」和「非」兩個可選的答案中，經常選擇「是」來作答。相反的，也有些受試者是傾向於選擇「否」爲答案的。所以編製測驗者就會使整個量表中正確答案爲「是」和爲「否」的項目接近相等，以維持均衡。不過這種「唯是」及「唯否」的傾向，常被視爲人格因素的作用，類似的情況也出現在分等級的答案中（如由 1 到 7 ），有的被試者傾向

於選擇兩極端的等級（1 或 7 ）爲答案。或者是傾向於守中，經常以「4 」爲答案。

另外也有時會發現某位受試者有常表現「不尋常」或「特異」的反應。主持測驗者多數會注意這種情形。在前節所述Jackson 所編《 Personality Research Form 》中的「罕見量尺」就是爲測定這種傾向而設的。不過 Jackson 後來覺得並沒有充分的理論依據來確定哪個反應爲「罕見」，因此在修訂該量表時將「罕見量尺」取消了（Jackson, 1994）。

綜合以上的說明，讀者不難察見：測驗研究者對於「反應心向」的看法，經過了多次的改變。Anastasi 和 Urbina （1997, p. 378）也指出了其中的過程。當研究者開始注意到「反應心向」現象時，認爲它具有負面的作用，將對測驗結果有歪曲的影響，而須設法予以消除。繼而有些研究者認爲這些反應心向乃是受試者人格表現的一部分，應當給予適當的注意，並稱之爲「反應類型」。有人且以之爲研究的主題。不過後來這一種看法也受到許多批評。

到目前爲止，受試者的「反應心向」或「反應類型」問題，尚沒有大家都接受的結論。對測驗使用來說比較合理的做法似應是：

1. 了解「反應心向」的存在及其對測驗分數可能的影響。
2. 向受試者說明實施測驗的意義，建立良好關係，鼓勵他盡可能按照眞實情況作答。
3. 所使用的測驗如有效度量尺（如MMPI的撒謊量尺），宜注意受試者在這些量尺上的反應。
4. 在檢視各個受試者的人格測驗分數時，須將有關的資訊，包括反應心向，一併納入考慮，以期可作完整的評量。在特殊的情況下（如人員甄選、或涉及法律關係的評量），以採用多種評量工具爲宜。

肆 ☞ 電腦在心理測驗上的應用

電腦（註）在心理測驗方面的應用，已經有好幾十年的歷史。開始的時候，是利用電腦為測驗計分，由於它閱卷的速度快而且正確，所以它很快就取代了人工閱卷的工作。跟著有些測驗將題目呈現在電腦螢光幕上，讓受試者按鍵作答，這在測驗實施的情境上，是一個很大的改變。由於受試者自覺是在操縱機件，獲得一些成就感；而「按鍵」比在答案紙塗畫要輕鬆許多，參與的興趣頗高。多數時候當受試者作答完畢時，測驗的分數也會隨之出現，這也是令受試者深感滿意之處。

進一步的發展，就是利用電腦對測驗結果提供解釋，這一部分各個測驗所提供的內容，繁簡各有差異。有的祇說明各個分數的意義，並將之和適當的常模相對照，使受試者了解自己的分數在群體中的位置；有的則可能就整個測驗的分數，提出綜合性的報告；或且進一步作診斷性的歸類。最終的一步，就是依據受試者被診斷的類別，提供處理（或治療）的建議。換句話說，受試者接受測驗的全部歷程，都可以在電腦的運作下完成。

一、應用電腦的優點

電腦的操作有許多便利之處，因此使測驗實施和其內容增加了一些便利。茲說明如下：

1. 使用電腦在時間的控制和記錄上，甚為方便，實施測驗時可記

（註）英文 computer 一詞，直接的中譯應為「電子計算機」。但習慣人們都稱之為「電腦」，一方面較為簡單，同時它的功能並不祇是計算而已。故循習慣用法。

錄受試的反應時間,包括:由試題呈現至反應出現的時間,每題作答所需的時間,也可以控制試題(文字或圖形呈現的時間)。

2. 在電腦螢光幕上呈現圖畫頗為方便,特別是動態的畫面,這在紙筆測驗中是無法呈現的,但在螢光幕上則可以清晰地顯示出來。

3. 使適性測驗(adaptive testing)的實施更為便利,所謂適性測驗就是調整測驗的範圍和內容,以配合個別受試者的情況。在心智能力測驗中,實施時可以略去過於簡單或過難的題目,將可節省測驗時間,並可免除受試者產生乏味或挫折的情況。也可縮短計分和知道結果的時間。而在另一方面,測驗的安全也可提高。例如 Murphy 和 Davidshofer(1998, p.244)指出某些「測驗補習班」常派人參加某些測驗(如 GRE),目的是在強記一些試題,出去為別人惡補。適性測驗將試題範圍減縮,洩題的機會也就隨之減少了。

4. 由於電腦技術的進步,若干認知功能的測量,皆可利用電腦的運作進行。如 MicroCog 測驗包含有十八種分量尺——注意、心理控制、記憶、推理、計算、空間推理等,可以評鑑認知功能損傷或退化的案例。

5. 在測驗實施的整個過程中,對於結果的解釋是十分重要的一步,電腦計分和統計處理,都很客觀且正確,給予人們的一個印象:它是應用科學的方法運作的。因此一般人的反應,大都是正面的,也對之有信心。

二、電腦施測與解釋測驗結果的問題

電腦在心理測驗上的應用,隨著科技的進步,近二十年來已有迅速的發展,並有範圍日益擴展的趨向。配合此項發展的研究,也在蓬勃成長中。下面的這些問題,是研究者最關心的,其中有的已經獲得了一些答案;有的則仍在探究之中。

(一)電腦施測與紙筆測驗的結果會一樣嗎？

Mead 和 Drasgow （1993）曾經檢示這方面的資料，發現受試在電腦實施時的分數和在紙筆測驗時的分數有高度的相關。也有資料顯示：能力測驗在電腦上呈現與在測驗卷上呈現，並沒有對測驗的性質產生明顯的改變。不過並不是在其他的測驗上也是如此。

比如就情緒方面來說：Davis 和 Cowles（1989）曾發現受試者在電腦實施的焦慮量表的分數較其在一般紙筆測驗同一量表上的分數為低。研究者推想可能受試者在接受電腦測試時，因方式新穎，興趣較高，情緒也比較輕鬆，使他們作答時心情和平時不同的緣故。

好幾位研究者在檢示有關的研究之後，都認為即使是內容相同的測驗，電腦實施和一般紙筆施測所得結果仍會有差別（Green,1998; Mazzeo & Harvey, 1988）。因此 Murphy 和 Davidshofer （1998）認為出版商在為某些標準測驗發行電腦施測的版本時，應當也編訂電腦版的常模資料。

(二)電腦解釋測驗結果的功能

電腦在心理測驗實施之後，可立刻將「試卷」予以評分，並將其和有關資料對照分析，然後進行解釋，提出報告，這一個步驟通常稱為「以電腦為基礎的測驗解釋」（computer-based test interpretation, CBTI）。美國心理學會於 1986 年編訂了一份指導手冊《 Guidelines for Computer-Based Test and Interpretation 》，並於 1993 年修訂，以鼓勵大家合理而負責地運用這一方面的服務。不過這份指導手冊並沒有獲得普遍的尊重。同時部分出版商顧及到自己的權益，若干資料沒有完全公開。所以有些學者主張在應用電腦對測驗結果的解釋時，宜特別審慎。臨床工作者對於

所採用的測驗，須有充分的了解及能辨察電腦所提供的解釋是否正確；他可以將電腦所提供的解釋作為參考，但是不能用它來取代正規的報告（Conoley, Plake, & Kemmerer, 1991）。

(三)電腦解釋測驗結果的限制及倫理問題

應用電腦解釋測驗結果，確實有其優點。最明顯的是受試者在接受測驗之後，立刻就可以獲知自己的分數和它的意義，也許還連同某一些建議。這是很具正面價值的回饋，也常是受試者所急切盼望的資訊。對實施測驗的單位來說，他們可以預先就測驗可能的各種結果，準備適當的解釋，製成軟體備用，而不需要個別地為受試者提供解釋。如此可以節省許多人力與時間，同時也為測驗應用的推廣，增加了極大的便利。所以國外測驗的單位，紛紛提供解釋的軟體，據說目前坊間已有約數百種產品了。

不過利用電腦解釋測驗的結果，也有其限制。這可以用現成的服裝成衣來作比喻。目前服裝公司的產品，為了大量生產，降低成本，迎合顧客的需要，製備了許多現成的服裝，也許有大、中、小幾種尺碼，顧客可以就自己的身材，選購「大致合身」的衣服。對一般人來說，這類現成的服裝，也就可以應付日常生活中的那些場合了。但若是要經常出現在某些比較正式的場合，如外交官，那就得講究一點，而需要去「量身定做」了。

服裝是否一定要「恰好合身」，也是視衣服的種類而有差別的。有些衣服（如內衣）一般人都是憑大、中、小號碼去選購的，對其合身的程度沒有嚴格的要求。甚至有些衣服根本就祇有一個尺寸（one size）。消費者通常都了解：那些是大家認定不必要求合身的。

利用電腦對測驗結果作解釋，有些就和現成服裝相似，研究者依照某項測驗分數出現的情況，將之分為若干等級或類別，再以各等級或類別的代表性個案為例，加以解釋。這種解釋縱或「正確」，但也祇和現成服裝一樣，不會對每一個人都「恰好合

身」，即使是表面上分數相當接近而被歸列爲同一等級或同一類型。其間的個別差異，仍常是頗爲顯著，不可忽略的。現成的服裝在出售時，還常可以爲顧客修剪褲管，調整袖長；電腦的測驗解釋，在這一點彈性上是有相當限制的。

這裡祇是想說明電腦解釋測驗結果的限度，並無意完全否定它的效果。如果使用測驗者了解它的限度，仍然可以利用它來因應一部分人的需要。正像某些服裝並沒有恰好合身的必要，在那種情況下，電腦的解釋也可能夠了。我們要記住的乃是：電腦對測驗結果，不能完全取代由臨床工作者對個別受試者所提供的解釋。因爲後者乃是「量身定做」的。

事實上，應用電腦解釋測驗結果還涉及到一個比較嚴肅的問題，那就是心理學者的專業倫理問題。Murphy 和 Davidshofer （1998, p.247）曾指出：心理學專業的標準就明白地禁止以電腦解釋測驗來替代一位合格心理學者的精闢判斷。同時也可防止電腦解釋的濫用。電腦能呈現受試者的某測驗上的分數，但常未能說明該項測驗的限度。同時電腦祇能就受試者某一次在某個測驗上分數進行解釋；而臨床心理學者則可以根據多種資料所提供的訊息作綜合性的判斷，而且他還可以從測驗以外的來源獲取一些可能具有重要意義的訊息，例如受試者在接受測驗及諮商時的態度、情緒反應、外表行爲等，那些都是電腦所無法取得的。

向受試者解釋測驗的結果，並不是像發成績單一樣，說明他的分數就夠了，而應視之爲諮商和輔導的歷程。臨床工作者不祇是片面地提出一些例行性的解釋，他有責任讓測驗的結果，發生積極性的、建設性的輔導功效。他應當注意受試者在獲知測驗結果時的反應，審愼而有耐心地回答受試者的問題，廓清他可能有的疑慮。使「解釋」充分發揮了諮商，甚至治療的作用。事實上這原本也就是實施測驗的目的之一。很明顯地這是電腦所難以達成的。

1. 測驗實施應包含哪些基本原則？

2. 測驗實施者與計分員，應具備哪些資格？

3. 試說明測驗實施情境的重要性。

4. 應用電腦施測的優點是什麼？

5. 用電腦施測及解釋測驗結果，可能面臨哪些問題？

【第四篇】

中國人人格
的研究

第十八章

中國人人格的研究

壹、中國人心理與行為的研究

一、第一階段
二、第二階段
三、第三階段

貳、中國人人格研究的檢視

一、黃堅厚對中國人人格研究的檢視
二、楊國樞對中國人人格研究的檢視

參、中國人人格的轉變

肆、中國人人格研究的方向

一、有系統的規劃
二、有系統地發展人格評量工具
三、展開與其他文化間的比較研究
四、探究「中庸之道」

☞ 本章要旨

　　本章撰寫的主要目的，是希望能讓國內研讀人格心理學的人，對一般中國人的人格，包括他（她）自己在內，有一些基本的了解。為達成上述目的，將本章分為四部分陳述。

　　第一部分「中國人心理與行為的研究」，是就近四十餘年來心理學者對中國人人格的研究做一個概述。作者將之分為三個階段：第一階段的研究大多數是以西方學者的理論與方法為榜樣，不加選擇地跟隨著起舞。第二個階段是「中國化」研究時期。這是基於我國學者一項重要的領悟，察覺到在進行中國人的心理與行為之研究，必須配合中國的歷史、文化和社會特徵，針對著中國社會重要與獨特的問題，作有系統的探討。第三階段則是指近十～十五年來本土化研究的模式。目前的研究者，大都會注意把握本土化的原則，楊國樞在「我們為什麼要建立中國人的本土心理學」（1993）一文中，對這一部分研究發展情形，有極詳盡的敘述，是本章資料的主要來源。

　　第二部分是對於中國人人格研究的檢視，第三部分是關於中國人人格的轉變。這兩部分所引述的是黃堅厚、楊國樞兩位分別綜合三十年有關之實徵研究所得的結果。他們所檢視的研究資料，可能有許多是相互重疊的。

　　第四部分是論及中國人人格研究的方向，本書作者提出了四點意見：(1)有系統的規劃；(2)有系統地發展人格評量工具；(3)展開與其他文化間的比較研究；(4)探究中庸之道。楊國樞（1993）指出這方面的研究在量和質兩方面都有進步，自是可喜的現象。

壹 ☞ 中國人心理與行為的研究

在台灣地區對於中國人心理與行為的研究，可以說是在 1950 年代下半期開始萌芽，算起來也有四十五年至五十年的歷史。在這一段時間中研究工作的性質，似乎可以分為三個階段。楊國樞（1993）對此有頗為詳盡的敘述。

第一階段

第一階段約為 1955-1975 年的二十年間。在這段時間裡，行為科學工作者大都是跟著西方心理學者的步伐走；人家做什麼，我國學者也就依樣畫葫蘆。西方重要的測驗和量表，都有了中文的修訂本；西方學者倡導的理論，常被引用過來作為研究的題材；「非指導性治療」成了我國輔導工作者最熟練的技巧；簡單地說，那些研究充其量可以算是西方心理學研究的複製品。然而這也是當時情況使然，一方面從事行為科學研究的人不多，他們所接受的訓練完全是西方的心理學。而當時國內社會的需要非常迫切，研究的環境，包括人力和物質的條件，都不如理想。使當時的研究者無法作長遠的訓練，也沒有機會作透徹、周密的思考。他們常祇能囫圇吞棗地將西方的理論和技術接受過來，迫不及待地要將它們在自己的社會裡運用。這也許是學術發展常須經過的一段歷程，事實上我們似乎也不能完全否定那些研究的意義。本章下節所檢視的中國人人格研究，大部分是在那段時間內完成的。在這個時段裡，也有一項富有啟導性的研究活動，那就是李亦園、楊國樞二氏於 1970 年所發起的「中國國民性研究小組」。他們邀集了心理學、人類學、社會學、精神醫學、史學和哲學等方面學者十二人，商定主題，分別進行研究。在歷時一年

餘，經過十幾次分組和綜合性的研討會後，將其最後定稿的十二篇論文，連同討論紀錄彙爲專集，定名爲《中國人的性格》，於1972年出版。這乃是台灣地區社會及行爲科學者的首次科際綜合研究活動，極具開創性的意義。

第二階段

第二階段約爲1975-1990年，這時學者們開始注意到進行社會及行爲科學研究時理論和方法問題。楊國樞、文崇一（1982）曾明白指出：「我們所探討的對象，雖是中國社會與中國社會的中國人，所採用的理論與方法都幾乎全是西方的或西式的」。爲了探討社會及行爲科學中國化的可能性，中央研究院民族學研究所乃於1980年舉行「社會及行爲科學研究的中國化科際研討會」，邀請台灣、香港及新加坡的中國學者參加，研討有關中國化的理論及實踐問題。經過三天半的論文宣讀與討論，大家確認社會及行爲科學研究的中國化，具有幾項重要目的與意義：

1. 使社會及行爲科學的研究，更能反映與配合中國的歷史、文化及社會特徵。
2. 強調對中國社會的重要與獨特問題作有系統的研究。
3. 使中國的社會及行爲科學研究者恢復其獨立性與批判力。
4. 使中國的社會及行爲科學者能在研究工作上推陳出新，俾對世界的社會及行爲科學提供獨特的貢獻。（楊國樞、文崇一，1982, p.v）

楊、文二氏並特別強調：「社會及行爲科學研究的中國化並不是排外主義，也不是國粹主義，更不是孤立主義。」他們將該次研討會論文中的十八篇彙編爲專刊，即以《社會及行爲科學研究的中國化》爲專刊書名，於1982年出版。這一次的研討會引起台、港兩地學術界的重視，如是香港中文大學接著於1983年以相同的名稱舉行了相同主題的研討會，繼續討論社會及行爲研究中國化問題。其論文集《現代化與中國化論集》（李亦園、楊國

榀、文崇一，1985）隨後在台灣出版。

第三階段

第三個階段則是自 1990 年左右開始。

　　社會及行爲科學研究的中國化，一方面促使中國的研究者對於研究方法和工具的改善，提高注意；另一方面也增進了台灣、香港和中國大陸三地學者們在研究工作上的交流。這時有一個重要的事實被發現，那就是有如楊國樞（1993, pp.9-10）所言：「在過去四十多年中，台灣、香港及大陸在政治體系、經濟制度及社會型態等方面的不同，以及整體現代化方向與程度上的差異，已使三地華人在心理、行爲及生活等方面各有特點。更確切地說，三地華人的心理與行爲不但有其共同性……，而且也有其獨特性」。爲了「尊重各該社會之中國人的本土化心理與行爲特徵，並加以切實地描述、分析及了解，自以稱爲『本土化』的研究取向較爲妥貼。三個華人社會的心理學者可以分別自由自在地建立自己的本土心理學，然後再統合而爲全體中國人的本土心理學」。

　　香港大學對「本土化研究」這個概念，立刻表示贊同的反應，而於 1988 年主辦了「邁進中國本土心理學的新紀元：認同與肯定研討會」，邀請來自香港、台灣、中國大陸及美國的有關學者，就心理學中國化或本土化問題進行討論。會後由楊中芳、高尚仁（1991）將研討會中發表的論文彙集爲三冊，定名爲《中國人，中國心》，於 1991 年出版。

　　更重要的是，台灣大學心理學系於 1991 年正式成立了「本土心理研究室」，作爲長期推動本土心理學的中心，在楊國樞教授的主持之下，幾年來已經有顯著的成就；「在研究的課題上，較前更爲擴展，在研究的數量上更爲增加，在研究的規劃上更有系統，在研究的理念上更爲明確」（1993, p.10）。台灣各大學和研究機構有志於是的學者每月定期集會，舉行演講和研討，交換研

究的心得和意見，並自 1993 年開始，發行《本土心理學研究》學刊，每年兩期；現已發行八期，極受學術界的重視。其 1-8 期的主題是：

第 1 期 本土心理學的開展
第 2 期 文化、心病及療法
第 3 期 親子關係與教化
第 4 期 組織心理與行為
第 5 期 中國人的人際心態
第 6 期 文化心理學的探索
第 7 期 中國人的思維方式
第 8 期 本土心理方法論

至於個別研究的項目，楊文中也曾分類列舉，近十二年來約有八十多項。其中多項為有關中國人特有心理與行為現象，如孝道、關係、緣份、面子、人情等（楊國樞，1993, pp.35-38），都是很有意義的課題。由是也可以察見：中國人心理與行為的研究領域，是十分遼闊的。

貳 ☞ 中國人人格研究的檢視

對於中國人人格的研究，近五十年來已經有許多比較系統性、應用實徵方式進行的研究。黃堅厚（1982）、楊國樞（1986）曾先後對這些研究進行檢視，並分別就其檢視所得結果，做了綜合性的報導。

一、黃堅厚對中國人人格研究的檢視

黃堅厚（1982）曾檢視近三十年來有關中國人人格的研究約四十篇，綜合這些研究的結果，黃氏指出中國人人格的特性，可

分爲下列三項：

㈠順從和自我約束

多位研究者應用《艾德華斯個人興趣量表（EPPS）》進行研究時，均發現中國受試者在順從需求（deference）上較其他國家受試者爲高（Fenz & Arkoff, 1962；Hwang, 1967；Peng, 1962）。Abbott（1970）應用《加州心理量表（CPI）》在舊金山及台北測量中國受試者，也得到同樣的結果。Abbott 並謂：「中國人的自我約束，是爲了要保持和諧」。

黃堅厚（Hwang, 1974）在進行中國和蘇格蘭青年的社會態度比較研究時，曾選用四張《主題統覺測驗（TAT）》圖片來測驗兩國的國中學生，其中有一張編號 6BM 的圖片上，有一位老婦人面窗而立，後面站了一位青年男子。兩國的學生都有半數以上認爲那是一對母子，他們之間似乎有些意見不融洽的樣子。但是在故事的結局裡，蘇格蘭的學生多半說：那個兒子離開母親走了；而中國學生則說：那個兒子最後會接受母親的意見，母子恢復和好。很明顯地中國學生們是在將自己「順從」的人格特質，投射到圖片中青年人的身上，使他在故事裡表現出順從母親的行爲。

㈡謙遜性

謙遜或謙虛一直是中國人所崇尚的美德。過去連販夫走卒都會背誦的《三字經》裡，就有「滿招損，謙受益」這兩句，可見那是人盡皆知的守則。所以在許多研究中，常都發現中國人具有謙遜的特質。

例如在 EPPS 所衡量的十五項心理需求裡，就列有「謙遜性」（abasement）一項，我們都會預期中國人在該項需求的分數會較西方人爲高。已有的研究確也證實了這點。在黃（Hwang, 1967）、彭（Peng, 1962）兩氏的研究裡，中國受試者在謙遜需

求上的分數都較美國常模分數為高。同樣地，Fenz 和 Arkoff
（1962）在夏威夷將五個血統不同的受試者進行比較，也發現中
國人的謙遜需求的偏好傾向較白種人高些。

在前述的中國和蘇格蘭青年的社會態度比較研究裡，黃堅厚
（1974）也應用了語義辨別法（semantic differential）。他使中蘇
兩國國中學生在好—壞、美—醜、強—弱、活潑—文靜、友善—
敵意……等七點量尺（7 表示最好，1 表示最差）上，分別評量
「家庭」、「財富」、「一般人」、「多數教師」、「這世
界」、「將來」、「我自己」等七個概念。結果發現一個很有趣
的現象：在評量「我自己」以外其他各概念時，中國青年都比蘇
格蘭青年評得比較好一點（即評分較高）；但在評量「我自己」
時，中國青年所評的分數，卻反較蘇格蘭青年的評分為低。這個
明顯的對比，顯示中國青年在評量自己時，都有不給高分的傾
向；也正是謙遜的表示。

這種崇尚謙虛的態度，可以說是普及到生活的各方面。中國
人很愛竹，常稱之為「君子」。因為竹具有一些中國讀書人所推
崇的性質：一是「有節」，和「有節操」同意；二是直立不屈於
寒風；三是竹莖中空，象徵「虛心」之意，乃是士人認為極重要
的品質。惟有虛心，才能接受新的知識，容納異於己的意見。
「虛懷若谷」、「宰相肚裡好撐船」這一類讚譽之詞在在顯示出
中國社會重視謙虛的風氣。上述那些研究的結果都是在意料之中
的。

(三)整體的知覺

Abbott 在其中國家庭生活研究中應用加州心理量表（CPI）
測量中國受試者，他在分析其所得資料時曾指出：中國人的主要
人格特質之一，就是整體的知覺（Abbott, 1976）。

最先在實徵研究中，注意到中國人的整體知覺者，可能是
Abel 和 Hsu（1949）。當他們在紐約應用 Rorschach 墨漬測驗進

行研究時，發現中國受試者的「整體反應」（W%）較美國人的常模爲高。他們引述了Hellersberg的意見來解釋這個現象。後者曾謂：「無限制的視覺空間似乎對中國人的想像具有吸引力，大的整個圖形對中國人不構成困難」（Abel & Hsu,1949, p.287）。其實，整體知覺的傾向和Hsu氏認爲中國人是以「情境爲中心」的觀點正是相符合的。

　　黃堅厚（1974）在其中國和蘇格蘭青年社會態度比較研究中，也曾注意到中國青年整體知覺的傾向。在TAT圖片裡，編號12BG 是一張野外風景圖，圖中有一棵大樹，樹下有一隻小船。當中國青年對此圖片編述故事時，有三分之一根本沒有提到那隻船，另有三分之一則輕描淡寫地指出那兒有隻小船，而在故事中沒有特別說到它。相反地蘇格蘭青年大多數（68.12%）的故事中將那隻船放在中心地位。比如「他們在坐著小船遊覽」、「在修理那隻船」、或是「小船撞到石頭上，船底裂開了」……等。中國青年多數說：「他們到野外郊遊」、「小河旁邊風景很美麗」、「這像是春天郊外百花齊放」……等。他們將整個的畫面融入在故事裡，而沒有注意圖片中任何一個細節，如船、樹……而去特別描述它。

　　中國人並不是生來就具有整體知覺，而是習得的。在中國的文化裡，有許多事物是在幫助我們發展這一種特性。從小我們就被經常教導：每個人都屬於一個家庭，而不是一個單獨的人。每個人都當行爲端正，努力上進，以期能出人頭地；但目的並不祇求個人功成名就，更重要的是在「光宗顯祖」、「光耀門楣」。同樣地，每個人都必須謹言愼行，以免有失，而致辱及父母，使祖宗蒙羞。正如許烺光在其《美國人與中國人》（Americans and Chinese）（1955）一書，曾指出中國人總是和其家庭分享榮辱。不過許氏接著說：「在成功的時候，中國人的榮耀會降低一些，因爲那將不是他一人的光彩；在失敗的時候，他所承受的打擊不會太重，因爲家人會和他分擔」（p.64）。黃堅厚（1982）認爲許氏這兩句話可能正好說顚倒了，黃氏以爲一個人的成功能光耀

門庭，將會更增光彩；個人的失敗對中國人而言，其打擊將甚於西方人，因爲前者還要承擔使家人丟面子的罪惡感。

中國社會很鼓勵人們記得自己的家世，這一點從傳統的命名方式來看，就非常清楚。通常中國人的名字包含有三個字：第一個是他的姓，那是他全家以至於全宗族所共有的。另有一個字常是表明當事人的輩份，比如本書作者名字中的「厚」字就是。他的兄弟、堂兄弟、以至全宗族中和他同輩份的人都共有這個「厚」字（位置可在第二或第三）。祇有餘下那個字才是當事人所獨有的。這樣一來，從一個人的名字上就知道他的所屬了。

「報」在中國文化中是一個極爲普遍的觀念。意思是說一個人在表現一種行爲後，就會得到某些反應或還報。楊聯陞（1957）將之視爲中國社會關係的基礎。楊氏對「報」的概念做了詳細的分析，特別說明「報」的範圍、方式和時間上常有頗爲廣泛的涵意。比如「報」可能及於當事人的家人；也可能源於祖宗積德或是殃及子孫；「報」可以在健康、財富、考試、收成、災害等多樣事件上表現出來。基於這種信念，許多事件都可以超越時間或空間的限制，而聯貫起來。因此人們會學著從廣泛的觀點來衡量生活中的事故，而不祇將它們視爲各不相干的獨立事件。這也會有助於整體知覺的形成。

二、楊國樞對中國人人格研究的檢視

楊國樞氏在其《中國人人格及其轉變》（Yang, 1986 ）中，也曾對近三十年有關中國人人格研究的文獻，做了一次十分詳盡的檢視，而將那些研究的結果，分爲三方面敘述。

㈠中國人在動機方面的特性

這一部分被檢索的文獻，主要是應用 EPPS、CPI 和 TAT 等評量工具進行的研究。綜合這些研究的結果，中國人行爲動機範

型是：比較強的動機是謙遜性、成就性（社會取向）、變異性、堅毅性、省察性、慈愛性和秩序性。居中的乃有自主性、順從性、支配性和求援性；較低的則有成就性（個人取向）、親和性、攻擊性、表現性、愛戀性和權力。近代中國人的需求範型，主要仍是傳統的動機傾向的延續，但已包含了一些帶了個人觀點的氣氛。台灣地區國中學生頗高的變異性需求，即爲一例（Yang, 1986, p.115）。

㈡中國人在評價—態度方面的特性

1. 價值取向方面

這一部分被檢索的文獻有二十餘篇，它們所應用的工具主要是 Morries 的《生活方式問卷》（Ways to Live）和各種價值問卷（如 Allport、Vernon 和 Lindzey 所編的《Study of Values》）。楊氏綜合其結果指出，現代台灣地區學生所持有的價值取向包含：內在的發展、個人主義、重視未來和克服自然。這顯然和傳統的中國，著重內在發展、集體主義、重視過去和順乎自然的態度有極大的轉變。這些青年人喜歡一種在行動、思想和享受三方面有適度平衡的生活；並認爲接受社會約束、關心他人、保存人類的成就和傳統等都甚爲重要；而應當避免放縱情慾，一味空想，完全屈服於外在的勢力。他們對於理論和審美的興趣較美國學生爲高，而對於經濟與宗教的興趣則較後者爲低。在論及人生價值的相對重要性時，他們傾向於強調大眾及社會的福祉而比較不重視個人的享受；同樣地他們也認爲社會和道德的價值比個人的地位與能力更有意義；不過後者的重要性已逐漸提升，顯示已在緩漸地朝向個人和自我取向轉變。

2. 態度方面

這一部分所分析的文獻，包括有關中國人在權威性以及內外控信念的研究。所謂權威性（authoritarianism）是指對成規的重

視，傾向於迷信、思考固執、具攻擊性、服從權威等性格。楊氏
所檢索的研究，有的是在香港舉行的，有的是在台灣舉行的，有
的是在國外其他地區舉行的。所採用的評量工具也彼此不盡相
同，但所得結果卻相當一致：中國人的權威性分數，恒較爲高。

　　至於Machiavellianism，乃是認爲人是可能被操縱的，人們爲
了自己的利益，不擇手段地使用權術，操弄他人的想法。楊氏引
述了 Oksenberg（1970）在香港的研究，指出接受傳統中國教育
的中學生在運用權術上的傾向低於接受西方教育的學生，由是似
可推論中國人在權術運用的態度上較西方人爲低。另一研究則因
評量工具的問題，未能作確切的結論。

　　另外在內外控信念方面，在被引述的四個研究中，中國受試
者的內控信念均較美國受試者爲低。意即中國人傾向於認爲生活
中的增強物是由外在的作用所左右的。

3.道德認知方面

　　這方面的研究，一部分是以Kohlberg的道德發展階層理論爲
基礎，並以其「兩難故事」爲研究工具。重要的發現有二：(1)中
國兒童及青年進入第五階段（社會契約取向）較西方兒童及青年
爲晚，而且在其到達成人時，停止在比較低的道德認知階層。(2)
中國成年人道德認知在第四階層者較西方人爲多，第四階層者爲
「權威取向」。一般中國人常以其所在社會的目標與期望爲準
繩，他們奉行社會的規範，以避免受到權威者的制裁和引起本身
的罪惡感。Kohlberg 和 Tappan（1983）稱之爲「A 型道德」，相
對地，「B 型道德」則是傾向於自主的道德決策，不受外力或權
威的影響，在美國人中 B 型道德觀較爲普遍。

　　Wilson（1974）的研究則是以自我中心（autocentrism）—他
人中心（heterocentrism）的概念爲其所探討的主要向度。他以其
所編《Autocentric/Heterocentric Questionnaire》測量台灣（335
名）、香港（362 名 ）、紐約（90 名）、新澤西州（293 名）三
、五、七年級學生，發現台灣地區學童，自我中心取向的趨向最

高，而美國學童較低。這個結果看來和上述不相符，不過如果注意到 Wilson 氏研究中受試者年齡都在十三歲以下，就可能有另一個解釋：那就是 Wilson 所提出的兒童期早熟和青年期退化的現象。Wilson 認為在中國社會裡，道德的訓練備受重視，因此兒童很快就提升了其自我為主的道德觀念。到了五年級以後，這種傾向反而降低，而他人取向的道德觀取而代之，此乃由於台灣和香港的教育都非常強調遵守社會規範的緣故。

㈢中國人在氣質方面的特質

　　楊氏根據 Buss 和 Plomin（1975）、Guilford（1959），以及 Thomas 和 Chess （1977）對於「氣質」（temperament ）的解釋，認為氣質是指一個人行為的方式和型態，它雖含有遺傳的作用，但其發展和表現多少會受到文化和環境因素的影響。

　　在氣質特性中首先受研究者所注意的乃是情緒作用，而焦慮與神經質（neuroticism）又常為研究的主題。楊氏檢索了 1985 年以前中國學者的研究，大多顯示中國人的情緒性或神經質分數較美國的常模為高。這些研究是在台灣和香港進行的，一般結果仍和早期研究相同，即中國受試者在情緒性、焦慮和神經質的分數較美國受試者高些。但對於這個結果，尚無適當的解釋。甚至對這些高分的意義，也須待進一步的探討。

　　在氣質特性方面第二個受到注意的是自我約束和審慎的特性。楊氏所檢索的研究達二十篇，其中有些是應用自陳式評量工具（如 Chan 和 Eysenck 於 1981 年應用《艾氏人格量表》在香港的研究），有些是應用投射技術（如楊國樞應用羅夏克墨漬測驗及黃堅厚應用《逆境對話圖冊：P-F study》在台灣的研究），其結果一致顯示：中國人在忍耐、拘謹、審慎、自制等方面較美國人為高；而在衝動性、自發和行為自然等方面則較美國人為低，這一方面的差異，可能具有遺傳的基礎。

　　第三方面的研究涉及到社交性方面。有關的研究發現中國人

在社交和外傾性上的傾向較弱，而在自制與內傾性方面則較為強。

除了上述三方面的特性外，另外尚有一些研究發現中國人還有兩個頗具重要性的行為傾向：一為現實的觀點，一為整體性的知覺。兩者都有實證性的研究為依據，不過楊氏特別指出：前面所述三者是偏重在社會和情緒行為方面，而後者則著重在知覺和認知方面。

參 ☞ 中國人人格的轉變

近數十年來，中國社會每一方面都有很明顯的改變。以台灣地區而論，在教育、社會和經濟等方面，皆有快速的發展。在這個急劇轉變的歷程中，行為科學研究者所關心的是中國人有沒有改變？轉變成為什麼樣子？下面將引述有關這方面的研究。

Abbott（1970）在其「中國家庭生活」的研究中，發現在台北和舊金山的中國青年都逐漸脫離了其父母的行為模式。他們在《加州心理量表（CPI）》中「好印象」、「自我控制」、「陰柔性」等量尺上的分數均在降低，而在「伸縮性」和「容忍性」量尺上的分數則在升高。一般言之，中國人明顯地轉變得比以前有較高的個人中心、攻擊性和直接的行為方式。

黃堅厚在中國人人格轉變這方面曾進行了兩項研究。第一項是有關心理需求的研究。黃氏在 1963 年應用 EPPS 對中國大學生進行評量（Hwang, 1967），1975 年他又用該項量表在同一所大學裡作比較性的探討。發現在 EPPS 所測量的十五項心理需求中，有七項的分數較 1963 年增加了，其在表現性、自主性、省察性和愛戀性四項需求增加的數值，達到了統計上有意義的水準。而另八項需求的分數則較 1963 年降低了，其中順從性、秩序性、慈愛性和堅毅性四項需求上降低的數值，達到了統計上有意義的水

準。如果按照 EPPS 上各需求量尺的定義來解釋上述的結果，這表示 1975 年的中國大學生比起十二年前的大學生來，比較少社會習俗和規範，較少致力於計畫和安排事項，較易在工作上分心，對他人較少關心、少助人。另一方面，他們較喜歡述說自己的成就和經驗，喜歡由自己作決定，對與異性交往的興趣有所增加。

黃氏第二項研究是對於大學生擇偶意願之調查，應用了一個包含五十四題的問卷，他先後進行了兩次調查（1959, 1974），其間相距十五年，發現兩次受試者在擇偶的意願上有幾項明顯的改變：(1) 在擇偶時「男性優越」的條件轉移趨向於「男女條件平等」；(2)「不重視他人意見」的趨向增加；(3) 擇偶時對於離婚、分居和婚前性行爲容忍的程度有提高的趨向。這些都顯示逐漸趨向開放的態度。

楊國樞氏對中國人人格的轉變，曾進行深入的研究。他應用了其所編訂的「個人現代化量表」，以探討中國人對於家庭、文化、教育、政治、法律、經濟、性行爲等方面態度的轉變，以及個人現代化傾向和人格與行爲特性的關係。同時也檢索了 1985 年以前二十篇有關中國人人格轉變的研究。綜合這些方面的資料，楊氏分析了中國人在動機、評價—態度、和氣質特性三方面轉變的情形，並列表歸納其轉變的趨向（Yang, 1986）。約十年後，楊氏復檢索了 1985-1994 年間有關的研究，將 1986 年文中所列表擴充如表 18-1，以顯示在社會現代化的衝擊之下，中國人人格特質增強或減弱的情形。楊氏且指出表中「減弱」的特質，大都可以歸列入中國人四種「社會取向」（家庭取向、關係取向、權威取向、他人取向）之一；而在另一方面，表中增強的特質，大都可以歸列入中國人「個人取向」（自我取向、獨立取向、競爭取向、平等取向）之一。

表 18-1　近年中國人人格特質轉變的趨向
（引自楊國樞, 1996, pp.487-488）

減弱者	增強者
動機方面特質	
MD1 謙遜需求	MI1 成就需求（個人取向）
MD2 成就需求（社會取向）	MI2 自主需求
MD3 攻擊需求	MI3 變異需求
MD4 順從需求	MI4 表現需求
MD5 堅毅需求	MI5 愛戀需求
MD6 慈愛需求	MI6 省察需求
MD7 秩序需求	MI7 求援需求
MD8 社會同意需求	
評價—態度方面特質（節錄）	
ED1 助人的貢獻	EI1 能力與知識
ED5 經濟價值	EI2 成就（活動）
ED11 服從	EI3 美的價值
ED12 耐勞、吃苦	EI4 主動參與社會
ED13 宗教價值	EI5 舒適的生活
ED16 社會約束和自我控制	EI12 科學的和理性的思考
ED21 順乎自然	EI13 自我肯定與生長
ED23 權威態度	EI15 社會地位、權力與財富
ED24 外控信念	EI22 民主態度
ED30 對離婚的負面態度	EI24 內控信念
氣質方面特質	
TD1 謹慎	TI1 權力與支配
TD2 友善與和諧	TI2 情緒穩定性
TD3 敵視	TI3 彈性
TD4 人際間的敏感	TI4 容忍性
TD5 神經質	TI5 社交性，外傾性
TD6 妄想傾向	
TD7 固執	
TD8 自我約束	

　　楊氏在進行這方面研究時，係探文化生態學（cultural ecology）與生態心理學（ecological psychology）的觀點。他指出過去中國是處於宜農的生態環境，而現代的中國，就台灣地區而言，已進入宜工的生態環境（楊國樞，1981）。社會文化與經濟制度等均有明顯改變，乃使中國人的心理與行為，也隨之產生因應的變化。

肆 ☞ 中國人人格研究的方向

　　對中國人人格進行研究的重要性，是無庸再多作說明的。現在要進一步探討的，乃是具體進行的方向，關於這一點，作者願陳述個人的意見如下。

一、有系統的規劃

　　對中國人的人格進行研究，範圍甚為廣泛。由前述黃堅厚（1982）與楊國樞（1986）二氏對於已有研究的檢視，就可見一斑。其中許多研究未能獲得比較完整的資料，多係受了實際限制的緣故。因為每一個主題如果要做深入的探討，常需要頗多的人力與時間，常非個別研究者能力所能及。目前台灣地區從事人格心理研究工作的人力有限，宜作有系統的規劃，分工合作，藉可避免重疊，而期能獲得充分的效果。

　　楊國樞（1986）曾就中國人人格研究的方向，提供下列建議：

1. 對中國人的人格結構進行深入的研究，並強調宜避免以外來的概念和工具，來分析、解釋中國人的行為。從本土化的研究中來確定某些中國特有建構的意義。同時應用歷史的資料，以了解中國文化及個人心理特質和行為傾向的形成。

2.對中國人人格改變的歷程和方向進行研究，除了採用分組比較
　　的方式之外，並宜採用縱貫式或半縱貫式方法進行。

3.建立適當而比較周延的理論，來說明中國人的心理與行為。

　　事實上楊氏近十餘年來所倡導的「本土心理學研究」，就是
循上述方向進行的。

　　另外楊中芳（1992c）也曾提出，探討中國人的性格，要研究
下列這些題目：

1.文化／社會／歷史意義體系的再認識。

2.對中國人的協調方式──中庸之道──的研究。

3.對中國人自我表現的探討。

4.對中國人感情世界的認識。

5.中國人個人處理日常生活的技巧。

　　各個學者對中國人人格研究的方向和主題，自會有不同的意
見。作者所強調的乃在需要有系統的規劃和配合，期能事半功
倍，在這一點上，大家的意見是相同的。

二、有系統地發展人格評量工具

　　在人格心理學的領域裡，人格評量工具的重要性是無庸置疑
的。研究者一方面要應用評量工具來驗證理論中的許多概念；同
時也要借助評量工具，將理論的應用推廣到各方面去。人格心理
學的研究，都需要利用各種評量工具來進行。在西方國家裡，心
理測驗的出版與發行數量，年有增加（Kaplan & Saccuzzo, 1997,
pp.622-623），是一個很好的指標。

　　在國內，心理測驗的應用，也日趨普遍。臨床方面使用人格
評量工具，已有五十年的歷史。隨著國民教育延長至九年的關鍵
時刻，輔導工作先在國中找到據點，然後延伸至高中、大專，再
擴展到學校以外的社會。心理學的研究工作，也呈現欣欣向榮的
現象。評量工具的需要，乃因而明顯地增加。

　　但是由於在已發行的測驗中，頗多是由國外出版的測驗修訂

而來，目前因著作權關係，已停止使用，因而呈現青黃不接的現象，極須有計畫地發展各項評量工具，來配合當前的需要。為了要獲得良好的成效，似應從下列各方面努力：

㈠培養人格測驗編製人才

編製人格測驗者，除了對於測驗編製工作有良好的訓練與經驗外，同時尚須對人格心理學的理論有透徹的了解，俾能把握某項理論為基礎，發展配合該理論的評量工具。

㈡對人格評量工具的編訂作全面性的規劃

編製測驗是一件頗費人力、時間和經費的工作，在目前需要迫切，而人力和經費都不甚充裕的情況下，宜有全面性的規劃，期能使有限的資源，發揮最高的效能。

㈢嚴格管理人格評量工具的發行

訂定人格評量工具發行的管理辦法，規定祇有合格的使用測驗人員，才能申購和取得這些工具，以防止其被濫用和誤用的情形。

㈣推動人格心理研究工作

一種人格評量工具編訂完成之後，常可應用它來進行一些研究，事實上這也常是當時編訂該項工具的目標之一。可用的工具愈多，研究工作的進行將可愈加便利。Eysenck 所編《艾氏人格量表》發行以後，就有許多人利用它進行有關內（外）傾特質和神經質（neuroticism）的研究，就是一例。

上述這些，如果有一個機構來負責推動，當會有較好的效

果。教育部於是指定國立台灣師範大學設立「心理與教育測驗研究發展中心」，就是希望有計畫地發展測驗工具，人格評量工具自也包含在內，相信將會在這方面有適當的規劃。

三、展開與其他文化間的比較研究

要了解本國人的人格，也可以採用跨文化研究的方式，將本國的受試者和另一個文化中的受試者進行比較，前節所檢視的中國人人格研究，有許多就是採用跨文化研究方式實施的。跨文化的比較研究，具有下述的功能：

㈠比較兩個或多個文化間受試者人格的差異

雖然這是大家很熟悉的研究方法，但是有一點應當注意，那就是在一般情況下，研究者常傾向於重視文化間的差異，而對於文化間的相同之處，則常未給予同等的注意，甚或完全忽略。事實上許多研究報告所列舉的文化間之「統計上有意義的差異」，往往祇是某個量表上分數的些微之差而已，並未探究該項差異是否會在行為上形成可以察見的差別。但是在經過正式報導之後，就常會引起大家的注意，認定那兩個文化間受試者是在某方面不相同的。

事實上兩個文化之間的「異」與「同」，經常是同時存在的。黃堅厚（1955）曾探討中國人在羅夏克墨漬測驗上的「從眾反應」，發現在中國受試者常有的十五個反應中，有七個是不曾出現在 Beck（1950）所列舉的「P」中，這個結果是不會令人驚異的。不過很多人可能忽略另一個事實；中國受試者的從眾反應中，有八個（超過一半）也是美國受試者的從眾反應。也就表示中美兩個不同文化中的受試者，也有一些相同的反應。在跨文化的比較性研究中，兩個文化中受試者反應的「異」與「同」，是同樣值得注意的。

㈡探討社會文化環境與人格形成的關係

　　人格心理學者自都知道社會文化環境對人格發展的重要影響，一個人所習得的行為，都是來自其所在的文化環境，每個文化對各項行為表現的方式，所遵守的儀節、所持有的信念等，均有其成文和不成文的規範。儘管在各個文化中人們的基本需要是相同的，然而滿足那些需要的方式卻常有差異；而且每個文化中常有一些獨特的需求。

　　生長在某個文化環境中的人，因其已習於現有的生活和行為方式，常不會覺察文化因素影響的存在，也不易於分析其文化環境與其人格特質間的關係。但在和另一種文化相比較時，這種文化與人格的交互作用就較易顯露出來。這也是跨文化比較研究的另一可能收穫。

　　楊國樞（1986）在論到今後對中國人人格進行研究的方式時，曾建議宜由心理計量學的觀點，移向動態的、交互作用的觀點。意思是說不祇是要探討某些人格特質分數的高低，而是要將人格變項和情境變項綜合在一起來解釋，了解個人人格形成的歷程（Yang, 1986, p.167）。跨文化比較研究將是有助於此的。因為我們可以同時取得計量的和文化環境的資料，將比較易於察見其間動態的、交互的關係。

四、探究「中庸之道」

　　中庸之道的意義，自非三言兩語所能備述。但若簡單地說：就是採取折衷或居中的路線，不偏向任何一個極端。雖然所謂「中」，並不是指在位置上或數量上硬性的中點。採取中庸之道，就是避免將兩個不同的意見，視為兩個對立的、互不相容的行為傾向；它們祇是某一個向度上不同位置的兩點，可能是一正一負，但也可能兩個同是正的，或同是負的。在一個情況下，甲

可能比較適中；在另一個情況下，乙也許會比較適中些。換句話
說：意見或行為的適中與否，將因不同的時間，隨不同的情況而
異。

　　我國人類學先進許烺光先生曾經根據多方面的資料，對中國
人的人格和美國人的人格進行比較研究，而撰寫了《美國人和中
國人》（1955）那本名著。他指出美國人的行為是以個人為中心
的（individual-centered）；中國人的行為則是以情境為中心的
（situation-centered），他認為兩者各有其優點，但「若趨於極
端，則可能形成嚴重的問題」（p. 355）。因此他在該書的結論中
建議應在個人中心和情境中心之間採取折衷的途徑。很明顯地許
氏是服膺我國儒家的中庸之道的。

　　採取中庸之道者，當其採取某一項意見時，並不完全排斥與
之對立的其他意見。相反地他可以適度地接納對方部分的意見，
將其融入自己的意見之中，使之得以相互調和，形成一個得乎其
中的看法，這就是楊中芳（1992）為什麼說：「中庸之道代表中
國人的一套協調各方要求，各種同時引發的自我的方式……值得
我們進一步去探討。」

　　在目前社會文化急劇變化的過程中，傳統與現代化常被視為
互不相容的兩種行為範式。值得注意的是：「人們常會形成一種
喜新厭舊的價值觀念，不知不覺地認為現代的都是好的，傳統的
都是不好的。更重要的是不必要地拋棄了很多優良的傳統事物
……由於傳統的中國特質的喪失與新創中國特質的缺乏，民眾對
自己的社會與文化已難形成清晰而堅固的認同。」（楊國樞，
1987）。楊氏明白指出：從社會的長遠發展而言，上述的情形是
不正常的、不健康的。因些他呼籲中國的知識分子，共同為匡正
與補救由社會變遷所造成的問題而努力。

　　事實上傳統與現代化的行為模式並非完全不能相容的。楊國
樞氏（1993）曾探討現代社會中傳統心理及行為與現代性心理與
行為能否同時並存。他利用 1984 年以來在台灣所完成的實徵研究
資料，分析個人傳統性心理成份與五類個人現代性心理成份之間

的關係。根據所得結果推知：在現代化過程中，孝親敬祖能與現代性心理或觀念同時長期並存，尊重情感應可與傳統性心理與行為並存。楊氏並從文化生態互動論的觀點，試行建構一套新的理論：認為各類傳統性共同心理及行為都可能與現代性共同心理及行為同時並存相當時間，而不致為後者所取代（1993, pp.109-111）。這個由理論和實徵研究所得出來的結論，是具有重要意義的。

照這樣說，我們今日正應當努力去探究適合於中國人的「中庸之道」，這正是行為科學家的使命。但同時我們也當了解：這也不是可由少數研究者單獨努力所能達成的目標。因為「中庸之道」並不是一個固定的行為模式，也不是一個可以放諸四海皆準的處方，而是會因人、因時、因情境而異的。人格心理學的理論與研究可使大家正確地了解自己，正確地認識其所處的情境，適當而有效地處理其所獲得的資訊，為自己及社會的健全發展，選擇最適當的行為方式。家庭與學校的教育，原就是在培養人們在這方面所需要的知識、技能和適宜的態度。不過許多人還需要透過個別或團體輔導過程，去發現自己的方向，開創自己的前程。

目前，我們希望藉「中庸之道」這個概念的啟示，能促使大家了解：在生活的各方面，都有中庸之道可循。我們不必無條件地向這強大的現代化激流投降，也不必完全退回去固守著傳統生活規範；在這兩者之外，還有其他可供選擇的途徑。我們應當幫助大家、特別是青年朋友們了解：沒有人能勉強他去完全接受或完全反對任何一種行為方式。他大可放心，即使他沒有跟著四周的人一道狂奔，也不會失去他自己；消除了這份疑慮，他將會能安定下來，比較容易看出面前可供選擇的途徑。他將能一方面保持自己的本色，同時和他的家人、朋友，以及整個社會建立和諧的關係。

1. 試說明在研究中國人人格時，本土化的重要性。
2. 根據已有研究，中國人人格的特性有哪些？
3. 筆者一再強調人格評量的重要性，其理由是什麼？
4. 試簡單說明「中庸之道」是什麼？
5. 根據已有研究，中國大學生近年在擇偶意願上有什麼明顯的轉變？

重要名詞簡釋

二畫

人本主義（humanism）　　這乃是 1960 年代興起的所謂心理學的「第三勢力」，以表示不同意心理分析學派和行為學派的主張，主要的觀點是強調人性本善，同時認為每個人都有謀求自我充分發展的傾向。

人格（personality）　　在心理學裡，人格是指形成一個人情感、思想、和行為經常作用型式的那些特質所構成的假想性整體。

人格五因素論（The Five Factor Model, FFM）　　近三十年來，許多學者對人格特質的因素分析研究有一個共同的發現；認為人格的基本因素有五個，是即神經質（Neuroticism, N）、友善性（Agreeableness, A）、經驗開放性（Openness, O）、外傾性（Extraversion, E）和謹慎性（Conscientiousness, C）。

人格的陰影（shadow）　　Jung 理論中原象之一，意指人格中不能見人的部分，也就是「獸性」的一面，平日那些貪婪、殘忍、攻擊、不道德的行為都係由它產生。

人類潛能運動（Human Potential Movement）　　這是以 Rogers 和 Maslow 為代表的一群心理學者所倡導的一項運動，旨在強調個人潛能的開發和實現，並重視對經驗開放的態度。

三畫

工具性學習（instrumental learning）　　在刺激－反應論中，個體所習得的反應，將為他帶來其所需要的後果，正如同一種工具，可用此達成某項目的。

口腔期（oral stage） Freud 認為這是「心—性」發展中的第一個階段，係由出生至一歲左右，在此時期中嬰兒取得快感或緊張的主要中心是在口腔部位。

口腔期性格（oral character） 這是 Freud 所提出的一個人格類型，係由於個體在「心—性」發展過程中停滯在口腔期的結果。他們希望在與世界建立的關係中能有被給予食物和「獲得」的經驗。

四畫

文化公平測驗（culture-fair test） 指不受文化因素影響的智力測驗，是 R. Cattell 所設計的。

不可滲透的建構（impermeable construct） 在個人建構系統中，有些建構的意義十分固定，不容許新的成分進入，乃稱為不可滲透的建構。

不良適應行為（maladaptive behavior） 泛指那些不能有效地應付當前情境要求或不為社會所接受的行為，包括違規、犯罪的行為，和心理疾病患者的症狀。

不適當的自我評價（dysfunctional self-evaluations） 個人對於其自我效能的主觀評價過低，認為自己沒有達到應有的標準，這往往是心理不健康的徵兆。

不適當的預期（dysfunctional expectancies） 有些人對於未來的情況或事件存有某種預期，但並沒有客觀、可靠的依據，然而這種預期對當事人的行為常有不利的影響，如無緣無故地耽心有災難發生。

內外控信念（internal-external control beliefs） 對於自己行為後果控制作用的看法，有人認為工作成果的優劣和成敗，都是由本身能力和努力來決定的，是為內控信念。有人則相信事情多係由他人或命運所左右，是為外控信念。Rotter 曾編訂「內外控信念量表」（Internal-External Scale）來測量一個人在此種信念的情況。

內傾性（introversion） 為 Eysenck 理論中人格「內傾—外傾」向度的一端。內傾性的特徵是具有安靜、保守、內省、以及避免從事冒險的傾向。Jung 也曾提出此一概念。

內隱人格理論（implicit personality theory） 一般人常有一些想法，認為某些品質和人格特質之間常有連帶的關係，例如「獐頭鼠目」是小人之相，這些乃是沒有依據的想法，當然也不屬於正式人格理論的一部分。

反向作用（reaction formation） 個體將不被接受的衝動或行為，以相反的方式表現出來。

反移情作用（countertransference） 在心理分析治療過程中，治療者基於其本身的潛在需求和心理衝突，對病人的情感及行為反應。通常認為這是不健全治療關係的指標。

反應性行為（respondent behavior） 由環境中能認定的刺激所引起的行為。和這相對的，是 Skinner 所稱的操作性行為（operant behavior），後者是機體自發的行為，和行為發生前任何特定的刺激沒有關聯。

反應類型（response style） 某些受試者在接受測驗時，常依問題和作答的形式，作某種一致形態的反應，而不是根據問題的內容作答。例如在有三個可選答案時，總是選居中的答案。

「天性—教養」孰重論（nature-nurture controversy） 在論及人格的成長與發展時，遺傳和環境的作用何者較為重要，常為研究者爭論的問題，有關學科發展的情況常可能影響大家的意見。

分析心理學（Analytical psychology） 這是Jung的人格理論，強調人格中相對立的力量間之複雜交互作用以及這些內在衝突對人格發展之影響。

心理疾病診斷與統計手冊（Diagnostic and Statistical Manual of Mental Disorders） 最先在 1952 年出版，目的在將心理疾病確切地分類，將每一種心理疾病的症狀詳確描述，使之不

致和另一種疾病混淆，曾經多次修訂，目前版本為 DSM-IV 係於 1995 年修訂。

五畫

生之本能（life instinct）　　Freud 指個體維持本身生命及追求性的滿足（綿延種族生命）為生之本能。

生活資料（L-data）　　在 Cattell 的特質研究中常由多方面蒐集資料，其一即為當事人的生活資料，包括其在日常生活中情境。

本我（id）　　Freud 認為這是人格結構中最先存在的一個體系。它包含了人們所有稱為動力之源，它的活動常是在潛意識的層次，循唯樂原則。

古典制約（classical conditioning）　　設有甲刺激本來就可以引起某反應，原為中性的乙刺激若經常與甲刺激同時出現，久之乙刺激單獨也可以引起該項反應。巴夫洛夫認為這是一個重要的學習模式。

正面的關愛（positive regard）　　此乃指對人的正面、積極的關懷，如注意、讚美、敬佩、尊重等。Rogers 認為這是人際關係最重要的需求。

主要特質（central trait）　　這是 Allport 特質分類中的一個階層，他認為主要特質會使個體在許多情境中有表現同一種行為的傾向。

主題統覺測驗（Thematic Apperception Test, TAT）　　是由 Murray 和 Mogan 所編的一種投射測驗。由受試者對指定的圖片編述故事，是臨床方面使用極廣的測驗之一。

句根（sentence stem）　　在語句完成測驗中，編者常會安排一些簡短的語詞，讓受試者用之來寫成一個完整的句子。有如小學低年級的造句訓練。

功能分析（functional analysis）　　在行為研究方法中，對於控制行為的環境因素之探索。

功能自主作用（functional autonomy）　這是 Allport 在行為動機方面一個重要的概念。意謂：一種習得的動機系統所含動力，常不再是該系統發展時原有的動力，行為的本身就是行為的動力和目標了。例如：為釣魚而釣魚。

外控信念（external control）　這是 Rotter 所提出的概念。持外控信念者常傾向於相信或預期平日一般增強物，都是受自身以外在的作用所控制，如命運、機會、有權勢的人。

外傾性（extraversion）　這是 Eysenck 所指人格向度「內傾—外傾」的一端。其特徵是善於交際、喜歡冒險、並具有衝動性。近年研究者也發現外傾性為人格五基本因素之一。

外顯人格（persona）　在 Jung 的理論中所謂原象之一，乃指一個人配合社會要求在他人面前所表現出來的形象，但那不是他的全部人格。

可滲透的建構（permeable construct）　在 Kelly 的理論中，有些建構可以納入新的經驗或事件。

代幣制度（token economy）　這是根據 Skinner 操作制約理論的一種行為改變技術，係指利用一種籌碼作為獎酬，以增強受輔者或病人的某種行為，後者可將多次所得籌碼去換取其所需要的事物。

六畫

死亡本能（death instinct）　Frend 認為人類有趨向死亡或回復到無生命狀態的驅力，而稱之為死亡本能。他用此概念解釋人類若干自我毀滅性的行為。

交互決定論（reciprocal determinism）　Bandura 在其理論中，強調個人、行為和環境三者之間的交互影響。

交互影響作用（reciprocal determinism）　指變項間彼此交互的影響。Bandura 在分析人們的行為時，常強調個體人格（P）、行為（B）、和環境（E）三者間的交互影響。

「先天疾病傾向——壓力」說（diathesis-stress approach）

P. E. Meehl 認為精神分裂症患者由遺傳獲有致病的傾向，但他若非生長在不健全的環境中將不會成為病人。這種說法強調精神疾病乃是遺傳與環境交互作用所形成的。

先定建構（preemptive construct）　　指一種建構祇包含其本身所有的元素，並且限制那些元素不得為其他建構所運用。

多元智力論（multiple intelligence theory）　　這是 H. Gardner（1983）所提出的理論。他認為從解決問題的技巧來看，人具有六種智力。是即語文的、音樂的、邏輯—數理的、空間的、身體動作的和個人的。

多變項法（multivariate method）　　係指同時研究許多變項間關係的方法，這是 Cattell 在人格研究中所喜歡用的方法。

自由聯想（free association ）　　在心理分析治療程序中，病人向治療者報告來自其內心中所有的想法，作為進一步分析的資料。

自我（ego ）　　在 Freud 的理論中，此指人格結構中有組織、有理性、循現實原則活動的部分。它經常承受本我和超我的壓力，在現實環境的限制之下滿足個體的需求。

自我（self）　　簡單說來，就是一個人的「自己」，包括其人格作用的型態、組織、及其一致性。人格學者常用到這個概念，但各學者所賦予它的意義常有出入。在社會認知論中，自我乃是一個人認為和其本身有關聯的認知歷程。

自我一致性（self-consistency）　　這是 Lecky 所提出的一個概念，認為一個人要維持其自我觀念，使其在本身及他人心目中有一個較穩定的形象。

自我充分發展（self-actualization）　　Jung 及人本學派學者認為人與生俱來就有謀求充分發展其潛能的傾向。Goldstein且認為此乃人們最主要的動機，也就是唯一的動機，一般中譯為「自我實現」。

自我的延伸（self-extension）　　一個人常會將自己所有的事物、親屬、家庭、以至於國家，視為是自己的一部分，將他

們都冠上「我的」。在比較不成熟的情況下，其自我延伸常有自我中心的成分，看別人時祇是以自己的利益和安全著眼。在比較成熟的情況下，則會注意到他人的福祉，有如古人所謂「民吾同胞」的態度。

自我定位的危機（idenfity crisis）　　Erikson 認爲青少年期的重要任務。就是要瞭解自己，明白自己是怎樣一個人，能做什麼；就是爲自己定位，但定位並非易事，可能構成困難，引起角色混淆的觀念，Ericson 乃稱之爲定位的危機。

自我效能（self-efficacy）　　這是社會認知論中一個重要的概念，係指一個人所認爲自己應付某一特殊情況的能力。

自我基模（self-schema）　　此爲 Markus 所提出的概念，她認爲人們會根據其過去經驗，形成對自我的認知結構；它會組織並導引和自我有關資訊的處理，人們將會注意哪些訊息，將如何組織那些訊息，將會記得哪些訊息，都將受自我基模的影響。

自我認定的形象（self-identity）　　指一個人對本身情況的定位（包括他的種族、國籍、學歷、地位等）。不少人常將此詞與認同（identification）相混淆。

自我增強作用（self-reinforcement）　　個人對自己的行爲常有內在的自我評價作用，給予自己獎勵或自我責備，在長期缺少外在的增強時，自我增強甚爲重要。

自我調節作用（self regulation）　　此爲 Bandura 提出的概念，係指個人調整自己行爲的歷程。

自我觀念（self concept）　　指一個人對自己的看法，「我是這麼一個人」。

自卑情結（inferiority complex）　　一種廣泛而強烈的自卑心理。認爲四周的人都瞧不起他；將所有不順遂的經驗都歸因於自己的「缺失」。

自卑感（inferiority feeling）　　一個人對於自己某一方面有不滿意的感覺，認爲不夠完美。

行為主義（Behaviorism）　　是由 J. B. Watson 所倡的主張，認為心理學應當祇以能觀察到的行為為對策。

行為改變技術（behavior modification ）　　這是指根據 Skinner 操作制約學習理論，處理或治療不良適應行為的方法。

行為治療（behavior therapy）　　這是根據學習理論，以某種不良適應行為本身為處理和治療的對象，而不去探究該項行為形成的心理因素。

行為潛勢（behavior potential）　　指在某種情境中，某種行為出現的潛勢。Rotter 認為它係由當事人當時的預期和他對增強的價值觀念所共同決定的。

次要特質（secondary disposition）　　在 Allport 的特質分類中，指那些在少數情境中以某種特定的方式表現行為的傾向。如「守時」的特質祇和那些有時間因素的情境有關。

次級思考歷程（secondary process ）　　在心理分析論中，這是指自我（ego ）的思考方式，它是配合現實情況的思考方式。

次級驅力（secondary drive）　　即指習得的驅力，如恐懼、焦慮、追求注意和讚許，中譯順著〝secondary〞稱為「次級」，很易引起誤會，因很多習得驅力的強度和重要性，常超過基本驅力（primary drive）。

次級增強物（secondary reinforcement）　　意指習得的增強物。如金錢、地位、權力、榮譽等。在一般社會生活中，它們常較基本增強物更為重要。

因素分析（factor analysis ）　　這是一種統計方法，用以探討在某個情況下，哪些變項或測驗上的反應是同時增減的。在編訂人格測驗和進行人格特質研究時常會應用因素分析法。

合理化作用（rationalization ）　　為防衛作用之一，人們常以一種能為自己及社會所接受的理由取代其原來不被接受或不夠光彩的動機或行動。如酸葡萄作用。

七畫

角色建構庫測驗（Role Construct Repertory Test, Rep Test）
這是 Kelly 所發展的一種評量方法，用以探討一個人所使用的建構、建構之間的關係，以及他如何將這些建構應用於某些人。

抗拒現象（resistance）　在心理治療中，病人於耽心潛意識裡的內容將被揭露而引起焦慮，乃表現一些反應（如遲到、或不繳納治療費等）來阻礙治療的進行。

肛門期（anal stage）　在 Freud 理論中，此指「心—性」發展中的一個階段，約在二～三歲時，此時幼兒身體快感和緊張的中心乃在其肛門部位。

肛門期性格（anal character）　這是 Freud 所提出的一種人格類型，係由於個體心—性發展停滯在肛門期的結果，當事者具有希望獲得權力控制他人的傾向。

抑制作用（suppression）　此指有意識地將自己認為不適當的思想、情感和行為予以控制，不讓它表現出來。而壓抑（repression）則是由於潛意識的作用，要使思想和情感不進入自己的意識，不為自己所察知。

投射作用（projection）　人們常會將原屬於自己卻又不能接受的思想、願望、行動等歸之於他人，以減低其焦慮，是防衛作用之一。

投射測驗（projective test）　此類測驗是用一些模糊而不確定的刺激，令受試作反應，認為受試者的人格會由其反應中顯示出來。如羅夏克墨漬測驗。

快感部位（erogenous zones）　Freud 指出：人體有某些部位在受到刺激時會引起快感，如口腔、肛門及尿道、生殖器部位等。

社會認可性（social desirability）　指測驗或量表項目內容被社會接納的程度，受試者常會依照測驗項目的社會認可性作反

應，而不依照本身眞實的情況來作答。

社會興趣（social interest）　指個體對本身以外的人和事物的注意和關懷，並傾向於和他們交往及合作。Alfred Adler 認爲那是一種與生俱來的傾向。

否認作用（denial）　個體對其內在或外在痛苦與困難的眞實性予以否認，藉以減低其焦慮，是一種防衛作用。

防衛作用（defense mechanisms）　在 Freud 的理論中，自我（ego）是居於執行者的位置，隨時承受本我和超我的壓力及現實環境的限制，因而引起焦慮。乃必須運用一些手段將許多衝動、願望、感受、經驗等排除在意識領域之外，藉此減低或消除其焦慮。亦稱「自我防衛作用」（ego defense）。

防衛性的認同（defensive identification）　認同原爲人格發展過程中正常的現象，如兒童之向父母認同；但有時一個人之所以向某一個對象或團體認同。具有提升自己的地位或「沾光」的意義，乃含有減除焦慮和防衛的功能。

攻擊本能（aggressive instincts）　Freud 認爲個體與生俱來的驅力爲性與攻擊。攻擊驅力的表現是對人的敵意感，對他人身體或感情的傷害與對物體的破壞行爲等。

八畫

性本能（sexual instinct）　在 Freud 的理論中，指追求性滿足及身體快感的驅力。

性器期（phallic stage）　Freud 所指個體「心—性」發展中第三階段，此時兒童的快感與緊張開始集中於生殖器部位，Freud 並認爲兒童此時極盼和父母中異性的一位親近。

性器期性格（phallic character）　此爲 Freud 所提出的一個人格類型，係由於個體在心—性發展過程中滯留在性器期的結果。這些人具有的特徵是奮力與他人競爭以取得成功。

非我（not-me）　心理分析學者 Sullivan 強調父母的態度對兒

童自我（self）發展的影響。對於父母強烈不贊同的思想、情感和行為，兒童就使之和自己「分離」，表示「那不是我」。

非指導性治療（nondirective therapy）　這是 Roger 所倡心理治療及諮商的原則：治療者不給予當事人任何指示、命令或建議，由當事人經由討論後，自己選擇他的決定。

固定角色治療（fixed-role therapy）　Kelly 所倡用的一種治療方式。治療者描述一個角色，讓當事人照著去扮演，藉此去改變其建構系統，因而對自己、他人及整個生活產生新的看法。

兩性期（genital stage）　心理分析論中，兩性期是心—性發展最後一個階段，通常是由在十三～十六歲。

依附行為（attachment）　此指早期兒童和母親（或其他照顧者）親近的聯結關係。兒童精神醫學家 Bowlby 對依附行為十分重視，認為安全的依附關係為兒童健全人格發展的必要條件。

表面特質（surface trait）　有許多行為表面上看來似乎是有關聯的，但實際上它們並不是同時增減的，也並不一定有共同的因素。

表現性行為（expressive behavior）　Allport 指出：每一項行為都具有兩方面的作用，一方面在適應個體的需要和環境的要求；另一方面則為個體自身特性的表現，服裝最容易說明這兩方面的作用。

取消作用（undoing）　個人以一種行為或儀式去消除過去曾引起罪惡感或焦慮的行為與願望。是一種防衛作用。

昇華作用（sublimation）　這是防衛作用之一，係指以一種能為社會所接受的目標，取代原始本能性的行為。

知覺防衛作用（perceptual defense）　指個體對於具有威脅性的刺激或現象，有「視而不見、聽而不聞」的傾向，以減除焦慮，這乃是潛意識的防衛作用。

九畫

要求的特徵（demand characteristics） 在實驗研究情境中，常有一些不明顯的線索會影響到受試者的行為。如：實驗室的氣氛，可能使受試者感到緊張。

面具（persona） 在西方古代戲劇中，演員常戴面具，用以表明他所扮演的角色，英文人格（personality）一詞，即係由 persona 所引申出來的。

宣洩作用（catharsis） 將心理上的問題提出來和他人討論後，獲得了情緒的釋放與鬆弛，是為諮商和心理治療的功能之一。

前意識（preconscious） 這是 Freud 提出的一個概念，指意識狀態的一個層次，有些目前不在個體意識內，但經過思考或回憶即可覺察到的思念、經驗或感受，如熟朋友們的名字，在沒有想到它們時，是在前意識領域中。

神經質（neuroticism） 此乃 Eysenck 理論中的人格的一個向度，其一端是穩定的、低焦慮的；而另一端則是不穩定的、高焦慮的。

神經質焦慮（neurotic anxiety） 在 Frend 理論中，自我（ego）耽心本我衝動會找機會表達而引起的焦慮。

建構（construct） 這 Kelly 理論中的基本概念，所謂建構係指個人對於事件覺知、分析和解釋的方式。

建構系統（construct system） Kelly 認為一個人的人格，就是他的建構系統。在此系統中，其所有的建構有其排列的層次。

指導下的參與（guided participation） 這是社會認知論中強調的輔導或治療的方法，使當事人在輔導員或治療者示範之下表現某種行為。

相關研究（correlational research） 係指對於某些人變項間關聯性的研究。例如：是否焦慮愈高的人其創造性將愈低，這

種研究方法和實驗研究法不同，有些不能應用實驗法去探討的問題，就需要應用相關研究。

十畫

個人建構理論（Personal Construct Theory）　這是 George Kelly 的人格理論。他認爲每個人都有其建構系統，用以解釋、預測其所遇到的事件，並導引其反應。

個人潛意識（personal unconscious）　Jung 意指潛意識中和個人經驗有關的部分，相當於 Freud 所指的前意識。

「個人—情境」孰重的爭議（person-situation controversy）　這是指心理學者間的爭論：有些學者強調個人變項決定行爲的重要性，另一些學者則強調情境因素的重要性。

個別性的研究（idiographic approach）　是爲 Allport 所重視的研究方法，特別注重對某一個體的徹底研究，以及對每一個人人格變項組織的探討。

個別研究法（idiographic approach）　指對個人深入研究的方法。Allport 認爲人格的研究應循個別研究進行。

個體化（Individuation）　Jung 認爲人格中有許多相互對立的力量或作用。如外傾—內傾，外顯人格（persona）—陰影（shadow）等。個體有一種與生俱來的傾向，使這些相對的力量和諧地融爲一體。Jung 稱這個自我發展歷程爲個體化。

退化作用（regression）　這是 Freud 所倡用的概念。指個體在遇到困難時，常會退回到較早的發展階段，使用比較不成熟的方式來和周圍的人及世界交往。

核心建構（core construct）　在每個人的建構系統中，有一些建構是最基本的，不能更動的，它一旦有所改變時，整個系統的其他部分都會受到嚴重的影響。

原始思考歷程（primary process）　根據心理分析論，嬰兒早期的思考是不符合邏輯，不符合眞實情況的；想像和事實常混爲一談，事情發生的順序可隨便顚倒，同一個人可以具備

好幾個人的形象或特質。夢境中常有此類思考出現，精神分裂症亦常有此表現。

原型（prototype）　　在某一類人物或事物中最具代表性者之形態，也就是該類人物或事物的標準形態樣式。

效度（validity）　　係指一個量數的眞確性；即指它所量的和其所想要量的接近的程度。

高峰經驗（peak experience）　　指一種和四周事物融爲一體、渾然忘我、喜極而泣的經驗，每個人可能偶或有之。Maslow認爲那些自我充分發展的人（self actualizers）比較常有這類的經驗。

消除緊張論（tension reduction model）　　這是對行爲動力的一種看法，持此論者認爲行爲的作用是在滿足個體的需求，以消除或降低其緊張狀態。

被愛的條件（conditions of worth）　　Rogers強調兒童人格的健全發展，有賴於其父母對他無條件的正面關愛。不過有些父母常讓子女覺得必須要「乖」或「第一名」才會被愛，那些就是被愛的條件。

特質（trait）　　個人在多種情境中，以某一種特定方式表現行爲之傾向，如具有「認眞」特質的人，無論在那種情況下作事都是很認眞的。

特質焦慮（trait anxiety）　　指某些人的焦慮，乃由其本身人格特質所形成，是一種經常性的心理狀態，其焦慮的程度是比較穩定的。

流體智力（fluid intelligence）　　Cattell將智力分爲兩類，其中流體智力是指一般解決問題的能力，大部分是與生俱來的。

十一畫

動力特質（dynamic trait）　　在Cattell的理論中，將人格特質分爲能力特質、氣質特質和動力特質三類。動力特質包含爾格、情操和態度三者。

動態架構（dynamic lattice）　　Cattell 的理論中，「爾格」、「情操」和「態度」這些動力特質之間有十分錯綜複雜的交互關係，由此構成個體的動機系統。

基本焦慮（basic anxiety）　　Horney 指出兒童由於本身能力薄弱，生來就有無助感，四周的人和環境，常對他具有威脅作用，構成他的焦慮不安之感。

基本語詞假說（fundamental lexical hypothesis）　　Goldberg 指出：在人類相互交往中，及一般人所注意到的個別差異和人格特質，應均會在日常語言中出現；如果人們所察見的個別差異有共同性，則那些基本特質的語詞會出現在各種語文之中。

基本驅力（primary drive）　　指個體與生俱來所具有引動行為的內在刺激。如飢餓驅力。

基模（schema）　　係指一種組織訊息的認知結構，它會影響我們對於未來訊息的知覺和處理的方式。

控制的重心（locus of control）　　這是 Rottor 所提出的概念，意指一個人對於增強物（獎酬或懲罰）的控制和決定因素之一般信念。

虛偽性（撒謊）量尺（lie scale）　　在自陳式人格測驗或量表中，編者常會安排一些題目，以測定受試者作答的誠實性。例如：「我從來沒有說過謊」對一般人來說，如果答「是」，將是不真實的答案。若是受試者這個量尺上的分數過高，則他在整個量表上答案的真實性就值得懷疑了。

習得（acquisition）　　指新行為的習得。過去恒以為行為的「表現」乃是「習得」的指標，但 Bandura 則指出兩者的意義不同，他認為新行為的習得不一定會表現出來；若表現出來則常是受獎酬或增強物的影響。

習得的情緒反應（conditioned emotional reaction）　　由於制約作用，使原為中性的刺激產生引起情緒反應的作用，在 Watson 的實驗中，他使老鼠和兒童所害怕的大聲同時出現，久

之兒童對老鼠也有害怕的反應。

習得的無助感（learned helplessness）　此爲 Saligman 所提出的概念，乃指人或動物由其經驗，得知他（牠）無論怎樣努力都不能改善其當前不利的情況，結果他（牠）就放棄努力了。

習得的驅力（secondary drive）　某些內在的刺激經常和基本驅力的滿足相聯結，久之也會產生促動行爲的作用，如酒癮。

習慣（habit）　在 Hull 的理論中，習慣就是刺激與反應間的聯結。

移情作用（transference）　此爲心理分析治療的一個重要概念。指病人在接受分析的過程中，常會將過去和父母相處時所經驗到的態度和感情，轉移到分析者身上來。後來非心理分析論者也採用此一概念。

理情治療（rational-emotive therapy）　Albert Ellis 認爲人們常具有一些不合理的信念，對於其情理與行爲具有破壞性的作用，宜予以改正。

理智化（intellectualization）　是一種防衛作用。使自己對某項痛苦事件的思想和情感分離，而能平靜地處之。如有些患絕症的病人，常將悲傷和恐懼的情緒「藏」起來，好像毫不在乎的樣子。

理想自我（ideal self）　指一個人希望自己所具備的樣子，這是 Rogers 理論中的一個重要概念。

現象場（phenomenal field）　指個體對自我及四周世界的知覺，即其主觀的世界，其中有些是有意識的，有些是潛意識的。

現象學（phenomenology）　心理學中強調個人如何知覺自我及世界，以及如何經驗自我及世界的一種取向。

現實原則（reality principle）　依照 Freud 的意見，人格結構中自我（ego）部分的活動，是配合現實情況進行的，它可以依

據現實將本能要求的滿足延緩，等到適當的時候而去設法取得其所需求的。

情境的特殊性（situational specificity）　此一概念在強調一個人的行為會依其所在情境而有變化，同一個人在不同情境中會表現不同的行為。這和特質論者強調一個人在各種情境中行為的一致性是相對立的。

情操（sentiment）　在特質論中所稱「情操」，係Cattell所指動力特質之一，它是由某些基本驅力（爾格）和社會環境中某些事物（或人）發生關聯後所形成的動力特質，如「愛國」的情操。

停滯現象（fixation）　這是 Freud 所提出的概念，指個體在「心─性」發展的某一階段，產生了停滯或中止的情況，如是個體的年齡繼續增加，而其人格卻停留在比較不成熟的階段。

唯樂原則（pleasure principle）　依照Freud的理論，本我的活動是在以追求滿足，避免痛苦為原則而不顧其他。

連續漸進法（successive approximation）　在Skinner的操作制約理論中，當接受訓練者表現和最後目標相近的行為時即給予增強，使之逐漸接近目標；若干動物所表現的複雜行為都是這樣一步一步地訓練完成的。

十二畫

替代增強（vicarious reinforcemeut）　觀察到榜樣在表現某種反應獲得增強時，觀察者表現該項反應的傾向也將被增強。

替代學習（vicarious conditioning）　在 Bandura 及其同仁的研究中，發現兒童不但可以經由觀察習得「榜樣」所表現的行為，同時也會在看到「榜樣」所產生的情緒反應後（如恐懼或喜悅），也會對該有關事物表現類似的情緒反應，後者即稱為替代學習。

超我（superego）　在 Freud 的理論中，認為超我乃是人格結

構中代表個體理想和道德觀念的一部分，和本我正處於對立的地位。

陽具妒羡（penis envy） 在 Freud 的理論中，認爲女性對男性擁有陽具，而本身缺少該項器官所產生之妒羡心理。

焦慮（anxiety） 指個體感受到威脅或危險迫近時的情緒狀態，人格心理學者對個體焦慮的形成及其因應方式甚爲注意。

統我（proprium） 這是 Allport 所倡用的一個名詞，意指人格中個人所認爲屬於自己的各部分之總稱。

統轄性特質（cardinal trait） 在 Allport 的特質分類中，此指個體所具有的一種普遍而顯著的行爲傾向，它幾乎會影響個體所有的行動。

集體潛意識（collective unconscious） Jung 認爲人們會將過去千萬年來祖先累積的經驗貯藏在潛意識中，由於許多經驗都是共同的，所以集體潛意識的內容也是共同的。

晶體智力（crystallized intelligence） Cattell 將智力分爲兩類，其所謂晶體智力乃指一般的、廣泛的智力，它反映個人在其所處文化中得自學校和其他活動的經驗。

十三畫

新 Freud 學派（Neo-Freudians） 部分心理分析學者不同意 Freud 強調人類行爲中本能與性的驅力，而認爲行爲主要是具有社會意義的。一般咸以爲 K. Horney、E. Fromm 和 H. S. Sullivan 是新 Freud 學派的重要人物。

概化性的預期（generalized expectation） Rotter 認爲一個人可能基於各種情境所累積的經驗，而產生對於生活事情一般性的預期。Rotter 所提出的「內—外控信念」就爲一例。

當事人中心治療（client-centered therapy） 此係 Rogers 早期治療的方法，他認爲不要將受輔者視爲「病人」，而應重視其求發展的驅力，是哪些情況在妨礙其發展，以及如何安排

治療情境去消除那些困難。

預期（expectancies）　在社會認知論中，認為一個人的預期和其行為有密切的關係，他之所以會在某種情況下表現某種行為，乃是由於他預期將有某項結果產生。

隔離作用（isolation）　個人將情緒由痛苦衝動或記憶情境中抽離出來，以減低其焦慮，是一種防衛作用。

意識（conscious）　指個體所能察覺的思考、經驗和感受，在 Freud 的理論中，和潛意識是相對的。

經驗相符性（congruence）　在 Rogers 的理論中，這是指一個人的自我觀念和其經驗完全相符，沒有衝突的情況。Rogers 認為這是自我發展的重要條件，也是輔導和治療的目標。

微觀分析研究（microanalytic research）　這是 Bandura 所提出有關自我效能的研究策略，在此類研究中所注意的是當事人在個別事件上自我效能的評判，而不是概括性或籠統的判斷。

十四畫

語文前建構（preverbal construct）　此指個人建構系統中那些無法以語文表達的建構，乃為 Kelly 所提出的概念。

語義辨別法（semantic differential）　是 Osgood 所倡的一種評量事物意義的方法，受試者將某一概念或事物在一系列的七點量尺（scale）上進行評定，每一個量尺都是以成對的形容詞（如好—壞、強—弱）來界定的。

對立原則（principle of opposites）　Jung 認為推動行為的能，乃是由於人格中互相對立的力量交互作用所產生的。如「內傾—外傾」，「anima—animus」等。

認同作用（identification）　將所崇拜者的行為和態度吸收過來成為自己人格的一部分，使自己和所崇拜者（如父母）相像，是為認同。

認知三病（cognitive triad）　Beck 認為導致抑鬱的認知狀態，

常包含三種因素：視自己爲一個失敗者、視世界爲充滿挫折、視未來爲黯淡而沒有光明前途。

認知的複簡度（cognitive complexity-simplicity）　建構系統較複雜的人能從許多不同的角度去觀察他人和事物，其認知內容將較爲豐富、複雜；反之其認知內容將較爲簡單。

認知治療（cognitive therapy）　這是一種治療方式，重點是放在改變個人的不眞實、不合理和不良適應的思考作用；破除迷信，事實上就是認知治療。

精神病質（psychoticism）　此爲 Eysenck 理論中的一種人格向度，在其一端者具有不與他人交往、不關心他人感受的傾向；而在另一端者則能接受社會習俗履行社會規範。

實驗研究法（experimental method）　研究者在控制的情況下，操弄某些變項，以觀察其對另一些變項所產生的影響。

爾格（erg）　此係 Cattell 所稱動力特質之一，它是個體與生俱來的驅力，是推使個體表現行爲的基本動力。

十五畫

慾力（libido）　此爲心理分析學所倡名詞，乃指生的本能所產生的心理能，對有機體而言，消除飢餓，避免痛苦與性均爲生的本能。

潛伏期（latency stage）　依照 Freud 心—性發展理論，在性器期之後的一段時間（約爲 6 -12 歲），兒童對於外界事物的興趣增加，其追求身體快感的欲求，似有暫時降低的情形。

潛意識（uuconscious）　指人們無法覺察的那些思想、願望、經驗和感情，依照 Freud 的看法，它們並沒有消失，而是存在於潛意識裡，對當事人的行爲具有極重要的影響作用。

潛源特質（source trait）　有某些行爲傾向，是同時增強和減低的，它們形成了一個獨立的人格特質，是爲潛源特質，在 Cattell 的研究中，他十分重視此種特質。

價值調查量表（Study of Values）　由 Allport，Vernon 和 Lindzey 三人合編的量表，用以測量受試者對理論、經濟、政治、社會、宗教、審美六種價值偏重的傾向。

增強時制（reinforcement schedule）　爲 Skinner 的操作制約理論中所重視的一個變項，係指增強物出現的頻率和其在時間上的安排，如定比增強、定時增強等。

增強物的價值（reinforcement value）　Rotter 在其理論中，指出增強物的本身是沒有固定價值的，將隨情境及當事人當時的「預期」（expectancy）而異。

十六畫——二十三畫

操作制約作用（operant conditioning）　在 Skinner 的研究中，利用獎酬或懲罰的作用，來控制動物（或人）的行爲。

激發水平（level of arousal）　個體在接受外界的刺激或是在進行一項工作時，其生理和心理方面，就會進入各種不同程度的激發情況，在相同的刺激作用下，外傾者和內傾者的激發程度（水平）常有差異。

默認（acquiescence）　指受試者在接受測驗或問卷時，不顧測驗題項的內容，而是傾向於同意測驗題項的反應類型。如：各題均以「是」爲答案。

閹割恐懼（castration anxiety）　在 Freud 的理論中，認爲男孩在心—性發展性器期中，希望獲得母親全部的愛，和父親處於競爭的情況，乃害怕父親會割去其生殖器官。

壓力（stress）　個人知覺到環境的要求，已經超越了他的當時可能動用的資源，並將危害到其幸福，這時個人在認知方面所要評估的就是它會造成怎樣的傷害，以及怎樣去應付它。

壓力免疫訓練（stress inoculation training）　這是 Don Meichenbaum 所倡用以幫助人們去應付壓力情境的方法，包括三個階段：一爲對壓力情境性質的認識和了解，包括當事者對

該情況及本身不正確的想法；二為因應技巧的訓練：包括鬆弛訓練和問題的分析；三為實施與追蹤，這種訓練可視為一種認知治療。

壓抑（repression） Freud認為這是最基本的防衛作用，人們將自己不能接受或將引起焦慮的思考、觀念或願望，由意識中排除，使自己不復察見它們的存在。

環境塑成特質（environmental-mold trait） 照Cattell的意見：人們有一些潛源特質，是由其在環境中的經驗所形成的。與此相對的為「天賦特質」（constitutional trait），乃由遺傳因素所形成的潛源特質。

隱覺（subception） 這是Rogers所提出的一個概念，意指人們在一種和自我觀念不符的經驗進入意識之前已能察覺到，如是就會應用否認（denial）或歪曲（distort）等方法作為防衛。

歸因方式問卷（Attributional Style Questionnaire） 這是Peterson（1991）所設計的一種問卷，用以測量受試者有關習得無助感的歸因。它涵盡了歸因的三個向度：內在的（個人的）—外在的因素，特殊性—全體性的因素，和穩定的—不穩定的因素。

轉換性協識脫離症（conversion hysteria） 患者某項身體功能減退或喪失，但沒有生理上的基礎，醫者乃認為可能是當事人將其心理上的困難轉換成為生理方面的疾病。

類化作用（generalization） 某一刺激經由制約作用與某一反應建立了聯結後，和該刺激相類似的刺激也可以引起那項反應。

戀母情結（Oedipus complex） Freud認為男孩在性器期時，有獲取母親全部的愛與注意的傾向，並對父親懷有敵對的心理，Freud乃借用希臘神話中Oedipus弒父娶母的故事來形容這種關係。

觀察學習（observational learning） Bandura所重視的學習歷

程。人們可以經由觀察某個榜樣（真實的、或是書本、電影中）的表現，而習得某種行為，不一定需要增強物的作用。

參 考 文 獻

一、中文部分

朱瑞玲（1997）：青少年性格量表之編製，《測驗年刊》，*44(2)*, 21-45。

朱瑞玲，李黛蒂（1983）：評定式艾氏性格量表之初步修訂報告，《測驗年刊》，*30,* 45-52。

柯永河（1957）：班達知覺完形測驗計分法及其與智慧的關係。《測驗年刊》，*5*，55-60。

柯永河（1962）：再論班達測驗計分法與智慧的關係。《測驗年刊》，*9*，49-52。

李亦園、楊國樞、文崇一（1985）：《現代化與中國化論文集》。

吳武典（1988）：我國參與國際數學奧林比亞競賽學生的追蹤研究—環境影響之探討，《特殊教育研究學刊》，*16*，247-366。

洪有義（1974）：社會文化環境與內外控制握的關係。《中華心理學刊》，*16*，187-198。

高尚仁（1986）：《書法心理學》。台北：東大。

陳仲庚、張雨新（1989）：《人格心理學》。台北：五南。

程玉罄（1983）：　《動力精神醫學》。台北：五南。

黃乃松（1984）：關於個性問題的探討。《心理學報》，*1*，1-7。

黃乃松（1985）：關於個性模式的探討。《心理學探新》，*5*，1-10。

黃希庭（1998）：《人格心理學》、台北：東華。

黃堅厚（1955）我國人在羅氏墨漬測驗上之「從眾反應」。《測驗年刊》，*3*，63-70。

黃堅厚（1968）：中國大學生在艾德華斯氏個人興趣量表上之反應。《師大教育心理學報》，*1*，52-68。

黃堅厚（1969）：我國大學生對於挫折情境反應的分析。《師大教育心理學報》，*2*，37-48。

黃堅厚（1970）：親子間心理品質之相關研究。《師大教育心理學報》，*3*，29-37。

黃堅厚（1975）：中國及蘇格蘭青年社會態度之追蹤研究。《師大教育心理學報》，*8*，95-106。

黃堅厚（1976）：心理需求在十三年間的轉變。《師大教育心理學報》，*9*，85-94。

黃堅厚（1977）：從心理學的觀點談孝並分析青年對孝行的看法。《師大教育心理學報》，*10*，11-20。

黃堅厚（1979）：國小及國中學生內外控信念之研究。《師大教育心理學報》，*12*，1-14。

黃堅厚（1982a）：近年中國人人格心理研究之評述。《師大教育心理學報》，*15*，227-242。

黃堅厚（1982b）：中國人對於心理衛生觀念的初探。《中央研究院民族學研究所專刊乙種之10》，417-440。

黃堅厚（1985a）：「社會興趣」的測量及其和其他人格品質的相關。《師大教育心理學報》，*18*，1-16。

黃堅厚（1985b）：資料蒐集程序的重要性。《測驗年刊》，*32*，219-220。

黃堅厚（1986）：從語句完成反應看台北地區國中學生心態。《師大教育心理學報》，*19*，21-36。

黃堅厚（1989）：我國大學生心理需求轉變的賡續研究。《師大教育心理學報》，*22*，1-22。

黃堅厚、藍敏慧（1980）：我國中小學生社會關係基模的探討。《師大教育心理學報》，*13*，13-26。

楊中芳（1988）：價值變遷與送禮行為。見楊國樞（主編）：《中國人的心理》。臺北：桂冠圖書公司。

楊中芳（1989）：試談中國實驗社會心理學的本土化：對以「集體主義」為前提的實驗研究的反省。《廣東師院學報》，2，18-31。

楊中芳（1991a）：由中國「社會心理學」邁向「中國社會心理學」—試圖澄清有關「本土化」的幾個誤解。《社會學研究》（大陸），1 期（總 31 期），32-38。

楊中芳（1991b）：試論中國人的「自己」：理論與研究方向。見楊中芳、高尚仁（主編）：《中國人·中國心—人格與社會篇》。臺北：遠流出版公司。

楊中芳（1991c）：回顧港臺「自我」研究：反省與展望。見楊中芳、高尚仁（主編）：《中國人·中國心—人格與社會篇》。臺北：遠流出版公司。

楊中芳（1991d）：試論中國人的道德發展：一個自我發展的觀點。見楊國樞、黃光國（主編）：《中國人的心理與行為》。臺北：桂冠圖書公司。

楊中芳（1991e）：緒論。見高尚仁、楊中芳（主編）：《中國人·中國心—傳統篇》。臺北：遠流出版公司。

楊中芳（1992a）：中國人是具有「權威性格」的嗎？—對有關中國人性格研究的反省。見《中國人的心理與行為科際學術研討會論文集》。臺北：中央研究院民族學研究所。

楊中芳（1992b）：中國人真是具有「集體主義」傾向嗎？—試論中國人的價值體系。見漢學研究中心（主編）：《中國人的價值觀國際研討會論文集》。臺北：漢學研究中心。

楊中芳（1992c）：試論如何研究中國人的性格。見楊國樞、余安邦（主編）：《中國人的心理與行為》。臺北：桂冠。

楊中芳、高尚仁（主編）（1991a）：《中國人·中國心—人格與社會篇》。臺北：遠流出版公司。

楊中芳、高尚仁（主編）（1991b）：《中國人·中國心—發展與

教學篇》。臺北：遠流出版公司。

楊中芳、趙志裕（1987）：中國受測者所面臨的矛盾困境：對過份依賴西方評定量表的反省。《中華心理學刊》（臺灣），*29*（*2*），59-78。

楊波（1998）：中國人人格結構分析與實證研究。西南師範大學博士學位論文。（未發表）。

楊國樞（1981）：中國人的性格與行為：形成及蛻變。《中華心理學刊》（臺灣），*23*（*1*），39-55。

楊國樞（1982a）：心理學研究的中國化：層次與方向。見楊國樞、文崇一（主編）：《社會及行為科學研究的中國化》。臺北：中央研究院民族學研究所。

楊國樞（1982b）：緣及其在現代生活中的作用。見《傳統文化與現代生活研討會論文集》。臺北：中華文化復興運動推行委員會。後以中國人之緣的觀念與功能為題，收入楊國樞（主編）（1988）：《中國人的心理》。臺北：桂冠圖書公司。

楊國樞（1982c）：現代社會的新孝道。《中華文化復興月刊》（臺灣），*19*（*1*），56-67。後以中國人之孝道觀念的分析為題，收入楊國樞（1988）：《中國人的蛻變》。臺北：桂冠圖書公司。

楊國樞（1987）：緒論：人文學及社會科學研究的臺灣經驗。見賴澤涵（主編）：《三十年來我國人文及社會科學之回顧與展望》。臺北：東大圖書公司。

楊國樞（1992a）：傳統價值觀與現代價值觀能否並存？見漢學研究中心（主編）：《中國人的價值觀國際研討會論文集》。臺北：漢學研究中心。

楊國樞（1992b）：中國人的社會取向。見《中國人的心理與行為科際學術研討會論文集》。臺北：中央研究院民族學研究所。

楊國樞（1993）：劉邵的人格理論及其詮釋。見黃應貴（主編）：《人觀、意義與社會》。臺北：中央研究院民族學研

究所。

楊國樞（1993）：我們爲什麼要建立中國人的本土心理學？《本
　　土心理學研究》，第一期，6-88。

楊國樞（1996）：中國人之基本性格向度、結構及效應的系統研
　　究計劃（未發表）。

楊國樞、文崇一（主編）（1982）：《社會及行爲科學研究的中
　　國化》。臺北：中央研究院民族學研究所。

楊國樞、余安邦（1992）：從歷史心理學的觀點探討清代狐精故
　　事中的人狐關係：㈠內容分析結果及其解釋。見《本土歷史
　　心理學專題研討會論文集》。臺北：中央研究院民族學研究
　　所。

楊國樞、余安邦（主編）（1993a）：《中國人的心理與行爲：理
　　念及方法篇》。臺北：桂冠圖書公司。

楊國樞、余安邦（主編）（1993b）：《中國人的心理與行爲：文
　　化、教化及病理篇》。臺北：桂冠圖書公司。

楊國樞、余安邦、葉明華（1991）：中國人的個人傳統性與現代
　　性：概念與測量。見楊國樞、黃光國（主編）：《中國人的
　　心理與行爲》。臺北：桂冠圖書公司。

楊國樞、張春興（1980）：桂冠心理叢書序。見楊國樞、張春興
　　（主編）：《桂冠心理學叢書》。臺北：桂冠圖書公司。

楊國樞、黃光國（主編）（1991）：《中國人的心理與行爲》。
　　臺北：桂冠圖書公司。

楊國樞、彭邁克（Bond, M. H.）（1985）：中國人描述性格所採
　　用的基本向度——一項心理學研究中國化的實例。見李亦園、
　　楊國樞、文崇一（主編）：《現代化與中國化論文集》。臺
　　北：桂冠圖書公司。

楊國樞、葉光輝（1991）：孝道的心理學研究：理論方法及發
　　現。見高尚仁、楊中芳（主編）：《中國人・中國心——傳統
　　篇》。臺北：遠流出版公司。

楊國樞、葉光輝、黃囇莉（1989）：孝道的社會心理與行爲：理

論與測量。《中央研究院民族學研究所集刊》（臺灣），
65，171-227。

楊國樞、鄭伯壎（1987）：傳統價值觀、個人現代性及組織行
為：後儒家假說的一項微觀驗證。《中央研究院民族學研究
所集刊》（臺灣），*64*，1-49。

楊國樞、蘇娟、許懷惠、黃千惠（1962）：我國正常人在羅夏克
墨漬測驗上的反應：㈠墨漬區位的劃分。《國立臺灣大學理
學院心理學系研究報告》，*4*，98-103。

葛樹人（1997）：《心理測驗學》（第三版）。台北：桂冠。

雷　霆（1991）：中國人的「自我」與「自己」：形上與形下，
新理與心理。見楊中芳、高尚仁（主編）：《中國人‧中國
心—人格與社會篇》。臺北：遠流出版公司。

劉焜輝（1992），羅吉斯(Carl R. Rogers)，見中國輔導學會主
編：《輔導學的先驅—西方篇》。台北：師大書苑。

燕國材（1992）：中國傳統文化與中國人的性格。見楊國樞、余
安邦（主編）。《中國人的心理與行為—理念及方法篇》。
台北：桂冠圖書公司。

二、英文部分

Abbott, K. A. (1970). *Harmony and individualism*. Taipei: The Orient
Cultural Service.

Abbott, K. A.(1976). Cultural change and the persistence of the
Chinese personality. In G. A. DeVos (Ed.), *Response to change:
Society, culture, and personality*. New York: D. Van Nostrand.

Abel, T. M., & Hsu F. L. K. (1949a). Chinese personality revealed by
the Rorschach. *Rorschach Exchange, 13*, 285-301.

Abel, T. M., & Hsu, F. L. K. (1949b). Some aspects of personality of
Chinese as revealed by the Rorschach Test. *Rorschach Research
Exchange and Journal of Projective Techniques, 13*, 285-303.

Abramson L. S. (1951). The influence of set for area on the Rorschach test results. *Journal of Consulting Psychology, 14*, 337-342.

Abramson, L. Y., Metalsky, G. I., & Alloy, L. B. (1989). Hopelessness depression: A theory-based subtype of depression. *Psychological Review*, *96*, 358-372.

Adams-Webber, J. R. (1979). *Personal construct theory: Concepts and applications*. New York: Wiley.

Adams-Weker, J. R, (1979) *Personal construct theory: Concepts and applications.* New York: Wiley.

Ainsworth, M. D. S., Blehar, M. C., Waters, E., & Wall, T. (1978). *Patterns of attachment*. Hillsdale, NJ: Erlbaum.

Ainsworth, M. D. S., & Bowlby, J. (1991). An ethological approach to personality development. *American Psychologist, 46*, 333-341.

Ajzen, I. (1988). *Attitudes, personality, and bebavior*. Chicago: Dorsey Press.

Ajzen, I., & Fishbein, M. (1980). *Understanding attitudes and predicting social bebavior*. Englewood Cliffs, NJ: Prentice-Hall.

Alden, P., & Benton, A. L. (1951). Relationship of sex of examiner to incidence of Rorschach responses with sexual content. *Journal of Projective Techniques*, *15*, 230-234.

Alder, A. (1959). *Understanding human nature*. New York: Premier Books. (Originally published, 1927)

Alloy, L. B., & Abramson, L. Y. (1988). Depressive realism: Four theoretical perspectives. In L. B. Alloy (Ed.), *Cognitive processes in depression* (pp. 223-265). New York: Guilford Press.

Allport, G. W. (1937). *Personality: A psychological interpretation*. New York: Holt, Rinehart, & Winston.

Allport, G. W. (1955) *Becoming.* New Haven, Conn.: Yale University Press.

Allport, G. W. (1961). *Pattern and growth in personality*. New York: Holt, Rinehart, & Winston.

Allport, G. W. (1967). Autobiography. In E. G. Boring & G. Lindzey (Eds.), *A history of psychology in autobiography* (pp. 1-26). New York: Appleton-Century-Crofts.

Allport, G. W. (1968). *The person in psychology: Seleted essays*. Boston: Beacon Press.

Allport, G. W., & Odbert, H. S. (1936). Trait-names: A psycho-lexical study. *Psychological Monographs*, *47*, No.1 (Whole No. 211).

Allport, G. W. & Vernon, P. E. (1955) *Studies in expressive movement*. New York: Macmillan.

Allport, G. W., Vernon, P. E., & Lindzey, G. (1960) *A Study of Values*. (3rd ed.) Boston: Houghton Mufflin.

Anastasi A. (1976). *Psychological Testing* (4th ed.). New York: Macmillan.

Anastasi, A., & Urbina, S. (1997). *Psychological testing* (7th ed.). Englewood Cliffs, NJ: Prentic-Hall.

Ansbacher, H. L. (1968). The concept of social interest. *Journal of Individual Psychology*, *24*, 131-149.

APA Ethical Principles of Psychologists (1981). *American Psychologist*, *36*, 633-638.

Archer, R. P. (1992). *MMPI-A: Assessing adolescents psychologists*. Hillsdale, NJ: Erlbaum.

Aronow, E., Reznikoff, M., & Moreland, K. L. (1995). The Rorschach: Projective technique or psychometric test. *Journal of Personality Assessment*, *64 (3)*, 213-228.

Atkinson, J. W., & McClelland, D. C. (1948). The projective expression of needs II: The effect of different intensities of the hunger drive on thematic apperception. *Journal of Experimental Psychology*, *38*, 643-658.

Auastasi, A. (1996) *Psychological Testing* (6th ed.). New York:MacMillan.

Bailey, J. M., Gaulin, S., Agyei, Y., & Gladue, B. A. (1994). Effects of gender and sexual orientation on evolutionarily relevant aspects of human mating psychology. *Journal of Personality and Social Psychology*, *66*, 1081-1093.

Bailey, J. M., Pillard, R. C., Neale, M. C., & Agyei, Y. (1993). Heritable factors influence sexual orientation in women. *Archives of General Psychiatry*, *50*, 217-223.

Baldwin, A., Critelli, J. W., Stevens, L. C., & Russell, S. (1986). Androgyny and sex role measurement: A personal construct approach. *Journal of Personality and Social Psychology*, *51*, 1081-1088.

Banaji, M., & Prentice, D. A. (1994). The self in social contexts. *Annual Review of Psychology*, *45*, 297-332.

Bandura, A. (1965). Influence of models' reinforcement contingencies on the acquisition of imitative response. *Journal of Personality and Social Psychology*, *1*, 589-595.

Bandura, A. (1971). Psychotherapy based upon modeling principles. In A. E. Bergin & S. Garfield (Eds.), *Handbook of psychotherapy and behavior change* (pp. 653-708). New York: Wiley.

Bandura, A. (1973). *Aggression: A social learning analysis*. Englewood Cliffs, NJ: Prentice-Hall.

Bandura, A. (1977). Self-efficacy: Toward a unifying theory of behavioral change. *Psychological Review*, *84*, 191-215.

Bandura, A. (1982). Self-efficacy mechanism in human agency. *American Psychologist*, *37*, 122-147.

Bandura, A. (1986). *Social foundations of thought and action: A social cognitive theory*. Englewood Cliffs, NJ : Prentice Hall.

Bandura, A. (1988). Self-efficacy conception of anxiety. *Anxiety Research*, *1*, 77-98.

Bandura, A. (1989). Self-regulation of motivation and action through internal standards and goal systems. In L. A. Pervin (Ed.), *Goal concepts in personality and social psychology* (pp.19-85). Hillsdale, NJ : Erlbaum.

Bandura, A. (1992). Self-efficacy mechanism in psychobiological functioning. In R. Schwarzer (Ed.), *Self-efficacy: Thought control of action* (pp. 335-394). Washington, DC :Hemisphere.

Bandura, A. (1995). Exercise of personal and collective efficacy in changing societies. In A. Bandura (Ed.), *Self-efficacy in changing societies* (pp. 1-45). New York: Cambridge.

Bandura, A., Adams, N. E., & Beyer, J. (1977). Cognitive processes mediating behavioral change. *Journal of Personality and Social Psychology, 35,* 125-139.

Bandura, A., Blanchard, E. B., & Ritter, B. J. (1967). *The relative efficacy of modeling therapeutic approaches for producing behavioral, attitudinal and affective changes.* Unpublished manuscript, Stanford University.

Bandura, A., & Cervone, D. (1983). Self-evaluative and self-efficacy mechanisms governing the motivational effect of goal systems. *Journal of Personality and Social Psychology, 45,* 1017-1028.

Bandura, A., & Rosenthal, T. L. (1966). Vicarious classical conditioning as a function of arousal level. *Journal of Personality and Social Psychology, 3,* 54-62.

Bandura, A., Ross, D., & Ross, S. (1963). Imitation of film-mediated aggressive models. *Journal of Abnormal and Social Psychology, 66,* 3-11.

Bandura, A., & Schunk, D. H. (1981). Cultivating competence, self-efficacy, and intrinsic interest through proximal self-motivation. *Journal of Personality and Social Psychology, 41,* 586-598.

Barenbaum, N. B. (1997) The case (s) of Gordon Allport. *Journal of Personality, 65,* 743-755.

Bargh, J. A., & Pratto, F. (1986). Individual construct accessibility and perceptual selection. *Journal of Experimental Social Psychology, 22*, 293-311.

Baron, R. A. (1987). Outlines of a grand theory. *Contemporary Psychology, 32*, 413-415.

Bar-Tal, D., & Bar-Zohar, Y. (1977). The relationship between perception of locus of control and academic achievement. *Contemporary Educational Psychology, 2*, 181-199.

Bartholomew, K., & Horowitz, L. K. (1991). Attachment styles among young adults: A test of a four-category model. *Journal of Personality and Social Psychology, 61*, 226-244.

Batson, C. D. (1990). How social an animal? The human capacity for caring. *American Psychologist, 45*, 336-346.

Batson, C. D. (1991). *The altruism question: Toward a social-psychological answer*. Hillsdale, NJ: Erlbaum.

Baumann, L. J., & Leventhal, H. (1985). "I can tell when my blood pressure is up, can't I?" *Health Psychology, 4*, 203-218.

Baumeister, R. F. (1989). The problem of life's meaning. In D. M. Buss & N. Cantor (Eds.), *Personality psychology: Recent trends and emerging directions* (pp. 138-148). New York: Springer-Verlag.

Beck, A. T. (1972). *Depression: Causes and treatments*. Philadelphia: University of Pennsylvania Press.

Beck, A. T. (1976). *Cognitive therapy and the emotional disorders*. New York: International Universities Press.

Beck, A. T. (1987). Cognitive models of depression. *Journal of Cognitive Psychotherapy, 1*, 2-27.

Beck, A. T. (1991). Cognitive therapy: A 30-year retrospective. *American Psychologist, 46*, 368-375.

Beck, A. T. (1993). Cognitive therapy: Past, present, and future.

Journal of Consulting and Clinical Psychology, 61, 194-198.

Beck, A. T., Rush, A. J., Shaw, B. F., & Emery, G. (1979). *Cognitive therapy of depression: A treatment manual.* New York: Guilford Press.

Beck, S. J. (1950). *Rorschach's Test* (Vol. I). New York: Grune and Stratton.

Bem, D. J. & Allen, A. (1974) On predicting some of the people some of the time: the search for cross-situational consistencies in behavior. *Psychological Review, 81,* 506-520.

Benet, V., & Waller, N. G. (1995). The Big Seven factor model of personality description: Evidence for its cross-cultural generality in a Spanish sample. *Journal of Personality and Social Psychology, 69,* 701-718.

Benjamin, J., Lin, L., Patterson, C., Greenberg, B. D., Murphy, D. L., & Hamer, D. H. (1996). Population and familial association between the D4 dopamine receptor gene and measures of novelty seeking. *Nature Genetics, 12,* 81-84.

Beier, Ernst G. (1991) Freud: 3 contributions In Kimble, G. A., Wercheimer, M., & White, C. L. (eds.) *Portraits of Pioneers in Psychology.* Hillsdale, N. J.: Lawrence Eribaum Asso. and the American Psychological Association.

Bergeman, C. S., Chipuer, H. M., Plomin, R., Pedersen, N. L., McClearn, G. E., Nesselrode, J. R., Costa, P. T., Jr., & McCrae, R. R. (1993). Genetic and environmental effects on openness to experience, agreeableness, and conscientiousness: An adoption/twin study. *Journal of Personality, 61,* 159-179.

Berry, J. W. (1987) The comparative study of cognitive abilities. In Irvine, S. H. (Ed.) *Intelligence and Congnition.* Dordrecht, Netherlands: Martinus Nijhoff.

Bertelsen, A., Havald, B., & Hauge, M. (1977). A Danish twin study of manic depressive disorders. *British Journal of Psychiatry*, *130*, 330-351.

Bieri, J. (1953). Changes in interpersonal perceptions following social interaction. *Journal of Abnormal and Social Psychology*, *48*, 61-66.

Bieri, J. (1955) Cognitive complexity-simplicity and predictive behavior. *Journal of Abnormal and Social Psychology, 51,* 61-66.

Bieri, J. (1986). Beyond the grid principle. *Contemporary Psychology*, *31*, 672-673.

Blatt, S. J. (1990) The Rorschach, A test of perception or an evaluation of representation. *Journal of Personatily Assessment, 55,* 394-416.

Block, J. (1989). Critique of the act frequency approach to personality. *Journal of Personality and Social Psychology*, *56*, 234-245.

Block, J. (1995). A contrarian view of the five-factor approach to personality description. *Psychological Bulletin*, *117*, 187-215.

Blum, G. S. (1950). *The Blacky Pictures*. New York: The Psychological Corporation.

Bolton, B. (1992). Review of the California Psychological Inventory. In J. Kramer and J. Conoley (Eds.), *The eleventh mental measarement yearbook* (pp. 138-139). Highland Park, NJ: Gryphon Press.

Bonarius, H., Holland, R., & Rosenberg, S. (Eds.) (1981). *Personal construct psychology: Recent advances in theory and practice*. London: Macmillan.

Bond, M. H. (Ed.) (1993a). *The handbook of Chinese psychology*. Hong Kong: Oxford University Press.

Bond, M. H. (Ed.). (1993b). *The psychology of Chinese people*. Hong Kong: Oxford University Press.

Bond, M. H. (1994). Trait theory and cross-cultural studies of person perception. *Psychological Inquiry, 5*, 114-117.

Botwin, M. D. (1995). Review of the Revised NEO Personality Inventory. In J. Conoley and J. C. Impara (Eds.), *The twelveth mental measuremeat yearbook* (pp. 862-863). Highland Park, NJ: Gryphon Press.

Bouchard, T. J., Jr., Lykken, D. T., McGue, M., Segal, N. L., & Tellegen, A. (1990). Sources of human psychological differences: The Minnesota study of twins reared apart. *Science, 250*, 223-250.

Bouchard, T. J., Jr., & McGue, M. (1990). Genetic and rearing environmental influences on adult personality: An analysis of adopted twins reared apart. *Journal of Personality, 58*, 263-292.

Bouton, M. E. (1994). Context, ambiguity, and classical conditioning. *Current Directions in Psychological Science, 3*, 49-53.

Bower, G. H. (1970). Organizational factors in memory. *Cognitive Psychology, 1*, 18-46.

Bowlby, J. (1969) *Attachment and loss: Vol. 1, Attachment.* New York: Basic Books.

Britt, T. W. (1993). Metatraits: Evidence relevant to the validity of the construct and its implications. *Journal of Personality and Social Psychology, 65*, 554-562.

Brown, J. D., & McGill, K. L. (1989). The cost of good fortune: When positive life events produce negative health consequences. *Journal of Personality and Social Psychology, 57*, 1103-1110.

Burger, J. M. (1993). *Personality* (3rd ed.). Pacific Grove, CA: Brooks/Cole Publishing Co.

Burnstein, E., Crandall, C., & Kitayama, S. (1994). Some neo-Darwinian decision rules for altruism: Weighing cues for inclusive fitness as a function of the biological importance of the decision. *Journal of Personality and Social Psychology, 67*, 773-789.

Burvik, K. (1991). Adaptation to divorce and ego development in adult women. *Journal of Personality and Social Psychology, 60*, 300-306.

Buss, A. H. (1989). Personality as traits. *American Psychologist, 44*, 1378-1388.

Buss, A. H., & Plomin, R. (1975). *A temperament theory of personality development.* New York: Wiley-Interscience.

Buss, D. M. (1989). Sex differences in human mate preferences: Evolutionary hypotheses tested in 37 cultures. *Behavioral and Brain Sciences, 12*, 1-49.

Buss, D. M. (1991). Evolutionary personality psychology. *Annual Review of Psychology, 42*, 459-492.

Buss, D. M. (1994). The strategies of human mating. *American Scientist, 82*, 238-249.

Buss, D. M., & Craik, K. H. (1983). The act frequency approach to personality. *Psychological Review, 90*, 105-126.

Cacioppo, J. T., Petty, R. K., Kao, C. F., & Rodriguez, R. (1986). Central and peripheral routes to persuasion: An individual difference perspective. *Journal of Personality and Social Psychology, 51*, 1032-1043.

Calden G., & Cohen, L. B. (1953). The relationship between ego-involvement and test definition to Rorschach test performance. *Journal of Projective Techniques, 17*, 300-311.

Campbell, J. B., & Hawley, C. W. (1982). Study habits and Eysenck's theory of extroversion-introversion. *Journal of Research in Personality, 16*, 139-146.

Campbell, J. D., & Lavallee, L. F. (1993). Who am I? The role of self-concept confusion in understanding the behavior of people with low self-esteem. In R. F. Baumeister (Ed.), *Self-esteem: The puzzle of low self-regard* (pp. 3-20). New York: Plenum.

Cantor, N. (1990). From thought to behavior: "Having" and "doing" in the study of personality and cognition. *American Psychologist*, *45*, 735-750.

Carver, C. S. (1989). How should multifaceted personality constructs be tested? Issues illustrated by self-monitoring, attributional style, and hardiness. *Journal of Personality and Social Psychology*, *56*, 577-585.

Carver, C. S., & Scheier, M. F. (1990). Origins and functions of positive and negative affect: A control-process view. *Psychological Review*, *97*, 19-35.

Carver, C. S., & Scheier, M. F. (1996). *Perspectives on personality* (3rd ed.). Boston: Allyn and Bacon.

Carver, C. S., & White, T. L. (1994). Behavioral inhibition, behavioral activation, and affective responses to impending reward and punishment: The BIS/BAS scales. *Journal of Personality and Social Psychology*, *67*, 319-333.

Catania, A. C., & Harnad, S. (Eds.). (1988). *The operant behaviorism of B. F. Skinner: Comments and consequences*. New York: Cambridge University Press.

Cattell, R. B. (1950) *Personality: A systematic, theoretical, and factual study.* New York: McGraw Hill.

Cattell, R. B. (1963). Personality, role, mood, and situation perception: A unifying theory of modulators. *Psychological Review*, *70*, 1-18.

Cattell, R. B. (1965). *The scientific analysis of personality.* Bathimore: Penguin.

Cattell, R. B. (1982) *The inheritance of personality and ability.* New York: Academic.

Cattell, R. B. (1985). *Human motivation and the dynamic calculus.* New York: Praeger.

Cattell, R. B. (1987). *Beyondism: Religion from science.* New York: Praeger Neuropsychobiology, *8(5),* 241-247.

Cattell, R. B. (1990). Advances in Cattellian personality theory. In L. A. Pervin (Ed.), *Handbook of personality: Theory and research* (pp. 101-110). New York: Guilford Press.

Chaplin, W. F., John, O. P., & Goldberg, L. R. (1988). Conceptions of states and traits: Dimensional attributes with ideals as proto-types. *Journal of Personality and Social Psychology, 54,* 541-557.

Cheng F. Y., Chen C. C., & Rin H. (1958). A personality analysis of the Ami and its three subgroups by Rorschach Test. *Acta Psychologica Taiwania, 1,* 131-143.

Chodorkoff, B. (1954). Self perception, perceptual defense, and adjustment. *Journal of Abnormal and Social Psychology, 49,* 508-512.

Chu C. P. (1968) The remodification of TAT adapted to Chinese primary school children: I. Remodification of pictures and setting up the objective scoring methods. *Acta Psychologica Taiwanica, 10,* 59-73.

Claiborn, C. D. (1995). Review of the Minnesota Maltiphasic Personality Inventory-Adolescent. In J. Conoley and J. C. Impara (Eds.), *The twelveth mental measurement yearbook* (pp. 626-628). Highland Park, NJ: Gryphon Press.

Clark, D. A., Beck, A. T., & Brown, G. (1989). Cognitive mediation in general psychiatric outpatients: A test of the content-specificity hypothesis. *Journal of Personality and Social Psychology, 56,* 958-964.

Clark, M. S., Milberg, S., & Ross, J. (1983). Arousal cues arousal-related material in memory: Implications for understanding effects of mood on memory. *Journal of Verbal Learning and Verbal Behavior, 22,* 633-649.

Clark, M. S., & Waddell, B. A. (1983). Effects of moods on thoughts about helping, attraction, and information acquisition. *Social Psychology Quarterly, 46*, 31-35.

Cohn, L. D. (1991). Sex differences in the course of personality development: A meta-analysis. *Psychological Bulletin, 109*, 252-266.

Coldberg, L. R. (1990). An alternative "description of personality": The big-five factor structure. *Journal of Personality and Social Psychology, 59*, 1216-1229.

Coles, R. (1974). *Erik Erikson: The growth of his work*. Boston: Little, Brown.

Colvin, C. R., & Block, J. (1994). Do positive illusions foster mental health? An examination of the Taylor and Brown formulation. *Psychological Bulletin, 116*, 3-20.

Conoley, C. W., Plake, B. S., & Kemmerer, B. E. (1991). Issues in computer-based test interpretative systems. *Computers in Human Behavior, 7*, 97-102.

Conway, M., & Giannopoulos, C. (1993). Dysphoria and decision making: Limited information use for evaluations of multiattribute targets. *Journal of Personality and Social Psychology, 64*, 613-623.

Costa, P. T., Jr. (1991). Clinical use of the five-factor model. *Journal of Personality Assessment, 57*, 393-398.

Costa, P. T., Jr., & McCrae, R. R. (1985). *The NEO Personality Inventory Manual*. Odessa, FL: Psychological Assessment Resources.

Costa, P. T., Jr., & McCrae, R. R. (1992). *NEO-PIR: Professional Manual*. Odessa, FL: Psychological Assessment Resources.

Costa, P. T., Jr., & McCrae, R. R. (1994). "Set like plaster?" Evidence for the stability of adult personality. In T. Heatherton & J.

Weinberger (Eds.), *Can personality change?* (pp. 21-40). Washington, DC: American Psychological Association.

Costa, P. T., Jr., & McCrae, R. R. (1995). Primary traits of Eysenck's P-E-N system: Three-and five-factor solutions. *Journal of Personality and Social Psychology, 69*, 308-317.

Costa, P. T., Jr., & Widiger, T. A. (Eds.) (1994). *Personality disorders and the five-factor model of personality*. Washington, DC: American Psychological Association.

Cozzarelli, C. (1993). Personality and self-efficacy as predictors of coping with abortion. *Journal of Personality and Social Psychology, 65*, 1224-1236.

Cramer, P. (1987). The development of defensive mechanisms. *Journal of Personality, 55*, 597-614.

Crandall, J. E., & Harris, M. D. (1976). Social interest, cooperation, and altruism. *Journal of Individual Psychology, 32*, 50-54.

Crandall, J. E., & Lehman, R. E. (1977). Relationships of stressful life events to social interest, locus of control, and psychological adjustment. *Journal of Consulting and Clinical Psychology, 45*, 1208.

Crandall, J. E., & Putman, E. L. (1980). Social interest and psychological well-being. *Journal of Individual Psychology, 36*, 151-168.

Crick, N. R., & Dodge, K. A. (1994). A review and reformulation of social information-processing mechanisms in children's social adjustment. *Psychological Bulletin, 115*, 74-101.

Cross, S. E., & Markus, H.R. (1990). The willful self. *Personality and Social Psychology Bulletin, 16*, 726-742.

Csikszentmihalyi, M. (1982). Toward a psychology of optimal experience. In L. Wheeler (Ed.), *Review of personality and social psychology* (Vol. 3, pp. 13-36). Beverly Hills, CA: Sage.

Csikszentmihalyi, M. (1990). *Flow: The psychology of optimal exper-*

ience. New York: Harper & Row.

Curtis, H. S., & Wolf, E. (1951). The influence of the sex of the examiner on the prediction of sex responses on the Rorschach. *American Psychologist, 6*, 345-346.

Cutter, H. S. G., Boyatzis, R. E., & Clancy, D. D. (1977). The effectiveness of power motivation training in rehabilitating alcoholics. *Journal of Studies on Alcohol, 38*, 131-141.

Dabbs, J. M., Jr. (1992). Testosterone and occupational achievement. *Social Forces, 70*, 813-824.

Dabbs, J. M., Jr., de La Rue, D., & Williams, P. M. (1990). Testosterone and occupational choice: Actors, ministers, and other men. *Journal of Personality and Social Psychology, 59*, 1261-1265.

Dabbs, J. M., Jr., Frady, R. L., Carr, T. S., & Besch, N. F. (1987). Saliva testosterone and criminal violence in young adult prison inmates. *Psychosomatic Medicine, 49*, 174-182.

Dabbs, J. M., Jr., Ruback, R. B., Frady, R. L., Hopper, C. H., & Sgoutas, D. S. (1988). Saliva testosterone and criminal violence among women. *Personality and Individual Differences, 9*, 269-275.

Davidson, A. (1978). George Kelly and the American mind. In F. Fransella (Ed.), *Personal contruct psychology* (pp. 25-33). London: Academic.

Davidson, R. J., Ekman, P., Saron, C. D., Senulis, J. A., & Friesen, W. V. (1990). Approach-withdrawal and cerebral asymmetry: Emotional expression and brain physiology I. *Journal of Personality and Social Psychology, 58*, 330-341.

Davis, C., & Cowles, M. (1989). Automated psychological testing: Method of administration, need for approval, and measures of anxiety. *Educational and Psychological Measurement, 49*, 311-337.

Davis, P. J., & Schwartz, G. E. (1987). Repression and the inaccessibility of affective memories. *Journal of Personality and Social Psychology, 52,* 155-162.

Denes-Raj, V., & Epstein, S. (1994). Conflict between intuitive and rational processing: When people behave against their better judgment. *Journal of Personality and Social Psychology, 66,* 819-829.

Derubeis, R. J., & Hollon, S. D. (1995). Explanatory style in the treatment of depression. In G. M. Buchanan & M. E. P. Seligman (Eds.), *Explanatory style* (pp. 99-112). Hillsdale, NJ: Erlbaum.

Dews, P. B. (Ed.). (1970). *Festschtiff for B. F. Skinner.* New York: Appleton-Century-Crofts.

Digman, J. M. (1990). Personality structure: Emergence of the five-factor model. *Annual Review of Psychology, 41,* 417-440.

Digman, J. M., & Inouye, J. (1986). Further specification of the five robust factors of personality. *Journal of Personality and Social Psychology, 50,* 116-123.

Dodge, K. A., & Crick, N. R. (1990). Social information-processing bases of aggressive behavior in children. *Personality and Social Psychology Bulletin, 16,* 8-22.

Dollard, J., Dobb, L.W., Miller, N.E., Mowrer, O.H., & Sears, R.R. (1939) *Frustration and aggression.* New Haven, Conn: Yale University Press.

Dollard, J., & Miller, N. E. (1950). *Personality and psychotherapy: An analysis in terms of learning, thinking, and culture.* New York: McGraw-Hill.

Donahue, E. M. (1994). Do children use the big Five, too? Content and structual form in personality descriptions. *Journal of Personality, 62,* 45-66.

Duck, S. (1982). Two individuals in search of agreement: The commonality corollary. In J. C. Mancuso & J. R. Adams-Webber (Eds.), *The construing person* (pp. 222-234). New York: Praeger.

Dunn, J., & Plomin, R. (1990). *Separate lives: Why siblings are so different*. New York: Basic Books.

Dweck, C. S. (1991). Self-theories and goals: Their role in motivation, personality, and development. In R. D. Dienstbier (Ed.), *Nebraska Symposium on Motivation* (pp. 199-235). Lincoln: University of Nebraska Press.

Eaves, L. J., Eysenck, H. J., & Martin, N. G. (1989). *Genes, culture, and personality: An empirical approach*. San Diego: Academic Press.

Ebstein, R. P., Novick, O., Umansky, R., Priel, B., Osher, Y., Blaine, D., Bennett, E., Newmanov, L., Katz, M., & Belmaker, R. (1996). Dopamine D4 receptor (D4DR) exon III polymorphism associated with the human personality trait of novelty seeking. *Nature Genetics, 12*, 78-80.

Edwards, A. L. (1959). *Edwards Personal Preference Schedule Manual*. New York: The Psychological Corporation.

Eisenberger, R. (1992). Learned industriousness. *Psychological Review, 99*, 248-267.

Eisenberger, R., & Selbst, M. (1994). Does reward increase or decrease creativity? *Journal of Personality and Social Psychology, 66*, 1116-1127.

Ellenberger, H. F. (1970). *The discovery of the unconscious: The history and evolution of dynamic psychiatry*. New York: Basic Books.

Emmons, R. A. (1986). Personal strivings: An approach to personality and subjective well-being. *Journal of Personality and Social Psychology, 51*, 1058-1068.

Emmons, R. A., King, L. A., & Sheldon, K. (1993). Goal conflict and the self-regulation of action. In D. M. Wegner & J. W. Pennebaker (Eds.), *Handbook of mental control* (pp. 528-551). Englewood Cliffs, NJ: Prentice-Hall.

Engelhard, G., Jr. (1992). Review of the California Psychological Inventory. In J. Kramer and J. Conoley (Eds.), *The eleventh mental measurement yearbook* (pp. 139-141). Highland Park, NJ: Gryphon Press.

Engler, B. (1995). *Personality theories: An introduction* (4th ed.). Hillside, NJ: Houghton Mifflin.

Epstein, S. (1994). Integration of the cognitive and the psychodynamic unconscious. *American Psychologist, 49,* 709-724.

Erikson, E. H. (1950). *Childhood and society*. New York: Norton.

Erikson, E. H. (1963). *Childhood and society* (2nd ed.). New York: Norton.

Erikson, E. H.(1964) *Insight and responsibility.* New York: Norton.

Erikson, E. H. (1968). *Identity: Youth and crisis*. New York: Norton.

Erikson, E. H. (1974). *Dimensions of a new identity*. New York: Norton.

Erikson, E. H. (Ed.). (1978). *Adulthood*. New York: Norton.

Erikson, E. H. (1982). *The life cycle completed: A review*. New York: Norton.

Eron, L. D., Terry, D., & Callaham, R. (1950). The use of rating scales for emotional tone of TAT stories. *Journal of Consulting Psychology, 14,* 473-478.

Exner, J. E., Jr. (1974). *The Rorschach systems*. New York: Grune & Stratton.

Exner, J. E., Jr. (1986). *The Rorschach: A comprehensive system* (Vol. 1, 2nd ed.). New York: Wiley-Interscience.

Exner, J. E., Jr. (1993). *The Rorschach: A comprehensive system* (Vol.

1, 3rd ed.) New York: Wiley.

Eysenck, H. J. (1947) *Dimensions of Personality.* London: Routledge of Kegau Paul.

Eysenck, H. J. (1960). The effects of psychotherapy. In H. J. Eysenck (Ed.), *Handbook of abnormal psychology: An experimental approach.* London: Pittman Medical Publishing.

Eysenck, H. J. (1961). The effects of psychotherapy. In H. J. Eysenck (Ed.), *Handbook of abnormal psychology.* New York: Basic Books.

Eysenck H. J. (1965) *Fact and fiction in Psychology.* Baltimore : Penguin Books.

Eysenck, H. J. (1970) *The Structure of Personality,* 3rd ed., London: Methuen.

Eysenck, H. J. (1975) The inequality of man. San Diago: Educational & Industrial Testing Service.

Eysenck, H. J. (1976) Case Studies in behavior therapy. London: Routledge & Kegan Paul.

Eysenck, H. J. (1979). The conditioning model of neurosis. *Behavioral and Brain Sciences, 2,* 155-199.

Eysenck, H. J. (1982). *Personality genetics and behavior.* New York: Praeger.

Eysenck, H. J. (1990). Biological dimensions of personality. In L. A. Pervin (Ed.), *Handbook of personality: Theory and research* (pp. 244-276). New York: Guilford Press.

Eysenck, H. J. (1991). Personality, stress, and disease: An interactionist perspective. *Psychological Inquiry, 2,* 221-232.

Eysenck, H. J. (1992). Four ways five factors are not basic. *Personality and Individual Differences, 13,* 667-673.

Eysenck, H. J. (1995). *Cross-cultural psychology and the unification of psychology.* A keynote speech at the 53rd Annual Convention of the International Council of Psychologists at Taipei, Aug.

Eysenck, H. J. and Rachman, S. (1965) *The Causes and cures of neurosis*. San Diego: Robert R. Knapp.

Eysenck, H. J., & Eysenck, M. W. (1985). *Personality and individual differences: A natural science approach*. New York: Plenum.

Eysenck, S. B. G., & Long, F. Y. (1986). A crosscultural comparison of personality in adults and children: Singapore and England. *Journal of Personality and Social Psychology, 50*, 124-130.

Fairbairn, W. R. D. (1952). *Psycho-analytic studies of the personality*. New York: Basic Books.

Feeney, J. A., & Noller, P. (1990). Attachment style as a predictor of adult romantic relationships. *Journal of Personality and Social Psychology, 58*, 281-291.

Feldman, F. (1968). Results of psychoanalysis in clinic case assignments. *Journal of the American Psychoanalytic Association, 16*, 274-300.

Fenigstein, A., Scheier, M. F., & Buss, A. H. (1975). Public and private self-consciousness: Assessment and theory. *Journal of Consulting and Clinical Psychology, 43*, 522-527.

Fenz, W. D., & Arkoff, A. (1962). Comparative need patterns of five ancestry groups in Hawaii. *Journal of Social Psychology, 58*, 67-89.

Findley, M. J., & Cooper, H. M. (1983). Locus of control and academic achievement: A literature review. *Journal of Personality and Social Psychology, 44*, 419-427.

Folkman, S., Lazarus, R. S., Gruen, R. J., & Delongis, A. (1986). Appraisal, coping, health status, and psychological symptoms. *Journal of Personality and Social Psychology, 50*, 571-579.

Freud, A. (1936). *The ego and the mechanisms of defense*. New York: International Universities Press.

Freud, S. (1933). *New introductory lectures on psychoanalysis*. New York: Norton.

Freud, S. (1953a). *A general introdution to psychoanalysis*. New York: Permabooks. (Boni & Liveright edition, 1924.)

Freud, S. (1953b). *The interpretation of dreams*. In Standard edition, Vols. 4 & 5. London: Hogarth Press. (First German edition, 1900.)

Freud, S. (1953c). *Three essays on sexuality*. London: Hogarth Press. (Original edition, 1905.)

Freud, S. (1960a). *Jokes and their relation to the unconscious*. New York: Norton. (Translated by J. Strachey, originally published, 1905.)

Freud, S. (1960b). Psychopathology of everyday life. In J. Strachey (Ed.), *The standard edition of the complete psychological works of Sigmund Freud* (Vol. 6). London: Hogarth Press. (Originally published, 1901.)

Freud, S. (1962). *The ego and the id*. New York: Norton. (Originally published, 1923.)

Friedman, H. S., Tuchker, J. S., Schwartz, J. E., Martin, L. R., Tomlinson-Keasy, C., Wingard, D. L., & Criqui, M. H. (1995a). Childhood conscientiousness and longevity: Health behaviors and cause of death. *Journal of Personality and Social Psychology, 68,* 696-703.

Friedman, H. S., Tuchker, J. S., Schwartz, J. E., Tomlinson-Keasy, C., Martin, L. R., Wingard, D. L., & Criqui, M. H. (1995b). Psychosocial and behavioral predictors of longevity: The aging and death of the "Termites." *American Psychologist, 50,* 69-78.

Funder, D. C., & Ozer, D. J. (1983). Behavior as a function of the situation. *Journal of Personality and Social Psychology, 44,* 107-112.

Geen, R. G. (1984). Preferred stimulation levels in introverts and extroverts: Effects on arousal and performance. *Journal of Person ality and Social Psychology, 46,* 1303-1312.

Glueck, S., & Glueck, E. (1956). *Physique and delinquency.* New York: Harper.

Goldberg, C.N. (1990) An alternative "description of personality": The big-five factor structure. *Journal of Personality and Social Psychology, 59,* 1216-1229.

Goldberg, L. (1992). The development of markers for the Big-Five factor structure. *Psychological Assessment, 4,* 26-42.

Goldberg, L. R. (1981). Language and individual differences: The search for universals in personality lexicons. In L. Wheeler (Ed.), *Review of personality and social psychology* (pp. 141-165). Beverly Hills, CA: Sage.

Goldberg, L. R. (1982). From ace to zombie: Some explorations in the language of personality. In C. D. Spielberger & J. N. Butcher (Eds.), *Advances in personality assessment* (Vol. 1). Hillsdale, NJ: Erlbaum.

Goldberg, L. R. (1993a). The structure of phenotypic personality traits. *American Psychologist, 48,* 26-34.

Goldberg, L. R. (1993b). The structure of personality traits: Vertical and horizontal aspects. In D. C. Funder, R. Parke, C. Tomlinson-Keasey, & K. Widaman (Eds.), *Studying lives through time: Approaches to personality and development* (pp. 169-188). Washington, DC: American Psychological Association.

Goldberg, P. A. (1968) the current Status of Sentence completion methods. *Journal of Projective Techniques and Personality Assessment, 29,* 12-45.

Goodnow, R. E.(1961). *Studies of Chinese personality.* July Report, Human Ecology Fund, Washington, DC.

Gottesman, M. I. I. (1991). *Schizophrenia genesis.* New York: Freeman.

Grandall, J. E., & Reimanis, G. (1976). Social interest and time orientation, childhood memories, adjustment, and crime. *Journal of Individual Psychology, 32*, 203-211.

Gray, J. A. (1990). A critique of Eysenck's theory of personality. In H. J. Eysenck (Ed.), *A model for personality* (2nd ed.). Berlin: Springer-Verlag.

Green, B. F. (1988). Construct validity of computer-based tests. In H. Wainer & H. Brown (Eds.), *Test validity*. Hillsdale, NJ: Erlbaum.

Greenberg, J. (1980). Attentional focus and locus of performance causality as determinants of equity behavior. *Journal of Personality and Social Psychology, 38*, 579-585.

Greenberg, J., & Musham, C. (1981). Avoiding and seeking self-focused attention. *Journal of Research in Personality, 15*, 191-200.

Greene, R. L. (1991). *The MMPI-2/MMPI: An interpretation manual.* Boston: Allen & Bacon.

Griffin, D., & Bartholomew, K. (1994). Models of the self and other: Fundamental dimensions underlying measures of adult attachment. *Journal of Personality and Social Psychology, 67*, 430-445.

Guilford, J. P. (1959) *Personality.* New York: McGraw-Hill.

Guisinger, S., & Blatt, S. J. (1994). Individuality and relatedness: Evolution of a fundamental dialectic. *American Psychologist, 49*, 104-111.

Haaga, D. A. F., Dyck, M. J., & Ernst, D. (1991). Empirical status of cognitive theory of depression. *Psychological Bulletin, 110*, 215-236.

Haemmerlie, F. M., & Montgomery, R. L. (1984). Purposefully biased interactions: Reducing heterosocial anxiety through self-perception theory. *Journal of Personality and Social Psychology, 47*, 900-908.

Hall, C. S. & Lindzey, G. (1978) *Theories of Personality*, 3rd ed. New York: Jonh Wiley & Sons, Inc.

Hall, C.S., Lindzey, G. & Campbell, John B. (1998) Theories of Personality, 4th ed. New York: John Wiley & Sons, Inc.

Hall, C. S. & Lindzey, G. (1985) *Introduction to Theories of Personality.* New York: John Wiley & Sons, Inc.

Hamer, D. H., Hu, S., Magnuson, V. L., Hu, N., & Pattatucci, A. M. L. (1993). A linkage between DNA markers on the X chromosome and male sexual orientation. *Science, 261*, 321-327.

Harris, J. R. (1995). Where is the child's environment? A group socialization theory of development. *Psychological Review, 102*, 458-489.

Harrower, M. R., & Steiner, M. E. (1951). *Large scale Rorschach technique* (2nd ed.). Springfield, IL: Charles C. Thomas.

Hartmann, H. (1958) *Ego psychology and the problem of adaptation.* New York: The International Universities Press.

Hartmann, H. (1964) *Essays on ego psychology: Selected problems in psychoanalytic theory.* New York: International University Press.

Haslam, N. (1994). Mental representation of social relationships: Dimensions, laws, or categories? *Journal of Personality and Social Psychology, 67*, 575-584.

Hazan, C., & Shaver, P. (1987). Romantic love conceptualized as an attachment process. *Journal of Personality and Social Psychology, 52*, 511-524.

Hazan, C., & Shaver, P. (1990). Love and work: An attachment-theoretical perspective. *Journal of Personality and Social Psychology, 59*, 270-280.

Heath, A. C., Neale, M. C., Kessler, R. C., Eaves, L. J., & Kendler, K. S. (1992). Evidence for genetic influences on personality from self-reports and informant ratings. *Journal of Personality and Social Psychology*, *63*, 85-96.

Heaten, A. W. & Kruglanski, A. W. (1991) Person pereption by introverts and extraverts under time presure: Effect's of need for closure. *Personality and Social Psychology Bulletin, 17*, 161-165.

Hergenhahn, B. (1990). *An introduction to theories of personality* (3rd ed.). Englewort Cliffs, NJ: Pretice-Hall.

Hewitt, P. L., & Genest, M. (1990). The ideal self: Schematic processing of perfectionistic content in dysphoric university students. *Journal of Personality and Social Psychology*, *59*, 802-808.

Higgins, E. T. (1987). Self-discrepancy: A theory relating self and affect. *Psychological Review*, *94*, 319-340.

Higgins, E. T. (1989). Continuities and discontinuities in self-regulatory self-evaluative processes: A developmental theory relating self and affect. *Journal of Personality*, *57*, 407-444.

Higgins, E. T., Bond, R. N., Klein, R., & Strauman, T. (1986). Self-discrepancies and emotional vulnerability: How magnitude, accessibility and type of discrepancy influence affect. *Journal of Personality and Social Psychology*, *51*, 1-15.

Higgins, R. L., Snyder, C. R., & Berglas, S. (Eds.). (1990). *Self-handicapping: The paradox that isn't*. New York: Plenum.

Hill, C. S., Lindzey, G., & Campbell, J. B. (1998). *Theories of personality* (4th ed.). New York: John Wiley & Sons.

Hjelle, L. A. & Ziegler, D. J. (1992). *Personality theories: Basic assumptions, research, and applications* (3rd ed.). New York: Mc Graw-Hill.

Hoffman, L. W. (1991). The influence of the family environment on personality: Accounting for sibling differences. *Psychological Bulletin, 110*, 187-203.

Holmes, D. S. (1990). The evidence for repression: An examination of sixty years of research. In J. L. Singer (Ed.), *Regression and dissociation: Implications for personality theory, psychopathology and health* (pp. 85-102). Chicago: University of Chicago Press.

Holtzman, W. H. (1965) A brief description of the Holtzman Inkblot Test. In B. I. Mursten (ed.), *Handbook of Projective Techniques.* New York: Basis Books.

Holtzman, W. H., Thorpe, J. S., Swartz, J. D., & Herron, E. W. (1961). *Inkblot perception and Personality-Holtzman inkblot technique.* Austin: University of Texas Press.

Holtzworth-Munroe, A. (1992). Social skill deficits in maritally violent men: Interpreting the data using a social information processing model. *Clinical Psychology Review, 12,* 605-617.

Hsee, C. K., & Abelson, R. P. (1991). The velocity relation: Satisfaction as a function of the first derivative of outcome over time. *Journal of Personality and Social Psychology, 60,* 341-347.

Hsu, F. L. K.(1955). *Americans and Chinese.* London: The Cresset Press.

Hsu, F. L. K. (1963). *Clan, Caste, and Club.* New York: Van Norstrand.

Huang, L. C.(1974). A cross-cultural study of conformity in Americans and Chinese. *Dissertation Abstract International,* 5714B.

Huang, L. C., & Harris M. B.(1973). Conformity in Chinese and Americans. *Journal of Cross Cultural Psychology, 4,* 427-434.

Huesmann, L. R. (1988). An information processing model for the development of aggression. *Aggressive Behavior, 14,* 13-24.

Hunt, M. (1993). *The story of psychology.* New York: Doubleday.

Huntley, C. W., & Davis, F. (1983). Undergraduate study of value scores as predictors of occupation twenty-five years later. *Journal of Personality and Social Psychology, 45,* 1148-1155.

Hwang, C. H. (1959). *Multiple choice Rorschach test in the screening of delinquents*. Taipei: Soochow University Law College.

Hwang, C. H.(1968). Reactions of Chinese university students to Rosenzweig's Picture Frustration Study. *Education and Psychology* (Taipei), *2*, 37-48.

Hwang, C. H. (1973). The application of the sentence completion methods in junior high schools in Taiwan. *Bulletin of Educational Psychology*, *6*, 121-132.

Hwang, C. H. (1974a). *A comparative study on social attitudes of adolescents in Glasgow and in Taipei*. Taipei: The Oriental Cultural Service.

Hwang, C. H.(1974b). The use of a semantic differential in studying social attitudes of Chinese and Scottish adolescents. *Psychological Testing* (Taipei), *21*,39-47.

Hwang, C. H. (1976) The change of psychological needs of Chinese university students from 1963-1975. *Psychological Testing* (Taipei), *23*, 46-52. (in Chinese)

Hwang, C. H.(1977). Filial piety from the psychological point of view. *Bulletin of Educational Psychology*, *70*, 11-20.

Hwang, C. H. & Hwang, C. E. (1992) Chinese university students on the MBTI. *Psychological Testing, 39,* 285-295.

Jacklin, C. N., Maccoby, E. E., & Doering, C. H. (1983). Neonatal sex-steroid hormones and timidity in 6-18-month-old boys and girls. *Developmental Psychobiology*, *16*, 163-168.

Jackson, D. N. (1994). *Personality Research Form, Manual*. Port Huron, MI: Research Psychologists Press.

Jankowicz, A. D. (1987). Whatever became of George Kelly? *American Psychologist*, *42*, 481-487.

Jenkins, S. R. (1987). Need for achievement and women's careers over 14 years: Evidence for occupational structure effects. *Journal of Personality and Social Psychology, 53*, 922-932.

Jenkins, S. R. (1994). Need for power and women's careers over 14 years: Structural power, job satisfaction, and motive change. *Journal of Personality and Social Psychology, 66*, 155-165.

Jensen, I., Olsen, J., & Hughes, C. (1990). Association of country, sex, social class, and life cycle to locus of control in Western European countries. *Psychological Reports, 67*, 199-205.

Jessor, R., Costa, F., Jessor, L., & Donovan, J. E. (1983). Time of first intercourse: A prospective study. *Journal of Personality and Social Psychology, 44*, 608-626.

John, O. P. (1990). The "Big Five" factor taxomony: Dimensions of personality in the natural language and in questionnaires. In L. A. Pervin (Ed.), *Handbook of personality: Theory and research* (pp. 66-100). New York: Guilford Press.

John, O. P., Angleitner. A., & Ostendorf, F. (1988). The lexical approach to personality: A historical review of trait taxonomic research. *European Journal of Personality, 2*, 171-203.

John, O. P., & Robins, R. W. (1993). Gordon Allport: Father and critic of the Five-Factor model. In K. H. Craik, R. T. Hogan, & R. N. Wolfe (Eds.), *Fifty years of personality psychology* (pp. 215-236). New York: Plenum.

John, O. P., & Robins, R. W. (1994a). Accuracy and bias in self-perception: Individual differences in self-enhancement and the role of narcissism. *Journal of Personality and Social Psychology, 66*, 206-219.

John, O. P., & Robins, R. W. (1994b). Traits and types, dynamics and development: No doors should be closed in the study of personality. *Psychological Inquiry, 5*, 137-142.

Johnson, D. J., & Rusbult, C. E. (1989). Resisting temptation: Devaluation of alternative partners as a means of maintaining commitment in close relationships. *Journal of Personality and Social*

Psychology, 57, 967-980.

Jones, E. E., & Nisbett, R. E. (1971). The actor and the observer: Divergent perceptions of the causes of behavior. In E. E. Jones et al. (Eds.), *Attribution: Perceiving the causes of behavior*. Morristown, NJ: General Learning Press.

Josephs, R. A., Markus, H., & Tafarodi, R. W. (1992). Gender and self-esteem. *Journal of Personality and Social Psychology, 63,* 391-402.

Junkowicz, A. D. (1987) Whatever became of George Kelly? Applications and implications. *American Psychologist, 42,* 481-487.

Kanfer, F. H., & Busemeyer, J. R. (1982). The use of problem-solving and decision-making in behavior therapy. *Clinical Psychology Review, 2,* 239-266.

Kanfer, F. H., & Hagerman, S. M. (1985). Behavior therapy and the information-processing paradigm. In S. Reiss & R. R. Bootzin (Eds.), *Theoretical issues in behavior therapy*. New York: Academic Press.

Kanfer, F. H., & Schefft, B. K. (1988). *Guiding the process of therapeutic change*. Champaign, IL: Research Press.

Kaplan, R. M. & Saccuzzo, D. P. (1997) *Psychological Testing: Principles, applications, and issues,* (4th ed.) Pacific Groove, CA: Brooks/Cole.

Kasser, T., & Ryan, R. M. (1993). A dark side of the American dream: Correlates of financial success as a central life aspiration. *Journal of Personality and Social Psychology, 65,* 410-422.

Kelley, H. (1943) The use of a group projective technique in comparing high school groups with different social backgrounds. *Psychological Bulletin, 40,* 583.

Kelly, G. A. (1955). *The psychology of personal constructs*. New York: Norton.

Kelly, G. A. (1958). Man's construction of his alternatives. In G. Lindzey (Ed.), *Assessment of human motives* (pp. 33-64). New York: Holt, Rinehart & Winston.

Keltikangas-Jarvinen, L., & Raikkonen, K. (1990). Healthy and maladjusted Type A behavior in adolescents. *Journal of Youth and Adolescence, 19*, 1-18.

Kessler, R. C., Kendler, K. S., Heath, A., Neale, M. C., & Eaves, L. J. (1992). Social support, depressed mood, and adjustment to stress: A genetic epidemiologic investigation. *Journal of Personality and Social Psychology, 62*, 257-272.

Kihlstrom, J. F. (1987). The cognitive unconscious. *Science, 237*, 1445-1452.

Kihlstrom, J. F. (1990). The psychological uncouscious. In Pervin, L. A. (Ed.), *Handbook of personality: Theory and research*. New York: Guilford Press.

Kirsch, I. (1985). Response expectancy as a determinant of experience and behavior. *American Psychologist, 40*, 1189-1202.

Kirsch, I. (1990). *Changing expectations: A key to effective psychotherapy*. Pacific Grove, CA: Brooks/Cole.

Klatskin, E. (1952). An analysis of the test situation upon the Rorschach record formal scoring characteristics. *Journal of Projective Technigues, 16*, 193-199.

Klein, M. (1935). *The psychoanalysis of children*. New York: Norton.

Klein, M. (1955). The psychoanalytic play technique. *American Journal of Orthopsychiatry, 112*, 418-422.

Klopfer, B. (1954) *Developments in Rorchach Technique,* London: G. G Harrap.

Ko, Y. H. (1961). A study on figure rotation in the Bender-Gestalt Test. *Acta Psychologica Taiwanica, 3*, 94-105.

Ko, Y. H. (1962). The discrepancy between the B-G score and the sum of Object-assembly and the Block-design Test scores as an indicator of organicity. *Acta psychologica Taiwanica*, *4*, 72-77.

Ko, Y. H. (1971). The frequency of eye-movement on the Bender-Gestalt Test as a measure of attention breadth. *Acta Psychologica Taiwanica*, *13*, 65-74.

Ko, Y. H. (1972). The Bender-Gestalt Test as a test for visual-verbal coordination. *Acta Psychologica Taiwanica*, *14*, 52-66.

Kohlberg, L. and Tappan, M. (1983) *Substage Scoring Manaul.* Cambrige, Mass.: Center for Moral Education, Harvard University.

Kohut, H. (1977). *The restoration of the self*. New York: International Universities Press.

Kowaz, A. M., & Marcia, J. E. (1991). Development and validation of a measure of Eriksonian industry. *Journal of Personailty and Social Psychology*, *60*, 390-396.

Krampen, G. (1989). Perceived childbearing practices and the development of locus of control in early adolescence. *International Journal of Behavioral Development*, *12*, 177-193.

Kratochwill, T. R. & Scheridan, S. M. (1990) Advanes in behavior assessment, In Gutkin, T. B. (Ed.) *The Handbook of School psychology* (2nd ed.), New York: John Wiley & Sons.

Kretschmer, E. (1936) *Physique and character.* New York: Harcourt Brace.

Kris, E. (1952) *Psychoanalytic exploration in art.* New York: International Universities Press.

Krosnick, J. A., Betz, A. L., Jussim, L. J., & Lynn, A. R. (1992). Subliminal conditioning of attitudes. *Journal of Personality and Social Psychology*, *18*, 152-162.

Lanyon, R. I. (1995). Review of the Minnesota Multiphasic Personality Inventory-Adolescent. In J. Conoley and J. C. Impara (Eds.), *The twelveth mental measurement yearbook* (p. 628). Highland

Park, NJ: Gryphon Press.

Lau, R. R. (1982). Origins of health locus of control beliefs. *Journal of Personality and Social Psychology, 42,* 322-324.

Lau, R. R. (1989). Construct accessibility and electoral choice. *Political Behavior, 11,* 5-32.

Lazarus, R. S. (1990). Theory-based stress measurement. *Psychological Inquiry, 1,* 3-13.

Lazarus, R. S. (1993). From psychological stress to the emotions: A history of changing outlooks. *Annual Review of Psychology, 44,* 1-21.

Lecky, P. (1945). *Self-consistency: A theory of personality.* New York: Island.

Lefcourt, H. M. (1971). *Internal versus external control of reinforcement revisited: Recent developments* (Research Report, No. 27). Waterloo, Ontario: University of Waterloo.

Lefcourt, H. M., Martin, R. A., Fick, C. M., & Saleh, W. E. (1985). Locus of control for affiliation and behavior in social interactions. *Journal of Personality and Social Psychology, 48,* 755-759.

Lewinsohn, P. M., Mischel, W., Chaplin. W., & Barton, R. (1980). Social competence and depression: The role of illusory self-perceptions. *Journal of Abnormal Psychology, 89,* 203-212.

Lewis, M., Feiring, C., McGuffog, C, & Jeskir, J. (1984) Predicting Psychopathology in six year olds from early social relations. *Child Development, 55,* 123-136.

Libert, R. M. & Libert, L. L, (1998) *Personality: Strategies and Issues.* 8th ed., New York: Brooks/Cole Publishing Co.

Libert, R. M. & Spiegler, M. D. (1994) *Personality: Strategies and Issues.* New York: Brooks/Cole Publishing Co.

Linden, W., Paulhus, D. L., & Dobson, K. S. (1986). The effects of response styles on the report of psychological and somatic distress. *Journal of Consulting and Clinical Psychology, 54,* 309-313.

Lindzey, G. (1959) On the classification of projective Techniques. *Psychological Bulletin, 56,* 158-168.

Lindzey, G. (1961). *Projective techniques and cross-cultural research.* New York: Appleton-Century Crofts.

Lindzey, G., & Herman, P. S. (1955). Thematic Apperception Test: A note on reliability and situational validity. *Journal of Projective Techniques, 19,* 39-42.

Lindzey, G., & Newburg, A. S. (1965). Thematic Apperception Test: A tentative appraisal of some "signs" of anxiety. *Journal of Consulting Psychology, 18,* 389-395.

Linville, P. W. (1987). Self-complexity as a cognitive buffer against stress-related illness and depression. *Journal of Personality and Social Psychology, 52,* 663-676.

Lobel, T. E. (1994). Sex typing and the social perception of gender stereotypic and nonstereotypic behavior: The uniqueness of feminine males. *Journal of Personality and Social Psychology, 66,* 379-385.

Locke, E. A., & Latham, G. P. (1990). *A theory of goal setting and task performance.* Englewood Cliffs, NJ: Prentice-Hall.

Locke, E. A., Shaw, K. N., Saari., L. M., & Latham, G. P. (1981). Goal setting and task performance: 1969-1980. *Psychological Bulletin, 90,* 125-152.

Loehlin, J. C. (1982). Rhapsody in G. *Contemporary Psychology, 27,* 623.

Loevinger, J. (1985). Revision of the Sentence Completion Test for ego development. *Journal of Personality and Social Psychology, 48,* 420-427.

Loevinger, J. (1993). Measurement in personality: True or false.

Psychological Inquiry, *4*, 1-16.

Loftus, E. F. (1993). The reality of repressed memories. *American Psychologist*, *48*, 518-537.

Lord, E. (1950). Experimentally induced variation in Rorschach performance. *Psychological Monographs*, *64*, No. 10 (Whole No. 316).

Lykken, D. T., & Tellegen, A. (1993). Is human mating adventitious or the result of lawful choice? A twin study of mate selection. *Journal of Personality and Social Psychology*, *65*, 56-68.

Machover, K. (1949). *Personality projection in the drawing of the human figure*. Springfield, IL: Charles C. Thomas.

Mackenzie, K. R. (1994). Using personality measurements in clinical practice. In P. T. Costa, Jr. & T. A. Widiger (Eds.), *Personality disorders and the five-factor model of personality* (pp. 237-250). Washington, DC: American Psychological Association.

Mahler, M., Pine, F., & Bergman, A. (1975). *The Psychological birth of the human infant: Symbiosis and individuation*. New York: Basic Books.

Major, B., Cozzarelli, C., Sciacchitano, A. M., Cooper, M. L., Testa, M., & Mueller, P. M. (1990). Perceived social support, self-efficacy, and adjustment to abortion. *Journal of Personality and Social Psychology*, *59*, 452-463.

Marcia, J. (1994). Ego identity and object relations. In J. M. Masling & R. F. Bornstein (Eds.), *Empirical perspectives on object relations theory* (pp. 59-104). Washington, DC: American Psychological Association.

Marcia, J. E. (1966). Development and validation of ego identity statuses. *Journal of Personality and Social Psychology*, *3*, 551-558.

Marcia, J. E. (1976). Identity six years after: A follow-up study. *Jour-*

nal of Youth and Adolescence, *5*, 145-160.

Markus, H. (1977). Self-schemata and processing information about the self. *Journal of Personality and Social Psychology*, *35*, 63-78.

Markus, H., & Kitayama, S. (1991). Culture and the self: Implications for cognition, emotion, and motivation. *Psychological Review*, *98*, 224-253.

Markus, H., & Nurius, P. (1986). Possible selves. *American Psychologist*, *41*, 954-969.

Maslow, A. H. (1954). *Motivation and personality*. New York: Harper.

Maslow, A. H. (1955). Deficiency motivation and growth motivation. In M. R. Jones (Ed.), *Nebraska symposium on motivation*. Lincoln: University of Nebraska Press.

Maslow, A. H. (1962). *Toward a psychology of being*. Princeton, NJ: Van Nostrand.

Maslow, A. H. (1968). *Toward a psychology of being* (2nd ed.). Princeton, NJ: Van Nostrand.

Maslow, A. H.(1970) *Motivation and Personality* (2nd ed.). New York: Happer & Row.

Maslow, A. H. (1987) Motivation and Personality, 3rd ed., New York: Happer. (revised by R. Frager, J. Fadiman, C. McReynolds, & R. Cox,).

May, R. (1958). The origins and significance of the existential movement in psychology. In R. May, E. Angel, & H. F. Ellenberger (Eds.), *Existence: A new dimension in psychiatry and psychology*. New York: Basic Books.

Mayo, C. W., & Crockett, W. H. (1964). Cognitive complexity and primacy: Qecency effects in impression formation. *Journal of Abnormal and Social Psychology*, *68*, 335-338.

Mazzeo, J., & Harvey, A. L. (1988). The equivalence of scores from automated and conventional educational tests: A review of the literature. *College Board Report*, No. 88-8. New York: College Entrance Examination Board.

McAdams, D. P. (1985). *Power, intimacy, and the life story: Personological inquiries into identity*. New York: Guilford Press.

McAdams, D. P. (1992). The five-factor model in personality: A critical appraisal. *Journal of Personality, 60*, 329-361.

McAdams, D. P., & de St. Aubin, E. (1992). A theory of generativity and its assessment through self-report, behavioral acts, and narrative themes in autobiography. *Journal of Personality and Social Psychology, 62*, 1003-1015.

McClelland, D. C. (1977). The impact of power motivation training on alcoholics. *Journal of Studies on Alcohol, 38*, 142-144.

McCrae, R. R. & Costa, P.T., Jr. (1983) Updating Norman's "adequate taxonomy": Intelligence and personality dimensions in natural language and questionnaires. *Journal of Personality and Social Psychology, 49*, 710-721.

McCrae, R. R. & Costa, P. T. (1987) Validation of the five factor model of Personality accross instruments and abservers. *Journal of Personality and Social Psychology, 51*, 81-90.

McCrae, R. R., & Costa, P. T., Jr. (1989). Reinterpreting the Myers-Briggs type indicator from the perspective of the five-factor model of personality. *Journal of Personality, 57*, 17-40.

McCrae, R. R., & Costa, P. T., Jr. (1990). *Personality in adulthood*. New York: Guilford Press.

McCrae, R. R., & Costa, P. T., Jr. (1994). The stability of personality: Observations and evaluations. *Current Directions in Psychological Science, 3*, 173-175.

McCrae, R. R., & John, O. P. (1992). An introduction to the five-factor model and its applications. *Journal of Personality, 60*, 175-215.

McGinnies, E. (1949). Emotionality and perceptual defense. *Psychol-*

ogical Review, *56*, 244-251.

McGue, M., & Lykken, D. T. (1992). Genetic influence on risk of divorce. *Psychological Science*, *3*, 368-373.

McGuire, W. (Ed.). (1974). *The Freud/Jung letters: The correspondence between Sigmund Freud and C. G. Jung*. Princeton, NJ: Princeton University Press.

McGuire, W. J., & McGuire, C. V. (1986). Differences in conceptualizing self versus conceptualizing other people as manifested in contrasting verb types used in natural speech. *Journal of Personality and Social Psychology*, *51*, 1135-1143.

Mckenzie, J. (1988) Three superfactors in the 16PF and their relationship to Eysenck's P.E. and N. *Personality and Individual Difference 9*, 843-850.

Mead, A. D., & Drasgow, E. (1993). Equivalence of computerized and paper-and-pencil cognitive tests: A meta-analysis. *Psychological Bulletin*, *114*, 449-458.

Meade R. D., & Barnard W. A. (1973). Confomity anticonformity among Americans and Chinese. *Journal of Social Psychology*, *80*, 15-24.

Meade, R. D., & Bernard W. A.(1975). Group pressure effects on Americans and Chinese females. *Journal of Social Psychology*, *96*, 137-138.

Meichenbaum, D. (1985). *Stress inoculation training*. New York: Pergamon.

Meichenbaum, D. & Gilmore, J. B. (1983) The nature of unconscious3 processes : A cognitive-behavioral perspective. In K. Bowers & D. Meichenbaum (Eds.) The unconscious reconsidered. (273- 298). New York: Wiley.

Merluzzi, T. V., Rudy, T. E., & Glass, C. R. (1981). The information-processing paradigm: Implications for clinical science. In T. V.

Meiluzzi, C. R. Glass, & M. Genest (Eds.), *Cognitive assessment*. New York: Guilford Press.

Messer, S. B., & Warren, S. (1990). Personality: A change and psychotherapy. In Pervin, L. A. (Ed.), *Handbook of personality: Theory and research*. New York: Guilford Press.

Massick, S. (1989). Validity. In R. N. Linn (Ed.). *Educational measurement* (3rd ed., pp.13-103). NY: American Council on Education / Macmillan.

Meyer, B. C., Brown F., & Levine A. (1955). Observations on the House-Tree-Person drawing before and after surgery. *Psychosomatic Medicine*, *17*, 428-454.

Meyer, D., Leventhal, H., & Gutmann, M. (1985). Common-sense models of illness: The example of hypertension. *Health Psychology*, *4*, 115-135.

Meyer, T. P. (1972). Effects of viewing justified and unjustified real film violence on aggressive behavior. *Journal of Personality and Social Psychology*, *23*, 21-29.

Miller, N. E. (1959). Liberation liberalization of basic S-R concepts: Extensions to conflict behavior, motivation and social learning. In S. Koch (Ed.), *Psychology: A study of a science* (Vol. 2). New York: McGraw-Hill.

Miller, N. E. (1978). Biofeedback and visceral learning. *Annual Review of Psychology*, *29*, 373-404.

Miller, N. E. (1983). Behavioral medicine: Symbiosis between laboratory and clinic. *Annual Review of Psychology*, *34*, 1-31.

Miller, N. E. & Dollard, J, (1941) *Social learning and imitation.* New Haven: Yale Univerity Press.

Miller, S., Saccuzzo, D., & Braff, D. (1979). Information processing deficits in remitted schizophrenics. *Journal of Abnormal Psychology*, *88*, 446-449.

Miller, S. M., Shoda, Y., & Hurley, K. (1996). Applying cognitive-social theory to health-protective behavior: Breast self-examination in cancer screening. *Psychological Bulletin*, *119*, 70-94.

Mischel, W. (1968). *Personality and assessment*. New York: Wiley.

Mischel, W. (1973). Toward a cognitive social learning reconceptualization of personality. *Psychological Review*, *80*, 252-283.

Mischel, W. (1990). Personality dispositions revisited and revised: A view after three decades. In L. A. Pervin (Ed.), *Handbook of personality: Theory and research* (pp. 111-134). New York: Guilford Press.

Mischel, W., & Peake, P. K. (1982). Beyond dejavu in the search for cross-situational consistency. *Psychological Review*, *89*, 730-755.

Mischel, W., & Shoda, Y. (1995). A cognitive-affective system theory of personality: Reconceptualizing the invariances in personality and the role of situations. *Psychological Review*, *102*, 246-286.

Mooney, R. L. (1950) *Problem check list, high school form.* Columbus, OH, Ohio State University Bureau of Educational Research.

Morokoff, P. J. (1985). Effects of sex, guilt, repression, sexual "arousability" and sexual experience on female sexual arousal during erotica and fantasy. *Journal of Personality and Social Psychology*, *49*, 177-187.

Morris, C.(1956). *Varieties of human value*. Chicago: The University of Chicago Press.

Morris, M. W., & Peng, K. (1994). Culture and cause: American and Chinese attributions for social and physical events. *Journal of Personality and Social Psychology*, *67*, 949-971.

Murphy, K. R., & Davidshofer, C. O. (1998). *Psychological Testing, Principles and Applications* (4th ed.). Englewood Cliffs, NJ: Prentice-Hall.

Murray H. A. (1938). *Explorations in Personality*. New York: Oxford

University Press.

Myers, I. B. & McCauley, M. H. (1985) *Manual: A guide to the development and use of the Myers-Briggs Type Indicator.* Palo Alto, CA: Consulting Psychologist's Press.

Nagleri, J. A. (1991) *Draw A Person: A quantitative scoring system.* San Antonio, TX: Psychological Cooperation.

Nasby, W. (1985). Private self-consciousness, articulation of the self-schema, and the recognition memory of trait adjectives. *Journal of Personality and Social Psychology, 49*, 704-749.

Nasby, W., & Kihlstrom, J. F. (1986). Cognitive assessment of personality and psychopathology. In R. Ingram (Ed.), *Information processing approaches to clinical psychology* (pp.217-239). Orlando, FL: Academic Press.

Neimeyer, R. A. (1985). Personal constructs in clinical practice. In P. C. Kendall (Ed.), *Advances in cognitive-behavioral research and therapy* (Vol. 4, pp. 275-339). New York: Academic Press.

Newman, J. P., Wallace, J. F., Strauman, T. J., Skolaski, R. L., Oreland, K. M., Mattek, P. W., Elder, K. A., & McNeeley, J. (1993). Effects of motivationally significant stimuli on the regulation of dominant responses. *Journal of Personality and Social Psychology, 65*, 165-175.

Nichols, D. S. (1992). Review of the Minnesota Multiphasic Personality Inventory-II. In J. Kramer and J. Conoley (Eds.), *The eleventh mental measurement yearbook* (pp. 562-565). Highland Park, NJ: Gryphon Press.

Nicholson, I. A. M. (1997). To "Correlate Psychology and Social Ethics": Gordon Allport and the first course in American personality psychology. *Journal of Personality, 65*, 733-742.

Nolen-Hoeksema, S., Morrow, J., & Frederickson, B. L. (1993). Response styles and the duration of episodes of depressed mood.

Journal of Abnormal Psychology, 102, 20-28.

Noller, P., Law, H., & Comrey, A. (1987), Cattell, Comrey, and Eysenck personality factors compared: More evidence for the five robust factors? *Journal of Personality and Social Psychology, 53*, 775-782.

Norman, W. T. (1963). Toward an adequate taxonomy of personality attributes. *Journal of Abnormal and Social Psychology, 66*, 574-583.

Oksenberg, L. (1970) Machiavellianism in traditional and Wesrernized Chinese students. In W. Lambert and R. Weisbrod (Eds.), *Comparative Perspectives in Social Psychology* (pp.92-9) Boston: Little Brown.

O'Leary, A. (1990). Stress, emotion, and human immune function. *Psychological Bulletin, 108*, 363-382.

O'Leary, A. (1992). Self-efficacy and health: Behavioral and stress-physiological mediation. *Cognitive Therapy and Research, 16*, 229-245.

O'Leary, A., Shoor, S., Lorig, K., & Holman, H. R. (1988). A cognitive-behavioral treatment of rheumatoid arthritis. *Health Psychology, 7*, 527-544.

Osgood, C. E., & Luria, Z. (1954). A blind analysis of a case of multiple personality using the semantic differential. *Journal of Abnormal and Social Psychology, 49*, 579-591.

Osgood, C. E., Suci, G. J., & Tannenbaum, P. H. (1957). *The measurement of meaning*. Urbana, IL: University of Illinois Press.

Ozer, E., & Bandura, A. (1990). Mechanisms governing empowerment effects: A self-efficacy analysis. *Journal of personality and Social Psychology, 58*, 472-486.

Pascal, G. R., & Suttell, B. J. (1951). *The Bender-Gestalt Test*. New York: Grune and Stration.

Puschul, B. J., & Kuo, Y. Y.(1973). Anxiety and self concept among American and Chinese college students. *College Student Journal, 7,* 7-13.

Perris, C. (1982) *Genetic vulnerability for depression and life events.*

Parrott, W. G., & Sabini, J. (1990). Mood and memory under natural conditions: Evidence for mood incongruent recall. *Journal of Personality and Social Psychology, 59,* 321-336.

Peng, C. G. (1962) A study on the psychological needs of Chinese university students. Unpublished B.S. thesis, National Taiwan University.

Pervin, L. A. (1978). *Current controversies and issues in personality.* New York: Wiley. (Second edition, 1984.)

Pervin, L. A. (1983). The stasis and flow of behavior: Toward a theory of goals. In M. M. Page & R. Dienstbier (Eds.), *Nebraska symposium on motivation* (Vol. 31). Lincoln: University of Nebraska Press.

Pervin, L. A. (1985). Personality: Current controversies, issues, and directions. *Annual Review of Psychology, 36,* 83-114.

Pervin, L. A. (1989) *Personality: Theory and Research.* 5th ed. New York: John Wiley and Sons, Inc.

Pervin, L. A. (1990). A brief history of modern personality theory. In L. A. Pervin (Ed.), *Handbook of personality: Theory and research* (pp. 3-18). New York: Guilford Press.

Pervin, L. A., (1990b). Personality theory and research: Perspects for the future. In Pervin, L. A. (Ed.), *Handbook of personality: Theory and research.* New York: Guilford Press.

Pervin, L. A. (1993) *Personality: Theory and Research, 6th ed.* New York: John Wiley and Sons, Inc.

Pervin, L. A. (1994). A critical analysis of current trait theory. *Psychological Inquiry, 5,* 103-113.

Pervin, L. A. & John, O. P. (1997). *Personality: Theory and research* (7th ed.). New York: John Wiley.

Peterson, C. (1991). The meaning and measurement of explanatory style. *Psychological Inquiry*, *2*, 1-10.

Peterson, C. (1995). Explanatory style and health. In G. M. Buchanan & M. E. P. Seligman (Eds.), *Explanatory style* (pp. 233-246). Hillsdale, N J : Erlbaum.

Peterson, C., Maier, S. F., & Seligman, M. E. P. (1993). *Learned helplessness: A theory for the age of personal control*. New York: Oxford University Press.

Peterson, C., & Seligman, M. E. P. (1984). Causal explanations as a risk factor for depression: Theory and evidence. *Psychological Review*, *91*, 347-374.

Petris, C. (1982). The distinction between bipolar and unipolar affective disorders. In E. S. Paykel (Ed.), *Handbook of affective disorders*. New York: Guilford Press.

Phares, E. J., & Chaplin, W. F. (1997). *Introduction to personality* (4th ed.). New York: Longman.

Plomin, R. (1994). *Genetics and experience: The interplay between nature and nurture*. Newbury Park, CA: Sage.

Plomin, R., & Bergeman, C. S. (1991). The nature of nurture: Genetic influence on "environmental" measures. *Behavioral and Brain Sciences*, *14*, 373-385.

Plomin, R., Chipuer, H. M., & Loehlin, J. C. (1990). Behavioral genetics and personality. In L. A. Pervin (Ed.), *Handbook of personality: Theory and research* (pp. 225-243). New York: Guilford Press.

Plomin, R., & Daniels, D. (1987). Why are children in the same family so different from each other? *Behavioral and Brain Sciences*, *10*, 1-16.

Potkey, C. R. and Allen, B. P. (1986). *Personality: Theory, Research, and Applications*. Brooks Cole.

Powell, R. A., & Boer, D. P. (1994). Did Freud mislead patients to confabulate memories of abuse? *Psychological Reports*, *74*, 1283-1298.

Rabin, A., Nelson, W., & Clark, M. (1954). Rorschach content as a function of perceptual experience and sex of the examiner. *Journal of Clinical Psychology*, *10*, 188-190.

Rabin, A. I., Zucker, R. A., Emmons, R. A., & Frank, S. (Eds.). (1990). *Studying persons and lives*. New York: Springer.

Rapaport, D. (1959) *The structure of psychoanalytic theory: A systematizing attempt.* In Koch, S. (Ed.), Psychology: A study of a science (vol.3). New York: McGraw-Hill.

Raskin, R., & Hall, C. S. (1981). The Narcissistic Personality Inventory: Alternate form reliability and further evidence of construct validity. *Journal of Personality Assessment*, *45*, 159-162.

Read, S. J., Jones, D. K., & Miller, L. C. (1990). Traits as goal-based categories: The importance of goals in the coherence of dispositional categories. *Journal of Personality and Social Psychology*, *58*, 1048-1061.

Reinisch, J. M. (1981). Prenatal exposure to synthetic progestins increases potential for aggression in humans. *Science*, *211*, 1171-1173.

Rescorla, R. A. (1988). Pavlovian conditioning: It's not what you think it is. *American Psychologist*, *43*, 151-160.

Rhodewalt, F., & Morf, C. C. (1995). Self and interpersonal correlates of the Narcissistic Personality Inventory: A review and new findings. *Journal of Research in Personality*, *29*, 1-23.

Rigby, K. & Slee, P. T. (1987) Eysenck's personality factors and orientation toward authority among schoolchildren. *American*

Journal of Psychology, 39, 151-161.

Robins, R. W., & John. O. P. (1996). The quest for self-insight: Theory and research on the accuracy of self-perception. In R. Hogan, J. Johnson, & S. Briggs (Eds.), *Handbook of personality psychology*. New York: Academic Press.

Rogers, C. R. (1942). *Counseling and psychotherapy*. Boston: Houghton Mifflin.

Rogers, C. R. (1951). *Client-centered therapy*. Boston: Houghton Mifflin.

Rogers, C. R. (1961). *On becoming a person*. Boston: Houghton Mifflin.

Rogers, C. R. (1963) The actualizing tendency in relation to "motives" and to consciousness. In M. R. Jones (Ed.), *Nebraska symposium on motivation* (pp.1-24) Lincoln: University of Nebraska Press.

Rogers, C. (1970) *On encounter groups.* New York: Harper.

Rogers, C. R. (1972). *Becoming partners: Marriage and its alternatives*. New York: Delacorte Press.

Rogers, C. R. (1977). *Carl Rogers on personal power*. New York: Delacorte Press.

Rogers, C. R. (1980). *A way of being*. Boston: Houghton Mifflin.

Rogers, C. R., & Dymond, R. F.（Eds）（1954）*Psychotherapy and Personality Change.* Chicago: Chicago University Press.

Rorschach, H. (1942). *Psychodiagnostics*. Berne, Switzerland: Huber.

Rosen, C. M. (1987). The eerie world of reunited twins. *Discover, 8,* 36-46.

Rosen, E., & Gregory, I. (1965). *Abnormal Psychology*. Philadelphia: W. B. Saunders.

Rosenthal, R. (1994). Interpersonal expectancy effects: A 30-year perspective. *Current Directions in Psychological Science, 3,*

176-179

Rotter, J. B. (1954). *Social learning and clinical psychology*. New York: Prentice-Hall.

Rotter, J. B. (1966). Generalized expectancies for internal versus external control of reinforcement. *Psychological Monographs, 80,* No.1 (Whole No. 609).

Rotter, J. B. (1982). *The development and application of social learning theory*. New York: Praeger.

Rotter, J. B., Chance, J. E., & Phares, E. J. (1972). *Application of a social learning theory of personality*. New York: Holt, Rinehart, & Winston.

Rotter, J. B., & Hechreich, D. J. (1975). *Presonality*. Glenview, IL: Scott, Foresman.

Rotter, J. B., & Refferty, J. E. (1950). *Manual, the Rotter Incomplete Sentence Blank, College Form*. New York: The Psychological Corporation.

Rotto, P. C. (1995). Behavior case consultation with a teacher. In Dougherty, A. M. (Ed.) *Case studies in human service consultation*. Pacific Grove, CA: Brooks/Cole.

Rowe, D. C. (1994). *The limits of family influence: Genes, experience, and behavior*. New York: Guilford.

Rushton, J. P., Fulker, D. W., Neale, M. C., Nias, D. K. B., & Eysenck, H. J. (1986). Altruism and aggression: The heritability of individual differences. *Journal of Personality and Social Psychology, 50,* 1192-1198.

Rushton, J. P., Russell, R. J. H., & Wells, P. A. (1984). Genetic similarity theory: Beyond kin selection. *Behavior Genetics, 14,* 179-193.

Ryan, R. M. (1993). Agency and organization: Intrinsic motivation, autonomy, and the self in psychological development. In J. Jacobs (Ed.), *Nebraska symposium on motivation: Developmental perspectives on motivation* (Vol. 40, pp. 1-56). Lincoln, NE: University of Nebraska Press.

Ryan, R. M., Rigby, S., & King, K. (1993). Two types of religious internalization and their relations to religious orientations and mental health. *Journal of Personality and Social Psychology, 65,* 586-596.

Ryckman, R. M. (1979). Perceived locus of control and task performance. In L. C. Perlmutter and R. A. Monty. (Eds.), *Choice and perceived control* (pp. 233-261). Hillsdale, NJ: Erlbaum.

Ryckman, R. M. (1993). *Theories of personality* (5th ed.). Pacific Grove, CA: Brooks/Cole Publishing Co.

Ryckman, R. M., Robbins, M. A., Thoruton, B., & Cantrell, P. (1982). Development and validation of a physical self-efficacy scale. *Journal of Personality and Social Psychology, 42,* 891-900.

Sandino, K. G., McGuire, S., Reiss, D., Hetherington, E. M., & Plomin, R. (1995). Parent ratings of EAS temperament in twins, full siblings, half-siblings, and step-siblings. *Journal of Personality and Social Psychology, 68,* 723-733.

Sarason, I. G. (1974). *Personality: An objective approach* (2nd ed.). New York: John Wiley.

Scarr, S. (1992). Developmental theories for the 1990s: Development and individual differences. *Child Development, 63,* 1-19.

Scarr, S., & Carter-Saltzman, L. (1979). Twin method: Defense of a critical assumption. *Behavior Genetics, 9,* 527-542.

Schank, R. C., & Abelson, R. P. (1977). *Scripts, plans, goals, and understanding.* Hillsdale, NJ: Erlbaum.

Schiedel, D. G., & Marcia, J. E. (1985). Ego identity, intimacy, sex role orientation, and gender. *Journal of Personality and Social Psychology, 21,* 149-160.

Schultz, C. B., & Pomerantz, M. (1976). Achievement motivation, locus of control, and academic achievement behavior. *Journal of Personality, 44*, 38-51.

Schwarz, N. (1990). Feelings as information: Informational and motivational functions of affective states. In E. T. Higgins and R. M. Sorrentino (Eds.), *Handbook of motivation and cognition: Foundations of social behavior* (Vol. 2, pp. 527-561). New York: Guilford.

Semmer, N., & Frese, M. (1985). Action theory in clinical psychology. In M. Frese & J. Sabini (Eds.), *Goal directed behavior: The concept of action in psychology*. Hillsdale, NJ: Erlbaum.

Shaver, P. R., & Brennan, K. A. (1992). Attachment styles and the " big five" personality traits: Their connections with each other and with romantic relationship outcomes. *Personality and Social Psychology Bulletin, 18*, 536-545.

Shedler, J., Mayman, M., & Manis, M. (1993). The illusion of mental health. *American Psychologist, 48*, 1117-1131.

Shlien, J. M. (1963) Creativity and psychological health. *American Managemant Association-Personnel Series, 168,* 12-21.

Shoda, Y., Mischel, W., & Wright, J. C. (1989). Intuitive interactionism in person perception: Effects of situation-behavior relations on dispositional judgments. *Journal of Personality and Social Psychology, 56*, 41-53.

Shoda, Y., Mischel, W., & Wright, J. C. (1993). The role of situational demands and cognitive competencies in behavior organization and personality coherence. *Journal of Personality and Social Psychology, 65*, 1023-1035.

Shoda, Y., Mischel, W., & Wright, J. C. (1994). Intra-individual stability in the organization and patterning of behavior: Incorporating psychological situations into the idiographic analysis of personality. *Journal of Personality and Social Psychology, 67,* 674-687.

Showers, C. (1992). Evaluatively integrated thinking about characteristics of the self. *Personality and Social Psychology Bulletin, 18,* 719-729.

Silverman, R. E., & Shrauger, J. S. (1970, April). *Locus of control and correlates of attraction toward others.* Paper presented at the annual meeting of the Eastern Psychological Association, Atlantic City, NJ.

Singh, D. (1993). Adaptive significance of female physical attractiveness: Role of waist-to-hip ratio. *Journal of Personality and Social Psychology, 65,* 293-307.

Skinner, B. F. (1948a). "Superstition" in the pigeon. *Journal of Experimental Psychology, 38,* 168-172.

Skinner, B. F. (1948b). *Walden two.* New York: Macmillan.

Skinner, B. F. (1967). Autobiography. In E. G. Boring & G. Lindzey (Eds.), *A history of psychology in autobiography* (pp. 385-414).

Skinner, B. F. (1971). *Beyond freedom and dignity.* New York: Knopf.

Skinner, B. F. (1976). *Particulars of my life.* New York: Knopf.

Smith, M. L., & Glass, G. V. (1977). Meta-analysis of psychotherapy outcome studies. *American Psychologist, 32,* 752-760.

Smith, R. E. (1989). Effects of coping skills training on generalized self-efficacy and locus of control. *Journal of Personality and Social Psychology, 56,* 228-233.

Sohelon, W. H. (1954) (with the collaboration of C.W. Dupertuis and E. Mc Dermott) *Atlas of men.* New York: Harper of Row.

Sorg, B. A., & Whitney, P. (1992). The effect of trait anxiety and situational stress on working memory capacity. *Journal of Research in Personality, 26,* 235-241.

Spangler, W. D., & House, R. J. (1991). Presidential effectiveness and the leadership motive profile. *Journal of Personality and Social Psychology, 60*, 439-455.

Sperling, M. B., & Berman, W. H. (Eds.) (1994). *Attachment in adults: Clinical and developmental perspectives*. New York: Guilford Press.

Strauman, T. J., Lemieux, A. M., & Coe, C. L. (1993). Self-discrepancy and natural killer cell activity: Immunological consequences of negative self-evaluation. *Journal of Personality and Social Psychology, 64*, 1042-1052.

Sue, D. W., & Kirk, B. A.(1972). Psychological characteristics of Chinese-American students. *Journal of Counseling Psychology, 19*, 471-478.

Sullivan, H. S. (1947) *Conceptions of modern psychiatry*. New York: Norton.

Summerwell, H., Campbell, M., & Sarason, I. (1958). The effect of differential motivating instructions on the emotional tone and outcome of the TAT stories. *Journal of Consulting Psychology, 22*, 385-388.

Swann, W. B., Jr. (1987). Identity negotiation: Where two roads meet. *Journal of Personality and Social Psychology, 53*, 1038-1051.

Swann, W. B., Jr. (1991). To be adored or to be known? The interplay of self-enhancement and self-verification. In E. T. Higgins & R. M. Sorrentino (Eds.), *Handbook of motivation and cognition* (pp. 408-450). New York: Guilford Press.

Swann, W. B., Jr. (1992). Seeking "truth", finding despair: Some unhappy consequences of a negative self-concept. *Current Directions in Psychological Science, 1*, 15-18.

Swann, W. B. Jr., De La Ronde, C., & Hixon, J. G. (1994). Authenticity and positivity strivings in marriage and courtship. *Journal of Personality and Social Psychology, 66*, 857-869.

Symonds, P. M. (1949). *Adolescent Fantasy*. New York: Columbia University Press.

Taylor, S. E., & Brown, J. D. (1988). Illusion and wellbeing: A social psychological perspective on mental health. *Psychological Bulletin, 103*, 193-210.

Taylor, S. E., & Brown, J. D. (1994). Positive illusions and well-being revisited: Separating fact from fiction. *Psychological Bulletin, 116*, 21-27.

Tellegen, A., Lykken, D. T., Bouchard, T. J., Jr., Wilcox, K. J., Segal N. L., & Rich, S. (1988). Personality similarity in twins reared apart and together. *Journal of Personality and Social Psychology, 54*, 1031-1039.

Tesch, S. A., & Whitbourne, S. K. (1982). Intimacy status and identity status in young adults. *Journal of Personality and Social Psychology, 43*, 1041-1051.

Thiessen, D., & Gregg, B. (1980). Human assortative mating and genetic equilibrium: An evolutionary perspective. *Ethology and Sociobiology, 1*, 111-140.

Thomas, A and Chess, S. (1977) *Temperament and Development*. New York: Brunnel/Mazel.

Thomas, M. H., Horton, R. W., Lippincott, E. C., & Drabman, R. S. (1977). Desensitization to portrayals of real-life aggression as a function of exposure to television violence. *Journal of Personality and Social Psychology, 35*, 450-458.

Thomkins S. S. (1974). *The Thematic Apperception Test*. New York: Grune and Stratton.

Tolman, E. C. (1959). Principles of purposive behavior. Is S. Koch (Ed.), *Psychology: A study of a science* (Vol. 2, pp. 92-157). New York: McGraw-Hill.

Tolor, A., & Schulberg, H. C. (1963). *An evaluation of the Bender-*

Gestalt Test. Springfield, IL: Charles C. Thomas.

Triandis, H. C., Mccusker, C., & Hui, C. H. (1990). Multimethod probes of individualism and collectivism. *Journal of Personality and Social Psychology*, *59*, 1006-1020.

Trzebinski, J., McGlynn, R. P., Gray, G., & Tubbs, D. (1985). The role of categories of an actor's goals in organizing inferences about a person. *Journal of Personality and Social Psychology*, *48*, 1387-1397.

Tsuang, M. T., & Faraone, S. V. (1990). *The genetics of mood disorders*. Baltimore, MD: Johns Hopkins Press.

Vallacher, R. R., & Wegner, D. M. (1985). *A theory of action identification*. Hillsdale, NJ: Erlbaum.

Vallacher, R. R., & Wegner, D. M. (1987). Action identification theory: The representation and control of behavior. *Psychological Review*, *94*, 3-15.

Vallacher, R. R., & Wegner, D. M. (1989). Levels of personal agency: Individual variation in action identification. *Journal of Personality and Social Psychology*, *57*, 660-671.

Waller, N. G., & Ben-Porath, Y. S. (1987). Is it time for clinical psychology to embrace the five-factor model of personality? *American Psychologist*, *42*, 887-889.

Waller, N. G., & Shaver, P. R. (1994). The importance of nongenetic influences on romantic love styles. *Psychological Science*, *5*, 268-274.

Walsh, W. B., & Betz, N. E. (1995). *Tests and assessment* (3rd ed.). Englewood Cliffs, NJ: Prentice-Hall.

Wang M. J. (1969) Report on the revision of the Thematic Apperception Test. *Acta Psychologica Taiwanica, 11*, 24-41.

Watkins, C. E. Jr. (1992) Research activity with Adler's theory, *Individual Psychology, 48*, 107-108.

Watkins, C. E., Jr., Campbell, V. L., & McGregor, P. (1988). Counseling psychologists uses of the opinions about psychological tests: A contemporary respective. *The Counseling Psychologist, 16*, 476-486.

Watson, J. B. (1914) *Behavior.* New York: Holt.

Watson, J. B. (1919) *Psychology from the standpoint of a behaviorist.* Philadelphia: Liopincott.

Watson, J. B. (1924) *Behaviorism.* New York: Norton.

Watson, M. W., & Getz, K. (1990). The relationship between Oedipal behaviors and children's family role concepts. *Merrill-Palmer Quarterly, 36*, 487-506.

Weber, S. J., & Cook, T. D. (1972). Subject effects in laboratory research: An examination of subject roles, demand characteristics, and valid inference. *Psychological Bulletin, 77*, 273-295.

Wegner, D. M. (1992). You can't always think what you want: Problems in the suppression of unwanted thoughts. *Advances in Experimental Social Psychology, 25*, 193-225.

Weinberger, D. A., & Davidson, M. N. (1994). Styles of inhibiting emotional expression: Distinguishing repressive coping from impression management. *Journal of Personality, 62*, 587-595.

Weiner, B. (1986). *An attributional theory of motivation and emotion.* New York: Springer-Verlag.

Weiner, B. (1990). Attribution in personality psychology. In L. A. Pervin (Ed.), *Handbook of personality: Theory and research* (pp. 465-485). New York: Guilford Press.

Weinstein, N. D. (1989). Optimistic biases about personal risks. *Science, 246*, 1232-1233.

Westenberg, P. M., & Block, J. (1993). Ego development and individual differences in personality. *Journal of Personality and Social Psychology, 65*, 792-800.

Widiger, T. A., & Trull, T. J. (1992). Personality and psychopathology:

An application of the five-factor model. *Journal of Personality*, *60*, 363-395.

Wiebe, D. J. (1991). Hardiness and stress moderation: A test of proposed mechanisms. *Journal of Personality and Social Psychology*, *60*, 89-99.

Wiebe, D. J., & McCallum, D. M. (1986). Health practices and hardiness as mediators in the stress-illness relationship. *Health Psychology*, *5*, 425-438.

Wiedenfeld, S. A., Bandura, A., Levine, S., O'Leary, A., Brown, S., & Raska, K. (1990). Impact of perceived self-efficacy in coping with stressors in components of the immune system. *Journal of Personality and Social Psychology*, *59*, 1082-1094.

Wiedenfeld, S. A., O'Leary, A., Bandura, A., Brown, S., Levine, S., & Raska, K. (1990). Impact of perceived self-efficacy in coping with stressors on components of the immune system. *Journal of Personality and Social Psychology*, *59*, 1082-1094.

Wiggins, J. S. (1984). Cattell's system from the perspective of mainstream personality theory. *Multivariate Behavioral Research*, *19*, 176-190.

Wilhelm, R., & Jung, C. G. (1931). *The secret of the golden flower*. New York: Harcourt, Brace, & World.

Williams, L. (1994). Recall of childhood trauma: A prospective study of women's memories of child sexual abuse. *Journal of Consulting and Clinical Psychology*, *62*, 1167-1176.

Wilson, R. W. (1974) *The Moral State: A study of the political socialization of Chinese and American Children*. New York: The Free Press.

Wilson, T. D., & Capitman, J. A. (1982). The effects of script availability on social behavior. *Personality and Social Psychology Bulletin*, *8*, 11-19.

Wilson, T. D., & Linville, P. W. (1985). Improving the performance of college freshmen with attributional techniques. *Journal of Personality and Social Psychology*, *49*, 287-293.

Winter, D. G. (1988). The power motive in women and men. *Journal of Personality and Social Psychology*, *54*, 510-519.

Winter, D. G. (1993). Power, affiliation, and war: Three tests of a motivational model. *Journal of Personality and Social Psychology*, *65*, 532-545.

Winter, D. G. (1997). Allport's life and Allport's psychology. *Journal of Personality*, *65*, 723-731.

Witkin, H. A., Lewis, H. B., Hertzman, M., Machover, K., Meissner, P. B., & Wapner, S. (1954) *Personality through perception: An experimental and clinical study.* New York: Harper.

Witkin, H. A., Dyk, R. B., Faterson, H. F., Goodenough, D. R., & Karp, S. A. (1962) *Psychological Differentiation.* New York: Wiley.

Wolpe, J. (1981). Behavior therapy versus psychoanalysis: Therapeutic and social implications. *American Psychologist*, *36*, 159-164.

Wood, R., & Bandura, A. (1989). Impact of conceptions of ability on self-regulatory mechanisms and complex decision making. *Journal of Personality and Social Psychology*, *56*, 407-415.

Yang, K. S.(1981). Social orientation and individual modernity among Chinese students in Taiwan. *Journal of Social Psycholog, 113*, 159-170.

Yang, K. S. (1986) Chinese personality and its change. In M. Bond (ed), *The Psychology of the Chinese People.* Hong Kong: Oxford Univerity Press.

Yang, K. S. (1993) The psychological transformation of the Chinese people as a resumer of social modernation. In Bond, M. H. (Ed.),

The handbook of Chinese psychology. Hong Kong: Oxford University Press.

Yang, K. S., & Bond, M. H. (1990). Exploring implicit personality theories with indigenous or important constructs: The Chinese case. *Journal of Personality and Social Psychology, 58,* 1087-1095.

Yang, K S., Tzuo, H. Y., & Wu C. Y. (1963). Rorschach responses of normal Chinese adults: I. the popular responses. *Journal of Social Psychology, 60,* 175-186.

Yang, K. S., & Wen C. Y.(1976). *A psychological study of the residents of Shan-ting village*. Unpublished report.

Yang, L. S. (1957). The concept of PAO as a basis for social relations in China. In J. K. Fairbank (Ed.), *Chinese thought and institution*. Chicago: The University of Chicago Press.

Yoang, N. F.(1972). Changes in values and strategies among Chinese in Hawaii. *Sociology and Social Research, 56,* 228-241.

Yu, E. S. H.(1974). Achievement motive, familism, and hsiao: A replication of McClelland Winter bottom studies. *Disertation Abstract International,* 593A.

Zimbardo, P. G. (1969). The human choice: Individuation, reason, and order versus deindividuation, impulse, and chaos. In W. J. Arnold & D. Levine (Eds.), *Nebraska symposium on motivation*. Lincoln: University of Nebraska Press.

Zirkel, S., & Cantor, N. (1990). Personal construal of life tasks: Those who struggle for independence. *Journal of Personality and Social Psychology, 58,* 172-185.

Zuckerman, M. (1990). The psychophysiology of sensation seeking. *Journal of Personality, 58,* 313-345.

Zuckerman, M. (1992). What is a basic factor and which factors are basic? Turtles all the way down. *Personality and Individual Dif-*

ferences, 13, 675-681.

Zuckerman, M. (1994). *Behavioral expression and biosocial bases of sensation seeking*. NewYork: Cambridge University Press.

Zuckerman, M. (1995). Good and bad humors: Biochemical bases of personality and its disorders. *Psychological Science, 6*, 325-332.

Zuckerman, M., Eysenck, S., & Eysenck, H. J. (1978). Sensation seeking in England and America: Cross-cultural, age, and sex comparisons. *Journal of Consulting and Clinical Psychology, 46*, 139-149.

Zuckerman, M., Koestner, R., DeBoy, T., Garcia, T., Maresca, B. C., & Sartoris, J. M. (1988). To predict some of the people some of the time: A reexamination of the moderator variable approach in personality theory. *Journal of Personality and Social Psychology, 54*, 1006-1019.

Zuckerman, M., Ulrich, R. S., & McLaughlin, J. (1993). Sensation seeking and reactions to nature paintings. *Personality and Individual Differences, 15*, 563-576.

Zucktrman, M. (1989). Personality in the third dimension: A psychological approach. *Personality and Individual Differences, 10*, 391-418.

Zuroff, D. C. (1986) Was Gordon Allport a trait theoriest? *Journal of Personality of Social Psychology, 51*, 995-1000.

中文名詞索引

五劃

九劃

十劃

十二劃

十五劃

❖ 英文名詞索引 ❖

K

L

M

N

中文人名索引

英文人名索引

A

B

國家圖書館出版品預行編目資料

人格心理學／黃堅厚著. --初版. --
　臺北市：心理, 1999（民 88）
　　面；　　公分. --（心理學系列；11010）
　參考書目：面
　含索引
　ISBN 978-957-702-627-9（平裝）

　1.人格心理學

173.75　　　　　　　　　　　　　　　　9201711

心理學系列 11010

人格心理學

∧∧

作　　　者：黃堅厚
總　編　輯：林敬堯
發　行　人：洪有義
出　版　者：心理出版社股份有限公司
地　　　址：231新北市新店區光明街288號7樓
電　　　話：(02) 29150566
傳　　　真：(02) 29152928
郵撥帳號：19293172　心理出版社股份有限公司
網　　　址：http://www.psy.com.tw
電子信箱：psychoco@ms15.hinet.net
駐美代表：Lisa Wu（lisawu99@optonline.net）
印　刷　者：博創印藝文化事業有限公司
初版一刷：1999 年 9 月
初版十一刷：2019 年 7 月
I S B N：978-957-702-627-9
定　　　價：新台幣 600 元

∧∧